U1020213

和合学

21世纪文化战略的构想

（下卷）

张立文　著

Harmony and Cooperation Theory

Culture Strategy Thinking for 21st Century

中国人民大学出版社
·北京·

下　卷

第十一章　和合学原理之用

在世纪之交，中国文化面临着三方面的挑战：一是人类所共同面对的五大冲突和危机（人与自然的冲突和生态危机，人与社会的冲突和人文危机，人与人的冲突和道德危机，人的心灵的冲突和精神危机，不同文明间的冲突和价值危机）的挑战；二是西方文化的挑战；三是现代化的挑战。化解此三大挑战的文化方式和价值合理性的选择，便是和合学。

一、 从战略构想到战略预测

融突而和合，对化解人类所共同面临的五大冲突和危机具有巨大的魅力；对回应西方文化的挑战具有强大的生命力；对传统文化的现代转换具有内驱的动力。

（一） 现代三大挑战的回应

中国在三方面挑战下，如何做出化解？曾经历了痛苦而悲壮的历程。从“师夷长技以制夷”到“中学为体，西学为用”，再到“西体中用”，“中西互为体用”，“中西为体，中西为用”，“中西即体即用，中西非体非用”等，这是就中西文化的体用而言的；就如何继承传统文化而言：有抽象继承，具体继承，选择继承，宏观继承，批判的继承与创造的发展等；就传统文化如何创新来说：有现代解释，客观解释，创造性理解，创造性转化，综合创新，分析地扬弃与综合地创造等；还有与传统文化彻底决裂论，全盘西化论，以及复兴儒学论，儒家文化第三期发展论，返本开新论等，莫衷一是。但均有其提出的时代与文化背景，有其合理的内涵和学术价值。

然而，尽管提出这些传统文化走向现代化的种种主张，人们出于忧国忧民的忧患意识，对此亦十分热心和关注，为什么中国仍然未能走向现代化？其中有政治的、制度的、经济的种种复杂问题，也有价值观念、文化素质、思维方式方面的问题。但就这些主张的本身来说，都属于如何和怎样走向或实现现代化的方法、手段问题，这个问题很重要，但总觉有未能落到实处之嫌。

为什么会给人这样一种感觉？一个重要的原因，就是这些如何和怎样走向或实现现代化的方法、手段，说到底其背后是价值观的问题，即价值标准、价值评价、价值理想等。譬如：应当批判或抛弃什么？应当继承或选择什么？中学或西学应当以及为什么为体？西学或中学应当以及为什么为用？选择的标准是什么？解释和理解应当以什么为标准？创造性转化应当如何转化和转化出什么？综合创新以什么为新？新之何以为新？彻底决裂什么和为什么？什么为全盘西化？能否全盘西化？如何全盘西化？复兴儒学应当复兴什么？如何以及应怎样返本？返什么本？开什么新？等等。

价值是关系的概念，是指客体（自然、社会、他人和某种客体形式的意识形态的作用、变化）与主体需要之间的一种特定（肯定与否定、冲突与融合）的关系。它不仅是从人对待满足人的需要的外界物的关系中产生，而且标志着主体的需要和外物的关系。这就是说，人把自己生存于其中的外部世界，作为满足自身生存需要和发展的对象，外部世界亦具有满足人的需要和发展的可能，这种客体世界与人的主体需要的关系，称为价值关系。① 价值标准是指主体的客观需要和利益在人的价值关系和价值活动中，具有尺度的性质和功能。② 价值评价是指人在评价活动中所确定并应用于评价对象的评价尺度和界限。人在价值评价中，一般是通过对“应然”与“实然”的比较，而做出“应该”与“不应该”、“应当”与“不应当”的选择。

价值评价标准，取决于诸多因素，基本上有：一是人的需要和利益，它以各种方式表现在人对待事物的态度中，成为评价标准的一个内容；二

① 参见拙著：《朱熹与退溪思想比较研究》，352～353页，台北，文津出版社，1995。

② 参见李德顺：《价值论》，282页，北京，中国人民大学出版社，1987。

是客体现实情境的可能与不可能的形式，决定人的“应该”与“不应该”的界限，这表现为不同时代对待不同事物的不同态度中的内容；三是价值理想的合理与不合理形式，决定人的“应该”与“不应该的”的界限。此三者的统一，便是价值评价标准的基础。

价值评价标准受不同时代、不同民族、不同国家、不同思维方式的制约。这就是说，不同历史时代、不同民族国家、不同思维方式的人的利益与需要，以及对客体可能形式、价值合理形式的理解都不相同，因此，判断什么是“应该”肯定的、继承的、有价值的精华，什么是“应该”否定的、批判的、无价值的糟粕，都会随历史时代、民族国家、思维方式的变化而变化。比如宋明理学家朱熹、王阳明都以“灭人欲”是应该肯定的、有价值的；戴震却认为“体情遂欲”，情欲是应该肯定的、有价值的，否定并批判“灭人欲”。同时，朱、王又认为“存天理”是应该肯定的、最有价值的精华；戴震却认为是“以理杀人”，天理是应该批判的，只有负价值。①

这种种截然不同的价值评价，说明好与坏，肯定与否定，正价值与负价值，精华与糟粕的区分。一言以蔽之，即应该否定什么、继承什么、肯定什么、批判什么、创什么新、弃什么旧等均受不同价值观念的制约。

当代中国文化的转型，从方法和手段而言，与唐宋时期有相似之处。唐宋时面临着外来印度佛教文化的挑战，以及中国本土道教文化的挑战，出现了释盛儒衰的情境。宋代还面临唐末五代十国社会大动乱之后，人与人、人与社会、人与心灵的冲突的挑战。当时曾对儒、释、道三教采取兼容并蓄的方法和手段，试图在兼容并蓄中使传统经学儒学与当时社会的生存和发展的需要和利益相适应。然而，从唐到宋初的兼容并蓄的方法和手段，亦遇到应当容什么、蓄什么与不应当容什么、蓄什么等的价值评价问题。因此，在 400 多年间，中国传统文化并没有对外来印度佛教文化的挑战做出回应，未能复兴儒学，以致韩愈提出“人其人，火其书，庐其居”(《韩昌黎集·原道》)的肤浅而简单化的做法，反衬出在佛、道文化挑战的威胁下的儒学的危机。

宋初，虽然仍然实行兼容并蓄的方法，但一些学者对佛、道采取激烈批判的态度。孙复说：

---

① 参见拙著：《宋明理学研究》，第五章《朱子学——朱熹的道学思想》、第七章《阳明学——王守仁的心学思想》；《朱熹思想研究》；《戴震》。

汉魏而下，则又甚焉。佛老之徒，横于中国，彼以死生祸福虚无报应为事……于是其教与儒齐驱并驾，峙而为三。吁！可怪也。去君臣之礼，绝父子之戚，灭夫妇之义。儒者不以仁义礼乐为心则已，若以为心，得不鸣鼓而攻之乎！（《宋元学案·泰山学案·儒辱》）

孙氏重在伦理道德上批判佛、道所造成的在君臣、父子、夫妇以及仁义礼乐等方面的破坏、失序和危机。李觏则从富国强兵方面批判佛、道。他说："缁黄存则其害有十，缁黄去则其利有十。"① 所谓"十害"，是指男女不知耕蚕，男旷女怨，坐逃徭役，民财殚、国用耗，亲老莫养，跨山据田，岁营缮而夺农时，市价腾涌，器用华而门堂饬，惰子吏猾以庸役等。"去十害而取十利，民人乐业，国家富强，万世之策也。"② 但他们的批判并没有创造出新的学说和观念，并未使兼容并蓄的方法得以落实或融合儒、释、道。

直到程颢，"吾学虽有所受，天理二字却是自家体贴出来"③。这一体贴使儒、释、道三教的兼容并蓄的手段和方法落到了实处，即朱熹所说的有一个安顿处、挂搭处，并回答了容什么、蓄什么的问题，开创了理学的新时代。

宋代理学的产生，标志着中国文化对外来印度佛教文化的挑战做出了成功的回应，佛学和道学（包括道教）均被融摄在理学之中，凸显了中国文化能经受各方的激烈冲击，具有强大的生命力；亦凸显了中国传统文化能够以开放的姿态，吸收各方面精华智慧，改变自己的理论形态，以适应当时社会的新环境的需要。用现代的话说，即从传统文化走向现代。尽管当时的统治集团以及一些人并不理解这一点，甚至到了南宋朱熹时亦未被理解，而把朱熹和与朱熹志同道合者以及程朱学派打成"伪学"，"逆党"，并订立《伪学逆党籍》。有人上书"乞斩（朱）熹已绝伪学"（《续资治通鉴》卷一五四）。流放朱熹的高足蔡元定，蔡死于流放途中。朱熹死后的送葬活动，也以"妄谈时人短长"和"谬议时政得失"④，受到监视和限制⑤。宋理宗时，才逐渐理解到程朱思想的价值，程朱理学才慢慢被奉为统治思想的理论基础。

今天，中国文化所面临的挑战的内涵、性质、特征以及情境、氛围

---

①② 《富国策策五》，见《李觏集》卷十六，141页，北京，中华书局，1981。

③ 《河南程氏外书》卷十二，见《二程集》，424页。

④ 《道学崇黜》，见《宋史纪事本末》卷八十，877页，北京，中华书局，1977。

⑤ 参见拙著：《朱熹思想研究》，修订版，53～54页。

等，虽与唐宋时大异，但就所面临的文化挑战的形势来看，与宋有相似之处。作为如何和怎样走向现代的方法、手段，诸如抽绎继承、选择继承、中体西用、西体中用、创造性转化、综合创新等，与兼容并蓄的方法、手段之名虽异，但作为文化整合的方法、手段，其实则同。

当前，中国传统文化的现代化，不能只停留在怎样或如何现代化的方法、手段的论争上，方法、手段还可以再提出很多种，但并不能解决现实现代化的问题，而应该落到实处。笔者提出和合学，就是试图思考中国文化在人类所面临五大冲突和西方文化、现代化的挑战下，如何做出一种回应，以适应中国实现现代化、走向21世纪的利益和需要。①

（二）文化战略构想的基点

从理论建构上看，和合学是关于21世纪文化发展战略的构想，它有这样一些立论的基点：

1. 立足于民族文化的世界性发展，把握人类文化冲突、融合的历史趋势。由来已久的“中西之辩”，尽管历时一个世纪有余，但是至今仍辩而不明，论而不决。究其原因，除上述价值观的差异之外，也在于辩论的各方诸派缺少一种全人类的战略眼光，未能贯彻和合的人文精神。

“中”与“西”都是地域性概念，用“中西”标志并区分民族文化，杂染着较浓的地缘政治色彩。因此，无论主张“中体西用”、“西之中化”，还是主张“西体中用”、“中之西化”，都承诺了一个非人文化的政治前提——一种文化优于另一种文化，优势文化应当奴役、统摄并同化劣势文化。百有余年的“中西之辩”，辩来辩去，焦点是比较优劣，核心是优胜劣汰。

从和合学的人学角度和人文立场来考察，文化是标志人类生存样式、意义规范和可能发展方向及道路的整体性范畴。每个民族都有自己独到的文化形态（类型），都有与全人类息息相关的人文精神。各民族的文化类型及其人文精神虽千差万别，但却是彼此平等的，都是人类文化和合体中的有机构成元素、因素。只要坚持这种全人类的人文战略立场，贯彻这种和合人文精神，那么，关于中西文化的优劣比较和取舍选择，不仅不利于民族文化的世界性发展，而且有悖于人类文化不断融合的历史取向。

滤去“中西之辩”中的政治前提和地缘色彩，从人文精神的高度来思考，“中西之辩”关涉的主要问题是东西方民族文化的交流中的冲突、融

---

① 参见拙著：《中国文化的和合精神与21世纪》，载《学术月刊》，1995（9）。

合问题。按照和合学的原理来看，东西文化作为存相，为对待两端，本身存在着冲突融合的潜能。这种对待冲突融合的潜能，在这两种文化未发生交流、对话、碰撞等形式的关系之前，并没有发挥出来而各行其是，犹如阴阳对待两极、在未交合之前，阴是阴，阳是阳，阴阳交合、“交感”、“交通”，才有冲突、融合。在这里冲突意味着融合，融合亦意味着冲突。由于冲突、融合不断进行，才诞生一个新事物，即新的和合体。这个文化和合体，不是一次冲突、融合就能完成的，而是无数次的持续冲突、融合的取向。

东西方民族文化的交流与国际政治现阶段的交流、对话活动有所区别，这就是文化交流、对话更应该摆脱政治权力、意图的干扰，不应该扮演政治奴婢或经济附庸的角色，而应该是平等的、互动的、互补的；同样，文化的融合与政治上的殖民、吞并亦有本质上的区分，文化融合是人类文化发展、提升的过程。中西文化交流、对话的冲突、融合的过程，就是人类文化这一跨地域、超民族的文化和合体的诞生。

和合学以中华民族文化的世界化发展为空间性的战略基点，力求通过对各民族文化的人文精神的和合诠释，把握人类文化历史性冲突、融合的理路、脉络和取向。

2. 立足现代文化的科技化发展，促成传统文化的创新转换。时起时落的“古今之辩”，从秦始皇以来，已延续2000多年。近代又伴随着“中西之辩”走过了艰辛的理论道路和学术历程。由于价值观念上的极端化偏向，或偏向颂古讽今一极，或偏向是今非古一极，结果人为地制造了一个传统文化与现代文化的冲突对立。

从和合学的实践方式和思维方式来考察，传统文化与现代文化是民族文化和合体历史演进的两个历史阶段、两种历史形态。它们彼此相继，前后承接，按照文化进步的时间之矢定向转换。中国传统文化与现代化在近代演化为“文化冲突”的大问题，实际上是东西方政治性的、经济性的冲突在中国文化系统内的射影。人们简单地以为西方文化是现代文化，中国文化是传统文化，将地域性的政治对抗转换为民族性的文化冲突。进而转换投射为文化系统内的时间性观念冲突。经过这样的运作，便给人们这样一个影响，中国传统文化的现代化发展，根本上不是创造性转换，而是取舍式的西化!

清除“古今之辩”中的政治射影和西化取向，我们不难发现，“古今之辩”涉及的主要问题是两个创造性转换：

一是变革生存世界中的活动方式，实现实践手段的技术化革命；二是变革可能世界中的思维方式，实现认知工具的科学化革命。

这两个创造性转换中的“不易之理”，就是意义世界中的和合人文精神及其人学价值原则。因此，传统文化的创新性转换，其最本真的战略意义，就是在坚持和弘扬中国文化和合精神的前提下，通过对认知工具和实践手段的科学技术革命，使中华民族跻身于现代文明之前列。

3. 立足20世纪文化发展的现实状况，预见21世纪文化进步的逻辑进程。20世纪人类文化的发展，集中体现为科学技术的进步这一维度之上。科学技术是20世纪人类文化的现实基础和集中代表。尽管人类对科学技术的无约束滥用，导致了一系列的问题和危机，但有一点是可以肯定的：21世纪的文化进步，只能是现代科技基础上的新发展、新完善。这样，在20世纪里，那些科技欠发展或落后的民族和地区，在21世纪将面临更严峻的挑战和生存及发展的考验。

按照和合学的理论原理，元素、因素在和合体的结构地位和功能作用，取决于该元素、因素的实力状况、能量级别以及它对和合体的贡献水平。因此，一个民族、一个国家要想走在21世纪文化进步的行列，雄踞人类文化系统的上位，就必须尽最大可能充实自己，尽最大努力拓宽自己生存和发展的道路。尽管如此要付出很高代价，但对于民族的发展和人类的和平，是值得付出的。

在这一战略基点上，和合学批判那种不切实际的文化保守主义，盲目的科技乐观主义和颓废的科技悲观主义。保守主义不符合文化进步的历史趋势，乐观主义和悲观主义看不到人的创造智能。“人能弘道，非道弘人。”中国文化走向21世纪的和合之道，在战略上是积极进取的，不是消极保守的；是理智抉择的，不是盲目冲动的。

后两个战略基点是时间性的，它们的共同宗旨在于，通过对民族文化内在人文精神的和合创新，驱动全民族的创造智能，牵引中国文化快速转入科技发展与社会进步的高速公路，结束科技欠发达的现状，在21世纪获得新的生机和活力，成为人类文化和合体内最夺目、最辉煌的部分。

（三）范畴逻辑结构三定律

从逻辑结构上看①，和合学揭示了人类文化历史发展和无限进步的内在机制。这一内在机制，是通过和合学独特的范畴系统的三大定律体现出

---

① 参见拙著：《中国哲学逻辑结构论》，修订本，1～103页。

来的。

1. 整体贯通律。[①] 和合学的范畴系统，是结构与功能相互耦合，彼此贯通的和合整体。

从结构系统看功能，和合学的48组范畴都是功能高度差分化的结构单元。它们分界、分维展示和合人文精神的三个世界，八种状态，并通过一系列的转换中介，使结构单元融贯一体，生化流通。

从功能系统看结构，和合学的诸范畴又是结构高度差分化的功能单位。它们分层、分序模拟和合人文精神的六个层面，四对序偶，并通过信息的反演流行，使功能单位渐次优化，综合日新。

正是通过范畴系统结构与功能的对偶化和合，和合学真实地再现了人文精神的“生生之道”与“日新之德”，逻辑地说明了人类文化的整体特性和贯通方式。

2. 纵横互补律。[②] 和合学对文化系统自身的历史进步和彼此的交流发展，是通过范畴逻辑结构的纵横互补律来加以概括和阐述的。

第一，文化系统自身的历史进步，表现在范畴逻辑结构上，是一个纵向互补，依时序串行的和合过程。通过文化系统内在的遗传机制，标志文化传统的前趋因素与体现文化创新的后继因素纵向互补，依序串行，使该文化系统的人文精神血脉相承，生生不息，构成源远流长、日新盛德的生机流行。

第二，文化系统彼此的交流发展，表现在范畴逻辑结构上，是一个横向的互补、依位序并行的和合过程。通过文化系统外化的交换机制，一种文化的优质元素与另一种文化的优质元素横向互补、依序并行，使各自的人文精神遥相呼应、息息沟通，构成百川汇海、交相辉映的生意大化。

依时序串行与依位序并行，纵向的进步性互补与横向交流式互补，真实而全面地展示出人类文化的融合趋势和进步必然，说明了人文精神的和合实质。

3. 浑沌对应律。[③] 按照和合学建构的范畴系统及其逻辑结构，文化系统的可比性和差异性是相对的、相关的、特征上的，文化系统的对应性和等价性是绝对的、本质上的。

---

① 参见拙著：《传统学引论——中国传统文化的多维反思》，58～60页。

② 同上书，56～58页。

③ 拙著《传统学引论——中国传统文化的多维反思》称“浑沌对应律”，“浑沌”有模糊之意。

就局部状况来考察，文化系统内部具有时态化的特征，可分离出进步水平、开化程度有别的历史阶段；文化系统之间具有区位化的特征，可划分为价值取向、审美情趣差异的交流类型。就整体精神而言，贯通于不同文化历史阶段的、无差别的本质是和合的民族精神；渗透在不同文化交流类型中的、无分殊的根据是和合的人类精神。它们都是和合人文精神的等价形式，彼此之间绝无优劣之分。

和合人文精神是不同形态、不同类型文化系统的契合点。它至真无假，尽善尽美，不分优劣，无间小大，形成文化系统内部诸方面、诸阶段之间的诸类型的浑沌对应关系。其实，精神就是最浑沌的范畴。

浑沌对应律揭示了文化人文精神的对等关系和一致倾向，是文化比较研究的基本准则。根据和合学的浑沌对应律，传统文化与现代文化虽有时态上先后之别，中西文化虽有类型上重科技、崇道德之分，但在人文精神上无高下、优劣之辨，是浑沌对应的。换言之，中国传统文化的儒家仁义道德并不比西方现代文化的科学技术文明更高明或更优越；西方的神学化伦理并不比东方的人学化伦理更美好或更超越。那种根据文化类型的特征上差异断言某种文化更高明、更优越的随意性分析，从根本上违背了文化发展的和合精神，是对人类文化和合体的人为割裂和机械对照。

和合学范畴逻辑结构及其三大定律，将和合学的战略构想及其基本点理论化、系统化，使其深化为文化系统的内在进步机制和相互交流规律，上升为文化历史观、文化价值观和文化比较观，成为涵摄面最广、概括度最大的跨世纪的文化价值哲学。因此，和合学顺利地实现了从战略构想经逻辑结构而达到战略预测的学术目的。

二、 和合学的价值观与方法论

和合学对21世纪中国文化和人类文化发展前景的战略预测，既是和合学原理合乎逻辑规则的实践运用，又是和合人文精神合乎价值准则的理论选择。它的主题是：弘扬中华民族文化传统中的人文和合精神；光大中国传统哲学文化中的人文和合理想；瞻望人类文化智能化、和合化和信息化的和合前景。实现这三个宏大的主题，和合学必须转换自己的功能角色，实现从文化价值观到文化方法论的转换。

（一） 价值度量与智能创造

和合学能否成为一种严谨的文化价值理论，进而升华为文化价值哲学、一般价值观与方法论，从元理论与元逻辑角度讲，主要取决于和合学能否为自己铺垫一块坚固的理论基石，凝结一个踏实的逻辑核心。笔者认为，和合哲学的理论基石或生长点，逻辑核心或枢纽工程，当是与中国哲学逻辑结构论①整体对应、学理阶进、血脉相承的中国文化和合价值学。

和合学的立言宗旨、创学标的，是为了化解20世纪人类文化系统内的价值危机和冲突，进而设计21世纪人类文化发展的战略之道。因此需探索文化价值和合这一跨世纪的全球性问题。和合学的理论源泉、精神沃壤，是中国文化价值系统中根深蒂固、源远流长的人文和合精神。

中国文化价值系统，是和合学永远得以滋润和哺育的源头活水之一。依据现代学术通行的逻辑惯例梳理中国文化系统的价值和合，并对其进行创新转生，和合学理论开拓才能获得一个逻辑支点。和合学要化解的人类所共同面临的五大冲突（危机），实际上亦是价值危机的表现形式。生态危机是与人类掠夺和征服自然生态系统这一价值观念的危机相联系；社会危机、人际危机、心灵危机、文明冲突，都与价值危机与冲突相关联。和合学能否化解五大危机和冲突，就在于和合学能否创立一种全新的价值观和方法论，并据此理论地解决人类文化价值系统日趋严重的危机和日益激化的冲突。笔者在上卷提出和生、和处、和立、和达、和爱五大中心价值，就是创立这种价值观的尝试。

从论证陈述的角度讲，从逻辑结构论到价值和合学，可能需要两个必要的理论过渡环节，即价值度量理论和智能创造道路。

1. 价值度量理论。价值和合中的悖论，在二元分化的定性水平上是无法消除的。除非承诺一种尽善尽美的绝对本体和一个全智全能的无限主体，才能保证为善去恶的价值选择是当然而必然的，否则就会陷入善恶无限冲突。价值和合中的悖论，只能在多元分维的定量水平上得到解决。

从度量理论出发，价值范畴本是量化概念，“作价多少”、“量值多少”等。首先是价值的标量测度，然后才是价值量的分类定性。比如汰劣与择优中提出的公平、正义、合理和真实、完善、优美等价值观念，都具有量化特征，都是可度量化的。道德行为不都是要么善，要么恶；而是完善程度有高有低。完善程度高的道德行为，更接近至善理想；反之，更接近邪恶极端。传统的价值观念过分强化了价值的定性特征，结果导致了在价值的两个极端点上手舞足蹈，二难抉择的逻辑假相，或称价值不相容冲突假相。

---

① 参见拙著：《中国哲学逻辑结构论》，59～103页。

和合从度量理论考察，意蕴着价值量的代数运算，类似于算术中的加和法，数学中的集合法以及分析理论中的积分方法。和合是度量化价值空间中思维逻辑演算，是范畴逻辑结构的工具化、流行化。善恶作为道德行为的两个价值度量值，区别仅在于标值的性向相反，是完全可以和合演算的。例如，依据某种价值度量标准，某人一生中所有行为的道德价值分量为：善值为（＋100），恶值为（－30），那么，他的道德价值和合量为（＋100）⊕（－30）⇒（＋70），即和合为善值。

在价值领域引入度量化处理技巧，建立和合化逻辑演算，理论上有其长处：

第一，对以往哲学而言，和合学的价值度量理论有效地批判和克服了传统价值哲学对价值绝对化、实体化、极端化理解的偏颇和人为制造的价值二元对待、不相容选择的假相，恢复价值范畴可度量化，可和合化的本来特征，为价值观念的创新铺好逻辑道路。

第二，对和合哲学自身而论，价值度量理论能够有效地解决和消除和合学中的一些悖论，使和合学的理论化水平、逻辑化程度得以提高。比如优劣和合悖论的产生原因，是在于将优劣完全实体化，误以为优质与劣质是两种性质不同的实体元素、因素。其实，优劣在某种情境下是同一实体元素、因素的两种相容的度量特征。同一实体元素、因素对于低级标准而言，会是优质的；但相对于高级标准而言，则可能是劣质的。又如同异和合悖论的产生原因，是在于将同异关系单一化、绝对化。两种实体元素、因素的同异关系，取决于甄别同异的尺度之大小。小尺度上的同质关系，在大尺度上是异质的；大尺度上的同质关系，在小尺度上可能是异质的。如以社会文化为尺度，人类与动植物殊异，无等价交流关系，难以平等地和合为一体；如以细胞单元为尺度，人类与禽兽草木无异（皆属细胞和合体），可以等价交换，利用遗传工程杂交和合；如以原子结构为尺度，人类与万物平等，没有任何尊贵性可言。《庄子》与名家学派深谙同异关系上的大小度量道理。如庄子的“万物齐一”与“肝胆楚越”，惠施的“大同异”与“小同异”，《墨经》的“同异”说等。

2. 智能创造道路。价值空间的危机或阻碍，意义世界的悖论或冲突，真正得以解决，在价值度量理论中是难以彻底实现的。根据“人是会自我创造的和合存在”（包括价值与意义的创造）的公理化约定，只有通过智能创造道路，人类才能消除价值危机和意义冲突，达到和合境界。

人类的创造本质，就目前的理解水平，可以归结为智能创造，现代人工智能技术充分体现了这一点。事实上，原典佛学最重智能创造。儒家孔子的“仁且智”（仁为“克己复礼”的行为能力，“克”可训为“能”）；孟子的“良知（智）”与“良能”；荀子的“知有所合谓之智”，“能有所合谓之能”①；《易传》“乾以易知（智），坤以简能”②；《中庸》的“三达德”，“知仁勇三者，天下之达德也”（《中庸章句·第二十章》），仁勇属能，知即智。都注重人类智能的创造性品德及其文化开发。宇宙本来没有价值空间，自然本身不存在意义世界。价值空间与意义世界，是人类智能创造活动的文化结晶。只有在这里，和合效应才是基本的。价值可无限加和，意义可无穷叠合。价值加和与意义叠合，又是在智能创造实践中实现的。

智能创造道路要注意保证价值空间内的加和效应沿正则方向连续增益，防止价值空间的加和效应反变、顿断或减损、停滞；要注意确保意义世界中的叠合效应沿生成方向无限连通，防止意义叠合中的阻碍、坏死、荒诞、虚无等现象发生。

智能创造道路是依逻辑结构、构成价值和合的关键思维路线和实践途径延伸的。逻辑结构是智能创造的蓝本，价值和合是智能创造的目标，两者通过智能道路连通、融合为一。

智能创造道路将创造功能限定在人类价值空间和意义世界内，以防神灵创世论、自然创生论等泛创世论，使人类智能创造范畴人文化、价值化、科学化。

（二）文化价值与四级开拓

价值度量理论和智能创造道路，构成了从逻辑结构论到价值和合学有序过渡的两个必要环节。借助这两个环节，不仅逻辑结构论得以充实和提升，而且价值和合学也将获得更充实的理论基础和更合理的逻辑证明。其关系图式如图 11—1。

价值度量理论和智能创造道路，作为从中国哲学逻辑结构论到中国文化价值和合学的过渡桥梁，进而从中国文化价值和合学到和合学的四级开拓，作为理解与接受和合学的逻辑阶梯。建构通达和合学理论堂奥的这些理论桥梁与逻辑阶梯，是为了使和合学走出书斋，走向社会，走向生活。以超越学科、国别、地域和时代的限制。除了完成两个环节的内涵转换外，尚需完成四个层级的外延开拓。这四级开拓的逻辑流程如图 11—2。

---

① 《正名》，见《荀子新注》，367 页。

② 《系辞上》，见《周易本义》卷三，56 页。

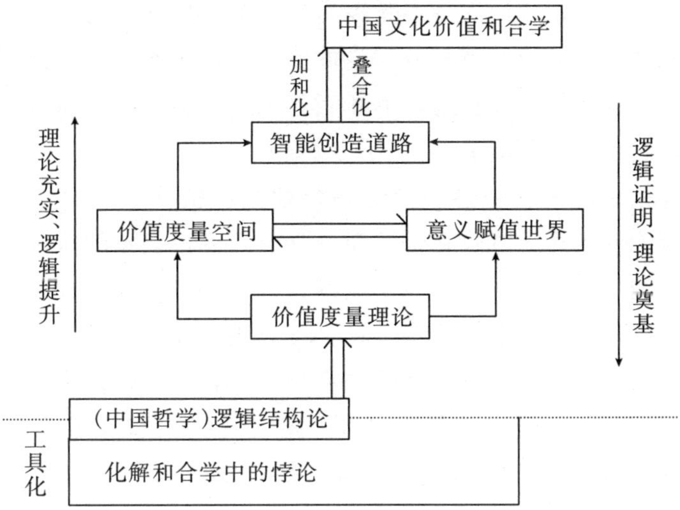
中国文化价值和合学
加和化
叠合化
理论充实、逻辑提升
智能创造道路
逻辑证明、理论奠基
价值度量空间
意义赋值世界
价值度量理论
(中国哲学)逻辑结构论
工具化
化解和合学中的悖论

图 11—1

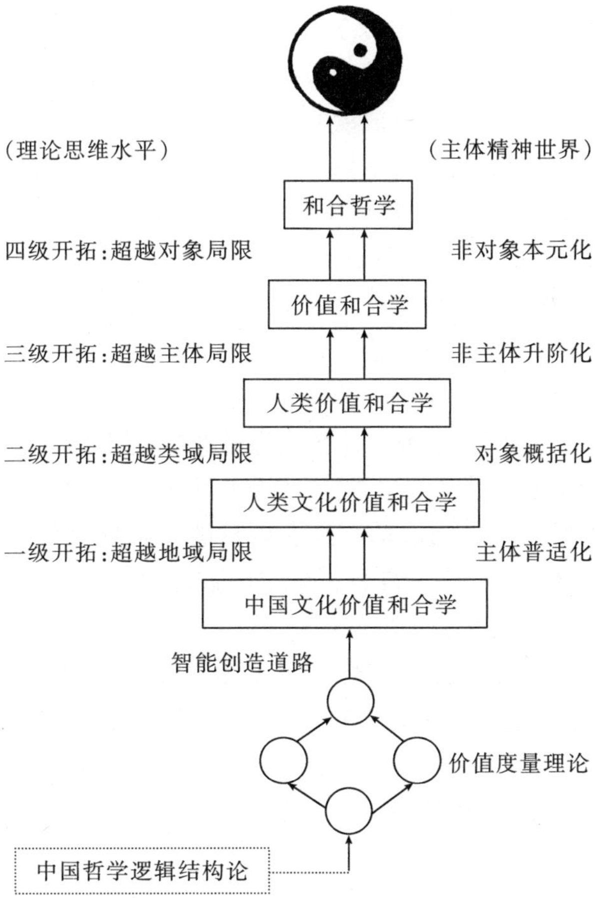
(理论思维水平)
(主体精神世界)
和合哲学
四级开拓:超越对象局限
非对象本元化
价值和合学
三级开拓:超越主体局限
非主体升阶化
人类价值和合学
二级开拓:超越类域局限
对象概括化
人类文化价值和合学
一级开拓:超越地域局限
主体普适化
中国文化价值和合学
智能创造道路
价值度量理论
中国哲学逻辑结构论

图 11—2

经由四级开拓，理论思维不断提高自己的意境水平，不断超越内外限定，达到和合哲学的价值观和方法论的完善、优美水准。与此同时，主体精神不断净化自我的气象意蕴，不断完善创造智能，最终逼近无我无物的本元状态，趋于和合可能世界。

四级开拓是理解、领会和接受和合学原理精神和方法应用的渐修之路，是引导人们领略、体验和合学理论意蕴与逻辑韵味的阶梯。它与和合学理论体系的“三界”、“六层”、“八维”、“四偶”的建构并非冲突。和合学理论体系是和合学的中枢系统，此“两个环节”，“四级开拓”是理解和合精神，进入中枢系统的辅助性操作系统。两者璧合，体用一源，方能使和合学走向实践。所谓“极高明而道中庸”，由“中庸之道”通达“高明之境”，这亦是我们教学活动的循序渐进的原理。和合学被人们所体悟亦是这样。

（三）人学主体的理论视角

作为价值学的和合学与作为方法论的和合学，其值相同。从人学主体论的理论视角来考察，和合学是广义的人学体系。将人看作是一切价值性活动的主体，是和合学人学方法论的最基本的理论视角。

就其人学特征而言，和合学认为，人是一切文化活动的智能源泉，是所有意义规范的价值尺度，是无限可能状态的范畴造化。换言之，“人”始终是价值判断的主词，价值推理的枢纽。在文化价值哲学中，“人”是不能定义的基始概念。人的本质，人生的意义以及人道的目标，是以人为自变项的和合函项。它们依人而生，因人而成，随人而移，共同构成人类生存、发展和完善的人学论题。

和合学的主体理论，包括三个依次递进的逻辑层次：

1. 人是自我意识活动的主体。“匹夫不可夺志也”[①]。意念、思维、志向、情趣等精神性的文化活动，其主体只能是个体性的人。振作精神，“自作主宰”，自重、自立、自得、自成，弘扬的正是这种个性化的主体精神。

2. 人是人际交往活动的主体。“仁者爱人”，“智者知人”。道义、仁爱、理智、礼节、信用等规范化的道德活动，其主体只能是自觉性的人。“己所不欲，勿施于人”，“己欲立而立人，己欲达而达人”，倡导的便是一种互动化、互补化的主体精神。

---

① 《子罕》，见《论语集注》卷五，39页。

3. 人是天人沟通活动的主体。天地合气而生人，人类法地而顺天。天时、地利、人和、政清、道顺等最优化的价值活动，其主体只能是和合性的人类和合体。“天人合一”、“知行合一”、“诚明合一”、“内外合一”、“有无合一”，是追求一种和合化的主体精神。

个性化、互动化、和合化，是和合主体理论的三个层次，也是和合学人文主体精神的三重境界。

人学特征与主体理论的融突，是和合学方法论特有的理论视角。

人在文化价值领域中的主体地位和精神境界，是人文化、价值化的自我规范。人类通过对自己文化本性与历史使命的不断自觉，不断地规范自己的生存方式、价值意向和思维模式，使其朝着更真实、更完善和更优美的和合道路进化。因此，人文价值论的规范立场，是和合学理论建设的前提条件和实践运用的目标归宿。

“先天而天弗违，后天而奉天时”，是和合学人文价值论的基本规范。人类的价值活动是目的性活动，具有先天的趋势和超越的倾向，旨在创造出自然所不曾进化出来的文化产品和价值形态。这种先天而行的价值创造活动，只要能将自然因果性与文化目的性和合为一体，就不会违逆天然的生态法则，就会使文化创生与自然化生和谐一致。人类的文化历程是次生性的自觉活动，具有后天的地位和承继的作用，旨在使原生性的自然更真实、更完善、更完美。这种后天而行的人文化成活动，只要能将天然本然与人文使命和合起来，就能承奉天时，参赞化育，使天地万物与人类万事协调运行。这便是和合学“天人合一”的方法论精髓。

分合并进论的实践方式。和合学的人文价值规范是人类生活实践的最高准则。它所要求的实践方式，既非片面的天人相分、彼此裂二，又非含混的天人相合、本根归一，而是天人相与、分合并进。

第一，自然孕育生命，天地生养人类，是结构差分化的功能整合过程。自然生成智能生物，人类与自然相对分离，是宇宙演化、生态进化的不可逆转的方向和道路。天人相分有际，是天人相合无间的自然前提。传统的“天人合一”是倒行逆施的复归，是一种反时间方向，非进化原理的还原主义。因此，这种“天人合一”，只是本根论意义上的抽象思辨，对人类生活实践未能产生相称的影响。

第二，人类创造文化，自然日趋文明，是功能差分化的结构整合过程。天人功能分化，道用相异，是唐代思想家刘禹锡的伟大发现。“天之能，人固不能也；人之能，天亦有所不能也。”① 天人功能上的道路分化，集中表现为人类制定各种规范，确定是非标准，创造人文价值；天地按自然法则生生化育，按进化法则新陈代谢，依质能关系转换强弱。“天与人交相胜矣。”② 天人交错综合，各显其胜，构成天人和合系统结构，达成和合无间的人文归致。

天人结构上的特异性差分化并行着功能上整体性和合，功能上的特异差分化又并行着结构上的交错融合，分合并进，连锁对偶，形成天人关联互动的和合实践方式。

分合并进的和合实践方式，是对传统分合交替串行方式的批判超越。传统观念认为，天人关系经历了一个合→分→合的圆圈运动。差分与融合，彼此间隔，随时流转，仿佛因果轮回，是人类无法把握的预定命运。这种分合交替串行方式，是对分合并进关系的片面理解和理念抽象。它对人类文化的发展，产生过消极的影响。事实上，以人为主体的任一和合实践活动，都具有结构与功能对偶、差分与融合并进的双螺旋机制。其图式如图 11—3：

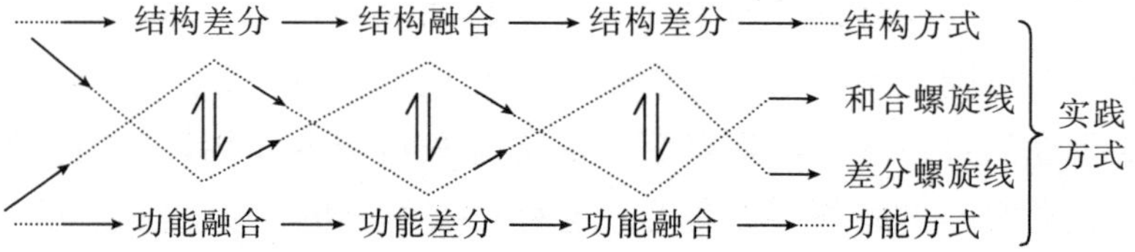

图 11—3

人类文化系统内的劳动专业分工与社会合作，生产资料的所有权分化与经营权整合，科学技术的学科高度分化与跨学科高度综合，等等，都具有分合并进、对偶关联的实践方式。套用《三国演义》的话说，就是“话说文化理势，分中有合，合中有分”。

关系整体论的思维方式。和合学的思维方式是一种关系整体论。它由两种基本的思维方法和合而成，是富有创造性的思维方式。

（1）综合性创造思维——思维的拓广道路。

元素差分→关系网络→结构融合→整体贯通；

（2）分析性创造思维——思维的深化道路。

整体贯通→结构差分→关系殊化→元素和合。

---

① 《天论上》，见《刘禹锡集》卷五，67～68 页，北京，中华书局，1990。

② 同上书，70 页。

元素、因素通过结构的有无变换形成整体的可能运动，关系通过功能的显微转化体现属性的和谐变化。元素与整体、关系与属性、结构与功能、差分与融合，共同构成可能世界的范畴逻辑运动，完成和合创新的思维职责，并不断将概念世界推向更优美的逻辑结构。

关系整体论与大脑处理信息的认知机制是相契合的。

和合学方法与科学方法论。和合学方法是高度综合、特异分化的现代科学方法——文化价值哲学方法。

从一个方面看，和合学方法从人学特征和人文精神的高度，综合了系统方法、结构方法、功能方法、信息方法等现代科学技术的新方法论思想；从另一个方面看，和合学方法又不是一般的科学方法论，而是专门解决人文价值问题的文化方法论，它既是范畴逻辑运动的思维方式，又是规范价值尺度的实践方式，还是指导智能生存活动的行为准则。

和合学的四条方法论原则是一个整体，不可截然分割。从理论视角到规范立场，从实践方式到思维方式，其中“一以贯之”的活的灵魂是和合人文精神。人学主体论与人文价值论、分合并进论与关系整体论，都不过是这种和合精神的实现方式。

三、 和合学视野中的科学技术

科技史上的综合与分化并行构成内在和合机制，科技与人文的和合历史及其现代危机，引起了人们的重视。古代科技家对宇宙的探索，对人生意义的理解，对理论和方法创新的重视，而取得了科技新成果，也为人文精神的发展和提升提供了源泉。科技内在的和合精神是最高水平的人文精神新生态。传统人文精神必须在科技革命中涅槃化转生，更新媒体。

（一） 和合是科技发展的内在机制

和合学对 20 世纪的科学技术，有两个基本的看法：一是和合是现代科学技术发展的内在机制和人文特征；二是现代科学技术是和合人文精神向更真、更善、更美水平发展的全新基础和既成前提。

古代科学技术，是东西古代人文实践和合的文明结晶。欧几里得的几何学，综合了古埃及的土地测量技术思想，三角运演方法，以及古希腊的思辨自然哲学、概念辩证法。欧氏几何公理的普遍有效性支撑了西方古典哲学本质研究，当非欧几何出现后，便否定了欧氏公理的绝对性，使现象背后唯一绝对本质发生了动摇。这样，现象后面并不存在一个不变的永恒本质。每一个现象都得自己确立自己背后的本质。

托勒密的天文学综合了古埃及、古巴比伦和古希腊的天文观察资料，历法编制技巧，于公元140年的《天文学大成》中系统地、定量化地提出了地心说宇宙模型。他巧妙地运用本轮——均轮体系，获得与当时观测一致的计算结果和宇宙论哲学假设。然而，到了中世纪托勒密的地心体系被教会用来作为上帝创造世界的理论支柱。

中国的《九章算术》集秦汉以前丈量、测度、运筹、方程等思想和算法之大成。九章即：方田——土地测量；粟米——计算粟、米、饭的比例等；衰分——各比例计算，如劳役、租税、产品如何按比例分配；少广——面积计算；商体——体积算法；均输——如何公平征税；盈不足；方程——生活中方程算法；勾股。古代伟大数学家刘徽对《九章算术》作了注解。现代一些人总认为中国古代数学已经消亡，最近数学家吴文俊认为，从历史角度看，总结性、存在性、程序化的算法体系占主导，古希腊演绎的、逻辑的方法只在一段时间内占主导。21世纪的数学，中国古代《九章算术》的机械化数学将有超越《几何原本》的逻辑演绎的趋势。机械化数学的原理将在各个领域得到运用，具有预测性。

中国作为农业社会，对天文历法特别重视，据《史记》记载："盖黄帝考定星历"（《史记·历书》）。《索隐》引《系本》和《律历志》："黄帝使羲和占日，常仪占月，臾区占星气，伶纶造律吕，大桡作甲子，隶首作算数，容成综此六术而著《调历》也"（同上书）。黄帝组织了占日、占月、占星气、律吕、算数以及造历，容成综合这些观测天文的资料，以算数的成果而制定了《调历》（可能是《黄帝历》）。《汉书》记载：先秦有六历，"《黄帝》、《颛顼》、《夏》、《殷》、《周》及《鲁历》"①。秦统一中国后，曾采用《颛顼历》。

中西古代天文、历法、算数方面的科技成果，都是中西古代人文实践活动的科技珍品。

近代科学技术是近代人文解放运动的历史产儿。文艺复兴运动推动了近代自然科学的发展。人文主义的弘扬，解放了人的创造智慧与发明才能。牛顿经典力学和瓦特等人的蒸汽机技术，都是高度综合的产物。比如牛顿是在伽利略、笛卡儿、开普勒、哥白尼等人研究的基础上，提出了运动三定律及万有引力原理。运动三定律的外力推动的机械运动性质比较明

---

① 《律历志》，见《汉书》卷二十一上，973页。

显；万有引力原理扩展为天体运行动力与运动轨道形成的研究；并通过比较方法，测量诸天体的质量及相互间引力大小的数据；他还证明了以数学表达方式出现的万有引力的普适性，以及推测地球的两极是扁平的。后来求得地球扁率为1/334，与牛顿理论推算近似。① 人文主义与近代科技，是西方近代文化进步的两个冲突融合难分的方面。

中国近代文化人文启蒙思潮的流产，以及近代科技在中国的失落，从反面史证了科学技术与人文精神的冲突融合的关联。

现代科学技术是现代人文和平发展的强大动力。20世纪两次世界大战爆发的原理，有政治的、经济的、军事的、观念的、民族的原因等，错综复杂。就狭义的文化原因而言，是地缘政治论，人种优势论和文化中心一元论，以及殖民主义观念等。伴随两次世界大战的现代科学技术革命，是消除战争、保卫和平、克服落后、共同发展的人文文化的努力结果。尽管从局部的动机、暂时的情况看，似乎现代科技是战争的帮凶，先进剥削、压迫落后的手段；但从整体的趋势、长久的效果看，现代科技的不断革命和不断跨国界的发展，已将各民族、各国家、各地区联结成为一个生死与共、荣辱相关的利益和合体，使全球性战争和倒行式的衰落得到一些遏制，并终将被彻底消除。

生态、粮食、人口、资源、环境等全球性危机，与其说是科技引起的，不如说是科技发现的。事实上，即使在生产水平低下的农耕文化时期，亦已引发了土壤沙漠化、植被森林破坏、动物群落退化等地域性、局部性的生态危机。粮食危机、人口危机、能源危机都见于史书记载。将全球性的生存危机完全归咎于现代科技，理由是不充分的。导致当前各种危机的原因是很复杂的，它与人类由来已久的传统价值观念、实践方式和思维方式不无关系。人类依赖自己的创造，发明了高科技，创造了史无前例的丰富的物质文明，也导致了负面效应的各种危机。化解各种危机，也只有依靠人类自我创造，通过现代科技，从根本上转换人们的错误价值观念，不宜的实践方式和思维方式，才能从根本上实现人类和自然的和平共处与协调发展。这是因为，要使人类与自然和生、和处、和立、和达、和爱，就必须真实而系统地把握人类与自然相互作用的实践法则，把握自然生态平衡的约束条件和人类文化进步的可能道路。没有高度发展的现代科学理论和高度完备的现代技术手段，就不会有人文精神的更真实、更完

① 参见萧焜焘：《自然哲学》，198页，南京，江苏人民出版社，1990。

善、更优美的和平发展。

科学技术既是人类文化实践活动的形式，又是这一活动形式的和合产物。科学技术的地位和作用，是人文精神价值规范和行为选择的结果。科学技术的滥用，显示了人文精神的分裂和病态。对科学技术的厌倦、反感、担忧、悲观，甚至愤怒、仇恨，亦反映出人文精神的虚弱、幼稚、不健康和不完善。

科学技术发展的内在冲突融合而和合机制，有两个必要的方面：一是科学技术理论的诸原理、诸学说和诸规程合乎逻辑的创造性和合；二是科学技术活动的诸要素、诸方面和诸规范合乎价值的创新性和合。

在现代科学技术发展中，这两个方面是不平衡的。当务之急，尤其是对于人文学者来说，是完成第二个方面的创新性综合。相反，杞人忧天式的忧患，是人文学者无能的、不负责任的表现。

（二）科技是和合精神的现代体现

人文精神生生不息，但其媒体历经历史更替。宗教神学、伦理道德为人文和合精神的古代形态；科学理论、技术工程为其现代形态。中间以近代宗教改革、道德启蒙为联系环节和发展枢纽。

在不同的历史时代，和合人文精神会有不同的表现方式。古代的人文精神是通过哲学、宗教神学或伦理道德表现出来的。在古希腊人看来，在具体现象后面有一个抽象的存在，比如桌子、人的后面有一个抽象的桌子和一般的人。桌子、人是具体项，如各门具体科学理论。在各门具体科学之上，应有一个统摄各类现象的东西，即一切理念的理念，一切科学的科学，这就是形而上学，即“物理学”之后或具体学科之上的科学。对形而上学作理性理解的是哲学，作超理性的理解的是神学。哲学与神学的互补，构成了西方的宇宙观和人文精神。

在中国被奉为六经之首的《周易》说：“是故形而上者谓之道，形而下者谓之器”。朱熹诠释说：“卦爻阴阳，皆形而下者，其理则道也”①。卦爻阴阳是形器的现象层面，形器现象的后面是所以为形器的形而上之道或理。然而，儒、道、墨、名、法、阴阳各家各派以及佛教，各有其道。各家各派冲突、融合，构成了中国的宇宙观和人文精神。

近代的人文精神，是通过宗教革命与人学启蒙来解放自己的。西方文艺复兴与宗教改革冲突互补，人文主义得以发扬。人文主义者继承古希

---

① 《系辞上》，见《周易本义》卷三，63页。

腊、罗马思想家关于发展人的才能思想，发展世俗化的人文科学，以便取代宗教神学。他们在语法、修辞、诗学、历史、道德、哲学等方面宣传和发展人道精神，表达新兴市民阶层的愿望和利益；他们以个人主义和世俗主义反对宗教禁欲主义和来世哲学；以人性、人道主义与神性、神道主义相抗衡。高扬以人为中心的革命，歌颂、赞美人，以针对宗教神学。18世纪启蒙时代的人文主义，有两种类型：一是以英、法、俄和德国费尔巴哈为代表的人文主义，属经验型的人道主义；二是以德国、荷兰的思想家为代表的理性型的人道主义。但他们均以人性、人道主义反对神性、神道主义，倡导自由、平等、博爱、权利、尊严、价值等。

现代的和合人文精神，是通过科学理论革命和技术工程革命来自我批判、自我完善和自我发展的。20世纪的和合人文精神，渗透在现代科学技术革命之中。从思维方式上看，它集中表现为相对论的宇宙观，量子论的结构观与系统科学的关系学说之中。从实践方式上看，它主要体现为遗传学的生命工程，信息论的知识工程与智能科学的智力模拟之中。离开现代科学技术革命而别谈所谓“人文精神”，只能是对时代精神的复古化的亵渎或空想式的指斥。

正因为现代科学技术是和合人文精神的现代体现，和合学原理的实践运用，便集中探究和合自然科学、和合伦理学、和合人类学、和合技术科学、和合经济学、和合美学、和合管理学以及和合决策学等领域中的人文化和合方式及其发展趋势。

（三）人文精神的科技奠基和发展

中国传统文化的人文精神，长期被囚禁在“经学”之中，而不能开放，开放也不能转生。转换新的媒体，落实到现实生活，用现代科技为其奠基，这是中国和合人文精神健康发展的必要条件。和合学原理实践运用的现实使命：一是尽显现代科学技术内在的和合精神及其人文价值；二是转生中国传统文化的人文和合理想，使其健康发展。

在20—21世纪之交，人类文化处于转折时代。传统文化作为历史的文化形态，其文化价值观念，是与宗教神学的教条和道德形上学的准则分不开的，有的就是它们演绎下来的直言命令、绝对理念、真如本体。从形式上看，传统文化的价值系统是绝对的、永恒的，以及“万古不易”的“天理”、“良知”或“律令”。实质上是将人异化，使人成为价值理念表现自己的工具，异化成为天命义理施展权威的场所。

现代文化是传统文化的发展和取向，它是现实感性生活中的世俗文化。它以现实的、活生生的人的生命生存、发展和完善为自己的立论基础和价值使命。它将现实人的安身立命牢固地确立在大地之上，并通过科学技术的进步和社会文化的发展，不断增益人生的快乐和幸福，不断减损人世的痛苦和烦恼。换言之，现代文化将和合人文精神奠基在现代科学技术基础之上。只有如此，才能使人文精神脚踏实地，落到实处，避免虚幻无力与苍白无色；才能使科学技术服务于人类，避免盲目滥用与本质异化。这样，人文精神与科学技术就能融突而和合，人类社会才能化解各种危机，而开拓为和合的人文世界。

科学技术是人类生命活动的现实表现，是现代人类社会活动的内在实质。人的主体的生命活动一部分客体化为智能机，客体化的智能机又转化为主体的生命活动，在这互动中，便把人的创造性的人文活动推向一个更完善的阶段。从和合学的视野来考察，这种互动，便是和合人文精神优美化的现实基础和进一步发展的真正动力。

第十二章　形上和合与和合自然科学

和合人文精神内在地蕴涵在现代科学技术之中，现代科学技术亦集中体现了现时代的人文价值和合，这可以成为和合学原理从体到用的转换的基调。中国的一些人文学者有一种传统的、使自然科学家、技术工程师、管理决策者产生一些不必要的误解的观念，即人文价值是科学技术所缺少的，必须由人文学者予以“灌输”的血脉与灵魂。科学技术是没有人文价值灵魂的手段和工具，人文价值则是科学技术追求的、外在的目的和归宿。

这种观念，是非和合的二元对立思想。它忽视了现代科学技术是一个纵贯古今、横跨世界的宏大的人文运动，是文艺复兴以来的人文主义和科学主义互补和合的人文结晶。哥白尼（Nicolaus Copernicus，1473—1543）的日心学说，是为了追求一种“完美的形式”和合，为人所惊叹的对称性的宇宙模型；爱因斯坦（Albert Einstein，1879—1955）的广义相对论，是为了数学上的优美与逻辑上的统一；诺贝尔（Alfred Bernhard Nobel，1833—1896）的专利发明和居里夫人（Marie Sklodowska Curie，1867—1934）的放射性技术，主要是为了人类的福利。现代分子生物学与人工智能技术，更是为了人类的真正解放和全面自由。若看不到这种状况，而将传统的某种价值观念安插到科学技术这一和合体中，人为地制造出所谓的“科学技术与人文价值的矛盾冲突”，是思维理路混乱的产物。

从潜意识的层面来分析，这种混乱的思维道路，是哲学领导科学、政治役使技术的等级观念的作祟。殊不知，哲学也是广义科学园地里的普通一员，没有任何天赋的“领袖”特权；政治也仅是社会管理技术之一，没有任何绝对统治使命。换句话说，所谓的“人文与科技的冲突”，归根结底是等级价值观念在人文学者头脑里的自相冲突：既要安享现代科学技术的恩惠，又要维护“帝王之师”的“九五”尊位。

和合学将自然科学、技术科学、人文科学等放在三个和合世界中分层分维解析，揭示其中“一以贯之”的和合精神，有助于消除人为的混乱或人造的对抗，有助于构成融突论的和合科学体系。

一、 自然科学的和合人学前提

在和合学体系中，自然是和合生存世界的“元境”。所谓自然，一般有广义和狭义之分。广义是指具有无限多样性的一切存在物，它与宇宙、存在、物质等范畴有相似的含义；狭义是指与人类社会相区别的自然世界或物质世界，是自然物质系统的总和。① 和合学的自然，是从狭义上使用的。

（一） 人类与自然的和合关系

自然是和合学形上和合的基层，是各种科学活动和各类生活实践的前提。要探析自然科学的和合实质，应当全面而系统地把握人类与自然的和合关系。

1. 自然这一范畴本身是多重元素的和合体。依据它与人类的关系，可以从静态的方面差分为三种类型：

第一，天然自然，是元始的自然状态。

它是未与人类文化活动发生直接关系的自然，包括生命系统和非生命系统。非生命系统诸如基本粒子（或量子场）、原子、分子以及各种天体等。现代自然科学已认知到，非生命系统的各种结构、性质和运动法则都是由引力、电磁、弱、强四种相互作用决定的。

生命系统包括团聚体（微球体）、细胞、植物、动物以及人体。它们具有自我组织、自我调节、自我复制以及对体内外环境作选择性反应的能力等，构成普遍联系和不断发展的天然自然系统。②

天然自然的元始自然状态，包括人类未产生之前的“形上”自然，与

---

①② 《中国大百科全书·哲学卷》，1253页，北京，中国大百科全书出版社，1987。

人类智能目前没有涉及的“自在”自然。天然自然与人类知行的关系是潜在的、可能的。天然自然世界的演化机制，是通过自组织进行的。[①] 所谓自组织，是指系统自行产生组织性的行为。在天然自然的个体发展中，自组织是一种自我更新、自我反馈、自我参照和自我引导的功能；在整体发展中，自组织呈现为宏观自然和微观自然的协同进化。进化蕴涵着创造性，它是在所有层次上的自我超越，跨出天然自然系统的性质、结构的界限，面向新的自由度的构成；进化蕴涵着开放，它决定着自己动态发展的速度、规模和方向。[②]

天然自然演化的形式：一是渐变形式；二是突变形式。突变论、协同学和非平衡态热力学，揭示了天然自然突变演化现象。天然自然系统在内外原因的作用下，其状态可能发生一些小的起伏涨落。涨落是一种破坏结构稳定和对有序的干扰，又是使系统由不稳定状态跃进到新的稳定有序状态。由渐变到突变的演化，即是由低到高，由线性到非线性的螺旋上升或自我超越的方式。

第二，人的自然系统或本真自然状态，是指与人类本身直接同一的自然。

组成人体的化学元素和生理构造，禀受于自然的人类天性及生命活动的自然法则。人的自然，是人的“气质之性”的自然层次，是人之所以为人的自然基础。它与人类知行的关系是定在的、现实的。

人的自然系统，具有天然自然的一般特征。人作为有生命的机体，是一种持续不断地吸进和排出能量、物质和信息的开放系统，它使自然人在多变的环境中保持他们特定的结构，在环境、条件发生变化时，具有自身修复、自身调整的功能，维持自身活力和发展。

人的自然系统，确切地说是一种封闭的开放系统。封闭性是指人的生命有机体的任何变化不可以超越它的确定的界限。诸如人不能与动物杂交而产生新生命，以便保持人的固有的特征、属性等。自然作为有生命的现象，是平衡与非平衡的和合，生命过程并不趋于平衡，而是远离平衡，只有当生命有机体死亡才趋向平衡。生命有机体的大分子结构上的对称性的破缺，是生命世界多样性的依据，它使分子排列越来越有效能。

第三，人工自然环境或文化自然状态，是指已经与人类文化活动发生

---

① 参见［美］E. 斯特西：《自组织的宇宙》，加利福尼亚大学出版社，1979。

② 参见黄顺基等主编：《科学技术哲学引论——科技革命时代的自然辩证法》，第一章。

物质的、能量的、信息的相互作用的自然。

它包括人类日常活动于其中的自然环境，人所创造的自然产品，以及各种人文化成的自然形式。人工自然与人类知行的关系是共在的、历史的。

人工自然是天然自然的发展，是对象化自然，即人化自然。它需要遵循自然过程、法则、原理，才能实现人的目的性和改变天然自然的形态，因而，人工自然仍然具有自然性特征；也具有社会性，因为人工自然是人的社会劳动的产物，它的内涵、性质、形式都受社会文化背景的制约；亦具有历史性，它随人类的发生、发展而发生、发展。

人工自然是指人的本质、目的和人的力量，通过人的劳动活动而外部化或对象化。劳动的实践活动贯彻于人工自然各个方面、层次和领域，诸如劳动工具的、思维工具的人工自然之中。它是主体人的能动的、本质的力量通过活动而转化为物质存在形式。一言以蔽之，人工自然就是人的放大。

人工自然是人的体力、脑力劳动的成果。人的四肢器官是生产工具的操作者；人的自然力是产生动力的能源；人的大脑、神经系统和生物信息是控制系统。人的脑力劳动，创造抽象的、以符号表达的物质成果。现代许多科学发现、发明，先是由逻辑上符号系统推论、表达出来，然后，依循其逻辑寻求客观验证和创造实在成果。它通过一系列的概念、判断、推理，把人类的思维成果对象性地再现出来。

符号系统是人与自然相互作用的中介。符号可表现对象世界的关系、行为和劳动活动的程序、规则；符号可描述外部对象世界的状态、发展过程，以保证决策的合理性；它以观念的形态使人达到某种目的，而创造人工自然物。

这种中介性表现为人工自然是人与天然自然之间起中间联系作用的环节。人工自然一方面是天然自然无限发展序列中的一个环节，人通过劳动实现活动，把死的自在之物转换为为我之物，即天然自然以人工自然这种特殊形式推进了自己的组织和创造过程。另一方面，人工自然的中介性质表现为人改变自身特质方面，衣食住行每一生活资料的获得和改善，都改变了人自身的自然性，并不断改变自身的特质。人工自然与人类知行关系是共在的、历史的。

2. 自然和合体与人类及其文化活动的关系是随时变易的。从动态的角度来分析，人类与自然的和合关系，经历了三种历史形态：

第一，生育关系形态。

人类是天然自然长期孕育、艰难进化的产物。人类文化状态是从元始自然状态中差分出来的次生形态。从这个意义上讲，自然是先在的、形上的，是生生之道体。这个道体是一个浑沌，“有物混成，先天地生。寂兮寥兮！独立不改”（《老子》第二十五章）。浑沌多义，在这里可理解为原始未分的状态，它无声无形，是一浑沌状态。[①] 老子所说的混成，王弼注曰：“混然不可得而知，而万物由之以成，故曰混成也”[②]。天地万物未构成的浑沌状态，可解释为原始大气或原始能量，它们的浑沌性就在于它们的非周期的不规则性。浑沌是在相空间（系统的独立运动变量构成的空间）中，“奇异吸引子”活动把系统运动吸引到某一特定区域的现象。浑沌不全是混乱、杂乱无章，它具有某种微观结构和有机联系，即具有整全性，是一个尚未分化的整全体。这种整全体的浑沌状态，具有组分上的确定性，性质上的还原性，能量的多样性，反应系统的开放性等特性。[③] 前两个特性是原始大气和能量的统一性和整全性，是各元素的有机融合和各种关系的协调发展；后两个特性是原始大气和能量的差分性和多样性，是生命现象不断更新和生生不息的表征。

“有物混成”的浑沌态，是宇宙初开，地球形成前，前生物有机体出现前，无机物向有机物转换的剧烈震荡的状态。前生物有机单体，是原始地球条件下无机物向有机物转换而生成。有机单体经漫长的化学演化而聚合成“生物大分子”。尽管关于生命起源的学说见仁见智，或“原基因”说，或“原细胞”说等。即使是“原细胞”说，亦有原生质理论，“团聚体”多分子理论和微球体理论等。生物大分子的形成是与“随机涨落”相联系，并向生命现象转换。

从人类生命现象的演化过程来看，人类的出现是宇宙自然物质系统中的各种因素、要素和各种能量、力量在适宜的生态环境、条件和时空中的融突和合而成。[④] 这就是说，人类及其文化是后有的、形下的，是所生的器质。

---

① 《浑沌》，3～21 页，东京大学出版会，1991。

② 《老子道德经注》上篇，见《王弼集校释》，63 页。

③ 萧焜焘：《自然哲学》，229～235 页。

④ 法国天文物理学家达马里和兰贝在 1994 年 12 月出版的《人类起源》一书中，提出了与当代存在主义不同的观点。存在主义把人类一切现象看成是荒谬的，人出现于宇宙是偶然现象，人类与太空互不相关。他们认为整个大宇宙并非浑沌盲目，相反，正是为了生命，大宇宙才被特别塑造，这便是大爆炸。宇宙非但不荒谬，而且是紧密连贯的结构体。从宏观到微观，宇宙呈现为一个不断复杂演进的系统（载《参考消息》，1995-05-02）。

人和自然的和合关系，首先是形上和合，是道器之间生生融突和合关系。《易传》的天地絪缊和男女构精而生万物多子女，王充的天地合气和夫妇合气生万物和人，张载乾父坤母思想，朱熹的理气和合生人以及达尔文的进化论等，都是对和合生育关系的哲学猜测和科学推论。这就是和合学以形上和合为逻辑起点的根据所在。

第二，协同（协调）关系形态。

人类有了知行自觉以后，与自然的关系发生了第一次质的变革和层次的跃进。就人的生理活动和生命的自然过程而言，人类不过是天然自然内动物中的一个种属，永远顺从于饥食饱逸、生老病死的因果律；与自然的关系仍然是生成养育关系，是自然母亲、乾坤父母的孩子。然而，即使"食色性也"，人的动物的自然属性与其他动物亦差分。从细胞裂殖到无性生殖，从无性生殖到有性生殖，再从有性生殖到哺乳类生殖，呈现增长倾向。生物的繁衍本能，灵长目动物有比其他哺乳动物更强的性欲，而人又强于灵长目动物。灵长目雌性比低级的哺乳动物有较长的受配期，在排卵期后仍有一周左右的受配，人类成熟女性不受排卵期的限制，可随时受配，以至人口爆炸。人类避孕，已不是为了繁衍，而是为了满足性欲，获得快感的"乐"。

又如饮食，并不是为了饱，而蕴涵着文化的成分。孔子"食不厌精，脍不厌细"①，不到该食的时候，不吃；不按一定方法切割的肉，不食；没有调味的酱醋，不吃，这便进到美食的水平。食还讲求一定的礼仪，"乡人饮酒，杖者出，斯出矣"②，不能越礼。这种吃不单纯为了满足饥食的生理需求，而是追求一种精神上的满足和愉悦。

从心理活动与生命的社会过程来看，人类开始有了自己的独立意志，有了自己的心灵自由，有了自己的文化活动和意义世界、逻辑世界等精神追求。人类已不再是生物学意义上的"动物"，而是自己事务的主宰，是天地的主体。"人者，天地万物之心也；心者，天地万物之主也"（《王文成公全书·答季明德》）。心灵的自觉自知与行为的自由自主，使人成为自然乃至宇宙的价值主体。

人与自然的关系增益为元始意义上的生育关系和价值意义上的变易关系。自然无私地、自在地生育着人类；人类有我地、自为地变易着自然，使自然服务于人的目的，体现人的意义。这种层次化的差分，使人和自然

①② 《乡党》，见《论语集注》卷五，42页。

的关系二重化。怎样使人类知行活动与自然生育活动协调一致，共同发展，便成了人类与自然和合关系的第二种历史形态，即协同关系。

在和合协同关系上，人类既取得了文化的长足发展，又受到了自然母亲的严厉惩罚。长足发展之所以能够取得，是在于人类的认知活动借助自然科学的理论，明确了自然环境中的各种物化原理。人类的践行活动凭借自然科学的技术手段，变易了自然事物的结构形态，使其依照自然物理之道达到人类的经济目的。

自然的严厉惩罚之所以使人类蒙受再三，根据在于人类的知行活动对自然的理解是物理的，态度是机械的，看不到自然在物理规律之上有更高的生态规律需要人类认知和遵循；在机械方式之上有更严格的生命方式需要人类适应和把握。认知的愚昧和片面，行为的盲目和自利，是人类被自然频繁惩罚的总根源。

人类与自然的和合人文关系至今未能完全实现，这与人类文化系统两种极端化的价值态度有关。一种态度是盲目的人文主义，陶醉于文化活动的文明成就和人类对自然的暂时胜利，幻想彻底取消自然对人类的和合生育关系，使自然成为人类征服与改造的、单纯的客观对象；一种态度是消极的自然主义，漠视一切文化活动及其文明成果，永远仰赖于自然母亲的恩赐，安逸地躺在大自然的怀抱中，过着无知、无欲、无为的自然生活，幻想彻底绝弃人类对自然的融突和合变易关系。

如果说西方文化系统自文艺复兴以来，主要持盲目的人文主义的偏极态度，那么，中国道家文化系统在鸦片战争以前，主要抱消极的自然主义的偏极立场。因而，两种文化系统至今都陷入生态危机之中。中国的“天人合一”，没有科技基础，虚无缥缈，难落实处。西方的“人定胜天”，缺少人文的制约，为非作歹，难以调适。

在自然环境已遭破坏的条件下，在生态状况已经陷入危机的情境下，保护生态环境的战略决策已晚了一步。因为所保护的是已陷入危机的生态和已恶化的环境。究竟如何协调人与自然生态的关系？有一种观点认为，生态环境的恶化和危机，是经济技术发展的必然结果。人类只有放弃经济和技术的发展，把经济“零增长”看作克服已出现和将出现的危机形势和恢复“全球均衡”的主要方法和出路。① 这种“经济原点发展”、“技术原点发展”的思想，提倡人类应回到大自然，回到原始的农牧时代，过田园

① 《增长的极限》，213页，北京，商务印书馆，1984。

式的生活，不要干预生物圈和扰乱生态环境。这是把经济发展与维护生态环境两极化的思维方式。人类为追求自身更好的生存和发展，既要不断地改造已有的自然生态结构，又要使这种改造有利于新的生态经济结构和自然生态的自我调节与复制。

和合学认为，自然生态环境构成了人类社会经济活动的基础；人作为社会经济活动的主体，对自然生态环境应负有责任；应该自觉调节人类自身发展过程，即控制人口数量的增长，提高人口的素质；合理地、节制地利用自然资源和治理环境，把改善自然生态环境作为人对自然承担道德责任的行为规范，是获取自然生态、社会经济综合效益和人与自然协同发展的重要路径。

和合学还认为，要从根本上协调人类与自然的关系，必须高屋建瓴，及时从和合协同关系进入和合化成关系，实现人类与自然和合关系的第二次质的变革和层次的跃进，形成人与自然的三重和合关系网络。

第三，化成关系状态。

这是既生育关系，又协同关系之后的第三种历史形态。人类与自然的化成关系不仅包容着前两种和合关系，而且主要通过人文对自然的化成。使人类与自然、文化与生态的关系真正达到真实、完善和优美的双向立体和谐，真正实现人类与自然的和生、和处、和立、和达、和爱，真正实现人与自然的共同生存，互相完善、协调发展的良性循环。

和合化成关系以自然环境为人类的家园、安宅、广居，通过人类自觉的、有组织的文化建设活动完善生态系统，美化自然环境，创造人类生活活动的最优化的生态环境。

“天地之大德曰生”，人文之大道曰化。自然生育人类，人类化成自然，“文质”互济，和合不二。人类的植树造林，修渠建湖的活动和绿化、美化环境的行为，体现出来的就是人类与自然的和合化成关系。从历史发展的角度来看，和合化成关系将是21世纪人类与自然生态相互协调、和谐的基本关系。

天地以德生人类，人文以道化自然，天人的和合关系从形上和合转换为道德和合。因此，化成关系既是形上和合的最和谐的状态，又是道德和合的最起码的要求；既是自然科学的理想道路，又是伦理科学的现实基础。

综上所述，人类与自然的形上和合关系的结构式为：

第一层级结构式如图12—1。

第二统摄结构式如图12—2。

人类与自然的关系 { 文化学层次：和合化成关系；心理学层次：和合协同关系；生理学层次：和合生育关系 } 形上和合状态

图 12—1

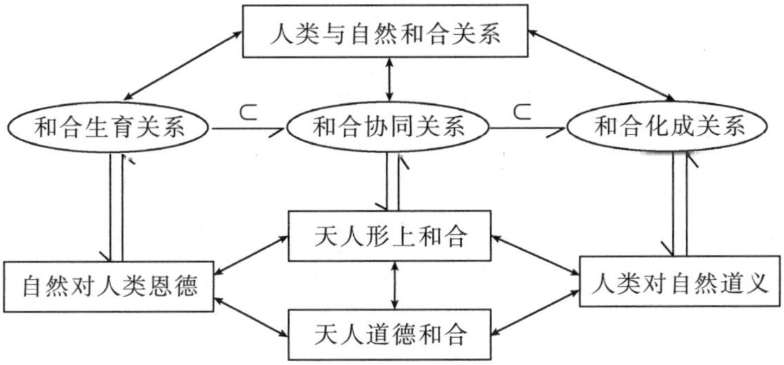

图 12—2

（二） 自然科学的对象与原理

“科学”一词源于拉丁文 scientia，英文 science、德文 Wissenschaft、法文 scientia 都是从拉丁文衍生或借用而来。原意为“学问”、“知识”。所谓自然科学，是指以自然为研究对象，以实践为基础，并经实践验证，具有逻辑论证的自然各领域的事物现象本质、关系、运动法则的知识体系。①

自然科学作为科学是人类的特有现象，是人与自然进行物质、能量、信息、价值交往的实践活动中，人认知、把握、改造自然世界的经验的、理性的系统化、理论化的总结和概括。

自然科学是由各自然学科的概念群所表达的知识，它以定理、定律、公式、法则的形式，描述、解释、运演、预见自然世界。这些定理、定律、公式、法则是经过一定方式验证的自然世界事物的真相。因而，它具有客观性、稳定性、真理性和继承性。它既不随经济基础、社会制度的消亡而消逝，也不因阶级的、集团的利益和需要的不同而不同。

自然科学的定理、定律、公式的客观性，是指其为客观自然世界真相

① 有规定为：“关于无机自然界包括人的生物属性在内的有机自然界的各门科学的总称。”（《中国大百科全书·哲学卷》，1259 页）关于科学或科学学的定义，科学学的奠基人J. D. 贝尔纳（J. D. Bernal，1901—1971）在《在通向科学学的道路上》一文中开宗明义：“《道德经》这部描述中国人对自然与社会运动看法的中国古典优秀著作，一开始就明确告诫人们，过于刻板的定义有使精神实质被阉割的危险：‘道可道，非常道；名可名，非常名。’道就是在一定的结构内永无休止的变化。对于科学或科学学，我们也无须下一个严格的定义，因为科学或科学学正是此类性质的活动。”（见《科学的社会功能》，13 页，北京，商务印书馆，1982）

的反映，而不是主观的臆测、幻想，既不为尧存，亦不为桀亡；稳定性，即“天行有常”的常往性。因其为自然世界真相所反映的运动规律的概括，在一定的环境、条件下，具有相对的恒常性；真理性，是指主体对客体自然世界的真相的真实的认知；继承性，是指后来的自然科学一般总要继承先在于它的科学一切有用的、有价值的因素，而容纳于自己的体系之中。它表现为科学进化的渐进性继承和科学革命（如相对论对经典力学）的突变性继承等形式。

自然科学由力学、数学、物理学、化学、生物学、地学、天文学等基础学科群构成。它们是相互交叉、彼此渗透、多级分支，边缘综合的科学理论结构体系与工程技术应用的文化和合体。其中有4 000多门具体的自然科学学科。①

从差分化的视角来观，每门自然科学学科都专门研究自然环境的某些方面；或自然结构的某一层次；或自然过程的某一时段；或人文与自然相互作用的某些机制。其对象是高度分化的，其原理是具体多样的。

从和合化的角度来观，所有的自然科学学科，都是围绕人类与自然的和合关系这一课题而展开的，彼此之间交叉重叠，渗透综合，构成和合自然科学系统结构（如图 12—3）②，它既是自然科学学科内在逻辑结构的体现，亦是自然世界层次结构、运动形式相互关系的呈现。

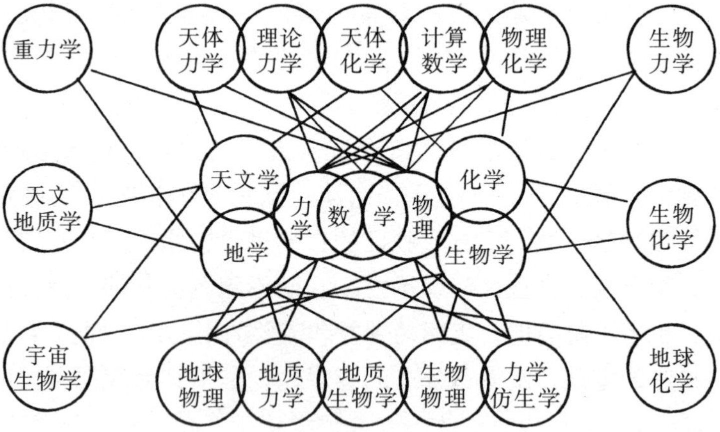

图 12—3

和合自然科学系统结构，形式上呈网状结构。自然世界的一切事物与

---

① 徐纪敏：《科学学纲要》，78 页，长沙，湖南人民出版社，1986。

② 李继宗、戚进勤：《自然科学基础》，21 页，上海，复旦大学出版社，1987。

现象，都是在融突关系中存在，既有纵向、横向关系，又有斜向、纵横交叉关系，是一多向网状结构，不是单向序列。自然科学间的这种网状结构，是现代自然科学和合的需要和发展。这就是网式模式，而非传统的树式模式。网式模式并不排斥核心辐射，而是对其肯定。

从实质上看，现代自然科学是高度差分化基础上的和合科学，其突出表现为以研究整体自然环境和生态平衡规律为宗旨的大批综合学科的不断诞生。诸如横断学科，以许多物质结构和运动形式中共性为研究对象，其学科内容渗透许多学科，其科学定律适用于许多领域的融突和合趋势的强化；亦有两门学科或两门以上学科融突和合而产生新学科。如生物化学、宇宙生物学、地质力学、量子生物化学、土壤生物热力学、水文地质化学等，以及环境科学、能源科学、生态科学等综合性很强的学科。

和合自然科学的对象，是人类与自然多重和合关系下的有生机的生态自然环境，换言之，是从自然生态环境的角度研究人类与自然的形上和合关系体系的总和。正因为自然科学的整体对象是人类与自然的形上和合关系，自然科学的原理才表现为客观性的物理定律，数学化的逻辑公式等与人类情感、意志不直接关联的抽象形式、形上道体。

这些形上的自然原理，诸如和谐原理及与其相对的冲突原理；守恒原理及与其相对的不守恒原理；方向原理及与其相对的非方向原理；优化原理及与其相对的非优化原理等，以及数学公式，是自然母亲传达给人类儿女的认知信息与行为忠告，是人类智能活动必须绝对地、无条件地遵循的和谐道路。违背了它们或轻蔑它们，都会受到大自然无情的、链锁式的惩罚。

自然科学，就其对象和原理的应用而言，具有中介联结与转换功能。人类智能的认知活动，需要通过自然科学方法及其数学化语言，才能与自然信息沟通，才能领悟自然母亲的意图和训喻；人类智能的践行活动，需要通过自然科学原理及其技术化手段，才能实现与自然的质、能交换，才能领受自然的恩赐和报效造化的大德。图式如图 12—4：

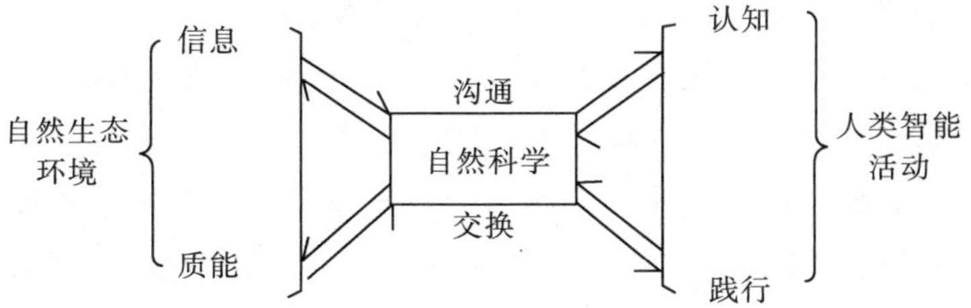

图 12—4

自然科学就其内在结构而言，它是事实、概念、假说、原理、定律和理论的融突和合体。其模式如图 12—5：

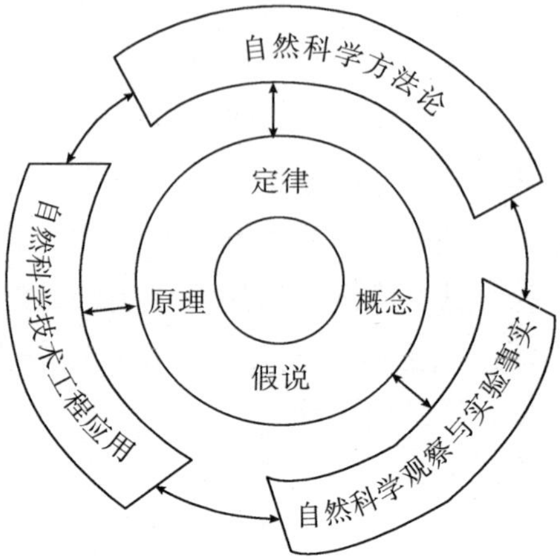

图 12—5

正因为自然科学实质上是人类文化系统中的最基础、最根本的融突和合体，它才能肩负起人类与自然母亲的信息沟通及质能交换的桥梁使命，才能将生存世界中的“元境”与“元理”融突和合为元智能，达成生存世界的形上和合。

（三） 自然科学的人学前提

自然科学的融突和合实质表现在，自然科学活动是人类主体认知自然之境，践行自然之理的自然智能活动。人是自然科学活动的主体，是自然科学成果的创造者，是自然科学应用的执行者。离开了人，离开了人的智能活动，离开了人的自我创造发明，就不会有自然科学本身。

自然科学的对象，是与人息息相关、朝夕相处的自然生态环境及其本质、运动形式、相互关系和规律的总体；自然科学原理，是以人创造的符号系统记载下来并不断诠释、反复论证的，在经验知识基础上，借助逻辑的、数学的方法而概括总结出来的科学知识体系；自然科学的实践，是人与科学工具（自然科学仪器和科学方法）、自然科学对象等要素的冲突融合，其中决定的要素是人（科学家、实验者等）。没有人，自然科学工具和自然科学对象，都是死物，无所谓价值和意义；自然科学的技术手段，是人的力量和智慧的外化与物化，是人的体力和脑力的放大与延长。如仪器是主体人依据一定时代科学研究的需要，利用自然对象物的不同属性和自身运动形式，是人的有目的对象性活动，是人创造出来的一种技术手段；自然科学的目的，是人在认知、把握、运用自然对象的性质、运动法则基础上，有效改造、完善自然生态，满足人的生存和发展的需要。

这些都说明，从自然科学的对象，到自然科学原理、实践、技术手段以及目的，这一切都是围绕着主体人进行的。任何自然科学都是人的创造，都直接地或间接地为了人的生存和发展，都是人的文化成果和文明结晶。这些都凸显了自然科学的人学原理。正是人学原理，使自然科学得以存在、成立和突飞猛进地发展。它是自然科学生生不息的、永恒的文化前提。

自然科学是人的自然科学，是人文化成的东西。它与人是和合一体的。人的完善和发展，必能形成完善和发展的自然科学；人的分裂与失落，必将引发自然科学的解体与颓废。换言之，自然科学的误用，说明了人的价值观念与行为方式的偏颇；自然科学的发展，标志着人的价值观念的解放和人类行为的更高水平上的自由。

二、 自然科学的和合人文标准

在人类文明史上，17 世纪人类理智开始以系统的形式呈现出科学理性的方面。此后，自然科学就以其强大的理性力量和创造精神冲破各种樊篱，奇迹般地在现代文明中发出灿烂之光，促进人自身和社会的发展。

当我们说“人是会自我创造的动物”时，人创造了文化，文化亦创造了人。自然科学作为一种人创造的文化形态，不仅改变、完善了人自身，即改变了人的知识结构、思维方式、价值观念、生活准则乃至心理结构，深入人的生活活动的各个领域，其影响之大是空前的；而且改变、完善了社会生活交往活动的各个方面，人类社会不能不改变自己固有的生活习惯，去适应自然科学文化的需要。人们一旦适应了自然科学文化的方式，就再也不想回到传统社会文化的生活习惯中去，这充分凸显了现代自然科学文化的巨大魅力。

（一） 科学文化的人文价值

从文化的角度来思考自然科学，实际上是替自然科学确立一个价值文化系统。由于人的文化价值观念的差分，把人类生活于其中的世界划分为两个文化世界：一是人身所处的世界，包含自然环境、人的天性、文学、艺术、礼仪、习俗、社会、法律、精神、宗教、伦理等，可称谓为人文世界；二是指包含科学和技术，以及与科学技术相关的人类社会各个方面，并对“人文世界”产生越来越大影响的世界，可称谓为科技世界或科学世界。这两个世界随着社会文化的进步，构成了各具特色的文化价值规范系统，统称为“人文文化”与“科学文化”。一些人又把20世纪的文化危机归结为“科学文化”与“人文文化”的冲突，即各种形式的文化冲突之一。

把自然科学作为一种文化形态，可以从培根（Francis Bacon，1561—1626）的《新大西岛》和康帕内拉（Tommaso Companella，1568—1639）的《太阳城》中找到一些痕迹。伏尔泰（Voltaire，1694—1778）曾差分科学文化与人文文化，即自然科学与人文学科。默顿（Robert K. Merton，1910— ）被称为美国“科学社会学之父”。他说：“此论文中所提出的阐释假定了一种功能性要求，即需要给尚未形成为社会组织的科学提供以社会和文化的形式而出现的支持”①。他把科学作为文化子系统来研究。他不仅追究科学的文化根源，而且关注科学的文化价值。特别是小李克特（Maurile N. Richter，Jr.）②，把科学作为文化过程。他认为科学文化是一个认知过程，这个认知过程也是一个不断矫正的过程；科学文化是传统文化知识的自然成长，是从传统整体文化中分化出来的文化体系；科学文化作为认知形式的文化发展，较文化发展为快。尽管小李克特的观点有其局限，而很少涉及科学文化的物质性、规范性和价值性方面，但他对于科学文化特征的揭示，颇中肯綮。

人类原始时期，文化的发生是一浑沌的整体，随着社会分工、社会结构的变化和人与自然关系的演变，文化开始了分化，而有科学文化与人文文化。作为这两种文化的代表或代言者，科学主义与人本主义产生了冲突。所谓科学主义，是指以自然科学的方法、观念、手段及其过程来研究各种现象，并认为唯有自然科学的研究方式是科学的。人本主义与科学主义相反，反对效法自然科学，认为社会问题、艺术现象、审美志趣、人类心理、人性理想等，具有人文的内涵、性质、特征、价值，而不同于自然科学，只能运用人文学科的方式、观念、过程来研究。

近代西方的经验论与唯理论之争，促进了科学主义与人本主义的论争。培根成了实验科学之父。20世纪前半叶，科学主义以实证主义的形式弥漫整个思想界。这种论争影响中国思想界，便在20世纪20年代初，出

---

① ［美］R. K. 默顿：《17世纪英国的科学、技术与社会》，19页，成都，四川人民出版社，1986。

② Maurile N. Riohter，*Science As A Culture process*，pp. 35-43，1972.

现了“科学”与“玄学”（或称科学与人生观）的论战。论战的一方是张君劢。他是柏格森、倭铿（Eucken）和杜里舒（Driesch）哲学的追随者。张氏号召青年背离以科学为基础的人生观，责备科学主义的全能。他强调要考虑精神价值。人生观的特点在于主观、直觉、综合、意志自由；科学在于其客观性、逻辑方法、分析方法、对因果律的相信①，两者截然相反。张氏还把这次科学与人生观的论战，归根于东方精神文明遇到西方物质文明的挑战。②

论战另一方，以丁文江为首的学者认为，传统的精神、直觉、美学、道德及宗教情感，是与实证无缘，因而是与实际的思想相对待的空幻怪诞思维的最好例子。科学因其方法的诚实而流行。丁氏坚持认为所谓物质科学与所谓精神科学不可能有意义的不同。他说：“科学的目的是要摒除个人主观的成见——人生观最大的障碍——求人人所能共认的真理。科学的方法是辨别事物的真伪，把真事实取出来详细地分类，然后求它们的秩序关系，想一种最简单明了的话来概括它。所以科学的万能……不在它的材料，在它的方法”③。

这次论争是西方科学主义与人本主义冲突在中国的反射，即科学主义的客体性、客观性、描述性、还原性、精确性、理性与人本主义的主体性、主观性、规范性、不可还原性、模糊性、非理性冲突的折射。

科学主义之所以遭受反对、拒斥，与科学被人误导相联系。第一次世界大战是“化学家之战”（气体战）。梁启超在《欧游心影录》④ 中记载他赴欧观察后的心态。他一反自己 1898 年到 1912 年强烈主张学习科学而声称现代文明“科学破产”的转变，是对于第一次世界大战后欧洲经济大萧条的体验。然而，第二次世界大战也可以说是物理学家之战（原子弹之战），又重蹈科学被人误导的覆辙。20 世纪 50 年代的冷战，可称为人与意识形态之战，而出现军事科学的竞赛；60 年代的学生运动和越战，可称为人与价值之战，揭示了科学并不能战胜一切；70 年代的自然生态危机，可称为人与自然之战。从各个方面、侧面、层次向科学主义提出挑战，科学主义开始了全面的、深刻的反省。人文文化又引起人的关注和重视。

20 世纪后半叶，科学文化与人文文化在冲突的同时，亦走向融合。冲

---

① 张君劢：《人生观》，见《科学与人生观》上，4～9 页，上海，亚东图书馆，1923。

② 参见郭颖颐：《中国现代思想中的唯科学主义》，118 页，南京，江苏人民出版社，1989。

③ 丁文江：《玄学与科学》，见《科学与人生观》上，20 页。

④ 见《饮冰室专集》第二十三，上海，中华书局，1936。

突融合，相互渗透。如果说两种文化的冲突融合是方法论、价值观、思想倾向的呈现，那么，融突的和合，已不是严格以某一主义为方法论、价值观。它们在两极之间互动，寻找一种平衡点或一种必要的张力。譬如就科学文化而言，便突破了传统科学主义的樊篱，传统人文文化的特征——主体性、主观性、规范性、不可还原性、模糊性、非理性等已成为科学活动的有机组成部分。反之亦然。

各种文化的冲突融合，促使了文化再造、文化转生的过程。托夫勒（Alvin Toffler）说，普里戈金：（Ilya Prigogine）却不满足于把事情拆开，而是试图“把生物学和物理学重新装到一起，把必然性和偶然性重新装到一起，把自然科学和人文科学重新装到一起”[①]。这种不同学科之间的融合，“我仍旧认为应该把牛顿的认识体系本身看作是一个生自社会涨落的文化耗散结构”[②]。牛顿发现了一个“沉默的世界”，创造了一个“自动机的世界”，最后求助于“神的世界”，他使科学受到热情的恭维，也导致自然科学文化与人文科学文化的两极分化。

文化的差分是文化整合的前提，文化的冲突是文化融合的基础。这种差分与冲突是适应社会结构和智能结构的需要而产生的一次创造性变异。然而20世纪60年代掀起非科学运动，C.P. 斯诺把它归之于人文文化与科学文化的对立。[③] 它是对于科学是平等、进步、富裕、和平和真、美、美理想光环的破灭；也是对于发达工业社会对人的全面控制和人的全面异化的不满和反抗。马尔库塞（Herbert Marcuse，1898—1979）在《单向度的人》中批判资本主义进步的法则是：技术进步＝社会财富增长＝奴役的加强，即科学技术进步导致人的异化和对人的奴役；同时以量子力学和相对论为标志的现代物理学革命，构成了20世纪文化危机思潮的催化剂。人们对传统的价值观、信仰和科学理性的崇尚产生怀疑。当时出现的生命哲学思潮：一是为了冲出社会、文化和人文学科的危机的困境；二是对实证主义、唯科学主义进行批判，构成非科学运动的组成部分，促使人文学科的复兴。

非科学思潮是对文化严重分裂的一种反抗，并在反抗过程中自身将被整合到后继的文化形态中去。科学文化与人文文化在经历长期差分之后，

---

① ［美］阿尔文·托夫勒：《科学和变化》，见［比］普里戈金：《从浑沌到有序·前言》，5页，上海，上海译文出版社，1987。

② 同上书，24页。

③ ［英］C.P. 斯诺：《对科学的傲慢与偏见》，17页，成都，四川人民出版社，1987。

而呈整合的趋势。在整合过程中，人越来越清楚地意识到科学文化需要建构一个价值体系，以为科学文化就是真理体系的观念已经陈腐。自然科学作为一种文化现象，是人类的文化创造的一个方面或部分。

凡是文化，都具有一种精神。自然科学文化精神，是自然科学文化深层结构中所涵摄的价值和规范的和合。这种精神既被科学家内化为科学良知，亦被社会大众内化并构成他们的科学意识。

自然科学文化精神在不同的层面上，其表现形式便是差分：在创造层面上，表现为逻辑的一致性，实践的可检验性，批判的怀疑性，这是科学创造与文学创造、艺术创造以及其他形式的创造的相异处。科学文化精神气质是具有情感色彩的制约科学家的价值和规范的融合。[①] 这里所说的规范是指普遍性、公有性、无偏见性和有组织的怀疑性。这种规范作为社会文化规范的一部分，其基础是科学文化精神在创造层面上的内化，使科学家把规范作为自觉遵循的原则。科学文化的怀疑性是一种批判的怀疑性，它类似于波普的“证伪”。对于社会事业便是一种类似于“物理学家的说三道四”，它使文化的科学和合体与政治和合体、经济和合体、艺术和合体发生冲突和融合。这种融突促使了科学文化与政治、经济、艺术文化的进步繁荣。

自然科学文化精神呈现在“悖论”层面上，是合理性与超合理性、文化性与超文化性。从这个意义上说，科学文化是一种理性与非理性、文化与非文化的冲突融合，这便是这里所指的“悖论”现象。一般来说，合理性是科学的主要特征，甚至认为科学就是真理。这是因为传统的科学合理性或真理性的根基，设置在纯粹认知论领域。事实上，自然科学的认知已超越纯粹认知领域，而进入社会学、心理学、文化学以至人类学、经济学、逻辑学等领域。自然科学认知对于主体的依赖性越来越强。这样，传统的严格的理性逐渐转换为现代科学主体性的合理性。于是，自然科学走向超合理性，而使它与社会的、经济的、艺术的、文学的，甚至宗教的创造性活动相融合，而建造了自然科学文化与人文文化融突而和合的情境。

自然科学文化的文化性与超文化性的“悖论”，是基于对科学文化是在特定文化系统中分化发展起来，在一定社会文化环境中演变和对民族文化精神的痕迹的认识。但是科学文化成果一旦被验证，便超越原来的民

---

① 参见［美］R. K. 默顿：《17 世纪英国的科学、技术与社会》。

族、国家的文化环境，而成为普遍的、公有的、非民族的、集团的品格，呈现为超文化的发展。这种超文化的发展被具有不同的价值观、甚至截然相反的价值观所利用，而出现促进科学文化发展与反文化发展的不同效应。利用科学制造杀人武器和第二次世界大战中用活人进行细菌试验，以及现代自然科学文化压抑人性的层面等，便是自然科学文化的非文化倾向。

自然科学文化精神呈现在价值层面上，是能动的和谐性和真、善、美的融突和合。现代人尽管极力提倡科学，但并非真正把握了科学文化精神的精髓。科学文化的价值目标是为了造福、完善人类，使人类从必然王国走向自由王国，从受束缚走向解放。然而人类的自由、解放和完善，必须在各种存在的关系中获得。譬如人类与其自然生态环境、人类社会自身以及人类各文明之间关系的和谐，以及这种和谐关系的真、善、美的和合发展，把人类引向和生、和处、和立、和达、和爱。一言以蔽之，融突和合是科学文化精神的精髓，也是人文文化精神的精髓。

自然科学文化精神在创造层面、“悖论”层面和价值层面，都体现了与人文文化精神的融突和合，这是和合学所要求的。

（二）科学文化的和合原理

自然科学文化精神的展现，即自然科学文化内在人学的人文呈现，便是自然科学自身的规范、原理，从和合学的视角来看，可以体现为这样一些原理：

1. 和谐冲突原理。所谓和谐，是指事物过程内部各异质元素、要素和各种质的差分部分在协调融合时的一种关系和属性。和谐不是无冲突差分，而是和谐过程中既有各元素、要素量的差分，亦有质的差异冲突；和谐是对各元素、要素的杂乱、无序的有序化、对称化和协调化；和谐是异质元素、要素冲突的互渗性、互补性和互存性。

和谐冲突原理的内涵：其一，冲突和谐构成新质的融合体。事物各差分、冲突元素、要素之间因发生一定有机的相互联系、作用，而彼此渗透、中和，构成新质有机整体，这种新质有机整体可称为新质和合整体。此新质和合整体的特性和功能，虽是和合整体各部分元素、要素融突，但已不同于和合前的各元素、要素的特性和功能。

其二，对称性的和谐。对称性从广义上说，是指自然世界一切物质和过程都存在其对应方面，它表现为现象的相似、形态的对应、结构的重复、规则的不变等。[①] 这种对称性现象在宏观、微观世界和生命、非生命世界，都存在着。对称性体现了物质或过程相互关系的和谐。对称性自身并非单一，在现象、形态、性质、结构上呈现多样性、差分性和相对性，如晶体物质内外结构上的对称性等。

其三，规律性的和谐。规律性是指自然世界物质系统在运动、变化和发展中的冲突融合。一般而言，合规律性即和谐性。自然世界的规律性呈多样性和多层性，如"节律"、"季节"、循环（宇宙系统、生态系统、物质系统等）、重复堆积（晶体离子或分子在空间上的重复堆积）等；物质和过程的运动形式、不同层次物质自身运动和各层次间冲突、融合等。

其四，相似性的和谐。相似性从广义而言，是指自然世界的物质和过程之间关系有某些共同和相似点。它表现为现象、形态、性质、结构的相似；它存在于同类、异类、甚至差分极大的物质和过程之间。一切宏观、微观、生命、非生命世界都存在相似性，体现了事物、过程之间的冲突融合而和谐。如数学模型的相同性就是运用相似理论对于不同物质、过程之间相似性的抽象。

其五，有序性的和谐。有序性是指结构有序性和运动有序性而言，前者是讲自然物质系统有规则地展现某一确定的结构；后者是讲自然物质元素、要素呈现确定的、有规则的运动形态。前者如透明规则的水晶，是二氧化硅的有序结构；后者如地球绕太阳转动等有序运动形态。这种有序性体现了和谐。

和谐冲突原理是对于自然世界和谐冲突现象的概括，它具有普遍性。这种原理在现代天文学、数学、物理学、化学、生物学中都有所表现，它体现了冲突融合的和合学原理。爱因斯坦从狭义相对论、广义相对论到统一场论，无不贯穿着融突和合思想。

广义相对论导致一个全新概念：物质场的几何化，即引力场等价于连续变化的，具有黎曼曲率的时空度规场。爱因斯坦认为引力度规和电磁度规，这两种场都必须符合于空间的统一结构，使统一场论成为相对论发展的第三阶段。爱因斯坦之后，现代物理学为了说明引力、电磁、强、弱四种相互作用关系，重新提出建立统一场理论的迫切要求。1953—1959 年，海森堡试想从量子场论建立统一场论；1954 年杨振宁和米尔斯提出规范场

① 在 20 世纪 60 年代，人们发现的基本粒子有 100 多种，都可以按一定规则分成 8 个一组和 10 个一组。在数学上，SU（3）对称群的低维表示中正好有一个 8 维表示和一个 10 维表示。所以 SU（3）对称性是自然界物质的一个属性。

论，是基于局域对称性和把电磁场中的电荷守恒定律进行推广的想法。规范场论是指局域的电荷对称，用群表示，它只含一个生成元，群元素是相互对易（交换）的，组成 V（1）阿贝尔群，与之对应的规范场，又称阿贝尔规范场。局域的同位旋对称性，含三个生成元，可用群元素不可相互交换的非阿贝尔 SV（2）群来表述，与局域的电荷对称要求存在电磁场一样，局域的非阿贝尔对称性要求存在一个矢量场，这就是杨—米尔斯场，又称非阿贝尔规范场。其间的关系如图 12—6①。

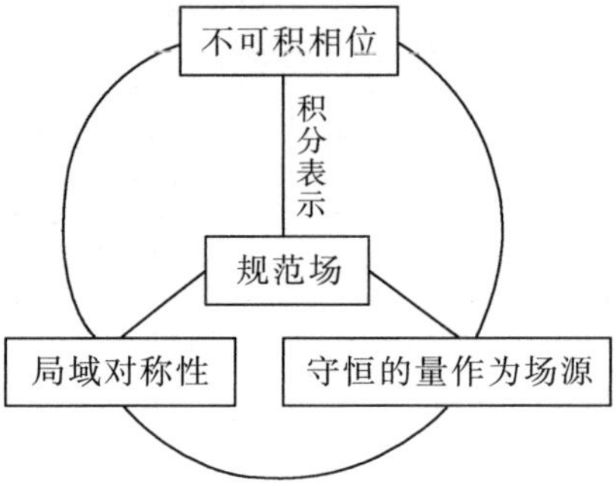

图 12—6

1967 年温伯格、萨拉姆各自独立地提出弱电统一理论，其预言被实验证实。之后，格拉肖和乔奇等人通过选择新的规范场，建立了弱、电、强三种相互作用的大统一场理论，预言了新夸克的存在性质，已得到实验的支持。现在，物理学家又在积极实现四种相互作用的超统一场的研究。②

从和合学的角度来观，统一场论所揭示的正是宇观、宏观和微观自然环境物理层面上的内在和合关系，可称为和合场。此外，还应当有生理、生态层面上的更高、更大的统一场，而且人类—自然融突和合系统之中也应当有一个人文自然相互作用的和合物，这些都有待未来科学去探索和研究。

20 世纪物理学领域曾发生相对论和量子力学的两次革命，在此世纪之交之际，将迎来第三次革命。每一次革命都意味着新的理论在基本工具和概念上对于旧理论的否定，但在某些条件下又与旧理论相似。20 世纪后半叶，从 ч 介子到夸克，从奇异粒子到 W 玻色子，从时间不对称性到核子共

① Selected Papers 1945—1980 With Commentary，p. 529；高策：《杨振宁的科学思想与方法研究》，中国人民大学，博士论文打印稿。

② 李继宗等：《自然科学基础》，77 页。

振，等等。物理学家用这种原料创造了一种解释亚原子世界已知的所有力的融突和合理论——粒子物理学的标准模型。各种理论和实验暗示，自然界中有一种奇特的、迄今为止很大程度上人们还没有研究的被称为“超对称”的结构。如果“超对称”性被证实，则可建立一种全新的时—空“量子”维度。“超对称”笔者称为“和合对称”。它可能解释“为什么”普通物质会存在，并可能预测出一些新粒子的存在；也可能带来统一四种作用力的新解，即四种力作为一种现象的多种表现形式加以描述的理论；以及可能促进“弦论”(string theory) 的发展。所谓弦论，是指假定物质的基本组成不是点状的粒子，而是延伸的弦。超对称性是弦论的基本预测之一。① 物理学的新发现，将证明和合理论模型。

2. 守恒不守恒原理。自然世界变动不居，周流六虚。怎样协调和谐?究其原因是自然世界的守恒性。人们亦以自然世界某种恒常不变的东西作为解释、利用、改造自然的依据。自然世界的守恒性，即是事物内在协调和谐性的呈现。

自然世界没有任何一种事物能绝对不变地永恒存在，事物都在生灭之中，都在转生之中。在此永远生生不息的流变中，才会有某种恒常不变的东西，正由于这种不变性，才有所谓守恒。这就是说，在不断流变冲突中，才有所谓融突的和合。诸如时间平移的不变性构成能量守恒；洛伦兹不变性构成质量守恒；空间平移的不变性构成动量守恒；空间转移的不变性构成角动量守恒；规范不变性构成电荷守恒、重子数守恒、轻子数守恒；空间反射的不变性适用于强相互作用的宇称守恒。所有这些不变性，都同变换相联系。守恒的不变性是把变化包含在自身之中，舍弃其变化具体形式，保留变中的恒定内容。守恒是变中之不变，转变中之恒定。

守恒原理是一种特定转换关系，物质运动转化的能力是永恒的。当物质运动相互转化时，必按反向变化关系运行。这是说转化中必存在着两种相对待的变化，诸如有生有死、有新有旧、有合有分等，双方保持着质和量上相互适应关系。这种适应关系使自然世界各个物质系统在不断运动、冲突、转化中维持动态的协调、和谐，即融突和合。

然而，杨振宁和李政道 1956 年提出了弱相互作用下宇称不守恒，打破宇称守恒定律。宇称守恒定律是针对电磁相互作用提出的，在强相互作用

---

① ［美］戴维·格罗斯、爱德华·威滕：《知识的新领域》，载《华尔街日报》，1996-07-12，转引自《参考消息》，1996-08-05。

过程中，亦积累了坚实实验。杨、李二氏的弱相互作用下宇称不守恒，是在全面分析了 ζ—τ 之谜，并重新审查了宇称守恒在各种相互作用中的实验以后做出的选择。1957 年吴健雄通过“极化核 β 衰变”的实验，证明了宇称守恒定律在弱相互作用下不守恒，这也是解决 ζ—τ 之谜的唯一途径。

宇称不守恒被实验证实后，对称性破缺研究给物理学思想带来一大突破，复活了韦尔二分量中微子理论。这个理论仅有两个分量，而不是 4 个分量。左旋中微子与右旋反中微子，左右不对称。中微子参与弱相互作用，而不参与强相互作用与电磁相互作用，由宇称不守恒得以复活，并有新的突破，在更大范围内保持了对称性——CP 对称性，即电荷共轭变换和空间反射变换联合反演（CP 变换）守恒。

宇称不守恒是空间反射不对称性的反映，是宇宙的局部现象，在宇宙的另一部分存在着性质与地球上的基本粒子性质相反的粒子，与地球上的空间反射的不对称相反。这样，从宇宙规模来观，空间反射是对称的。但 1964 年斐奇（V. L. Fitch）、克罗宁（J. W. Cronin）等偶然从中性 K 介子的衰变中发现 CP 不守恒，但如果加上时间反演 T，弱相互作用在 CPT 变换中便守恒。现代在杨—米尔斯规范场与对称自发破缺概念基础上，建立了弱电统一理论，对称性研究成为物理的主流思想。①

从和合学的观念来观，从对称——不对称——对称——超对称，这后一个对称是更大意义和更高层次上的对称，亦即冲突融合而进入更深、更广层次上的和合。从宇称守恒——宇称不守恒——宇称守恒——超宇称守恒，即是指向更大、更高层次上的对称和宇称守恒，即更广、更深层次上的融突和合。

3. 指向非指向原理。自然世界一切事物的各部分元素、要素在运动变化中，相互冲突——融合；在相互作用转化中，对称——不对称——对称——超对称，守恒——不守恒——守恒——超守恒，在相互作用运动、变化、转换中有一定指向性。

所谓指向性原理，是指自然世界的一切事物的相互作用、运动、变化、发展有一定的指向。指向具有多样性、层次性、差异性等。多样性是指指向在不同事物相互作用、运动、变化、发展中是不同的；层次性是指诸如一切事物在指向上的不同层次，如时间指向、空间指向等；差异性是指力学、化学、生物学、数学等领域指向的差异，以及事物相互作用中的

---

① 杨振宁：《读书教学 40 年》，30 页，香港，三联书店，1985。

指向、运动中的指向、变化中的指向、发展中的指向等。指向原理是自然世界诸多事物相互作用、运动、变化、发展的种种趋势、指向的总和。

自然世界的一切事物，都有其存在的过程；只要有存在过程，就有指向。人们应当从过程去观事物的存在，从过程去观事物的相互作用、运动、变化、发展。从事物的相互作用来看，都是双向的，是有指向的。从事物运动过程而言，无论是机械的、物理的运动，还是化学的、生物的运动，都以时空为其存在形式；运动的过程，亦以时空为其表现形式。时间是有指向的。时间作为运动过程的持续性是一维的、单向的。这在电流动过程、热传导过程中，表现为时间指向的不可逆；但在量子力学中，时间指向是可逆的。人们把正负时间互换，代入薛定谔波函数方程，不会发生形式变化，过去时间与未来时间没有区别。对于现在来说，过去时间与未来时间，表现为两种相反指向。空间是方位与指向的统一，即静态方位与动态指向的融合。运动过程由时空而呈现。

从变化过程而观。自然世界一切事物的渐变或顿变都有指向。渐变是事物在流变中的规模、程度、速度和构成事物的各种成分在空间上的排列。它是指向数量的增加（正）或减少（负）的趋势。渐变过程积累到一定程度，就会引起豁然的顿变过程，顿变过程也具正负相反的指向。

从发展过程而观。自然世界一切事物的运动、变化，都有一个发展过程。发展过程的指向是通过顿变过程的正的指向或趋势表现出来。其实，也应该看到顿变过程的负的指向或趋势，即恶的杠杆作用。传统只把正的指向看成为发展过程指向，有其偏颇。

自然世界的一切事物在作用、运动、变化、发展过程中有其指向性，但在这个过程的每一个阶段上，并非都有指向性。指向性是事物在运动、变化、发展过程中的确定性、有序性和和谐性。然而事物的作用、运动、变化、发展是在复杂的冲突、错综的矛盾、尖锐的对待中进行的，指向是在此冲突、矛盾、对待的过程中的周密、慎重的选择和确定。因此在选择、确定过程中的作用、运动、变化、发展便具有非指向性，即指向的不确定性。这种不确定的非指向，正是为了更高、更深层次上，更完善、更正确层面上，获得作用、运动、变化、发展过程的指向。

事物的过程是复杂的，指向是多样的。从和合学而观，指向的确定，是各冲突、矛盾、对待的协调融合；是多样指向，诸如可能与现实指向，主要与次要指向，可逆与不可逆指向，前进与后退指向，正与反指向等冲突融合。指向便是这两方面的冲突融合而和合。

和合对于自然世界一切事物的作用、运动、变化、发展为什么有指向，怎样指向，即对于事物指向的根据的回答。为什么有指向，是因为自然世界的一切事物都有其自身内在的差异和冲突，事物无差异和冲突就不能存在。事物的每一个差异和冲突，都存在着指向。多样差异冲突指向的选择和确定，便是融突的和合。无融突的和合，就不能获得方向。这便是事物运动、变化、发展所以具有指向的根据所在。譬如分子热运动过程，遵循热力学第二定律，热的传导过程的指向是从高温物体向低温物体流动，到两个物体的热平衡、和谐为止，而不会由低温向高温流动。

宏观物体具有定域性特点，即物理客体独立地存在于各个空间区域，客体的相互作用必须通过物理信号和媒介传递，传递的速度不大于光速。这意味着对彼此分离的客体进行测量，不会产生瞬时超距干扰效应。微观客体不具有定域性特点，两个空间上彼此分开的粒子仍存在类空量子关联，即对其中任何粒子的测量，都将影响粒子系统的波函数分布状态，瞬间干扰另一粒子的实在状态。这种远距离的瞬间量子关联，表明粒子的几率分布具有向无穷远处弥漫的指向。整个微观世界的粒子，其量子场是彼此缠绕纠结的，对微观过程的绝对分离或独立操作是不可能实现的。①

量子力学关于微观自然非定域性的揭示及量子类空关联效应的发现，说明自然的微细结构指向的和合性，对物质的差分是存在极限的。化学运动过程指向生命运动方面转化，条件极为复杂。实验证实：把 CH_4（甲烷）、NH_3（氨）、H_2O（水汽）、H_2（氢）放入事先抽成真空和在 130℃ 高温消毒 18 小时后的特殊玻璃仪器中，然后进行火花放电 8 天 8 夜；这些条件下，四种气体经过复杂的化学变化生成了多种氨基酸和其他有机物，氨基酸是构成生命运动的蛋白质的重要成分，体现了融突而和合构成新生命的现象。

4. 优化非优化原理。所谓优化原理是指自然世界的各种物质系统，因其内部诸多条件和根据的相互作用，促使其在一定条件下，该系统的某个方面最大限度地（或最小限度地）接近或适合某种标准，以达到优化的法则。这里所说“内部条件”（包括外部条件）是指该物质系统与周围事物的错综复杂的联系；“内部根据”是指该物质系统存在和发展的内在冲突融合和法则；“一定条件”是指复杂多样的条件中，有一些条件是与内部根据最相适应，能够最大限度（或最小限度）地实现该系统在某一方面

① 参见范德清、魏宏森：《现代科学技术史》，第二章，北京，清华大学出版社，1988。

达到最大值（或最小值），可称为最适条件；“某个方面”是指该物质系统具有多种要素和属性（体积、结构、功能、化学性质、生活习性、具体表现等），其中某一方面能最大限度（最小限度）发挥作用。在生生不息的自然世界中，各依其所处的最适条件，或趋向最完美的某种结构形态，或选择最简短的运动路线，或显出最佳特定性质，以及某种功能。它们都以某种方式实现最优的存在状态和发展过程。①

在自然世界中，任何物质系统的优化总是与非优化相联系而存在的。优化虽然是客观的，但都是相对于某一标准、尺度相参照、相比较而言的。由于标准是主体观念地把握，因而不同的价值观亦会影响标准的确定。所谓最接近于比较标准为优化也会变化，而出现非优化的现象。因此，优化必须在标准被认同的情况下才能确定。譬如宇称守恒是优化，但不能得出宇称不守恒为非优化的结果，而要观其是什么情境中的守恒不守恒。也许可以说，相对于守恒的不守恒是非优化，其实在弱相互作用下的宇称不守恒，便是优化。

优化相对于一定标准、尺度而有意义，离开一定的标准、尺度无所谓优化；优化可以指对象的某一方面如结构形态、功能性质优化，并非一切方面均优化。金刚石的硬度、透明度方面最优，其导电性便非优化。换言之，物质系统某些方面优化，某些方面又是非优化。因此，优化原理便是优化与非优化的冲突融合而和合的法则。它是优化——非优化——优化这样一种不断接近标准的过程。

在自然世界中，物质系统的优化主要指结构形态的优化，运动过程的优化，性质优化和功能优化这样几个方面，当然还有其他各个方面的优化。结构形态的优化是指系统自身的反馈控制、自我调节和环境条件影响，形成相对于一定标准的最合理的、最完美的结构形态；运动过程的优化，是指物质系统的运动发展由于其内在冲突的制约和外在条件的影响，而呈现各种各样的可能过程和路径的选择。通过最适条件物质系统会选择一种最顺利、最便捷、最快速的运动路径。如光在介质中的传播之所以选取优化线路，是由于光的波动性质，介质常数和泛函中的极值函数相互冲突融合而做出的选择；性质优化是指物质系统可能具有的各种各样不同的性质中，某一性质在内因结构与外缘环境相互作用下，表现为最强烈、最明显和突出，即优化的性质。如生命遗传的 DNA 四种核苷酸（腺嘌呤、

① 参见舒炜光等主编：《自然辩证法原理》，第 13～16 章，长春，吉林人民出版社，1984。

鸟嘌呤、胞嘧啶、胸腺嘧啶)，有多种组合方式。它们按严格的配对法则，自行排列成双螺旋结构，呈现出优化遗传特性；功能优化是指同一物质系统在最适条件下，最大限度地发挥某种功能。各不同物质系统的功能既不同，又呈现错综相同现象。一个系统各构成部分之间和系统整体与外在环境之间的互相联系、作用，在最适条件下，这种相互联系、作用便要使这一系统的某种功能得以充分发挥，而达功能优化状态。

和谐冲突原理、守恒不守恒原理、指向非指向原理、优化非优化原理是形上和合的原理。其间从各个角度、层面体现了自然世界物质系统生存、运动、变化、发展过程中的冲突融合的和合精神，即和合自然科学原理。

（三）科学原理的人文标准

和合自然科学原理的价值本性，是对人类认知能力的肯定，是对人类主体地位的凸显。自然科学之所以是科学，其本质，一言以蔽之，是一种人类的特殊活动。这种活动以其自身独立的研究认知对象、活动要素、活动过程和活动目标，而构成独具特征的活动形式。

自然科学活动是人类活动的大舞台之一，是主体人的认知、实践活动。由于主体人才把自然科学活动的主体要素、客体要素和工具要素三者和合起来，构成自然科学活动的全过程。这里所说的主体要素是指从事自然科学认知、实践活动的科学家。科学家的主体性，表现为科学家在与认知对象、认知工具的相互作用中的能动性、创造性和自主性。①

能动性是指科学家（个体的、群体的）在科学认知、实践活动过程中的一定条件下的计划性和目的性。科学家依据人类社会的需要和现有自然科学知识水平、实验条件（或创造这种实验条件），制定现阶段与未来发展的计划和目标，以及实施此计划和目标的切实步骤和措施等。这些都是自然科学家依据理性的指向和自然科学的一般原理和特殊原理、公式、方程，经周密设计而进行的能动性活动。

创造性是指发前人之所未发，创前人之所未创，即以新原理、新观念、新事物代替、破除旧原理、旧观念、旧事物。创造过程从实质上说，是新与旧的原理、观念、事物冲突融合而和合的过程。杨振宁二叶理论提出的过程，是他对于爱因斯坦关于理论物理学总体结构的剖析。爱因斯坦

---

① 参见刘大椿：《科学活动论》，北京，人民出版社，1985；另参见黄顺基等主编：《科学技术哲学引论——科技革命时代的自然辩证法》，181～185页，北京，中国人民大学出版社，1991。

在《论理论物理学的方法》一文中说："理论物理学的公理基础不能从经验抽出而必须通过自由创造"[①]。杨氏读后认为，20世纪物理学与数学关系的发展与过去有别。从内容而言，两学科在基础水平上发生一定交叉现象，但总体上讲，这种交叉很少；从方法论而观，物理学必须借助于数学，反过来刺激数学新思想的发展。这是因为它们具有不同的目的和风格，以及不同的传统和价值标准之故。杨振宁把数学与物理学的这种关系称为二叶理论（如图12—7）[②]：他把两者喻为同根上的两枝或一枝上的两叶。说明两学科差分而又融合。这种差分融合的关系，实质上是演绎与归纳、理论与实际之间的关系在数学与物理学中的表现。[③]

图12—7

自主性是指科学家对于影响、支配他们生存、发展的内因外缘有了自作主宰、自己支配自己的自由权利和责任。在科学家从事科学认知、实践活动中，观察对象、实验手段，特别是科学观念、原理、规范等，都与传统的、固有的相联系，而对科学实践活动从限制和束缚。科学家要依照人自己的方式，按自己的本性需要来安排自己科学认知、实践的活动，便使主体成为自主、自由之物之体，这样才能发挥自己的想象力和创造力。

自然科学活动的能动性、创造性和自主性，都体现和贯穿着人文精神，是人类智慧高度弘扬的和合人文精神。科学的认知、实践活动的目标，是获得关于具有普遍性的、经过检验的科学理论。科学理论的发现，往往从假说阶段进到验证阶段。假说是指科学家对事物的现象、本质、法则、原因的一种尝试性的解释。假说不断更新和不断精确化的过程，就是自然科学理论不断发展的过程。因此，假说是自然科学理论创造的一个阶段。从这个意义上说，假说是一种创造。它既是对现有的科学理论的总结和概括，又是对现有科学理论的超越，提出具有新内容的观察和实验新方法、新意图、新指向、新目的等，以便打开未知世界。假说可以从各个角度提出相互竞争冲突的看法，以便揭示假说中的种种问题，促使其冲突的融合相互补充，发现新现象，把科学认知推向深刻化、精确化，而产生新

---

① 《杨振宁演讲集》，395页，天津，南开大学出版社，1989。

② 参见《杨振宁演讲集》，398页；另参见杨振宁：《爱因斯坦与20世纪后半叶的物理学》，载《世界科学》，1983（7）。

③ 参见高策：《杨振宁的科学思想与方法研究》，中国人民大学，博士论文打印稿。

的自然科学理论。由假说——检验——新理论的过程，渗透着冲突融合而和合的人文精神。

自然科学的认知、实践活动，是为了用一定的理论解释和改造自然世界，即对于各方面实践过程所出现的问题进行解释，包括演绎模型、概率解释、功能解释和生成解释四种模型。解释是一种过程，其目标在于寻求完善改造自然世界的途径或理路。在自然科学假说、解释、改造中，创造性思维是极为重要的。所谓创造性思维是指人区别其他动物、给人的认知和实践提供新东西的思维活动。它把思维活动的领域从已知推向未知的探索、开拓和突破。它始于新问题的提出，中介于新方法论工具的形成，从而获得新理论、新成果。它是思维载体，即主体人的高度自觉化、自主化和能动化的活动。

从其特征而言：创造性思维是心理过程与逻辑过程、突发与渐进、偶然与必然、创新与传统的融突而和合；从思维活动形式而言：是有意识与无意识、常规性与非常规性、连续性与飞跃性、确定性与随机性的冲突融合而和合。日本著名物理学家汤川秀树曾说："在任何富有成果的科学思维中，直觉和抽象总是交相为用的。不但某种本质性东西必须从我们丰富的，然而多少有点模糊的直觉图像中抽象出来，而且同样真实的是，作为人类抽象能力的成果而建立起来的某一概念，也常常在时间的进程中变成我们直觉图像的一部分。"① 人类识别图像的能力是直觉思维与抽象思维的融突和合。

自然科学原理、理论的合理性应包括，科学目标的追求是什么样的理论；目标的方法论规则，规定某些理论的选择与评价的原则；表明选择与评价原则本身是合理的。18、19 世纪人们普遍以为科学是真命题、真知识，即绝对确定的可证明的知识，这是以科学认识论的绝对无误论为基础。然而，科学的发展说明，绝对无误的理论是没有的，对于绝对确定的可证明的知识的追求是一个幻想。② 它是一个不断完善、不断逼真的发展过程。在这个过程的一定阶段中有真知的存在。

学海无涯，认知无限。自然科学原理、理论的合理性，为和合人文精神更完善的发展映照了可能的逻辑道路；自然科学理论、原理的规范，意在调适，为和合人文精神的更和谐目标设计可能的活动境界。自然科学内

---

① ［日］汤川秀树：《创造力和直觉——一个物理学家对于东西方的考察》，周林东译，93 页，上海，复旦大学出版社，1987。

② 黄顺基等主编：《科学技术哲学引论——科学革命时代的自然辩证法》，243 页。

在的价值尺度和外在价值规范，在人文精神的和合作用下，凝聚而成自然科学意义的人文标准。

自然科学的人文意义标准，向下落实，显化并证明了自然科学活动是主体人自觉的认知、实践活动与有利于人类生存和天人和合的人的对象化的活动；向上进行，升华并体现为自然科学发展的逻辑道路和文明指向以及道德和谐。

自然科学的人文意义标准，从结构上看，是价值本性与规范使命的价值和合；从功能上观，是连通元智能与元范畴的元尺度。这一人文意义标准，将生存世界、意义世界与可能世界协调为形上和合这一元始状态空间，展现了人文精神的元始和合态。

三、 自然科学的和合道德期望

每一个时代的自然科学都有自己的人文精神，认知和把握自然科学的人文精神，对于促进自然科学的发展、确定其发展的宗旨、目标，转换其观察、研究的角度、方法，大有裨益。

（一） 现代自然科学的前沿问题

现代自然科学已渗透到社会科学与人文学科的各个领域、部门。社会科学与人文学科亦以开放态度，引进、接纳自然科学，促使各个科学部门和分支的发展。因此出现许多交叉学科、边缘学科、综合学科和横断科学等。

现代自然科学的发展，按信息计量指标，服从指数增长规律，其公式为：$Y=a\cdot e^{kt}$①。自然科学知识的指数增长，极大地推进了人类智能对自然生态环境的理解水平和把握程度。现代自然科学的视野遍涉宇观、宏观和微观，形成一个不断扩大和延伸的对象谱带。（见图 12—8）

与古代、近代自然科学相比，信息的指数式爆炸和范围的双向开拓，使现代自然科学研究的前沿问题更广泛、更深刻、更本质，更具有边缘性与综合性。

一般说来，现代自然科学研究所面临的重大理论问题主要有四类：

1. 与宇观自然相关联的前沿问题是，宇宙的起源和星系的演化等问题。1917 年爱因斯坦在《根据广义相对论对宇宙学所作的考察》一文中，

---

① 季子林等：《科学技术论与方法论》，96 页，天津，天津科技翻译出版公司，1991。“Y”为知识的信息总量，a 为条件常数，k 为比例常数，t 为时间周期，e 为自然对数之底，e=2.7182…。

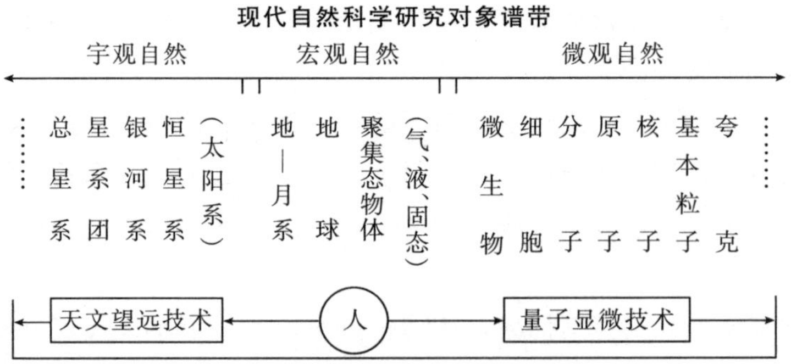

图 12—8

提出了相对论宇宙模型。星系红移和哈勃关系的发现，使现代宇宙学成为现代科学，为 20 世纪 40 年代末提出大爆炸宇宙模型奠定基础。根据此模型，宇宙是在近 200 亿年前①由原始火球发生爆炸而起源的，这一观点得到了天文观测事实的支持。譬如在天体上的氦元素大大多于地球，氢的聚变不足以产生这样多的氦，而恒星的年龄最高为 100 多亿年，说明宇宙形成的元始是产生氦的时代。

然而大爆炸宇宙学亦引出一些难题，较突出的有“奇点”（奇异态）问题。由宇宙膨胀倒推过去，将得到在 10^{10} 年以前，宇宙是一个密度和温度无限大，半径为零的“奇点”。与“奇点”相关的是宇宙“开端”，即起源问题。依相对论，不同运动的观测者将观测不同的时间值，要进行精确的时间测量必须知道测量者的运动轨道。若依量子论，原则上不可能精确地认知任何物体在时空中的轨道，这便是测不准原理。这就是说不可能进行精确的时间测量：$t_p \sim \left(\frac{hG}{C^5}\right)^{\frac{1}{2}} \sim 10^{-43}$秒②。空间测量亦找不到一种“尺”可以测量小于 L_P 的长度：$L_p \sim C \times t_p \sim \left(\frac{hG}{C^3}\right)^{\frac{1}{2}} \sim 10^{-33}$厘米③。这样，时间和空间都应起源于无时空的状态，这种无时空的状态在宇宙年龄为 10^{-43}秒之前发生。但是无时间，“之前”亦无意义和价值。这就是说，没有任

① 在 1994 年 10 月女天文学家温迪·弗里曼认为宇宙年龄在 80 亿年到 120 亿年之间。有的科学家根据已有的星球演化理论以及恒星把氢变为氦的速度，计算出最早的恒星出现在大约 150 亿年前。（参见《宇宙研究的盛世》，载美国《华盛顿邮报》，1995-05-12，转引自《参考消息》，1995-05-30）

② h 是普朗克常数，G 是万有引力常数，C 是光速，t_p 为普朗克时间。其物理意义是，可测量小于 t_p 的时间。

③ L_p 为普朗克长度。

何东西能给出宇宙的开端。“奇点”的出现，给“大爆炸宇宙学”带来“困惑”。

宇宙学在这种“困惑”中，提出各种各样的，甚至相互冲突的观点，但都没有给出完善的解释和令人信服的结果。按照和合学的观点，宇宙是冲突融合的和合体，是一种过程。

星系的演化，即宇宙的演化，怎样演化？亦众说纷纭。如“热寂说”、“大循环说”和纯粹偶然说，以及热的集中，即热和物质重新聚集说。这些假说，有的已被批评，有的在验证的过程中。①

宇宙的起源和星系的演化，涉及整个天文学亚群，关系到人类所在的地球以及太阳系、银河系的历史经历与未来命运。

2. 与宏观自然密切相关的前沿问题是，生命现象的本质和人类起源问题。生命是宇宙自然发展的最高层次，是物质进化序列的最后转化环节。生命的基质：自调节、自复制的出现，自然世界自身产生了与自己相对待的否定因素，这就是生命的发展和人类的产生。

原始生命的自组织的发展，便是自调节机理。酶是自调节功能物质载体，亦是生命活动的关键。尽管自调节能不断地应付内外情况，做出调整和控制，但仍有一定限度，便要求复制新自我。自调节使自组织系统的结构和功能有序；自复制使生命系统有遗传信息的不变性和演化的时间性。自复制是生命起源的难题。克里克（C. Crick）认为，原始生命中多核苷酸所带的遗传密码的建立是偶然的事件；李普曼（F. Lipmann）认为，原始的生物信息不是来自核酸，纯粹由蛋白质（酶）组成自体复制系统②；布莱克（S. Black）认为，分子间根据互补的嵌合机理而相互识别和有序化，生物体存在一系列的嵌合—填补—嵌合系统，生物演化是按此嵌合—填补机理而传递信息的；艾根（M. Eigen）、休斯特（P. Schuster）建立了超循环理论（The Hypercycle 可译为高级催化环理论）。生命起源的过程，生物体中几百种分子不可能配合组织得很恰当，其间存在生物大分子自组织阶段，这便是超循环。即通过各种多核苷酸编码的多肽，将这些多核苷酸连成环状的反应网，将两类原始生物大分子既自催化，又他催化。③ 艾根

---

① 参见黄顺基、刘大椿主编：《科学技术哲学的前沿与进展》，122～133、144～153 页，北京，人民出版社，1991。

② F. Lipmann，*Accounts of Chemical Research*（1973），p. 363、365.

③ M. Eigen & P. Schuster：*The Hypercycle — anticipation of Nature Self-organization*，1978.

等的超循环理论把握了原始多核苷酸与原始多肽之间相互作用的双向联系，从整体上通过自组织的中介把握生命，成为 20 世纪 70 年代生命起源“综合理论”的代表。

自复制性与自变异性的冲突融合过程，即生命过程。一切生命体都由“DNA”、“RNA”传递遗传信息；所有的蛋白体都由 20 种氨基酸按不同数量、成分和排列次序组合构成。

这便是生命的共同起源。① 遗传信息的表达为转录和转译：

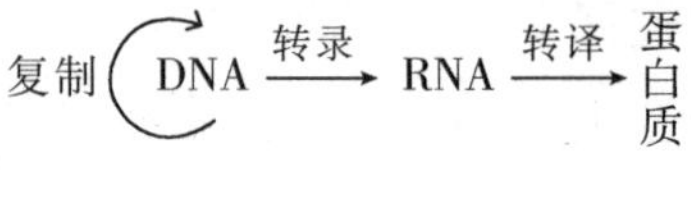

A

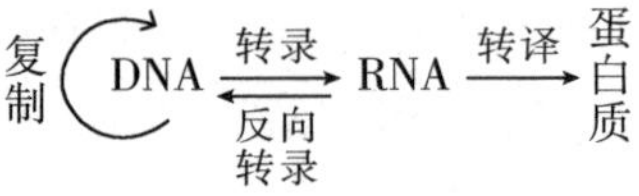

B

A 为遗传信息传递的中心法则；B 为修正中心法则，即 RNA 可通过反向转录将遗传信息传给 DNA。从简单的微生物到高等动植物，其细胞内 DNA 分子上的遗传信息经转录和转译而生成蛋白质的过程，都是在严格调节和控制下进行的。细胞的形成，是生命体存在的基础。

生命体形成，不是单传、重演，而是在不断差分、变异中展现其多样性。一般来说细胞分为“原核总界”与“真核总界”，前者又分为细菌和蓝藻，后者分为植物、真菌、动物。此五者亦即生命体进化、发展过程。其进化的具体途径是什么？见仁见智，莫衷一是。

生命现象的本质和人类起源问题，牵涉整个现代生物学亚群，关系到对人类自身准确、全面、系统深刻的理解和调适。

3. 与微观自然相关联的前沿问题是物质结构的基础和粒子的生成问题。科学家不断地揭示物质结构和微粒子的内在结构。从 1900 年普朗克的“能量子”假说以来，经爱因斯坦、玻尔、卢瑟福、德布罗依、薛定谔、海森堡、查德威克、安德生、尼德迈尔、盖尔曼到 1974 年丁肇中与里希特发现 J/ψ 粒子，证实了胶子的存在。

物质结构充满着冲突融合，粒子结构亦充满着冲突融合。物质、粒子不仅具有多元结构，而且具有多层次结构。各组元之间冲突融合。坂田昌一和武谷三男发展了威西叶物质结构层次论，说明物质层次结构是复杂的

---

① 参见萧焜焘：《自然哲学》，257～266 页；李继宗等主编：《自然科学基础》，138～139 页；孟尔熹等主编：《自然科学概论》，243～247 页，济南，山东大学出版社，1986。《参考消息》，1995 年 5 月 30 日以《科学家首次破译全序列遗传密码——遗传学模式发生变化》为题译载《纽约时报》的报道：“科学家第一次破译了一种天然生长有机物的全部遗传密码，揭示了组成生命的 100 多万个碱基 DNA（脱氧核糖核酸）链。”

立体网络系统，各个层次都由自己特有的法则支配。① 中国吸取盖尔曼“夸克”模型②，创造中国的“层子模型”。物质结构是具有质的差分的无限层次；每一层次都是无穷系列的有特定质的“关节点”；特定的物质层次与一定的能量状态相适应，而特定的层次尺度与其结合能成反比例关系。宇宙是开放的无限发展的四维时空的层次性网络，宇宙层次性即宇宙按质量、能量和空间尺度，依结构的组织程度和特殊运动规则、演化次序的不同质的分化性③，宇宙是差分融合的系统。从和合学的观点来观，物质结构层次的每一层次都呈现为冲突融合而和合。

现在已发现基本粒子 300 多种，可分类概括为四类：

普通粒子：光子 μ，电子 e，正电子 e^+，μ 子（μ^+、μ^-），中微子（υ_e、υ_u），反中微子（$\bar{\upsilon}_e$，$\bar{\upsilon}_u$），重轻子（τ^+、τ^-），π 介子（π^+、π^-、π^0），质子 P，反质子 $\bar{P}$，中子 n，反中子 $\bar{n}$ 等。

奇异粒子：K 介子（K^+、K^-、K^0、$\bar{K}^0$），A 超子 A^0，$\sum$超子（$\sum^+$、$\sum^-$、$\sum^0$），Ξ 超子（Ξ^-、Ξ^0），Ω 超子 Ω^- 等。

共振粒子：P、ω、η、δ、K^*、f、N、Δ、Λ、$\sum$、Ξ 等。

新粒子：J/Ψ、Ψ、$D^\pm$、D^*、F、F^*、A_c^+、$\sum_c$、γ 等。

按照普通粒子和奇异粒子的静止质量大小，可分四族：

光子族：光子 μ。静止质量为零，以光速运动，参与电磁相互作用，自旋为 1（计量单位为 $\hbar$）。

轻子族：电子 e，中微子（υ_e、υ_u），μ（μ^+、μ^-）以及它们的反粒子，电子和 μ 子。参与电磁相互作用和弱相互作用，中微子参与弱相互作用，自旋为 1/2。

介子族：π 介子（π^+、π^-、π^0），K 介子（K^+、K^-、K^0、$\bar{K}^0$），η 介子。参与强相互作用，电磁、弱相互作用，自旋为 0。

重子族：质子 P、反质子 $\bar{P}$，中子 n、反中子 $\bar{n}$，Λ 超子 Λ^0，$\sum$超子（$\sum^+$、$\sum^-$、$\sum^0$），反$\sum$超子（$\bar{\sum}^+$、$\bar{\sum}^-$、$\bar{\sum}^0$），Ξ 超子（Ξ^-、Ξ^0）、反

① ［法］威西叶：《层次论与自然界的辩证法》，载《自然辩证法通讯》，1964（1）。［日］坂田昌一：《现代科学哲学方法论》，载《自然辩证法杂志》，1973（2）。

② 1964 年盖尔曼和兹韦格提出 SU（3）的 3 代表三个数字符号，称为 quark（夸克）。后人们设想它们分别代表三个组成基本粒子的最小单元（亚粒子）。1994 年 Vincent Kiernan 曾说：“是夸克，还是诡辩”。中国崔军达用原有粒子理论和公式，推导出 3SU（3）对称群。按这种理论，夸克模型中的夸克，层子模型中的层子以及 Higgs 粒子都不存在。（参见崔军达：《夸克存在吗》，载《光明日报》，1996-02-26）笔者认为，夸克模型实为模糊模型。

③ 参见丛大川、罗庆文：《层次与层次论》，载《大自然探索》，1984（3）。

Ξ 超子（$\overline{\Xi}^{-}$、$\overline{\Xi}^{0}$），Ω 超子 Ω^{-}、反 Ω 超子 $\overline{\Omega}^{-}$。参与强相互作用，电磁、弱相互作用，自旋为 1/2。

现在实验证明基本粒子，并非基本。重子和介子的内部结构怎样？由什么物质组成？物理学家提出了各种模型：如 1949 年的费米—杨振宁模型，1956 年的坂田模型，1964 年盖尔曼的夸克模型，1970 年格拉肖提出粲夸克（c、$\bar{c}$），1974 年丁肇中发现中性介子 J/ψ，1977 年莱德曼发现底夸克（b、$\bar{b}$）。究竟夸克有多少种，还是个谜；基本粒子内部结构也在继续探索之中；各基本粒子与四种基本相互作用之间更本质联系的追究，以及消除量子化引力理论中的无穷大的解决等问题，都在研究之中。

物质结构的基础和粒子结构、关系等问题，涉及整个物理学亚群与化学亚群，关系到对人类所在世界最底层奥秘的揭示和最微细机制的控制。

4. 与宇观、宏观和微观三类自然并协的前沿问题。自然系统的大统一性问题（引力、电磁、强、弱四种相互作用的统一场问题），涉及全部自然科学群体，关系到自然世界的和合本质以及人类与自然的和合关联。

（二）自然科学理论的意义危机

现代自然科学研究的四类前沿问题，归结起来，都是人类与自然的融突而和合性问题。要从理论上解决这些问题，单靠客观地研究自然系统本身是远远不够的，必须双管齐下，将客观地研究自然与文化地研究人类相和合，使自然科学与人文学科彼此协作。这样，才能从和合学的高度解决问题，并推进自然科学的人文化发展，促成人文学科的自然化转轨。

受近代科学机械思维方式和方法论的影响①，现代自然科学理论仍属分析学范畴——隔离人文对自然的影响作用，分门别类地研究所谓“纯粹自然”现象。这种分析学的研究传统，夸大了差分化的地位与作用，忘记了自然世界的融突而和合本质以及人类与自然的融突和合关系。因而，随着问题综合性程度的不断提高和关系数量级别的指数暴涨，原有的分析性自然科学理论不断陷入意义危机。

自然科学理论的意义危机，主要表现为：

1. 简单性原则的复杂化危机。受奥卡姆剃刀理论和马赫思维经济原则的影响，近现代自然科学理论追求形式上的简单性，甚至认为简单性是真理的全部意义。为了达到简单性的理论目标，有时不惜牺牲真实性，借

① 参见黄顺基、刘大椿：《科学的哲学反思》，北京，中国人民大学出版社，1987。刘大椿：《互补方法论》，22～25 页，北京，世界知识出版社，1994。

助理想化的抽象方法，构造各种绝对范畴。如“绝对时间”、“绝对空间”、“绝对质点”、“绝对刚体”、“理想气体”、“绝对流体”等。依据这些绝对范畴，推导出各种简单而优美的变换原则（如伽利略变换）和数学公式（如牛顿第二定律 $F=ma$）。但这些原则和公式由于过于抽象和过分简单，以致根本无法处理稍微复杂的实际问题（如牛顿力学方程在解决“三体问题”时出现的浑沌）。

爱因斯坦相对论和黎曼非欧几何学表明，自然的物理运动和时空结构远比牛顿力学和欧氏几何学所想象的复杂。必须借助四维时空的黎曼量规和复流形，以及相对论宇宙方程才能近似地说明大尺度范畴内的引力现象和高速运动。

普里戈金的耗散结构论、哈肯的协同学、艾根的超循环论等现代非平衡热力学表明，自然世界的热运动远比经典热力学定律描绘的情况复杂，封闭系统的热力学线性平衡是极限化的状态，自然世界实际活动着的都是开放系统的非线性、非平衡热力学系统，必须借助多参量的高阶微分方程，才能给出近似的刻画。

2. 精确性原则的模糊化危机。精确性是自然科学理论的追求的内容目标。由此产生的定性分析方法和定量分析方法已成为科学测度的基本方法。但精确性分析原则同样是有限度的，片面迷执，势必危及科学理论的真实性生命。

量子力学的测不准原理，第一次从根本上动摇了近代科学的精确性信条。关系式 $\Delta x \cdot \Delta p \geq h$ 表明，要精确测定粒子的位置坐标 x，就无法精确地测定粒子的动量 p，反之亦然，两种测量的误差之积不小于普朗克常数 h。

查德创立的模糊数学，进一步从公理集合论的数学高度证明，确定性、精确性仅是对象状态空间的两个特例，现实世界广泛存在的是不确定的、模糊的几率状态。量子的分布遵循薛定谔几率方程，量子事件只存在统计解释。自然语言更是不分明关系的符号集合。人类的语言现象、思维活动都是服从浑沌对应律的。①

3. 因果性原则的目的化危机。用因果决定论解释一切现象、事件的原因，是自然科学理论的解释学原则。它符合日常生活的因果习惯，因而根深蒂固地影响着科学理论的发展，以至于有不少人将“为什么”问题，

① 参见拙著：《传统学引论——中国传统文化的多维反思》，60～62页。

仅仅理解为因果性问题。

量子力学的统计解释首先否证了决定论的线性因果关系的普适性。控制论的反馈原理说明了因果现象的复杂性和不可分离性。自组织理论进一步证明，自然生态系统是以目的性活动为主要特征的。遗传学、分子生物学和基因工程充分显现出了生命系统的合目的性。经过现代科学的艰辛努力，目的论被从神学的天堂移植到科学的大厅，并逐渐替代因果决定论而成为科学解释学的主要原则。

自然科学理论的这三重意义危机说明，自然科学活动不是纯粹的符号游戏、逻辑设计，而是体现人类目的、理想，服务于人学准则，反映人文精神的文化实践、文明建设。

自然科学意义危机的根源在于，在自然科学与宗教神学的冲突中，为了排除宗教神学教条、宗教信念对科学研究的干扰，自然科学借助人文主义的力量，曾经完成了哥白尼革命。哥白尼 1543 年发表《天体运行论》，标志着实验自然科学的诞生。他的日心说从理论上否定了托勒密的地心说与《圣经》所说约书亚使太阳静止在天空中的教义，推翻了地球是宇宙中心的宗教神学教条，使人失去了空间上的神圣地位，人们开始推崇科学。

近代自然的第二次革命，便是达尔文的进化论。1859 年达尔文出版《物种起源》，用丰富的事实材料否定了《圣经》中上帝造人的创世说，批判了人类是上帝子民的宗教神学信仰，使人失去了时间上的神圣起源和种类上的神圣等级，证明了从最低级的生物到最高级的人类，都是由少数原始单细胞胚胎长期发育的产物，这些单细胞胚胎又是通过化学途径从无机界发展而来的。

第三次革命是爱因斯坦物理学革命带动下的生物学革命。生物学向宏观方向发展是研究生物与它生存环境之间的关系，使生态学产生和发展；向微观方向发展是诞生分子生物学，导致遗传基因的发现。1953 年沃森和克里克提出 DNA 分子双螺旋结构模型，证明基因即 DNA 分子。由此诞生了遗传工程。1966 年 20 种氨基酸的遗传密码全都破译出来。1977 年成功地把老鼠身上制造胰岛素的基因提取出来，植入普通大肠杆菌的遗传物质中，使细菌开始产生老鼠的胰岛素。这些理论成就表明构成生物的“原材料”是普适的，否定了人类及其心灵是由特殊材料造化的神话传说，批判了关于人类的一系列思辨式的假设，使人失去了“禀天地之秀气”，即元素（质料）上的神奇特性和结构上的神秘方式。

这三次科学理论革命从和合学人学意义上来观，它以不可推翻和不容辩驳的科学事实澄清了关于人的本性的各种幼稚的假说，否定了人的“神性”、“灵性”、“慧根”、“特质”等说法，使人真正成为自然世界的普通公民，文化世界的实践主体。人类的智能、理性、德性都是自然生态化育和人类文明化成的融突和合的赋予。

三次自然科学理论革命，消解了人类身上和心中的神化光环，揭示了人类的自然本性和生命的自然法则。但矫枉过正，自然科学理论在否证人的神性的过程中，淡化甚至取消了人的社会文化方面的德性，使人成了赤裸裸的感性动物或冷冰冰的理性机器。自然科学理论的意义危机，实质上是人学前提的丧失或遗忘，是人文意义标准的失落，是人类道德本性的荒芜。因此，克服危机的唯一道路，就是在否定人的神性的同时肯定人的德性；在拒斥神学前提的同时承诺人学前提；在取消形上学意义标准的同时确立人文意义标准。由此共同构成21世纪自然科学理论人文和合革命的主题。

（三） 自然科学目标的道德期望

复杂化、模糊化和目的化，是现代自然科学理论研究发展的最新趋势和前沿的动向。自然科学理论究竟该探究自然生态系统复杂结构中的哪些层次和方面？究竟该对模糊自然现象做出怎样的义理诠释？究竟应该如何对自然生态的目的化过程进行选择控制？这些关系自然科学发展目标的理论——实践问题，不是简单的逻辑问题，不能单单依靠理论分析来解决。

它们的解决，从根本上讲，取决于全人类对21世纪的德性期望。所谓德性是指以真、善、美和合的人文价值尺度，并以此来解释“地道”生存世界、“人道”意义世界和“天道”可能世界。特别是自然科学家这一人类亚群体的德性自觉和德性选择。

因此，要解决21世纪自然科学的发展道路和目标方向这一超地域、跨世纪的价值问题，就有必要从形上和合转换到人文道德和合，从自然科学过渡到伦理科学。

在这里，可以这样预言，21世纪的自然科学，其研究关注点将在生命科学、人体科学、认知科学和行为科学等围绕人类自身的学科群内，将第一次真正地履行“认识你自己”的神圣箴言；将着重从人类的角度探索自然与人类的多重和合关系；将第一次自觉自愿地以“人文化成”作为自然科学的实践思想；其研究的目标将集中在维护人类的主体尊严，弘扬人文的价值意义，并将以雄辩的自然科学事实和完备的理论系统证实“天地之性人为贵”的贤哲预言。

第十三章 道德和合与和合伦理学

人的生命是多重的，但基本上为生理生命和道德生命两重。有生理生命而无道德生命，人就不成其为人，而为禽兽；有道德生命而无生理生命，道德生命亦无以实现，故人的生命乃为融突而和合。

从当前到21世纪，无论西方还是东方，人的传统伦理道德面临着来自自然生态、社会、人际、心灵、文明的五大挑战，以及其他方方面面的挑战。人类如何回应这些挑战，是21世纪人类的共同课题。因此，建构新的伦理道德学说，就成为时代的呼唤。此所谓“新”，即笔者提出的和合伦理学，它是生态、生命、社会、人际、心灵、文明伦理学，以及各学科、各职业伦理学的总称。

一、 伦理与道德的和合

和合伦理学，运用道德和合原理分析伦理学的和合性，建构和合伦理学科群。

伦理道德的宗旨或目标，便是和合。人一旦被抛到这个世界，人的生命就与衣、食、住、行的自然生态环境发生互相交往活动与冲突；与社会结构的经济、政治、文化、制度、军事、法律等领域的物质、信息、能量的互动中相互冲突；与他人发生各种需要、利益、权力、价值关系的冲突；心灵和各文明间也会发生各种性质与形式的冲突。冲突就是有序的打破、平衡的失衡、和谐的破坏、协调的失控，以致社会动乱、人际失序、心灵失常、文明失和，这就需要寻找生命的安身立命之所、人性之善、心灵的净土、文明的乐园，以获得人的生命与自然生态、社会、人际、心灵、文明的和谐。

（一）和合伦理的意蕴

人的生命的这种种冲突和融合，激烈冲击了传统伦理道德的种种观念。因此，对于伦理道德需重新厘定。

何谓伦理？何谓道德？两者既有其同，亦有其异。然各家理解纷纭，见仁见智。就伦理而言，或谓从中国词源含义来看，伦本义是辈、类的意思；理是条理、道理的意思。伦理是表示有关道德的理论。伦理学是以道德作为自己的研究对象的科学。① 或谓“伦理学（ethŏs）是哲学的一个分支。它研究什么是道德上的善与恶、是与非。伦理学的同义语是道德哲学。它的任务是分析、评价并发展规范的道德标准，以处理各种道德问题”②。或谓伦理是就人类社会中人际关系的内在秩序而言，它侧重社会秩序的规范，可视为个体道德的社会化与共识化。③ 或谓伦理学是哲学的一个分支学科，即关于道德的科学。伦理是中国古代用以概括人与人之间的道德原则和规范的。④ 这些规定都涉及社会秩序的规范和人与人之间的道德原则的规则，以及善与恶、是与非的道德标准等问题，有其合理性。

现代西方各学派、流派建构了形形色色的伦理学，如胡塞尔（Edmund Husserl，1859—1938）、舍勒（Max Scheler，1874—1928）、哈特曼（Nicolai Hartmann，1882—1950）的现象学价值伦理学；海德格尔（Martin Heidegger，1898—1976）、萨特（Jean-Paul Satre，1905—1980）的存在主义伦理学；弗洛伊德（Sigmund Freud，1856—1939）的精神分析伦理学；詹姆士（William James，1842—1910）、杜威（John Dewey，1859—1952）的实用主义伦理学；鲍恩（Borden Parker Bowne，1847—1910）、弗留耶林（Ralph Tyler Flewelling，1871—1960）、布莱特曼（Edgar Sheffield Brightman，1884—1953）、霍金（William Ernest Hocking，1873—1966）的人格主义伦理学；马里坦（Jacques Maritain，1882—1973）的新托马斯主义伦理学；弗罗姆（Erich Fromm，1900—

---

① 参见罗国杰主编：《伦理学》，4 页，北京，人民出版社，1989。

② 《简明不列颠百科全书》，第五卷，456 页，北京，中国大百科全书出版社，1986。

③ 参见成中英：《中国伦理精神的历史建构·序》，2 页，南京，江苏人民出版社，1992。

④ 参见《中国大百科全书·哲学卷》，515 页。

1980）的人道主义伦理学；弗莱彻尔（Joseph Fletcher，1905—　）的境遇伦理学；斯金纳（Burrhus Frederick Skinner，1904—　）的行为技术伦理学；马斯洛（Abraham H. Maslow，1908—1970）的自我实现伦理学等。①

凡此种种，都有其发生和存在的社会文化背景和心理土壤。譬如存在主义伦理学是西方非理性主义道德思潮的继续和发展。康德和黑格尔古典理性主义伦理学在受到叔本华、尼采的唯意志主义伦理学的批判后，意志、欲望、生命力量等非理性化范畴成为伦理学理论基础。继之柏格森生命伦理学又对理性主义伦理学进行批判。20世纪是以战争和科学为其特征的世纪。存在主义者亲身经历和感受了两次世界大战和30年代初的经济危机。战争的冷酷和生活的动荡不安，给人以"无家可归的世界"、"被抛弃"、"被判决的世界"、"陌生的世界"的感觉。存在主义者通过对这种现象世界的反省，在人的价值、心理情感以及人自身的危机中，提出存在主义的伦理学，有其批判现实、人学精神、价值意识和对人的道德责任感的正面伦理价值；也有其极端个人主义、情绪主义和行为主义的负面伦理价值。由于其负面价值和时代的发展，使存在主义伦理学在70年代初以来，已为人们所淡漠，失去了昔日的市场和影响力。

反省这一历史现象，人们可以得知，伦理学既为时代精神的体现，亦随时代精神的变化发展而变化发展。21世纪是和平、发展、生态、信息的世纪。当前伦理道德的危机，正酝酿着一场伦理道德观念的"革命"。

人们总以为伦理是人类社会中的一种特殊现象，是处理、调整人与社会、人与人之间关系的原则和规范，而不注意人与自然世界的关系。人们考察问题的视点，往往以人为中心，所谓环境是人生命存在的环境，生态是与人生命存在相关联的生态。其实无环境、生态，亦无所谓人的生命生存和伦理道德，所以人应当超越自我中心主义；当然，这也不是说要以自然为中心，因为自然无人的需要，就无其存在的价值和意义，亦无其伦理道德可言。

就21世纪的伦理来说，应超越人的世界与自然世界，人为中心与自然为中心的观念，建构自然、社会、人际、心灵、文明冲突融合的和合伦理，建构生态伦理学、社会伦理学、人际伦理学、心灵伦理学、文明伦理学等，统称为和合伦理学。

---

① 参见万俊人：《现代西方伦理学史》，北京，北京大学出版社，1992。

所谓和合伦理学是指人与自然、人与社会、人与人、人的心灵以及各文明间的道德关系的原理的和合。

（二）和合道德的内涵

道德，由于理解与解释的差异，亦各说杂陈。或谓道德是指“人类现实生活中由经济关系所决定，用善恶标准去评价，依靠社会舆论、内心信念和传统习惯来维持的一类社会现象”①；或谓“道德是行为原则及其具体运用的总称”②；或谓“道德则就个人体现伦理规范的主体与精神意义而言”，“道德则重个人意志的选择”，“道德可视为社会伦理的个体化与人格化”③；或谓道德是“一种社会意识形式，是规定人们的共同生活和行为、调整人与人之间和个人与社会之间的关系的原则、规范的总和”④。这些规定都有其合理性和时代的需要，但都就人而规定人的道德。

这种规定源自传统道德观念。道的初义为道路。许慎《说文解字》：“道，所行道也……一达谓之道”，即人所走的路称道。《释名》：“道一达曰道路。道，蹈也；路，露也，言人所践蹈而露见也”⑤。引申为引导、导引、疏导，再引申为道理、原则、学说等义。⑥

德，甲骨文作“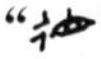”⑦，又作“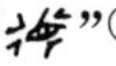”⑧，表示循行而前视，或行走而上视。金文《辛鼎》作“”，与甲骨文形近。《毛公鼎》演为“”，在甲骨文的基础上加“心”字，是人对自身行为和视觉认知的深入。人的眼、耳、鼻、舌、身五官的感觉作用与人的行走，都有一个视什么、如何走、走到那里、走的过程中看见前面有河就要绕行等问题，这都与能想、能思的“心”分不开；且五官以“心”为君，眼视、耳听、身行，均受“心”的支配，故演为《毛公鼎》所写之字形。于是《墙盘》作“”，《秦公钟》作“”，这便是汉之“德”字；又舍“”或“”，简为“”（见《侯马盟书》）、“”（见《令狐君壶》），即汉时为德之古字的“悳”或“惪”字。“直”或“[illegible]”，保留了目上眉毛和头发的形状。由德与悳的分化，

① 罗国杰主编：《伦理学》，7页。

② 张岱年：《中国伦理思想研究》，3页，上海，上海人民出版社，1989。

③ 成中英：《中国伦理精神的历史建构·序》，2页。

④ 黄楠森、夏甄陶主编：《人学词典》，423页，北京，中国国际广播出版社，1990。

⑤ 刘熙：《释道》，见《释名疏证补》卷一，影印本，上海，上海古籍出版社，1984。

⑥ 参见张立文主编：《道》，19～20页。

⑦ 郭沫若：《殷契粹编》864，1937年拓本。

⑧ 董作宾：《殷墟文字甲编》2304，1949年拓本。

《说文》训德为“升”，属彳部；训悳为“外得于人，内得于己也，从直心”，属心部。清段玉裁作《说文解字注》时颇费苦心，认为许慎训德为升：

> 升当作登……德训登者，《公羊传》：“公曷为远而观鱼，登来之也”。何曰，登读言得，得来之者……今俗谓用力徙前曰德。①

这样，桂馥的《说文解字义证》便以“古升、登、陟、得、德五字义皆同”。朱骏声《说文通训定声·颐部》：“德，叚借为直”，德与直亦通。

循行而前视，“用力徙前”，都与一个特定的主体的活动相联系，主体的活动又受特定主体的心的制约。“心”是否正直或善良的问题，在甲骨文中已有此意蕴。“庚戌卜，□贞，王心若”②。“若”有顺和善之意。③ 这就是说顺心或善心，即是有德之心；反之，就是无德之心。因商纣无德而亡，周公屡次告诫要“敬德保民”④、“唯德是辅”、“以德配天”。说明德心是内在于主体，而又体现、制约主体的感觉、行为。段玉裁《说文解字注》释“内得于己，谓身心所自得也；外得于人，谓惠泽使人得之也”。内得、外得，是指主体行而有所取得；行而有所取，就与主体意识欲望，利益相联系；心灵的自取与使他人取得，即主体的自取与被取、内得与外得的活动，必与他人和事发生关系。以德心、直心或非德心、非直心去对待、处理主体我与他人、他事的关系，便发生了道德问题。

道作为道路、道理、原则，是客观的，可为我所得，亦可为人所取，为人人所共由。德可因人而异，以不同的欲望、利益之心或德心、非德心出发，虽可通过同一道路、同一方法，但取得的结果可能有天壤之别。这里便蕴涵着应当得、不应当取的道德关系。孔子说：“富与贵，是人之所欲也；不以其道得之，不处也。贫与贱，是人之所恶也；不以其道得之，不去也。”⑤ 以其道与不以其道取得，关系着“仁”的道德。

传统的道德观念，均把内得与外得，以其道取与不以其道取，看作主体我与他人的关系。外得和外取，可以是我惠泽使人得到，我同时也得到外人的肯定、信任、帮助；也可以是我惠泽万物，即成物，我亦得到外物的利益的满足，即成己。这样，主体自我就与外部自然万物构成了应当得

---

① 《彳部》，见《说文解字注》，76页。

② 叶玉森：《铁云藏龟拾遗》九、一一，1928年拓本。

③ 张立文主编：《心》，25页，北京，中国人民大学出版社，1993。

④ “王敬所作，不可不敬德”（《尚书·召诰》）。“其汝克敬德，明我俊民”（《尚书·君奭》）。

⑤ 《里仁》，见《论语集注》卷二，14页。

与不应当得的道德关系，即是否合乎“仁”的道德原则。

“仁”的道德原则，即“爱物”的原则。这样，道德不仅是人与人、人与社会之间关系的原则、规范，而且是人与自然关系的道德原则、规范。基于这个观念，笔者把道德规定为：道德是指调整人与自然、人与社会、人与人、人的心灵及不同文明间融突而和合的原则的总和。

（三）道德伦理的发生

道德与伦理，两者不离不杂，伦理以道德为自己对象，道德通过伦理而呈现。伦理是人与人关系中差分而成次序的道理、理则。比如孟子讲的：“教以人伦；父子有亲，君臣有义，夫妇有别，长幼有序，朋友有信”①。父子、君臣、夫妇、长幼、朋友的辈分及其之间的差分，这便是伦辈或“名分”；亲、义、别、序、信，这就是伦辈之间的关系的理则、道理或规范。伦辈之间关系的理则，有些便是调整、维系人与人关系的道德规范，或者在伦辈的理则、道理的基础上，进一步完善化、规范化。

这种伦理辈分及其之间的关系理则、道理等道德现象，起源于上古的礼仪形式。“八音克谐，无相夺伦，神人以和。夔曰：於！予击石拊石，百兽率舞”②。这是原始巫术的仪式，以各种动物为图腾崇拜对象的各部落都参加了这种仪式活动，在有强烈节奏的音乐舞蹈中，凸显了伦辈的分别和秩序。后来荀子说：“程以立数，礼以定伦，德以叙位”③。伦辈名分关系是在礼仪的仪式中得以发生，犹如物的数量多寡是由度量器具加以确定一样。“象天地而制礼乐，所以通神明，立人伦，正情性，节万物者也”④。这就是说，伦理起源于礼仪的仪式。

孔颖达在《礼记》题释中《疏》曰：

> 夫礼者，经天地，理人伦，本其所起，在天地未分之前。故《礼运》云：“夫礼，必本于大一，是天地未分之前已有礼也。”⑤

这里暂不评论此礼起源是否有误，但明确肯定伦理本礼而起，是中国礼乐人文文化的彰显。它与西方文化中关于伦理道德起源的观念异趣。譬如伦理道德“神启说”⑥，基督教认为，与上帝一体的耶稣基督以其尽善尽

---

① 《滕文公上》，见《孟子集注》卷五，39页。
② 《舜典》，见《尚书正义》卷三，《十三经注疏》本，131页。
③ 《致士》，见《荀子新注》，226页。
④ 《礼乐志》，见《汉书》卷二十二，1027页。颜师古注：“伦，理也。”
⑤ 《礼记》，见《礼记正义》卷一，《十三经注疏》本，1229页。
⑥ 吕大吉：《人道与神道——宗教伦理学导论》，19～27页，上海，上海人民出版社，1991。

美的道德行为向人类启示了伦理道德；或认为伦理道德起源于先验抽象的理念、精神；或一切伦理道德起源于人的自然本能，是动物本能的直接继续等。

中国古代思想家以伦理道德起源于原始礼仪仪式，有其合理性：其一，伦理道德发生于人的活动，即人自身生命和繁衍生命活动的需要，以及为满足这种需要而改变生命生存和繁衍生命的环境、条件的需要。中国原始巫术仪式，就是为维持生命和繁衍生命需要而祈求避祸消灾，部落昌盛的活动形式。

其二，原始礼仪仪式是人的有意识、有目的活动。这种活动虽以群体意识为前提，但礼仪的差分次序，便滋生了自我意识，以及自我在伦辈中的位置。这既是人脱离动物活动状态的进步，亦是人将自我与他人相区别的觉醒，为伦理道德的发生成为可能或条件。

其三，人的相互交往活动的需要。人为抗拒自然环境、条件对人的生命的扼杀，而需要群体生活；群体生活必然发生人与人的交往活动。如何协调人与人交往活动中的人的欲望需要而引起的冲突，便发生了伦理道德现象。

> 人生而有欲，欲而不得，则不能无求，求而无度量分界，则不能不争。争则乱，乱则穷。先王恶其乱也，故制礼义以分之，以养人之欲，给人之求。使欲必不穷乎物，物必不屈于欲，两者相持而长，是礼之所起也。①

人的欲望需要千千万，归结起来无非两方面：一是生存，二是发展。为生存和发展而发生人与人、部落与部落之间争夺需要品的冲突，这种争夺使社会关系无序、动乱、困穷。使人们对欲望的追求有一定“度量分界”，便差分伦辈，制定礼仪，既协调人的欲望，又满足人的需要。这就是说，使人的欲望不因为物质资料的不足而不满足，也不使物质资料的因人的需要而用尽。欲望需要与物质资料两者相互协调而增长，这便是伦理道德的起源。这里不仅蕴涵着人与人的伦理道德关系，也涵摄着人与物质资料间的协调道德关系。

伦理道德起源于原始礼仪。究竟是伦理先发生，还是道德先发生？学术界有人认为，伦理是道德的客观化，换言之，是客观化了的道德。道德

---

① 《礼论》，见《荀子新注》，308页。

主体“我”，通过自我意识，把人我、物我既区分又联系，通过自我的自作主宰的有目的行动，既给人施加影响，又接受他人施予的影响，以及自我对其行为意义的了解、对人我、物我交往活动的反省，使围绕着所发生的关系，依照所体认的道德关系维持下去。道德先觉者所获得的这种体认和实践，随时间的推移，影响逐渐扩大，为全社会所效法，即变成了一种伦理。① 这是把伦理作为主体道德关系的客观化，即道德观念的对象化。

笔者认为，伦理与道德之间关系，固然有上述这一方面，道德借伦理固化自己，而形成全社会普遍认同和践行的道德规范或规范道德。但道德之所以发生，是由于礼仪过程中对于人的差分，社会动乱无序的序化。由于人与人之间有了父子、君臣、夫妇、长幼、朋友伦辈关系的差分，才使人体认到维持、协调这种伦辈关系需要一种道德规范或原则。社会围绕着主体我而展现为各种关系，而发生调养和协调这种关系的道德需要。于是便发生：

> 父慈而教，子孝而箴；兄爱而友，弟敬而顺；夫和而义，妻柔而正；姑慈而从，妇听而婉，礼之善物也。②

这样，父慈子孝、兄爱弟敬、夫和妻柔、姑慈妇听的道德就发生了。

伦理与道德两者基本上是同构的。道德观念的普遍化为社会的道德规范、理则，便异化为客观化的原理、原则；反过来支配、制约人的道德行为活动。它似乎不是人的道德观念，而是先在于人的道德理念。这就是说，当人与人、人与社会、人与自然的道德关系被对象化，并被融于对象世界，以普遍性的客体化形式呈现时，人的伦理道德关系就被异化为人的外在力量或权威，人反过来受人的异化的外在力量的主宰。这种异化的存在，为哲学家建构道德形上学提供了可能。

二、 人对自然的道德责任

人的生存和发展，必然与自然发生物质的、能量的、信息的交换，否则人类就不能生存和发展。但人类为了自己的生存和发展，却威胁、攻击、破坏自然生态的生存和发展，而造成了生态危机，直接威胁着人类资

---

① 焦国成：《中国古代人我关系论》，13～14 页，北京，中国人民大学出版社，1991。

② 《昭公二十六年》，见《春秋左传注》，1480 页。

以生存的“生态圈”[①]，或称“生物圈”。这样，在生态危机中蕴涵着道德问题，就成为当代最严峻的挑战。

（一）人与自然冲突的危机

20世纪60年代以降，以原子能技术、空间技术、计算机技术、生物工程以及新材料技术为特征的新的科技革命，使人类活动超越了陆地，而扩展到海洋地壳，宇宙太空，深入到“地球村”、“太空船”的方方面面，构成全球性的、以至太空性的生态环境危机。

当前，人类共同面临着严重生态危机，主要表现为：（1）人口激增，造成粮食、蔬菜等危机；（2）自然资源极度消耗、匮乏，造成危机，包括土地资源危机、生物资源危机[②]、淡水资源危机、矿物资源危机以及能源危机等；（3）环境污染严重，大规模污染事故不断，威胁着整个地球的生态平衡和人的生命的生存；（4）酸雨面积的不断扩大，威胁地球的生物与非生物，被称为“空中死神”；（5）温室效应加剧，全球气候加速恶化；（6）臭氧层严重破坏，出现“臭氧洞”，危害地球生物以及人身的健康。

这些危机的每一个方面，都已不是某一个国家、民族、地区的灾难，而是关系到每一个人的全人类的危机。譬如欧洲的酸雨洒向全世界，美洲核尘埃飘向五湖四海，气候变暖，臭氧减少，都威胁着全人类，且每个人都不可逃。假如某一个人、国家、民族、地区为了自己国家、民族、地区的利益，而使宇宙自然中本已超负荷运转的协调、调节各种关系的机制发生故障或“短路”，破坏生态环境某一方面的平衡，那么，危害的承受者将不仅是别的国家、民族和个人，而且亦包括自己国家、民族和人民在内，人人均不可逃。这便是害人必害己，特别是21世纪，更是如此。

为什么会造成当前严重的生态危机？这种追根究底的求索，是有效地解决生态危机出路的方法。于是全世界学者提出了种种见解：或认为人口

---

① “地球上生态系统的总和，包括一切活生物体与其相互作用的非生物环境。生态圈与生物圈这个术语几乎等价，但有进一步含义：应对地球和地球中一切事物进行有意识的生态管理”（《简明不列颠百科全书》第七卷，167页）。

② 中国森林面积只占国土的12.7%，按其覆盖率和人均占有林地计算，中国排在世界第120位之外。19世纪末，北美大草原上生活着6 000万头美洲野牛，为猎取牛皮，1894年最后一头牛在科罗拉多被射杀。5万年前，黄河两岸杉、柳、柏、松，密密层层，距今3 000多年前，河南有大量野象，常遭商王朝狩猎，殷墟甲骨文就已有“象”字。到明末，长江流域的湖南有残存，后被逐到了西双版纳。19世纪初在北美大陆生息旅行鸽50亿只，1914年在美国辛辛那提动物园最后一只死去。[参见柳德宝：《SOS：生物天绝正在发生》，载《科学生活》，1995（9）]。

过度增长，赖以生存的资源和生存空间都受威胁；或认为人类高消费的消费方式和生产技术的弊端，造成了资源过度消耗及枯竭，酿成生态危机；或认为人类本身的无知、贪婪、自私，是生态危机的根本原因；或认为是科学技术的进步和人类文明的发展；等等。

笔者认为，若从有机的整体观来观照，生态危机的根源，是一个涉及面广、且复杂的问题。我们可以从这样几个方面来追究：

1. 人类的生存和发展需要的生产活动。人的生产活动，简言之就是从自然生态中获取尽可能多的物质利益的经济活动。人的经济活动是在一定社会生产方式中实现的，生态环境亦受生产方式的制约或影响。近代工业文明的崛起，科学技术的不断创新。一方面给人类带来巨大的经济利益，满足人的需要；另方面由于人类片面利用科技，而给生态环境带来严重的破坏，以往人类片面地把经济增长作为社会文明发展的唯一尺度。人类便按照自己的需求和意志，肆意无度地开发自然资源，向自然过度地索取。并把大量被人认为无经济价值的废弃物，抛回自然环境，这种积累效应到现代，便引起全球生态危机。这样经济利益与生态效益的冲突便凸显出来。

人与人、人与集团以及集团与集团间的物质利益关系，实质上是人的生产关系或经济关系。各集团间物质利益上的冲突，激发了对自然资源的开发和掠夺。譬如西汉末年和东汉在黄河流域的大量垦田，促使两汉经济的繁荣，但另一方面是大量毁林，破坏了黄河流域的生态环境，这是黄河流域衰落的开始。后来，由于世界资本主义列强的贪婪，它们为保护自己国家的资源，而肆无忌惮地掠夺殖民地的各种资源，造成殖民地国家的生态破坏。更有甚者，发达国家将废弃物、高污染工业，以至核垃圾转移到发展中国家，破坏发展中国家的生态。

可见，生态环境问题，不仅仅是生态环境本身的问题，而且是人与人、人与社会、人与自然、文明与文明之间的关系问题。是一个人与人、人与社会、国家与国家、地区与地区以及不同社会制度、宗教信仰、文明之间的道德问题。

2. 人类自身生产再生产的盲目性。人自身生产具有不同于物质资料生产的惯性，即凡是长期增长的人口都具有继续增长的趋势；长期不断缩减的人口则具有继续缩减的趋势；且人口增长对社会发展不是一种必然的因素。人口增长带来需求的增加，形成急剧膨胀的消费负荷，加重了自然生态环境的压力。

世界人口从1650年的5亿到1987年的50亿①，300多年间人口爆炸性增长10倍，预计1998年将达60亿，2040年将达到100亿。人口增长的几何级数与物质资料增长的算术级数的冲突，给生态环境的调节机制带来超负荷的效应。人口膨胀直接或间接成为资源破坏、生态恶化的原因之一，亦是发展中国家生态环境质量恶化、贫困加剧的原因。

D. 梅多斯在1970年曾提出一个包括人口、按人口计算的工业产量、按人口计算的粮食、资源和污染五个因素的“标准”世界模型②，如图13—1。

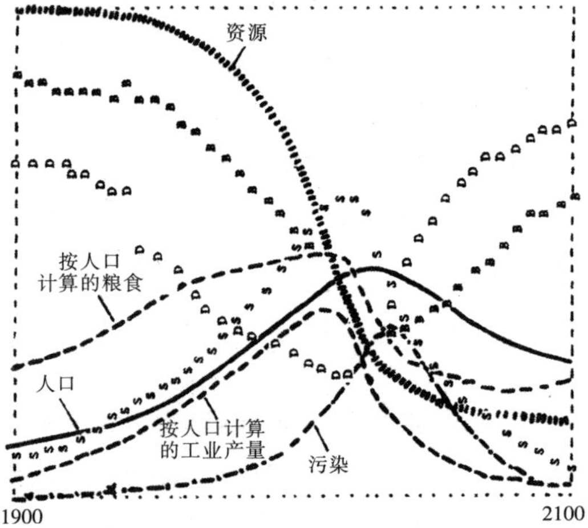

图13—1

他基于数学的计算，呈现了经济生产、生态环境和人口增长的相互关系。这说明物质资料再生产、人的再生产、自然资源自身的再生产三者之间必须相互协调。

3. 人类自我价值观念的误导。人类在生存和发展中，长期缺乏生态意识。显然生态环境问题自人类渔猎时期开始一直存在，但作为相对独立的现代生态意识，却发生于20世纪60年代，它是自然科学与社会科学相互作用、渗透的综合科学，即人类生态学。

人的需要往往仅注重物质生活资料的需要，而忽视自然环境提供给人以适宜的生存条件的需要。当人片面向自然生物圈索取越来越多的物质生活资料时，却不考虑人的生存所必须具备的生态环境质量的优化。同时，

① 参见郝志功：《当代环境问题导论》，23页，武汉，湖北科学技术出版社，1988；张元纯主编：《人口经济学》，419页，北京，北京大学出版社，1983。

② 参见［美］D. 梅多斯等：《增长的极限》，90页，北京，商务印书馆，1984。

人长期以来错误地认为自然界储藏着无穷无尽的自然资源，人类可以取之不尽，用之不竭。再次，人类对自然环境化解、容纳废弃物的能力的无限性的误解。这三方面价值观念的误导，加速了生态环境的恶化。

J. 洛根（James. C. Logan）认为，当前生态危机主要是由西方思想中“旧的价值体系”引起的。如（1）人类应该是整个地球的君主和主人，这种价值观念源于《圣经》的下述说法：上帝赋予亚当“支配”地球的权力。这种价值观念使人类与自然的其他部分分割开来，使人类相信，对于自然，他可以为所欲为而不必顾忌后果。（2）这种价值观念使人类把自然看作毫无价值的，因此，只要人类需要，就可任意盘剥，开发自然。（3）这种对自然的研究利用又产生了如下价值观念：消费或占有世界资源的程度是衡量个人和民族自我价值的尺度。人们认为，不断提高生活水准是“正常的”，其主要标志就是，有能力购买最新产品、工艺最复杂的商品而不考虑是否需要这样的商品或这种需要会不会引起资源枯竭。（4）这种价值观表述为，每个人都是他自己及其财产的至高无上的君主，而不是任何人的臣民。如果个人坚持认为他们能够获得多少财产就拥有多少，并且认为怎样适合就怎样使用，那么，就不可能给作为整体的生态系统以任何权利，也不可能承认子孙后代要有一个适宜居住的环境的权利。在这样一种价值观念支配下，各国就很难制定出规划，彼此制约以保护生态平衡和日益减少的地球资源。①

对于生态危机原因的追根究底，一言以蔽之，在于人自身及其价值观念。21 世纪人类若要与自然生态和生、和处、和立、和达、和爱，必须重建新的价值体系，道德关系。

（二） 人与生态的道德原理

越来越严重的环境污染和不断加深的生态危机，如果坚持陈腐了的道德价值观念，以及道德理性活动的盲目和道德交换过程的自私，那么，人类在加速破坏、毁灭生态平衡的同时，也把人类自己送上了毁灭之路。

现代科学技术的发展，极大地暴露了人类传统价值观念的自我冲突性。在一个层面上，人类期望自我能长生久视，天长地久，永远与自然生态和处、和达，生活在最优化的、延年益寿的生态环境、生存条件之中；

---

① 参见 J. 洛根：《生态问题的探索》，见 J · 菲利普 · 沃格曼编：《人口危机和道德责任》，95～108 页，公共事务出版社（华盛顿），1973；［美］ R. T. 诺兰（Richard T. Nolan）等著：《伦理学与现实生活》，姚新中译，436～437 页，北京，华夏出版社，1988。

在另一层面上，人类又单一地、片面地追逐自己的福禄，疯狂地、肆意地向自然生态侵夺。前者的道德期望与后者的道德行为，即前者的道德价值理性与后者的道德工具理性，相互背反。使人类遗忘了自己承担的保护自然家园，建设生态环境的道德责任。

人类道德责任的严重失落和道德工具理性的片面膨胀，是自然生态危机的罪魁祸首。科学技术只不过是无可奈何地充当了人类侵夺自然、破坏生态的祭品而已。从这个意义上讲，把自然生态危机归罪于科学技术，是不公正的。科学技术是人类智慧和创造力的结晶，是人类与自然生态环境发生作用的中介。然而科学技术本身无所谓正效应或负效应，是一种中性的东西。人类既可以利用科学技术的巨大力量创造物质财富，繁荣经济，改善自然生态环境，满足人的各方面的需要；也可以利用科学技术制造毒气、核武器、化学武器等污染环境，破坏生态环境和杀害人类自己。这负面的作用，人类能责怪科学技术本身吗？

笔者认为，科学技术无罪，罪在人类自己。人类面对生态危机，应有勇气解剖自己，批判自己，检讨自己极端自私的非道德行为，应有胆气承担道德责任。

人类类水平上的自私观念和自利行为，激化了天人、物我关系的相异、相离方面。从天人相分激化到天人冲突，从物我有别激化到物我仇恨，这种关系的现实冲突和对抗，是由人类道德责任的失落与逃避引起的。要消除生态危机，优化自然生态环境，就必须用和合人文精神拯救人类的极端自利化的道德工具理性，实现人和自然生态的道德和合。

现代科学技术的未来发展前景，取决于人类对自然生态环境，即人类生命存在环境和条件的道德承诺、期望和责任。这种道德承诺、期望和责任，具有选择性：

其一，从人类对自然生态的态度而观。态度是人的意识、观念的表现形式。人类是将自然生态视为自己的第一父母，还是视为第一仇敌，或第一奴隶；是尊重自然生态的生命活力与生态规律，还是蔑视，甚至戕害自然生态的生存权利与生命机体。

其二，从人类对自然生态的行为而观。人类是爱护和赡养自然生态环境，还是厌恶和破坏自然生态环境；是征服和奴役自然生态，还是化成和造福自然生态；是掠夺和丑化自然生态机体，还是建设和美化自然生态机体。

其三，从人类对自然生态的效果而观。人类是与自然生态共存共立，还是作你死我活、你倒我立的最后的决斗；是跟自然生态协调发展、和处和达，还是牺牲自然生态而自谋福利；是达到天人谐和的共同完善境界，还是走人所不欲而施于自然生态的独享逸乐的道路，等等。

人对自然生态的不同态度、行为、效果的比较，便是一种选择。选择是主体人与其对象之间的一种特定关系，它是指主体人与对象间依据双方需要而采取的肯定或否定、吸取或摒弃的关系。其实，选择是双向的运动，而不是单向的。这就是说，人类尊重自然生态的生命活力与生态规律的选择，自然生态亦会对人类做出尊重人的生命生存和生命规律的回应；反之，人类对自然生态采取单向选择，极度征服、奴役自然生态；自然生态亦会积存起千百倍仇恨，向人类进行疯狂的报复。因此，传统的单向选择的观念，必须转变。

从人的生存与发展的历史视角来观察，人与自然生态的关系，是人脱离自然界就开始了，它与人类自身发展的历史一样久远。随之生态破坏现象以及对这些现象的意识，包括道德意识，亦开始发生。人类漫长的史前文化时期，人与自然生态生息相应，苦乐共享，基本上处于一种和谐状态。但并非没有冲突，譬如弓箭的发明，捕猎能力的提高，造成原始人群居地区的野生动物的减少甚至灭绝。这种局部的冲突并未构成整体的自然生态问题。

农耕文化（农业文明）的出现，人与自然生态环境的相互作用的方式发生了变化。在两河（幼发拉底河和底格里斯河）、尼罗河、长江、黄河、恒河、印度河流域，发展了农业，孕育了中东、埃及、中国和印度的古代文明。但在局部范围内加深了人类与自然之间的冲突，人类开始了征伐自然的自私历程。原始森林的砍伐，导致了大气循环的恶化和水土大量流失；原始草原的开垦，引发了植被的破坏、退化和土壤的沙漠化。这种冲突就其总体而言，农业文明的“日出而作，日落而息”的运作，虽有征服与惩罚之间的较量，但人与自然生态关系尚未达到恶化状态。天人之间兼有同伦之乐和冲突之苦。

近代以来的工业文明和科技革命，使人类征服自然的欲望无限膨胀，奴役生态的智能极大提高，人类文化开始了对自然生态环境的全面出击。从表层看，人类取得了辉煌的胜利；从深层看，人类的灾难和危机将越来越沉重。自然生态系统对人类的反击和惩罚，亦越来越严重和频繁。人类征服自然胜利的喜悦被危机的忧患所冲淡，征服者陷入被征服者的困境。

人与自然生态之间的道德关系，换言之，是人与自然生态的价值关系。由此而提出生态道德和环境道德的概念，有其必要性和合理性。从原始的自然化和谐状态到近现代人与自然生态关系的严重恶化，人才意识到时下生活在一个危机四伏的生态环境中，人赖以生存和发展的基础及生命之源是如此脆弱。它提示人自觉：人单向自然索取和排泄，而不进行保护和改善，是不道德的。人与自然生态的关系，涉及人类生存和发展的需求的根本关系，人与人的关系在一定意义上说是围绕着人与自然生态关系建立起来的。因此，保护自然生态就是保护人类自我，养育自然生态生命就是养育人类生命。

对于这样一个人类生存和发展的根本利益所在，若一部分人、国家、地区为自我局部的、当前的利益而破坏了自然生态环境，那也就破坏了他人、他国、他地区人的生存和发展的环境与条件。在这里，通过人与自然生态的道德关系，我们所看到的仍然是人与人的道德关系。

基于此，笔者认为，人类与自然、文化与生态的关系，首要是一种和合道德关系。人类对自然生态的道德期望必须与其对自然生态的道德责任相联系，人类与自然生态之间必须建立一种等价交换机制，以此限制、消除人类对自然生态不负责任的邪恶行为和自利欲望的膨胀，匡正天人之间的严重不和谐关系。

要重建天人之间的道德和合关系，必须明确天人交换之境及其道德原理。这里所指天人，是在人类与自然、文化与生态这个意蕴上使用的。①

天人交换之境是立体的、双向的动态系统。人类与自然之间存在着质料、能量和信息的交换过程。人类要从自然生态那里得到质、能、息，就必须首先预付质、能、息，即通过人类自己的劳动向自然奉献体能和智力、精神和知识，为自然生态的良性循环与和合平衡尽职尽责。如此，礼尚往来，人类才能不断地从自然生态系统中获得各种生活资料与适宜的生存环境、条件，受到天地父母的恩赐与慈爱、哺育与博济。

天人之间的这种立体双向的道德交往关系，对人类智能活动提出了如下的道德原理：

1. 内外不二的公正原理。自然生态作为人类生存和发展的环境、条件，在空间关系上好像有内外之别，类别关系上仿佛有天人之际，但两者息息相关，命运相连，彼此间有密切的质、能、息的立体双向交往。因此，形状上虽分内外，别天人；道理上别无二致，本根一家。二程关于人

---

① 参见张立文主编：《天》，台北，七略出版社，1996。

类起源的答问有载：

> 问："太古之时，人还与物同生否？"曰："同。""莫是纯气为人，繁气为虫否？"曰："然。人乃五行之秀气，此是天地清明纯粹气所生也。"……"先生《语录》中云：焉知海岛上无气化之人？如何？"曰："是。近人处固无，须是极远处有，亦不可知。"[①]

人与物同为天地之气所生，唯气有清明纯粹与浊浑驳杂之别而已。最初生人，没有父母，是"气化"；有了人种后，便是"种生"。无论气化，还是种生，均从发生学上陈述了天人本一同源的观念，"天人本无二、不必言合"[②]，"故有道有理，天人一也，更不分别"[③]。这种内外不二、天人不二的融突和合关系，要求人类以公正的态度对待自然生态。

所谓公正原理，是指人与自然生态双向交往活动中，是否应当有与是否合乎对人和自然生态的本质关系及其权利的一种总体说明和评价。公正有公平合理的意思，它与平等、公平、正义、正当有相通之处。公正原理要求人类与自然生态环境的关系中，行为与责任、权利与义务、地位与作用之间，做到正直、合理、适宜，即相互尊重对方的生态规律，共同爱护天地万物与人类的生命生存，相互努力共建人类自然生态家园和生态环境。"投我以桃，报之以李"[④]。公正原理是天人交泰的道德基础和伦理前提。

2. 物我一体的无私原理。传统的人与自然生态的道德关系，是建构在以人类为中心的自私自利的基础上。与自然天地万物相比，人类是一个大"己"、大"我"。尽管造化使人禀受阴阳五行之秀气，为自然天地万物立心，其性最贵、最尊、最灵，但是人体气质元素，生理机制与万物的生元生机高度同质（气质），统合一理（元理）；人心的天然使命、心理势能与众生的意识活动，反应趋向高度契合，涵摄一性。

无私是与自私相对应的。私是指为自己生存发展所需要的物质对象和精神对象的总和。

> 利己主义者认为：一种促进一己利益的倾向是为他的一切行为辩护的唯一站得住脚的与充分的理由。[⑤]

---

① 《河南程氏遗书》卷十八，见《二程集》，198～199页。

② 《河南程氏遗书》卷六，见上书，81页。

③ 《河南程氏遗书》卷二上，见上书，20页。

④ 《大雅·抑》，见《毛诗正义》卷十八，《十三经注疏》本，556页。

⑤ ［英］摩尔：《伦理学原理》，106页，北京，商务印书馆，1983。

强调一己利益的至上性，并以此为道德上善恶与否的标准。利己主义的自利，可表现在范围上的差异性。就人类与自然生态环境而言，是指人类的自利的利己主义，不顾、甚至损害自然生态环境的利益和生存，以人类的自利为价值尺度和出发点。无私就是公，是指超越人类自利的、人类与自然生态环境共利、共需、共生、共达的和爱境界。

自然生态在最深层、最基底意义上使人类与万物性理合一，气质圆通。“天者，理也”①。“性即理也，所谓理，性是也”②。物我，即自然生态的天地万物与人类自我在本根、本体上的一致性，便要求人类的道德意识、道德心理应当以自然天地万物生命为胸怀，以参赞化育自然天地万物为己任。这就是说，人类应当具备一颗“仁民爱物”之心，宋明理学家发为“天地万物与吾一体”或“一体之仁”的价值观念。③ 王阳明说：

> 大人者，以天地万物为一体者也。其视天下犹一家，中国犹一人焉。若夫间形骸而分尔我者小人矣。大人之能以天地万物为一体也，非意之也，其心之仁本若是，其与天地万物而为一也。（《王文成公全书·大学问》）

“天地万物一体”的观念，超越了具体形骸的差异与隔间。“小人”拘泥于这种差异与间隔，“大人”是以博大的情怀，给予天地万物的生命生存和人的生命生存以同等的价值。“大人”之所以能与“天地万物一体”，是因为一颗“仁心”，贯通其间。

仁心充满生意，仁是天地生物之心，“生”是一切活动和延续的基础。“天地以生物为心者也，而人物之生，又各得夫天地之心以为心者也。故语心之德，虽其总摄贯通，无所不备，然一言以蔽之，则曰仁而已矣”（《朱文公文集·仁说》）。仁作为“心之德”，总摄天地万物与人类。以“生”释“仁”，是对于人类生命生存和天地万物生命生存的关怀。以仁为调节、和谐人我生命活动和自然万物生命活动的调节器，以使天地万物与人类“共遂其生”。这样仁的“生生之德”，别无私虑杂念。

仁者生意流行不息，别无小我小己。无私则天地自然宽广，万物自然大化，人类自然道德，家国自然平安，人人自然安身立命。否则，以己胜

---

① 《河南程氏遗书》卷十一，见《二程集》，132页。

② 《河南程氏遗书》卷二十二上，见上书，202页。

③ 参见拙著：《儒家人学探析》，见《周易与儒道墨》，164～168页，台北，东大图书公司，1991。

物，物还胜己；以我役物，反为物役。天地无私而成其私，人类无利而成其利。无私原理是人类与天地万物即自然生态利贞的道德之当然和伦理之所当然。

3. 责利圆融的平等原理。从智能活动方面来看，人类毫无疑问是天地万物的主体。但智能主体是道德权利与道德责任，道德期望与道德奉献的和合体。人类通过自己的智能实践活动（“己智能”）自觉地依据天人交换的道德原则，建设自己的最适宜、最优化的自然家园（“己境”），美化自然生态环境，尽到主体自我所担当的道德责任（义务），实现主体自我地位所应当承诺的道德奉献。

道德权利和义务，是指各种主体在一定道德体系中的利益、权限和所负有的责任。把人类社会的道德权利和义务扩展到自然生态环境，生态伦理学即要把此权利和义务扩展到自然生态环境，不仅要承认自然生物、非生物的权利，而且自然生物、非生物亦会向人类争取权利。这就冲决了旧的人与自然生态的关系和旧的生态观念，建构新的生态观念，即以人的基本价值追求为内容的稳定的、理性的生态意识形式。

生态观念是一种价值观念，它表现为人与自然生态关系上的自觉的基本的价值追求；它要求人类智能主体的道德权利与责任、期望与奉献的圆融道德；要求天人交换、物我交往，必须依据平等的原则。

平等虽是一个相对的、历史的范畴，但在人与自然生态关系上，一般是指地位、权利、责任的平等，即彼此平等相待，一视同仁；以德报德，恩将恩报。才能真正达到公正和无私，才能真实地实现人与自然、文化与生态的全方位的和谐一致、协调一体。假如以人为主，天为奴；那么，天道反动而人道灾殃。反之以天为主而人为奴，人道反动而天道退化。人与自然生态环境，即天人关系只有按正道前进，即按生态观念所涵摄的价值追求实现天人互渗、互补、互利、互惠，而实现天与人责利圆融的平等原理。

人类与自然生态环境朝夕相处，若能自觉地使自己智能按公正、无私、平等原理认知与践行，就能人文化成、天人同伦、物我同乐。否则，生态危机、天人反目、物我成敌、生意丕塞，以至毁灭。

（三）生态伦理学的理论建构

生态道德是一种新的价值观和伦理观，是生态意识的核心。生态的价值观念，促进了生态意识的形成。生态道德观念凸显了对人类前途和命运，与自然生态环境的前景和命运的真切的关怀，以及尊重人类和自然生态生命生存的崇高情怀。

生态伦理学是和合道德科学体系的基础学科，是道德和合状态空间的基础设施。它的理论建构主要有三项系统工程：

1. 传统伦理思想的生态学奠基。人与自然生态环境的冲突，能否通过公正、无私、平等生态伦理观念获得化解？西方有人就持否定的态度。尼古拉·赖彻（Nicholas Rescher）认为，由于人口密度高，高消费水平和五花八门的生产技术这三种基本力量的影响，我们完全不可能从整体上解决环境危机，当我们把种种有害的形式从这个门扔出去，同样恶劣的形式又从另一门进来。它完全是一个不治之症，我们不能又必须学会与之共处的东西。① 对此，里查德·T·诺兰（Richard T. Nolan）等指出：拥有上述三种基本力量的人，对世界其他人应负有怎样的道德责任，应当讲明。②

虽然由于自然生态危机引发了人生命生存需要的道德困境，但大多数人认为，人类不仅对现在的人，而且对未来的人负有某种道德责任③，即如何通过节俭地使用资源、进行生产和消费，来安排子孙后代的生命生存的需要。由此，一些西方学者发现，在东方文化人文智慧中有深刻的生态学的思想，譬如人关心自然，尊重自然，热爱并生活在自然之中，是地球家庭中的一员的观点。④ 甚至认为把人从其他创造物之上的君主位置上拉下来，使人能够说蚂蚁、岩石、风、雨是自己的“兄弟姐妹”，而不必去控制它们的命运。

在中国传统伦理思想中确有生态伦理观点的闪光。张载指出：“乾称父，坤称母”，“民吾同胞，物吾与也”⑤。乾为天，坤为地。自然天地是哺育人类的父母，人类的生命生存离不开自然天地这个父母。人与天地自然生态是一种父母与子女的亲情关系。这种亲情伦理关系，无疑要求人类像尊敬、赡养自己的父母一样，尊重、养育天地自然生态。这就是中国伦理文化的“大道”或“道”。朱熹解释说：

> 天，阳也，以至健而位乎上，父道也；地，阴也，以至顺而位乎下，母道也；人禀气于天，赋形于地，以藐然之身，混合无间，而位

① 参见尼古拉·赖彻：《环境危机与生活质量》，见《哲学与环境危机》，92页，雅典，佐治亚大学出版社，1974。

② 参见［美］R. T. 诺兰等：《伦理学与现实生活》，446页。

③ 参见乔尔·芬伯格：《动物和未出生的人的权利》，见《哲学与环境危机》，64～67页。

④ 参见比尔·德沃尔：《深刻的生态学运动》，载《自然资源》杂志，新墨西哥大学法学院编，303页。

⑤ 《正蒙·乾称》，见《张载集》，62页。

乎中，子道也。然不曰天地，而曰乾坤者，天地其形体也，乾坤其性情也。乾者，健而无息之谓，万物之所资以始者也；坤者，顺而有常之谓，万物之所资以生者也。是乃天地之所以为天地，而父母乎万物者，故指而言之。①

父母与子女关系之道，都需尽父母与子女的道德权利和责任。真德秀进一步诠释为：

父母者，一身之父母也；天地者，人与物、己与人，皆共以为父母者也……天地之生我也，五常百善，无一不备，必能全其性之理；然后为不负于天地，故仁人事亲如事天，事天如事亲。②

父母一人之父母；天地为人类和万物之父母。自然天地生养人类，给予人性、情、理，因此，人类事奉天地父母。视人与自然生态关系是最基本、最普遍的生养子女的亲情关系。此情此亲把人与自然生态环境联系、沟通起来，便具有一般的伦辈名分的伦理关系，与应当遵守这种伦辈名分所规范的道德关系。

天地自然生养人类与万物，人与万物之蚂蚁、岩石、风、雨等虽殊异，但同是天地父母所化生，所以是同辈的“兄弟姐妹”。朱熹说：“人物并生于天地之间，其所资以为体者，皆天地之塞；其所得以为性者，皆天地之帅也……而未尝不同也。故曰：‘吾与’。则其视之也，亦如己之侪辈矣，惟同胞也”③。“同胞”，即为“兄弟姐妹”。兄弟姐妹之间的伦理关系是平等的，道德关系是弟对兄要悌，兄对弟要友。

但从总体而观，传统伦理的基础是道德形上学，是一种先在的、抽象的人性善恶的假设；传统人与自然生态环境关系，是一种比附式的想象和描述。这种想象和描述，是直觉思维的体验；传统人与自然、文化与生态具有整体性、模糊性特征，而有缺乏操作性、具体性的偏颇。换言之，传统人与自然生态伦理道德，是弥漫于天际的霞光，虽有文采，但无实际。它时明时暗，此红彼黑，不能从根本上有效地、系统地规范人类与自然的交换关系。

人性，首先是人类的自然天性。它既非善亦非恶，表现为中性的智能。智能活动是人为一定目标而改造环境和改变自身以满足某种需要的过

① 《西铭》，见《张子全书》卷一，1页，朱熹注，上海，商务印书馆，1935。

② 同上书，2页。

③ 《西铭》，见《张子全书》卷一，3页。

程。需要刺激人的活动，成为活动的驱动力，促使人活动。人的活动形形色色，基本有物质生产活动、社会政治活动和科学、艺术、宗教、道德等人文活动三类。此三类活动可差分为人借助于一定中介系统，使对象发生形体、位置和性质变化的外在活动，与人的大脑通过知、情、意的变化而引起心理、知识、情绪、意识的改变的内在活动。就是第三类活动，亦可差分为以认知为内容的，以概念、范畴、命题为特征的科学活动，与以评价、命令、调节为内容的，借助于价值观和行为来改造完善世界为特征的道德活动。前者为理论精神活动，后者为实践精神活动。

智能活动转换为道德活动，必须通过一定的规范、准则、理想的方式指导行为，即实践精神地把握世界的活动。生态伦理学是以生态道德来引导、调适、约束和规范的实践精神活动。它是依据人类和自然的生态化关系创造性改造传统伦理思想的道德方式的选择。它力图将传统道德形上学从纯粹理性的思辨王国转换为实践理性的生存世界，将先验的、抽象的人性善恶预设，转换成现实的、真实的人性。这两重转换的和合，体现了道德和合学对传统伦理思想的批判功能和创新功能。

传统伦理思想的生态学奠基，是生态伦理学理论建构的前期工程，是拨乱反正、正本清源、化旧为新的事业。

2. 生态伦理学的和合学原理体系。生态伦理学是和合学原理在道德和合生存世界层次上的具体运用。它的理论系统由三部分内容和合而成：首先是一以贯之的和合人文精神；其次是生存世界的和合真实性原则；再次是道德融突状态时空的和合范畴逻辑结构。

生态伦理学的和合原理，解决人类自己的道德生活环境与自然万物的生态平衡系统的道德关系；处理人类自己的智能行为与人类文化的道德责任之间的协调关系。

古代西方文化以为，自然生态的秩序是由一个外在的至高无上的立法者制定的。中国文化的思维理路与西方异趣。李约瑟看到了这一点：

> 中国人的世界观依赖于另一条全然不同的思想路线。一切存在物的和谐合作，并不是出自他们自身之外的一个上级权威命令，而是出自这样一个事实，即他们都是构成一个宇宙模式的整体阶梯中的各个部分，他们所服从的乃是自己本性的内在的诫命。①

① ［英］李约瑟：《中国科学技术史》第2卷，619页，北京，科学出版社；上海，上海古籍出版社，1990。

天、地、人整体的和谐性不是外在的权威，而是内在本性使然。

卡普拉（Fritjof Capra）认为，西方面临的各种偏失，有一个共同的根源，这就是笛卡儿—牛顿的实在观念，把宇宙视为机械系统。由于过分强调科学方法和理性的、分析的思想方式，形成了一种根深蒂固的反生态的态度。生态系统基于非直线性的循环流动，使自己维持于动态平衡之中，而直线性的理性思维正是理解生态系统的障碍。令人惊讶的是，古代中国人早就发现了与当代生命系统、自然系统密切相关相对的阴阳系统：

> 阳即自我肯定性、要求性、扩张性、竞争性、拓展性等等，凡是用直线的、分析型的思维作为指导的人类行为，均属此例；阴即统一性、响应性、合作性、直觉性以及对于环境的意识等等。阴与阳对于和谐的社会与生态体系说来，都是极为必要的。①

阴阳平衡、互渗、和合理论，论证了天人交合原理②，包含着保护自然生态环境的意蕴。

生态伦理学的和合原理，有这样几个层面：

第一，“自然”原理。是指人与自然生态环境的自然而然的法则。老子说：“人法地，地法天，天法道，道法自然”（《老子》第二十五章）。“自然”作为形容词的名词化的范畴，说明道、天、地、人均应当取法自然原理。这里“自然”非现代汉语中自然物、自然界之义，而是指古汉语中那种追求崇尚自然而然的心境或行为。

“道法自然”所意蕴的不仅是道应取法“自然”，而且天、地、人也应取法“自然”，以“自然”为法则。从人的视野而言，老子所言的天与地，已无神秘的意蕴，而是指苍茫寥廓的天空和茫茫的大地，天地即自然界或自然物。在生态伦理学中，笔者引申为人与天地的关系，即人与自然生态环境的关系。

人与天地（自然）生态环境的“自然”原理，包含着两方面的内涵：一方面，“自然”原理是指“为无为”的意思。“为无为”不是单一的以“无为”为“自然”，而是以顺应自然而然的态度、方式去处理、解决关系问题。“无为”作为“为”的方式，“道常无为而无不为”（《老子》第三十七章）。道化生万物而“无不为”，又非刻意去“为”，而是自然而然地

---

① ［美］F. 卡普拉：《转折点——科学、社会、兴起中的新文化》，33页，北京，中国人民大学出版社，1989。

② 参见拙著：《中国哲学范畴发展史（天道篇）》中的《阴阳论》、《天论》。

"为"，所以是"无为"；道无为，才能做到"无不为"，即任天地万物（包括生态环境）自化自生而彰显着它自己。"无为"本身是一种行为、功用，是"超越现实世界里的常识性之世俗对立"① 的一种行为、功用。这种行为的具体表现可以是"不妄为的意思"②，即"以辅万物之自然而弗敢为"（《老子》第六十四章）。"无为"就是人与天地（自然生态环境）以"自然"为原理所采取的一种"为"的方式。

另方面，自然无为的"为"，非指现代意义上的依自然规律而"为"。自然规律是人的认知和概括的成果，是人对自然的观念性的把握。这是人为而非"自然"，自然而然是不假人为的。顺应"自然"而为的"无为"，既非不为，也非不干预，亦非依自然规律，而是一种非世俗所采取的"为"的方法去"为"。在老子的心目中，当时的社会和人类生活都背离了"道"，所以要采取"绝圣弃智"的非世俗、非理性的方式去"为"。现代人类征服、"有为"自然生态环境，造成生态危机，亦背离了人与自然生态环境和合之道，也要采取世俗所不采的方法去"为"。这便是老子所说的："将欲取之，必固与之"（《老子》第三十六章）的方式，具体说就是老子自谓的"三宝"："我有三宝，持而宝之：一曰慈，二曰俭，三曰不敢为天下先"（《老子》第六十七章）。"慈"是慈爱③，即爱心和同情感，是人与自然生态环境友好和谐相处的动力；"俭"是俭啬，指含藏培蓄，不肆为、不奢靡；"不敢为天下先"，乃谦让和不争的意思。④ 此"三宝"体现"自然"原理的基本精神，是处理人与自然生态环境关系的最普遍价值导向。

第二，和德原理。是指人与自然生态环境的生生不息和日新其德的原理。

> 夫大人者，与天地合其德，与日月合其明，与四时合其序，与鬼神合其吉凶，先天而天弗违，后天而奉天时。天且弗违，而况于人乎？况于鬼神乎？⑤

人与自然生态环境、日月、四时、神妙的屈伸往来等高度地和谐、有

---

① ［日］金谷治：《"无"的思想之展开》，见《道家文化研究》，第一辑，93页。

② 陈鼓应：《老庄新论》，29页。

③ 任继愈认为，此慈"不是仁慈的意思"（《老子新译》，207页注②，上海，上海古籍出版社，1985）。

④ 参见陈鼓应：《老子注译与评价》，320页，北京，中华书局，1984。

⑤ 《乾文言》，见《周易正义》卷一，《十三经注疏》本，17页。

序、协调。这种和谐、有序、协调是人与天地自然的动态的展现。尽管天地自然是差分化的，其天地化育万物的根本德性，日月的光明观照四方，春夏秋冬的运行次序，以及屈伸运动的吉凶祸福，但大人之道都能与天地之道相适应而不违背。在这里，归结起来是人与自然天地生态环境的合德。

合德就是和德。天地的德性具有两方面的内涵：一是生生不息。《易》的人文精神，就是生生，“生生之谓易”①。这种《易》的基本精神，亦是天地自然的德性，“天地之大德曰生”②。人与自然生态都作为生命的存在，其最基本的需要和价值追求，就是生命的存活和延续（包括生命生产和再生产）。在人与自然生态环境的冲突中，除了协调、和谐这种情况外，最重要的是相互尊重、促进，培育双方生命的生生不息，这便是“和实生物”的和德原理。

二是日新其德。天地合德，便细缊着新事物的化生，“天地合气，万物自生”③。万物的生生是自然生态的自身功能。自然生态所具有的自调节、自组织功能及其自生产、自消费能力，并不需要人为的干预。“日新之谓盛德”④。日新日日新的变易，新事物不息的涌现，这便是“盛德”，“盛德”亦是“和德”。和德原理要求人与自然生态双方和合而生生日新。

第三，“诚明”原理。是指人与自然生态环境互位、互育、互参的原理。人与天道的合一，其本在人自身的本性；人性与天本就贯通。这种贯通的中介，就是“诚明”，“性与天道合一存乎诚”⑤，“儒者则因明致诚，因诚致明，故天人合一”⑥。人性与天道合一言诚，便是绍承《中庸》“诚者天之道也；诚之者人之道也”之旨。“诚”是“真实无妄之谓”（朱熹：《中庸章句·第二十章》）。真实无妄是天道本然状态，未能达到真实无妄而欲达到真实无妄，是人道的当然之则。这便是真实性原则。

明是光明无隐，“自明诚”是由“穷理”而“尽性”的进路，“自诚明”是由“尽性”而“穷理”的理路。“明”是由穷而理明，“诚”是“尽性”。这两种进路的路向，即由外而内，或由内而外虽殊，但其归均在

---

① 《系辞上》，见《周易正义》卷七，《十三经注疏》本，78页。

② 《系辞下》，见上书卷八，86页。张载解释说：“天地之大德曰生，则以生物为本者，乃天地之心也……人之德性亦与此合”（《横渠易说》，见《张载集》，113页）。

③ 《自然》，见《论衡校释》卷十八，775页。

④ 《系辞上》，见《周易正义》卷七，78页。

⑤ 《正蒙·诚明》，见《张载集》，20页。

⑥ 《正蒙·乾称》，见上书，65页。

“尽性穷理”则同。“至诚”无伪，便能尽性；性有人性、物性之差分，依“至诚”而贯通。

> 唯天下至诚，为能尽其性；能尽其性，则能尽人之性；能尽人之性，则能尽物之性；能尽物之性，则可以赞天地之化育；可赞天地之化育，则可以与天地参矣。（《中庸》第二十二章）

由尽人的本性到尽物的本性，其间以真实无妄的诚为中介。人性与物性由贯通而融合，即人与自然万物差分而合一。人与自然生态万物之间并非只有冲突，而是以相互贯通为主导。由合一，人便可以辅赞自然天地生态之生长和发育。这是主体人的能动性的发挥，使自然万物生态的价值地位获得定位。这是“诚明”与“天地参”，即人与自然生态相互生长发育合一的原理，为“诚明”一层意蕴。

诚明的另一层意蕴，是成己成物。人与自然生态是一种道德关系，人的自我生命的生存和发展，亦要成就自然生态的生命生存和发展。

> 诚者，非自成己而已也，所以成物也。成己，仁也；成物，知也，性之德也，合内外之道也，故时措之宜也。①

诚并非只成就人类自己，而必须成就自然万物，这是诚的责任。成己成物，是人的固有的仁智的德性的体现，并不是外律的命令。这就是人与自然生态内外合一的原理。

生态伦理学的“自然”、“和德”、“诚明”和合原理，体现了道德和合生存世界的价值，它是真实性（“诚明”）、生命性（“和德”）、慈俭性（“自然”）的高度融合。这种生态伦理学的和合价值观，其价值指向，便是人与自然生态环境高度的协调、和谐。

生态伦理学的和合范畴，便是己境、己理、己性、己命、己道、己和，通过智能与知行，修养与规矩，健顺与名字的中介转换机制，而达到和生、和处、和立、和达、和爱境界，构成生态伦理学的和合系统与和合运行机制。如图13—2。

3. 仁德生生的道德和合第一境界。生态伦理学的范畴逻辑结构和原理规范系统，给出一个全新的，以真实价值为枢纽和核心的道德精神境界；天地按自然原理生长发育人类万物。人与自然生态依据“自然”、“和德”、“诚明”原理互动，而融合和谐，参天地，赞化育。天地以“生生”

---

① 《中庸》第二十五章，见朱熹：《中庸章句集注》，12页，上海，世界书局，1936。

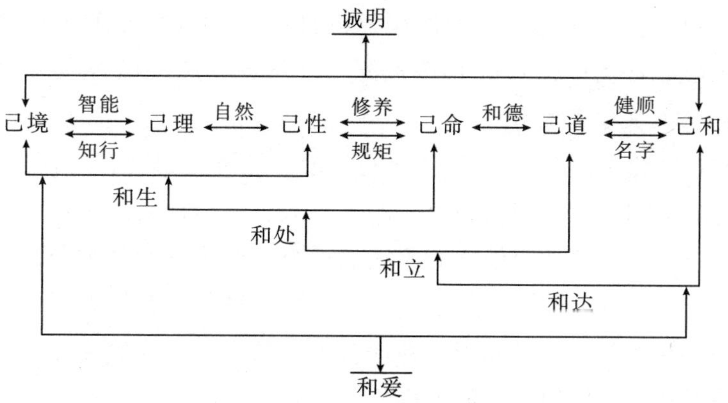

图 13—2

为大德，人以诚爱为达道；生生之德，诚爱之道，道德和合为浑然一体之仁。老庄的“自然”，《易传》的“和德”，《中庸》的“诚明”，不仅是人与人之间的和合道德原理，而且是人与自然生态环境之间和合道德关系的原理；程颢的《识仁篇》，张载的《西铭》，王阳明的“良知”说，在和合学里，不是非理性的幻觉和形上学的玄想，而是真实的道德和合境界。人依据和合理性的预测，凭借科技的力量，沿着和合人文精神的目标指向，而达到和合生存境界。

三、 人际关系的道德规则

天人之际，人类对自然生态万物为一己；人人之际，人类相对各为一己。要全面实现人类与自然生态环境的道德生存和合，又要同时实现人类内部人与人、人与社会的道德意义和合。只有人类内部在意义上协同起来，在价值规范上规矩（尺度）一致，人类才是一个道德自觉的生存和合体，才能公正、无私、平等地与自然生态进行和合化的道德交换，才能在自然、和德、诚明生态伦理学理论原理的引导下，呈现人与自然生态环境的和合。

（一） 伦理精神与经济发展

生态伦理学是研究人与自然生态环境的道德关系问题，社会伦理学是研究人与人、人与社会人文生态的道德关系。这两个问题，都不是某个民族、国家所遇到的社会问题，而是全人类所面临的共同问题。全球高科技和经济的发展，创造了巨大的经济财富，但并不是共同富裕，而是富者愈富，贫者愈贫，使发达国家与不发达国家，以及与发展中国家之间的贫富差距愈拉愈大，而这种类型的国家内部的贫富差距亦愈来愈严重，这是全球动乱、冲突的潜在的直接根源。它从各个层面破坏着社会道德秩序，使社会人文生态恶化。

因此，社会伦理学与当前全球的政治、经济、制度有着密切的关联。把社会伦理学问题仅仅归结为单一的人与人、人与社会的关系，而忽视对政治、经济、制度的社会伦理的原因的追究，似乎它们是抽象的、非个人的、超出道德研究之外的①，是不妥的。其实整合三者都需要一种道德基础，因为三者都与生活活动于某种社会生态秩序中的人紧密相关，而需用道德规范对它们做出道德价值评价。

社会的政治活动过程是保障社会秩序、福利、防卫以及协调社会各集团、阶层、个人利益和权利的过程。政治活动中存在着权力独断，压抑不同政见，种族、性别歧视，动乱、战争手段，恐怖活动；政治党派的争权夺利、以权谋私、贿赂公行、腐败堕落等。这就需要做出道德的选择。

社会的经济活动过程是社会福利进行生产、分配、消费必需的物质财富的过程。谁来生产？生产什么？产品分配给谁？如何分配？谁来消费？怎样消费？这些问题都包含着道德选择。譬如生产毒品，贩卖毒品，消费毒品；制造假酒假药，致使消费者死亡；甚至生产细菌化学武器，毒害人类。它便是恶的道德。② 经济活动又满足人的需要，给人带来福利和幸福，这又是善的道德行为。因此经济活动是与道德活动相联系的。

社会制度的制定、运行机制，如何平衡个人权利与社会的需要？如何协调民主与集中？和谐自由与纪律以及人对社会制度的选择与社会制度对人的选择等，亦面临道德评价和道德选择。

政治的、经济的、制度的活动属于社会活动。社会活动的本质是大化自然生存世界和完善自身世界以满足社会需要和利益的过程。因此，社会的活动有其自身的方式、模型、结构和法则。之所以有其自身的特殊性，是因为各种社会活动所在的文化环境，风俗习惯、思维方式、价值观念、心理结构的差异，便影响甚至制约社会活动的方式、形态、法则等的选择。即使属于同一类型的社会活动形态，亦因为各种社会活动所在的情境的不同，而大相径庭。

马克斯·韦伯（Max Weber，1864—1920）的《新教伦理与资本主义

---

① ［美］R. T. 诺兰等：《伦理学与现实生活》，295 页。

② 参见拙著：《中国哲学范畴发展史（人道篇）》，第十一章《善恶论》，395～398 页。

精神》，探讨了新教伦理与资本主义之所以兴起的伦理精神方面的根据。新教（Protestantism）是16世纪曾席卷整个欧洲的宗教改革运动中各改革教派的统称。如果说15世纪的文艺复兴运动动摇了西方中世纪的君权统治的基础的话，那么，宗教改革则震撼了传统神权统治的基础。换一句话说，宗教改革是文艺复兴后的又一次思想革命运动，是一次使神圣的宗教世俗化的运动。新教伦理认为，在资本主义经济秩序中，只要干得合理，赚钱就是职业的美德和能力的表现。这种伦理的“至高之善”，即尽量地赚钱和规避一切本能的生活享受，这就是资本主义文化的社会伦理的最重要特征，此其一；其二，新教伦理认为，勤奋地从事世俗的职责，便是忠诚地履行神圣义务。资本主义精神就是“天职观念基础上的理性行为”，它产生于基督教的“世俗苦行”伦理。如果说清教的宗教改革使神圣的宗教世俗化，那么，“世俗苦行”伦理也摆脱了宗教的圣殿，而成为世俗资本主义经济制度中的生活方式。这样，“从人身上赚钱”作为世俗的职责，便与新教的“天职”观念统一起来；“天职”观念、“世俗苦行”伦理，便成为“从人身上赚钱”的神圣根据。这便是西方资本主义之所以产生的文化精神（即文化灵魂）的追寻。

顺着韦伯的理路，东亚地区日本及“四小龙”资本主义经济在西方资本主义高度发展并占有市场的经济环境中，在资本主义激烈竞争和自身缺乏自然资源的困境中，为什么能够崛起？为什么能与西方成熟的资本主义经济进行抗争而迅速发展起来？支撑着这项事业成就的背后，是一种什么样的无形精神力量？是新教伦理吗？显然不是。16世纪欧洲的宗教改革对东亚各国、各地区来说，几乎没有什么影响。因而，一些学者把东亚资本主义经济之所以崛起的文化精神的追寻，与被韦伯所否定了的儒家伦理联系起来，称之为“儒家资本主义”。①

儒家伦理的基本精神是：

1. 由血缘伦理到家族伦理。中国古代是以血缘关系为纽带而组合起来的宗法制度。这种制度以家族为本位，由父子推而君臣，由兄弟推及朋友，而渗透到社会生活的各个领域，构成了社会的政治活动、经济活动和文化活动。家族伦理的核心是忠与孝。中国“忠”属于理智规范型，以“仁”作为“忠”的基础；日本的家族制与中国特别注重血缘关系的家族

---

① 参见日本经济调查协议会监修：《东刀ジ刀地域の经济发展てモの文化的背景》，64～141页，第一法规出版株式会社，平成元年。该书为非卖品，承蒙岛田虔次教授惠赠，十分感谢。

制有异。日本家族为了维护“家名”可以断绝与不肖子孙的血缘关系，而招无血缘关系的养子继承“家名”。由此衍生的家族伦理是属于直觉情感型，对天皇对家族的“忠”，是以认恩情和报恩为基础。① 儒家家族伦理形成一种无形的凝聚力，是促使儒家文化圈国家经济在国际激烈竞争中能够继承发展的原因所在。世界华人经济发展和日本社会现代化的进程，多与此相联系。有人认为，“家族式经营就是日本式经营的典范”②。儒家家族伦理认为，凡是家族的需要和利益就是善的，违背家族的需要和利益就是恶。

> 叶公语孔子曰：“吾党有直躬者，其父攘羊，而子证之。”孔子曰：“吾党之直者异于是：父为子隐，子为父隐，直在其中矣。”③

儒家伦理以孔子的“孝”、“慈”为出发点，所以父子相隐，其中蕴涵着“直”的道德。他以家族为道德价值尺度，评价善恶。

2. 和合伦理的整体精神。儒家注重群体意识，整体思维，为维护整体需要和利益，倡导和合伦理，主张“和为贵”④。《周易·系辞下》和《说卦传》都讲天道、地道、人道三才，构成生存、意义、可能三界的整体化结构。所谓三才之道，是指天、地、人融突而和合化的整体自然观、人生观、价值观；所谓天、地、人的融突和合化的伦理，是指以仁与义为基础的，以达到三才和谐的道德。这种整体的团队精神，使日本企业在生存冲突中紧密联系成一个集体，这个集团也遵守诸如家庭、幼儿园或学校等团体的相同规则。这个企业把工人、职员和经理，包括银行、商人和顾客以及参与投资入股的生产零配件的公司，形成一个巨大的关系网。在这个关系网内部要同心同德，团结互助，“和谐高于一切”⑤。这种集团外的排他性和集团内的和谐性，构成了竞争和协调的和合。“和”是日本企业内在的精髓⑥，是日本企业的生命之源。中国亦以和的伦理作为社会活动

---

① 参见李甦平：《圣人与武士——中日传统文化与现代化之比较》，25～26、249～254页，北京，中国人民大学出版社，1992。日本沟口雄三教授认为：“比较日本与中国的‘家’，最大的不同在于中国是血统主义，相对于此，日本则是家族主义”（《儒教与资本主义挂钩吗?》，载《当代》，第34期）。

② ［日］中野忠良：《日本企业经营的秘密》，2页，哈尔滨，黑龙江科技出版社，1986。这是对12个最大企业的调查。盛田昭夫认为：“企业管理的全部秘密就在于家族意识”（《盛田昭夫与索尼公司》，153页，长春，吉林大学出版社，1989）。

③ 《子路》，见《论语集注》卷七，56页。

④ 《学而》，见《论语集注》卷一，3页。

⑤ 王守华、卞崇道：《日本哲学史教程》，522页，济南，山东大学出版社，1989。

⑥ ［日］梅原猛：《从文明论看日本教育》，载《临教审通讯》，1985（5）。

的最高原则。这就是说，整体或团队伦理的核心便是和合。

在新教伦理和儒教伦理差异的分殊中，各种社会活动的方式、形态、结构之差异，实乃文化伦理精神之差异。即使是新教文化区或儒教文化区内，由于其文化传统的差分，亦大相异趣。如中国、日本、韩国、新加坡。进而言之，属于同一儒教文化圈的同一形态的社会活动，由于其社会文化伦理精神的差异而不同。日本与韩国都保留着儒教团队（集团）文化伦理：

> 日本“家”的概念是被扩大了的、具有虚幻性质的“组织”，因此，“家庭”中的秩序，就不能仅仅依靠“孝”来维持，所以，“家庭”中奉行的是“忠”的原则。①

在韩国，家庭完全是由血缘关系构成的。在家庭中，“孝”是最基本的伦理观念，“孝”确立了家庭中的主要秩序。②

这就是说，日本以“忠”的团队伦理而使社会具有较强的内在凝聚力，韩国以“孝”的集团伦理而形成社会内在的生命力。虽社会活动形式稍异，但都获得了社会现代化的成就，凸显了社会现代化成就背后的伦理精神的力量。

（二）社会伦理的和合伦次

伦理道德渗透社会的各个领域。人与人、人与社会的冲突，归根结底，一言以蔽之，就是利益的冲突和需要的冲突。所谓利益，是指对需要和需要强度的关系。人与对象之间一种现实的、能满足人的某种需要的，或实现人的某种理想和愿望的关系，这种关系就是利益关系。孔子说：“见利思义”，“利”即利益。孟子见梁惠王，首论“义”与“利”，即道义与利益的关系。孔孟以“义”作为应当与不应当得到“利”的价值标准和尺度。其实，说到底，人的一切有情感、有意志、有意识、有目的的活动，都是为了实现某种利益，包括物质的、精神的利益。不过利益是分层次、类型的，孔孟所说义，就是公利；利，是指私利。道德与利益的冲突，往往与公与私相联系。

笔者在《新人学导论——中国传统人学的省察》一书中，认为利益的冲突，是不同层次的冲突：生命利益、个体利益、群体利益、民族利益、

---

① ［韩］金日坤：《儒教文化圈的伦理秩序与经济》，122页，北京，中国人民大学出版社，1991。

② 参见［韩］金日坤：《儒教文化圈的伦理秩序与经济》，112页。

世界利益、宇宙利益六个层次，并有详论。[1]

利益，换句话说，是人的需要在一定社会关系中的具体表现。需要是有机体、人和整个社会的一种特殊的、摄取状态。人又是特殊的有机体，它既是自然人，又是社会人，而具有二重性，使人的需要也具有二重性，即自然性的需要和社会性需要。马斯洛（A. H. Maslow，1908—1980）认为人类的需要是一种本能。它既是依生物系谱上升指向逐渐变弱的低级或生理需要，又是依生物进化上升指向高级或心理需要。具体概括为五个层次：生理需要→安全需要→社交需要→自尊需要→自我实现需要。[2] 马氏需要层次论的失陷，是他在确定需要层次时，把人放在静态中来考察，忽视了动态的变化；把需要作为“自然人”的先在观念模型的“自我实现”，脱离了一定社会条件和文化背景。笔者认为应补充“理想价值实现需要”[3]，包括理想人格实现需要和理想社会实现需要，为需要六层次与利益六层次相对应。需要是人的活动的内在动力，即所谓动机。

道德动机是作为主体的行为者与道德环境相互作用而发生。主体对环境的人与人、人与社会的关系、人的品质境界、行为活动的认知、体验而形成自身某种需要。道德需要是一种内化的道德价值与升华的道德关系。由道德需要转化为道德动机（包括兴趣、意图和信念）；由动机转化为行动；由行动转化为结果，即道德目标的实现。

社会伦理学是对于利益与需要六层次的合理、公正的调整、协调，融突而和合。据此，建构社会伦理道德和合层次：

1. 生命道德和合。这是依据生命利益和生命需要而建构的伦理道德。人追求衣、食、住、行、性等生理活动的需要和利益，知、情、意等心理活动的需要和利益，这是生命道德所要求的。生命道德是人最普遍的道德，凡是活在社会上的每一个人，都必须获得生命（身、心）所需要的利益，以及生命延续和发展所需要的利益。在获得生命所需要的利益的手段与方法中，是否应当？是否合理？是否合乎“道”？这些问题便蕴涵着生命道德和合。譬如说贫穷和卑贱是人人希望摆脱与舍弃的，若不以正当的，即道德的方法和手段舍弃它，就不去做。按照生命道德和合，人在获得生命所需要的利益过程中，必然与他人、社会、自然发生关系，以至发生激烈的竞争、冲突等，而需要协调、融合，使发生道德关系。如人际伦

① 参见拙著：《新人学导论——中国传统人学的省察》，181～185页。

② 参见马斯洛：《动机与人格》，40～54页，北京，华夏出版社，1987。

③ 参见拙著：《新人学导论——中国传统人学的省察》，185～189页。

理道德、社会伦理道德和自然生态伦理道德等。

2. 个人道德和合。所谓个人，是指个性化了的、作为道德主体一分子的抽象。它是以自然生物体个人与社会历史性主体个人为自然生理基础和社会交往条件。个人道德和合，是依据个人利益和个人需要所产生的道德。个人作为组合集团、群体的基本"细胞"，他是一切道德的核心或中心，是辐射源。因为一切道德（包括最高层次的理想道德和低层次的生命道德），都要通过个人道德来体现或由个人道德来实现。

个人的活动必然与他人、集体、社会、国家、民族、自然等发生广泛的联系，构成道德关系。以人际关系而言，由于现代信息、交通、社交的频繁性、多样性，人际交往中亦出现多样关系。诸如父母、兄弟姐妹、夫妻、宗亲等的血缘关系；同学、师生（师徒）的学缘关系；同乡同里、乡亲父老的地缘关系；同行、同业、道友的业缘关系；同志、同事、老板与雇员、上下级之间的事缘关系；旅客、游人、顾客、观众萍水相逢的机缘关系。血缘、学缘、地缘、业缘、事缘、机缘，关系错综复杂。在这形形色色的人际关系中，究竟有几种最一般、最基本、最关键的关系？有几种伦辈关系？是值得现代人做出概括和总结的。

缘就是人与人之间的缘分，这种缘分都是被纳入一定时代、民族、国家、社会活动运行机制的缘分，便构成伦理关系。中国古代思想家限于其时代文化、经济、政治、制度背景，对错综复杂的人际关系进行了概括。孔子总结为"君君、臣臣、父父、子子"①，即君臣、父子两伦；战国时，孟子发展孔子思想，明确提出："教以人伦：父子有亲，君臣有义，夫妇有别，长幼有序，朋友有信"②。增加了夫妇、长幼、朋友三伦，并对有的伦提出了道德规范。孟子的概括较孔子实用。荀子有鉴于长幼关系的内涵不明确，改为兄弟一伦。"君臣、父子、兄弟、夫妇，始则终，终则始，与天地同理，与万世同久，夫是之谓大本"③。在以宗法的家庭扩大型为中心而建构的国家中，家庭既是庞大的国家、社会的基本"细胞"，又是人际、社会、国家各种纵横关系的核心网络。因此，五伦中，家庭便有三伦，并由父子扩大为君臣，兄弟推及于朋友，体现了家国同构的特征。

---

① 《颜渊》，见《论语集注》卷六，51 页。孔子的学生子夏说："贤贤易色；事父母，能竭其力；事君，能致其身；与朋友交，言而有信"（《学而》，见《论语集注》卷一，2 页）。涉及夫妻、父子、君臣、朋友四伦。

② 《滕文公上》，见《孟子集注》卷五，39 页。

③ 《君子》，见《荀子新注》，408 页。

此五伦的概括，完全符合中国社会人际关系的实际，两千多年来得到了普遍认同和强化。近代以来，由于社会环境的变化，开始了对传统伦理的批判。韦政通转述了贺麟在抗日战争时写的《五伦观念的新检讨》一文的观点：(1) 注重人以及人与人的关系，不十分注重人与神、人与自然的关系，即重道德价值，而不甚注重宗教、科学价值。(2) 维系人与人间的正常永久关系。五伦一经信条化、制度化、发生强制作用，便损害个人的自由独立。(3) 以等差之爱为本而善推之。这不单是有心理基础，而且似乎也有恕道或絜矩之道作根据，是最人情的。(4) 以常德为准而竭尽片面之爱或片面的义务。检讨传统观念去发现最新的近代精神。①

韦政通补充两点：(1) 传统的社会结构和伦理实践的方式，似乎不能达到普爱的理想，以家族为中心的社会，跳不出差序的格局；(2) 把常德解释为柏拉图的理念或范型，是一种很有意义的理解。②

台湾在20世纪80年代初，由于经济的发展，传统五伦在工业社会遇到种种困惑，而提出第六伦的观念③，后称为群己关系。④ 又有提出第七伦，即天（神）人关系⑤等。其实在中国古代，五伦并不是仅指个人与个人关系，实蕴涵群己关系。君既是个人又是国家的表征，臣民对于君，便有群己的意蕴，儒家所说的仁者爱人的人，是一个类的概念。在个体与群体关系，强调群体或整体价值。⑥ 群己关系说到底是一种利益关系，并以义利之辩来协调这种利益关系。在和合学伦理体系中，群己关系属于集体道德层次，天人关系属于生态伦理学领域。

人类再生产，必然是“男女构精”或“夫妇合气”，于是夫妻亦是基本的人伦关系。尽管现代社会离婚率不断提高，非婚生婴儿增加，亦非要求“从一而终”，但夫妻关系仍以不同形式（譬如同居等）构成一伦。古人以夫妻为“人伦之始”。

在现代高科技、高信息社会，四代、三代同堂的大家庭已逐渐解体，

---

① 参见韦政通：《伦理思想的突破》，12～15页，成都，四川人民出版社，1988；贺麟：《五伦观念的新检讨》，见《文化与人生》，51～62页，北京，商务印书馆，1988。

② 参见韦政通：《伦理思想的突破》，15～16页。

③ 参见李国鼎：《民国七十年代社会学者面临的挑战》，载《联合报》，1981-03-15。《经济发展与伦理建设——第六伦的倡立与国家现代化》，载《联合报》，1981-03-28。

④ 参见孙震（吴惑）：《群己关系——为第六伦命名》，载《联合报》，1981-03-18。

⑤ 参见李震：《论精神污染与道德建设》，载《益世》，1981-05。

⑥ 参见拙著：《传统学引论——中国传统文化的多维反思》，140～148、190～194页。

双亲、单亲小家庭仍然存在。只要人类自身维持再生产，子女与父母的关系，仍然是最基本的人伦关系。试管婴儿是非正常的人类再生产形式。尽管再婚家庭有一方并非亲生子女，但可维持父子、母女关系。师徒、师生可归入这一伦。

兄弟姐妹一伦逐渐削弱，中国在一些地区和城市实行计划生育，控制人口增长，这是完全必要的、合理的。兄弟一伦逐渐被同学、同事、同行、同业、同志所代替，可归属朋友一伦。此伦有扩大的趋势。但其他民族、国家仍然存在兄弟姐妹一伦。

君臣一伦实质上已废除，即使一些国家维持着君主的名义，但本质上已非君主专制制度下的君臣关系。在现代，无论是何种制度，在政府的各种机构、企业公司、工厂商店、学校文化团体等运作中，仍然存在领导与被领导、雇主与雇员、上级与下级的关系，可称谓为上下一伦。

现代社会人际交往的扩大化、频繁化，旅游参观、购物乘车，越来越多地与原不熟悉的陌生人发生关系，可称为人己关系，为人己一伦。

总括人际的种种错综复杂关系，为夫妻、父子、朋友、上下、人己五伦①，为现代社会最基本的人伦，其他人际关系的人伦，都可以归入此五伦。协调、调整、完善此五伦的原理、原则、规范，便是伦理。

3. 集体道德和合。这是与集体利益和需要相联系的道德层次。社会学上把人群分为个人、群体和集体三类。“群体”是按照某种相同或相似的特征来组合或划分的人群②；也被理解为其应用范围既可以大至整个社会，也可以表示每个社会成员对所有其他成员都非常了解的面对面的小群体③。“集体”相对于个人而言，相当于整体或社会范畴，它包容整体或社会所包容的范围。通常被理解为个人与整体、个人与社会的关系。集体是作为整体的、社会的抽象概括。这与把“集体”作为“一个有组织的群体，其成员由对于整个群体和每个个人有意义的共同所值、共同活动目的和任务而结合在一起”④ 的理解有异。

---

① 此人伦的次序，与《周易·说卦传》合：“有天地，然后有万物；有万物，然后有男女；有男女，然后有夫妇；有夫妇，然后有父子；有父子，然后有君臣；有君臣，然后有上下；有上下，然后礼义有所措。夫妇之道，不可以不久也，故受之以恒。”

② 参见夏伟东：《道德本质论》，217页，北京，中国人民大学出版社，1991。

③ 参见［美］戴维·波普诺：《社会学》（上），刘云德、王戈译，285页，沈阳，辽宁人民出版社，1987。

④ A. B. 彼得罗夫斯基等：《集体的社会心理学》，68页，北京，人民教育出版社，1984。

集体在具体层次上，可理解为个人与代表整体或社会的国家的关系。集体道德和合，也有层次之分：如群己关系，群体是由个人组成的，个人是群体中的个人。群体提升为集体，个人与集体关系与群己同。每个个人都有经济的、物质的、政治的、文化的、精神的需求，构成个人利益，而与集体的国家、社会利益发生冲突。如“个体户”和小群体的偷税漏税，损害社会国家经济利益，“制黄贩黄”，污染社会风气和民族精神等。这都是以个人不正当的利益，构成与集体利益的冲突。个人利益之为正当利益，应与集体利益保持道德价值目标、道德手段和目的上的一致性。社会依据当时实际情况相对公平地提供给每个个人利益，个人依社会道德尺度合理节制个人欲望。是为群己关系一伦。

集体道德和合的另一伦为公私关系。[①] 公是指一定社会历史条件下国家、民族乃至全人类的根本利益所系的价值导向和主体内心的精神世界的理想价值、价值指向；私是主体自己的行为活动中追求实现的自利目标、结果与主体自我意识中的价值导向。在具体规范上，诸如“对公共财物应节俭廉洁，以消除浪费与贪污；对公共环境应维护，以消除污染；对公共秩序应遵守，以消除脏乱；对不确定的第三者之权益，亦应善加维护和尊重”[②] 等，决不损公肥私，化公为私。发扬为人民大众服务精神；国家民族至上的爱国主义精神；为人民的富裕、幸福而前仆后继，不怕牺牲自我的精神；为人类的和平、民主、自由而顾大局、识大体的精神等。批判为自己而损害公家、他人的自私精神，为私利而出卖国家民族利益的自利精神；“人不为己，天诛地灭”的为己精神；等等。

4. 人类道德和合。人类道德是与全人类的利益和需要相联系的，并以人类的利益和需要为价值取向、价值目标的活动。在这个世界上，人类是被分为不同的种族、民族、国家的；不同的种族、民族、国家有不同的风俗习惯、语言文字、心理结构、价值观念、思维方式、审美情趣；以及不同的社会政治制度、经济体制、文化背景、宗教信仰；并占有一定范围的土地、资源、人口等。

不同的种族、民族、国家之间，以及一个国家内的不同种族、民族之间的相互冲突，不应当采取种族、民族歧视、消灭的手段。诸如美洲“土

---

① 参见拙著：《中国哲学范畴发展史（人道篇）》，第六章《公私论》，213～214页。［日］沟口雄三：《中国の公》，《中国の思想》，73～82页，东京，放送大学教育振兴会，1991。

② 韦政通：《新伦理的讨论》，见《伦理思想的突破》，227～228页。

著人”（Indigenas）[①] 目前仍有人口数千万，部落数百个，语言1700多种。时至今日，他们仍然被歧视，受欺凌，基本人权、生存权得不到保障。

> 在美国，为了寻找铀矿，把纳瓦霍人从他们的新的保留地上赶走，在政府所知道的547个部落的180万登记的土著人中，有60万人生活在贫困线以下，有9.3万人无栖身之所。

更有甚者，一些土著人部落要被迫“接受文明社会竭力避而远之的东西：有毒废物、火化场、核废料场等”[②]。在墨西哥，地主们四处追赶在恰帕斯州的拉坎敦人部落的玛雅人；在哥伦比亚与委内瑞拉接壤的边境地区，“垦殖者则把瓜希沃人当作猎物来捕杀”。“在厄瓜多尔，曾被橡胶公司赶走的苏亚雷人，现在又被石油开采者们赶走了”[③]。在加拿大的10万因努伊特人，以捕鱼和狩猎为生。“但矿业开采和各种军事演习和训练对他们的正常生活构成了威胁。”[④] 一些“土著人”被消灭，美国的切罗基（人）只不过是一种汽车的型号。不同种族、民族、部族应该和生、和处、和立、和达、和爱，绝不能让第二次世界大战时，希特勒屠杀犹太人的罪恶重演。这是己族与他族的关系，为人类道德和合的一伦。

现代世界，政治制度不同，经济发展不平衡，出现了发达国家、不发达国家和发展中或转型中国家等类型，一般来说，发达国家为富国，不发达国家为贫国。就人口而言，富国少，绝大部分生活在不发达、发展中、转型中国家。这种贫富不均的差距无限拉大，是世界动乱的潜在威胁和危机。目前富国主宰世界经济，并以种种借口采取经济禁运、制裁、封锁等手段、威胁、压制一些不发达、发展中国家，使富国与贫国之间冲突加剧，而需要协调，走共同富裕的道路。这样，富国与贫国关系为一伦。

由于不同的宗教信仰，同一宗教内的不同教派之间经常发生冲突，甚至衍成战争。如部族冲突和宗教冲突给卢旺达和阿尔及利亚两国造成浩劫[⑤]；印度教与伊斯兰教徒在阿育达亚区的夺庙冲突，导致辛哈政府的崩溃；伊斯兰教内部逊尼派与什叶派亦有冲突。己教派与他教派的关系，构

---

① 以往称美洲“印第安人”（Indios），是哥伦布犯了历史性错误的结果，而所谓“亚美利加人”（Americanos），是从地图绘制师韦斯普奇（1454—1512）流传下来的，为了纠正这种历史误解，现称“土著人”（《土著文化灭绝的阴影》，载西班牙《改革十六》周刊，1995-02-13，转引自《参考消息》，1995-04-17）。

②③④ 《土著文化灭绝的阴影》，载西班牙《改革十六》周刊，1995-02-13，转引自《参考消息》，1995-04-18。

⑤ 参见《不偏不倚政策给一些国家造成混乱》，载英国《卫报》，1995-04-14，转引自《参考消息》，1995-04-18。

成一伦。

5. 宇宙道德和合。宇宙道德和合是与宇宙利益和理想社会实现的需要相联系的，也可称为理想道德和合。现代环境污染、生态危机，不仅影响整个人类生存的地球，而且要影响整个宇宙。人类太空技术的发展，向太空发射各种各样的卫星和建立空间站。人类在开发宇宙中，要建立宇宙道德观念。倘若不讲求宇宙道德，一些国家把各种有害气体，废弃物、毒品排入、带入宇宙，而不顾自然生态环境和人类的后代子孙，受害的不仅是他们自己和国家，而且危害人类。这便是人与自然的关系，在某种意义上可称谓为天人关系一伦。

从伦理道德和合的不同层次而观：生命道德和合是基础和出发点。在人生命的生存过程中，必然与人发生各种形式的物质、能量、信息的交流、交往活动。在这种极为复杂的人际关系网络中，概括出最基本的五伦关系。人的生存只能在一定的社会、国家中，便与群体、集体、国家、社会发生利益、需要的冲突协调的关系，可以概括为群己、公私两伦。由集体道德和合到人类道德和合，人类虽亦是集体，但却是不同社会、国家的总和的大集体，概括为己族与他族、富国与贫国、己教派与他教派的关系的三伦。由人类而宇宙道德和合，有天人关系一伦。共为十一伦。这便是和合伦理道德五层次十一伦，其图式如图 13—3。

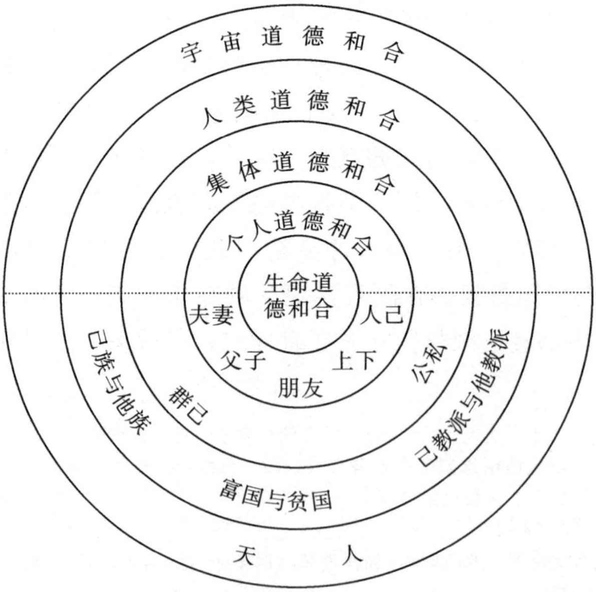

图 13—3

（三）社会伦理学的理论建构

生命所面对的个人、集体、人类、宇宙（理想）是共同的，又是不同的，因为他是人观中的世界，其他生命体所观中的世界则与人观异。宇宙、人类、集体、个人所递相面对的生命，则是分殊的。因而和合社会伦理学的规范、原则亦异。

社会伦理学是人类社会的交往伦理学，它的基本原则是仁爱和礼义的中和之道。它的和合原理，是作为五层次的共同原理，便是21世纪及以后各世纪人类的和生、和处、和立、和达、和爱五大原理，即五大中心价值。具体而言，相对于生态伦理学的公正、无私、平等三原理，倡导正义、公平、仁爱社会伦理学三原理。

1. 社会正义原理。所谓正义，是指一种公正的道理和价值取向。荀子曾说："不学问，无正义，以富利为隆，是俗人者也"[①]，是指不学习，崇尚财富和功利而不讲正义的人，是庸俗的人。直接涉及道德评价。

美国伦理学家约翰·罗尔斯（John Rawls，1921— ）著《正义论》[②]。他是以社会基本结构的正义为最高理想，以正义的合理性为基本视角，而不是以最大利益或最大限度的幸福为最高理想，和以自明的直觉原则或完善论的目的论为基本视角的义务论伦理学。正义观念的基本前提，是"作为公平的正义"，其基本的内涵是指社会的每一个公民所享有的自由权利的平等性和不可侵犯性。这种权利来自社会正义秩序。社会是人类必需的合作形式，但在社会合作中谁都想获得较大利益的分配，便产生利益的冲突，就需要社会正义原则、规范来指导人们进行利益选择。正义的社会选择原则何以确立？必具正义的社会合作才有可能。譬如各个个体的计划需要"共同适应"和"相互共容"，公正一致和行之有效的实现方式，

---

① 《儒效》，见《荀子新注》，105页。

② 《正义论》，哈佛大学出版社，1971年英文版，何怀宏等译，北京，中国社会科学出版社，1988。与罗尔斯相对的是诺齐克、哈耶克的"程序正义论"，否定罗尔斯正义原则中心第二原则——差别原则，并强化平等原则，从而回到了传统的自由主义。罗纳德·德沃金（Ronald Dworkin）是以权利为基础建构的正义论，他以人应得到平等的关心和尊重的权利出发推出正义理论，与罗尔斯有相似处。普林斯顿的迈克尔·瓦尔策（Michale Walzer）提出不以个人权利为基础，而以共同理解的社会意义为基础的正义论。社会正义的关键是社会的善或社会利益的分配原则：（1）所有分配性正义所涉及的善都是社会的善；（2）人们都拥有和运用社会的善；（3）不存在贯穿所有世界的善的体系；（4）善的分配标准与社会意义相联系；（5）社会意义的分配随时间而变化；（6）这种分配是自主的。他认为正义原则是多元的，因为评估每一分配安排和意识形态的标准不是单一的；不存在单一性规定原则；不存在单一标准等。这种正义论也受到德沃金等的批评。[韩震：《当代西方的另一种正义理论》，载《哲学动态》，1995（4）]。

以及稳定的社会合作。这样社会正义原则就“提供了共享社会基本结构中的各种权利和义务的方式，并规定了社会合作的利益与职责的适当分配”①。

傅伟勋对罗尔斯正义理论的体认是，现代伦理学必须划分“巨大规模的伦理”（macro-morality）与“微小规模的伦理”（micro-morality）。“前者略等于传统儒家所说的外王之道，亦即政治、社会意义的伦理道德（一般所谓公共道德），后者类似儒家内圣之道，亦即个人（以及家庭范围内的）道德”②。傅氏指出：儒家道德的理想主义的内圣之道，已不是伦理学的中心课题。因为传统儒家从未针对99%人类不愿亦永远不会做圣人这个经验事实，而没有解决与内圣无直接关系的巨模伦理问题。

> 直至今日除了死守“自内圣之道自然推出外王之道”的古老观念之外寻找不出另一理路，重建现代化意义的新儒家道德哲学。③

这个批评是合理的。若从现代化意义上说，不仅“巨模伦理”需要重建，而且“微模伦理”亦需重建。传统儒家的内圣之道在诸多方面已不适应现代的需要。这两个方面都要重建，这是和合社会伦理学的要求。

社会伦理学的和合正义原理作为从生命道德和合到理想道德和合的五层次共同原理，它要求合理地调节人的生命生存自由权利；个人平等的自由权利，以保障个人在人格和尊严上的平等和给每个人以平等的竞争机会，使人通过自己的努力减少不平等差分；国家、社会、集体保障每个社会成员以最广泛的基本自由的平等权利和权利与义务、集体利益与个人利益的分配的公正；个人对于社会、国家、集体的义务、责任的完成和奉献、人类道德层次各种族、民族、宗教一律平等，富国与贫国的国际分配的平等互利；宇宙道德层次的人与生态的公正平等。

2. 社会公平原理。它是衡量社会发展和社会在满足人的基本权利和需求，以及实现人的和立、和达所达到的水平。罗尔斯从正义原则出发，主张限制或尽可能地消除人实际上的不平等，为此，最基本的就是使社会的基本权利和利益分配臻于公平合理。公平原理：一是指阐述怎样通过自

---

① ［美］罗尔斯：《正义论》，2～3页，北京，中国社会科学出版社，1988。参见万俊人：《现代西方伦理学史》下卷，685页，北京大学出版社，1992。

②③ 傅伟勋：《从西方哲学到禅佛教》，30页，台北，东大图书公司，1986。傅氏的“巨模伦理”与“微模伦理”是从罗尔斯的“最大限度”（maximum）和“最小限度”（minimum）观念中得到启发的。

愿地做各种事情来承担职责；二是指提出了所涉及的制度要符合正义的条件。[①] 这里所说的“职责”，是指人在社会合作中所公平承担的份额或负担。但西方亦有人认为，财富的公平分配会导致社会道德沦丧。这种看法有其片面性。

在当代，公平原理包括政治权利的平等、规则的平等（即法律面前人人平等）、与预经济竞争的机会平等、运用社会稀缺资源的权利平等、劳动价值平等、竞争过程平等和收入分配的平等，以及无论个人的经济状况、政治地位如何差分，个人的尊严和价值是同等的，人格上是平等的，与此相联系的作为个人的生命的生存权和发展权是平等的。这就是说，把公平简单地理解为经济竞争的平等和收入分配的平等是片面的[②]，它应该涵摄政治的、经济的、伦理道德的平等，这才是和合学的社会伦理学的公平原理。

3. 社会仁爱原理。社会正义、公平原理的运作机制，除有赖于外在的法律、礼制来维护、保障和协调外，还需要依靠每个人内在的仁爱之心的外推、发出和灌溉。

“仁者，爱人”，“仁者，人也”。爱人之仁，生生之仁，就其最本质、最原初的意义讲，是对人与社会、人与人关系的一种道德规范，是一种人文准则和尺度。人与人之所以有相爱之心，孟子发现了人的一个最基本、最普遍的族类情感，即“人皆有不忍人之心”[③]。这种不忍人之心，是“得夫天地生物之心以为心”[④]。天地生物之心无所偏爱，人人平等。以这种不忍人之心对每个人，便是爱心，“以不忍人之心，行不忍人之政，治天下可运之掌上”[⑤]。以不忍人之心推行于政治，对每个社会成员充满着爱心，使人人在政治权利与经济利益分配以及人格尊严上充分体现正义、公平原则。就此而言，仁爱原理是社会正义、公平原理的人性根基。

人人互爱，兼爱博爱，是人能够和合为群体的内在道德根据，是人类能够组织化为社会的外现的文化特征。人与人相互怨恨，只能发生冲突，导致战争，甚至毁灭人类。因此，爱与生相关联，恨与死相为伴。董仲舒

---

① ［美］罗尔斯：《正义论》，332页。成中英在《论孔孟的正义观》中认为，罗尔斯在《正义论》中“有许多问题未提出也未回答，其中之一就是人的正义观念何来？人的正义观念如何完成？”他认为中国儒家孔孟对这些问题已做出回答。参见《文化·伦理与管理》，198～223页。

② 参见王晓升：《公平与效率关系之我见》，载《哲学研究》，1994（5）。

③ 《公孙丑上》，见《孟子集注》卷三，24页。

④ 朱熹：《公孙丑章句上》，见《孟子集注》卷三，24页。

⑤ 《公孙丑上》，见上书。

认为，“仁之法在爱人，不在爱我。义之法在正我，不在正人”①。因而主张正谊不谋利，明道不计功。但董子所正之谊，实不是完善的义；所明之道，也不是和合之道。仁以爱人，己亦为人，也要自爱；义以正己，人亦为己，也须人正。人己关系本是和合社会关系网络上的结构要素和功能单元，只有放在人类和合体内部，才能按和合人文精神，协调好个人与个人，民族与民族、国家与国家，以及身、家、国、天下彼此之间的交往关系。

专去爱人，可能流于阿谀；单来正己，亦会陷于自虐。董子若作为“补偏救弊”的话，故有其一定时空中的针对性，倒也无妨；若以此为“天理”、“良知”，岂非以仁杀人，以义害己！秦汉以来的伦理学说，多有成事不足，败事有余之弊。孔子早就点破关节：“中庸之为德也，其至矣乎，民鲜久矣!”② 中者不偏不倚，无过不及；庸，平常，用。仁义之道既不偏仁，又不偏义，既仁且义，方是中庸之道，才是“明德”，人际交往才能“止于至善”。

仁义中庸之道的偏倾、偏废或极端化，是社会人际关系现实对抗和历史冲突的道德表征。偏仁则宽，人心涣然失散；济之以猛，多有冤枉；偏义则猛，人心惕然紧张；济之以宽，几近放纵。两偏交替，宽猛振荡；人际摩擦，社会内耗。所以才有一治一乱，治久必乱，乱久必治的政治轮回；才有一善一恶，善久生恶，恶久反善的道德颠沛。

人道若只有忠孝之类，便会一团和气，同流合污，优柔寡断，反受其乱。故《说卦传》曰：“立人之道，曰仁与义”③。这就是说，仁爱原理应包含礼义原则。这样仁爱才能柔而不溺；有了仁爱原理，礼义才能刚而不烈。阴阳互补，刚柔相济，是天地的道德原则。人以天地为本根，人道只有按照仁爱与礼义相对相济的方式，既有乾道的自强不息，相与进取，又有坤道的厚德载物，彼此相容。才能使社会伦理道德五层次十一伦，协调和谐，文质彬彬。

“夫子之道，忠恕而已矣”④。忠孝属仁，能恕须礼。元典儒学的人学伦理，已初步领会了仁义互济的人际交往之道。所谓“文武之道，一张一弛”，正是这个意思。凡相反者皆相因，凡相因者皆相成。如此道理，简

---

① 《仁义法》，见《春秋繁露义证》卷八，250 页。

② 《雍也》，见《论语集注》卷三，26 页。

③ 《说卦传》，见《周易正义》卷九，《十三经注疏》本，94 页。

④ 《里仁》，见《论语集注》卷二，15 页。

单明白，平铺直放，“直方大，不习无不利”①。直心（仁爱之心）曲行（以权达道），方能立天下的大本。周敦颐所谓“圣人定之以中正仁义，立人极焉”（《太极图说》，见《周子全书》卷一）。讲的不外乎人际交往之道。

上述社会伦理学的正义、公平、仁爱三原理，从更深的层次上讲，是人际冲突，善恶波动，社会对抗，治乱循环的原因之一，在于人的自主性与依他性之间的不和谐、失平衡。每一个人、家庭、民族、种族、国家、社会和人类，要自我生存、自我完善、自我实现和自我发展，有两个和合条件需要满足：

一是自己的自主性要充分发挥出来，既要自作主宰，振作精神，又要自我反省，约束冲动，做到自由和自律的内在融突而和合。

二是个体的依他性要系统明确起来，既要依靠他人，求得资助，又要周济他人，博施恩惠，即做到依他与利他融突而和合。

两个和合条件，只要失去平衡或有一个不能满足，甚至受到蔑视，那么，社会人际交往就会或陷入利己主义、极端个人主义，或陷入利他主义、极端群体主义。如此，必然导致宏观水平上的社会动乱和结构震动。人性融突和合本质的片面理解和偏极发展，是社会关系冲突的最内在的道德根据。

解决冲突的办法在于人己融合。人己融合可以在个体、家庭、民族、种族、宗教、国家、社会及至天下等不同水平、层次上以不同的方式实现，但其中的融突和合机制是一致的：

第一，在欲望上不是寡欲、无欲或“灭人欲”，而是依“己欲立而立人，己欲达而达人”的积极的仁爱原理，调适自己的一切交往活动和认知活动，次序人己之间的道德情感关系，使其成为从己到人的有序融突和合结构。

第二，在行为上是依“己所不欲，勿施于人”的理性原则和礼义原则，制约自我的践行活动。法国大革命后，罗伯斯庇尔于《一七九三年法国宪法》中《人权宣言》的第六条引述了孔子的格言。此条全文为：

> 自由是属于所有的人做一切不损害他人权利之事的权利，其原则为自然，其规则为正义，其保障为法律，其道德界限则在下述格言之中，“己所不欲，勿施于人”。②

① 《坤·六二》爻辞，见《周易正义》卷一，《十三经注疏》本，18页。

② 《法国宪法集》，80页，巴黎，1970。

协调人己之间的道德利益关系，使其具有从人到己的超序融突、和合结构。

第三，知行合一，人己协调，从己到人与从人到己首尾相连，良性回环，形成一个优美而完善的和合大圆圈，如“太极图”。如图13—4：

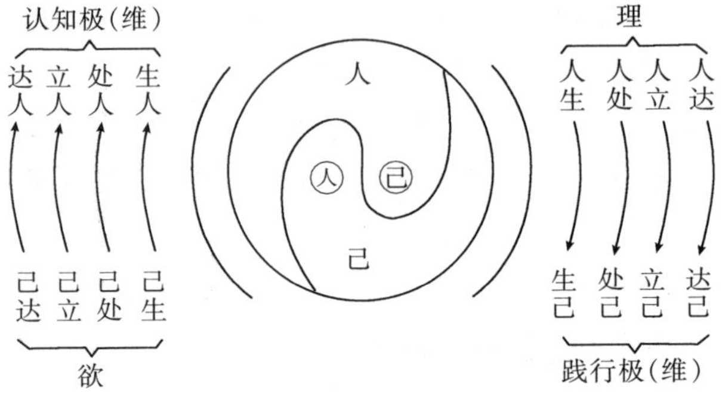

图13—4 人己道德和合太极图

在这里，笔者把社会伦理学的五层次道德融突和合与十一伦，进一步内化提升，概括为人与己的关系。这里的人与己都是相对待而言的。譬如相对于宇宙道德层次，人类道德层次便是己，宇宙道德层次就是人，依次类推。其范畴逻辑和合结构图式如图13—5：

人己道德和合体是涵括知行合一，理欲合一，天人合一，人我合一的复杂的社会交往系统。这种合一的形式是一而二、二而一。要落实这一系统解决方案，必须建立一系列以和谐、协调人己关系为宗旨的具体规范，及社会伦理学学科群。

个人道德和合的五伦，是人日常生活中最日用、最切近的道德规范。如夫爱妻恭，爱是爱护、爱恋、爱戴妻子；恭是恭敬，简言之是夫妻互爱。父慈子孝，慈是慈爱，和善或慈祥；孝是敬养父母，即赡养和尊敬；简言之是父子互亲，亲是亲爱、亲善、亲密之意。朋友互信，信是信用、守信、相信、信任、信实等。上下互敬，敬是敬重、敬爱、敬意。人己互诚，诚是真诚实在、诚实真挚、诚恳无欺。这便是爱、亲、信、敬、诚为人际间关系五伦的道德规范。

集体道德和合、人类道德和合、理想道德和合的群己、公私、己族与他族、富国与贫国、己教派与他教派以及天人关系六伦，均可按正义、公平、仁爱三道德规范来处理。

当今伦理学，其最大的失足是该分的不分，不应分的过度分化，使伦理学名称极度泛化。几乎每一种社会分工现象，就有一种伦理学，使伦理

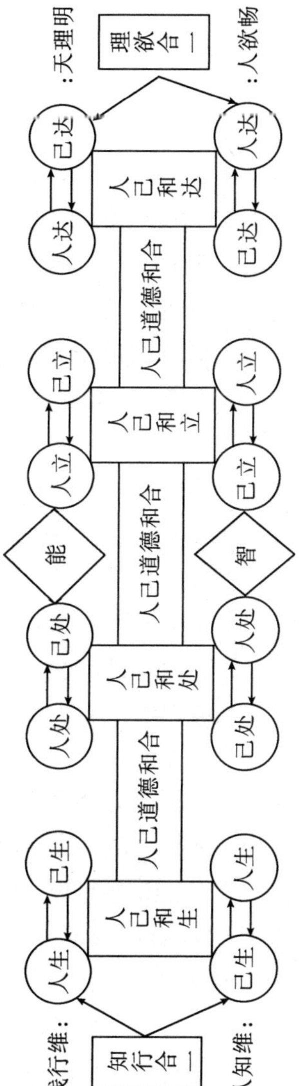
践行维：
人生
己生
人处
己处
能
人立
己立
人达
己达
:天理明
知行合一
人己和生
人己道德和合
人己和处
人己道德和合
人己和立
人己道德和合
人己和达
理欲合一
认知维：
己生
人生
己处
人处
智
己立
人立
己达
人达
:人欲畅

图 13—5

学学科极度混乱，结果是各色各样的伦理学之间发生无规则的“规范游戏”，既无伦亦无理，道德分裂。同时，人际间的交往活动错综复杂，应差分为不同层次的伦理，而不管夫妻、父子、朋友、上下、人己，一律以同志、师傅称之、处之，又有失之简单之弊。

和合学所建构的社会伦理学，在于使各种“原子伦理学”，和合为“分子伦理学”，再和合为“细胞伦理学”，后和合成完整而不可分割的人学伦理学（或人际伦理学），伦理作为人的最基本的交往道德规范，它的原理只能是和合的，不能是为某个人、某个民族、种族、国家特设的。这是道德规范与等级、阶级制度的区别。道德就其一般意义来说，就是公德，私德绝非完善意义上的道德目标。伦理只能是人际交往的大纲、总则。人际交往的细节是行为科学研究对象，非道德科学的规范客体。

社会伦理学的和合使命，是在于使道德和合从生存世界进到意义世界，实现“天下为公”、“万世太平”的道德价值理想。《礼记·礼运》篇所描绘的“大同世界”的人文精神状况，就是道德和合的第二境界。

《礼运》篇的“大同社会”，即“大和社会”是一种非科学的空想，而且具有不可能的、有违历史进程的价值取向。和合学的社会伦理学所追求的意义世界的道德和合，虽借用了“天下为公”、“万世太平”的传统语词，但已赋予它全新的科学基础和完善的人文精神。

道德和合中的意义境界，是生存道德和合境界之上的精神境界，它以生态学、生态伦理学和生态社会学为自己的科学基础。它的“天下为公”，是物我一体的无私原理在社会关系中的推行。天人交换尚需无私，人际交往岂能不公？这种公，是人己合一的公德，它形成于人际交往过程之中，而非先验的形上学理念。这种公德伦理，更根植于人性的和合本质之中，是自我内在价值尺度与他人外在价值尺度的合规范的道德和合产物。同样，意义境界中的“万世太平”，是道德和合原理贯彻后的自然后果。只要人与人之间达到了意义世界的和合，人类的道德生活的持久和平才能获得保障。但人与人之间的道德和合使命，只有落实到每个道德主体心灵之中，形成良心、良知之间的和合，才能完成，才是完善的。因此，意义世界的道德和合不能停留在公德、太平之境，必须进一步达到“保合太和”的道德至善之境。为此，就须完成心灵伦理学的逻辑反省。

四、 主体对思维的道德控制

人类的道德交往活动，与其他交往活动一样离不开人的心理结构和社会结构。所谓心理结构，一般是指知、情、意结构。道德心理是指道德产生、发展的心理基础，道德认知、情感、意志的心理机制、过程和状态，以及心理失衡中的道德调节机制。从这个意义上说，道德心理就是道德心灵，这就是心灵伦理学所研究的对象。

（一）思维道德的善恶反演规则

在中国伦理思想史上，思孟学派和陆王学派①的贡献，就在于为心灵伦理学的理论创建，准备了丰富的思想资料和基础。

孟子说："心之官则思"，思维是主体心灵的天然机能。心体虽一，其用可二。"道二，仁与不仁而已"。思路虽一贯，但其运动可互反。"反者，道之动"（《老子》第四十章）。为善为公，心之正；为恶为私，心之邪。反正为邪，反邪为正。邪正、善恶、理欲，其别几希，即在一念之际。周敦颐说："诚无为，几善恶"（《通书·诚几德》，见《周子全书》卷七）。"诚"为"纯粹至善者也"（《通书·诚上》，见《周子全书》卷七）。"几"为"动之微"，动便有善恶形矣，其分析甚有力度。孟子注重道德认知、情感、意志的心性根据。他以仁义礼智的恻隐、羞恶、辞让、是非四端之心的非由外铄的自发说，是对于经验层次的道德现象的心身体验和价值判断。

以心性为基础的善恶活动是一种互动关系。"爱人者人恒爱之，敬人者人恒敬之"②。你爱人而获得他人对你的永久的爱，这是基于善的心性的善的道德行为。

> 吾今而后知杀人亲之重也，杀人之父，人亦杀其父；杀人之兄，人亦杀其兄。然则非自杀之也。一间耳。③

杀人之父之兄与杀己之父之兄，其实无所差别，换言之，爱敬人之亲，人亦爱敬己之亲。这是基于善恶的心性的善恶的道德行为。这里孟子虽未揭发善恶活动的互动关系的根由，但蕴涵着由本心本性使然之意。一心之内有公私，一念之际抉善恶，正是陆王创立心学的真正动因，故言"圣人之学，心学也"。

道德是以规范、原则、理想的方式指导人的动机与行为的实践精神活动。道德活动的实践精神，是一种以意识到自己为主体地位才具有的精

---

① 思孟学派，指子思与孟子学派。陆王学派指陆九渊和王守仁的心学学派。

② 《离娄下》，见《孟子集注》卷八，65页。

③ 《尽心下》，见上书卷十四，111页。

神，它以主体的需要、情感、意志的冲突融合，构成主体内在的尺度；它不以真假、美丑概念来认知、表现世界，而是以善恶范畴评价世界，将世界现象分为善的与恶的、正当的与不正当的、应该的与不应该的两方面，赞扬前者，贬斥后者，以完善世界。[①]

道德思维道路的善恶反演，是人类道德心理活动的基本法则。其作用机制在于：思维的运行是按逻辑规则进行的，而逻辑规则是反演对偶的。例如：同一律 $A=A$ 是自相反演，自相对偶，即 $A\rightarrow A\cap A\leftarrow A$；矛盾律与排中律正好对偶反演：$\overline{A\wedge\overline{A}}\Rightarrow A\vee\overline{A}\cap A\vee\overline{A}\Rightarrow\overline{A\wedge\overline{A}}$。推而广之，甚至于不可逆的关系，在思维变换中都是反演可逆的。“父母生育子女”，“子女孝敬父母”，分别是不可逆的自然生物关系与社会伦理关系。但思维可以使它们反演成为两种假的对偶关系：“子女生育父母”，“父母孝敬子女”。若对思维的对偶化反演进行道德判断时，必然是一种关系合乎伦理道德，因而为善；另一种与此相对偶的反演关系，是违反伦理秩序的，因而为恶。道德法则的单向性与伦理秩序的不可反演性，决定了双向的，可反演的思维道路：是一善一恶。所以说：道必有对，有善必有恶。

人的行为活动总是在思维的调控下进行的。思维道路的善恶反演律，在向行为法则的转换映射中，必然只有一种可能性成为现实的行为活动。因而行为活动服从要么善，要么恶的道德选择律。所谓道德选择，是指道德主体在一定道德意识的指导下，依据一定的道德标准和价值尺度，对善恶冲突所作的自觉的抉择。它是主体的价值取向，是主体为完善自身、社会、世界而对现实采取肯定与否定的统一。主体对于善与恶的道德选择，表现了道德选择主体的本质。要使行为的选择符合道德原则，就必须在心上做“为善去恶”的净化心灵功夫。禅宗五祖弘忍要传衣法，命门人各作一偈。上座神秀作偈曰：“身是菩提树，心如明镜台；时时勤拂拭，莫使有尘埃。”五祖认为， “依此修行，不堕三恶道；依法修行人，有大利益。”[②] 但要觅无上菩提，即未可得。这只是到了无上菩提的门前，尚未入门。“时时勤拂拭”是去恶从善的修养功夫，使心灵保存一块净土。这也是一种格物功夫，它只在心上做，格物便是“格心”[③]，“格心”便是“正心”，“正其不正以归于正之谓也。正其不正者，去恶之谓也；归于正者，为善之谓也”（《王文成公全书·大学问》）。“去恶”就是“格其非心，大

---

① 参见姚新中：《道德活动论》，37～38 页，北京，中国人民大学出版社，1990。

② 郭朋：《坛经校释》，12～14 页，北京，中华书局，1983。

③ 参见拙著：《宋明理学研究》，475 页。

臣格君心之非之类”（《王文成公全书·答顾东桥书》），使人的知、情、意都得到净化。“故格物者，格其心之物也，格其意之物也，格其知之物也”（《王文成公全书·答罗整庵少宰书》）。“知”有善恶，“意”有善恶，心有善恶，格而使其正，便是去恶从善。达到陆九渊的复“本心”，王守仁的“致良知”的境界。陆王的不足在于看不到意念本身不存在善恶之分，只服从逻辑理路的推演规则。

（二）道德主体的自我约束机制

心灵道德活动，包括道德认知活动、道德情感活动和道德意志活动。所谓道德认知活动，是指主体对道德对象的观念把握，即对道德对象的刺激发生心灵感应，经整理、综合，而产生新知的过程。这里所指的对象，是指人、人与自身、人与人、人与社会、人与自然的关系。人的属性、地位、价值、品质等作为认知对象，以便在实践精神上完善人。这种道德认知的宗旨，是为了完善人与人、人与社会、人与自然各种错综复杂的关系中，获得和谐、协调的关系，使人的心灵充实而和乐。

道德认知将对象道德化，使之纳入善与恶、正当与不正当、应该与不应该的框架，以理想为依据的价值取向。它通过道德感知，经过“学”习道德知识、理论、做人道理等，再经过“思”的系统、理性的整理，而使之成为系统的知识和自我内心的品质。道德“思”的形式是判断、推理和思维；或通过直观和智慧，即心的直接体悟善恶的“良知”、“良能”的功夫，便可掌握“德性之知”，即内化为道德心灵境界的提升。

道德情感活动是指主体对内在需要、动机和外在行为、状态的价值性情绪体认知控制，并以好恶、喜怒、爱憎等形式表现自己。它是道德心灵中最深沉、最活跃的因素，是道德认知转变为道德行为的中介。道德情感活动在中国古代备受重视，主要分“未发”与“已发”两类。① “喜怒哀乐之未发，谓之中；发而皆中节，谓之和”（《中庸章句·第一章》）。是指喜怒哀乐未曾发动的心理状态与已经发动的心理状态。道德情感活动对情欲具有价值取向或价值导向的作用，它是主体经自觉认知、评价、体验、修养、选择等过程而培养起来的稳定品质。孟子曾把人的道德情感活动形式分为四类型，同情感（恻隐之心）、羞耻感（羞恶之心）、责任感（辞让之心）、是非感（是非之心）。既有指向他人和社会道德情感活动，亦有指向

① 参见拙文：《未发已发论之纵贯——朱子参究未发已发论之挫折、转变和影响》，见《国际朱子学会议论文集》，499～520页。

自身道德情感活动。

佛教对人的心灵道德情感活动作了仔细分析。小乘佛教一切有部把“心所法”分46种，大乘瑜伽派“心所法”为51种。所谓“心所派”，是指随着心法（八识）而缘起的心理作用和表现。小乘有部心所法，分为大地法、大善地法、大烦恼地法、大不善地法、小烦恼地法、不定地法；大乘分遍行、别境、善、烦恼、随烦恼、不定。佛教不仅对善良心理与不善良心理的状态、性质、特征作描述和价值评价，而且亦作为修养身心的借鉴。但佛教的“心所法”包括一般心理、特殊心理和应用心理等，并非都属于道德情感活动的形式。

道德情感活动的最常见、最基本的形式，是同情、羞耻、尊重、自尊、责任、幸福等。同情是在人的交往活动而形成的利益基础上产生的移情或共鸣现象，是道德追求而积习的道德心理结构，是仁慈、博爱、利人的道德心理基础。羞耻是对己的羞耻与对人的同情，两者有差异，前者是以自己的行为、观念和人格为对象的道德活动，在改造自己过程中完善自我；后者是同情他人活动中完善自我情操。尊重是对他人的价值的纯粹的、无私的感情，“是一切宗教和道德的根源”①。自尊是指向自我的尊重，它既要满足自己物质和精神的需要，亦要满足自己个性、习惯以及道德的良心。责任是人对道德准则、社会理想的强烈感情。幸福是人为谋求和实现道德目标而发生的自我满足感。

道德意志活动是指主体为履行道德义务而进行的确定目标、支配和调节自己行为的活动。它以道德认知和情感为前提，是以内在的道德意识向外在的道德行为过渡的形式，确切地说它是一种功能，而不是实体，是实践精神活动，即内心的动之微（“几”）。“意志的努力即在于使得这世界成为应如此”②。道德意志活动形式：自主性，是指主体自己追求特定目的的、求善避恶的活动。追求目的的意志，即所谓“欲”，“我欲仁，斯仁至矣”③。有此“欲”的道德意志，才是自主的道德意志。自决性，是指依据道德必然性、理智审慎的自我决定。这种决定是为了实现目标和完善世界和自我的活动。自律性，是指道德意志自己为自己立法，自己律令自己。它把人的情欲通过自律而化为实践精神的生命。自制性，是指道德意志有序的、方向的自我调节活动。失控是无目的性、无方向性的给人带来痛

① ［瑞士］皮亚杰：《儿童的道德判断》，114页，济南，山东教育出版社，1984。

② ［德］黑格尔：《小逻辑》，420页，北京，商务印书馆，1980。

③ 《述而》，见《论语集注》卷四，30页。

苦、烦恼的活动。自制对道德意志的调控，是人在道德选择中的自觉能力。

道德意志的自主、自决、自律、自制的过程，即道德意志自我磨炼、修养的过程，并由愿望始，经意向、决定、计划而实行，使道德意志获得实现。

道德知、情、意活动，构成道德心灵活动。人心灵的痛苦、烦恼、孤独、迷惑，在道德知、情、意实践精神活动得以协调、和谐。心灵伦理学的道德认知活动的主客体统一原理、实践原理和价值原理；道德情感活动的中和原理、仁慈原理和善恶原理；道德意志活动的自主原理、自律原理和自制原理等，是完善心灵伦理学真、善、美的诸原理。

（三）心灵伦理学的理论建构

生态伦理学的公正、无私、平等原理和自然、和德、诚明原理；社会伦理学的正义、公平、仁爱原理，最终都须贯彻到道德主体自己的心灵中来，经过主体的自我约束机制，转换为“仁者之心”、“善良之心”。如此才能使道德和合从可能转化为现实，从真实、完善升华到优美。

道德主体的美好心灵，是主体的实践精神理性通过反复的反馈控制原理磨炼出来的。孔子以“克己复礼为仁”①，概括了这一反馈实践原理，系统而全面。“克己”是积极的、能动的否定自己的“小我”，是实践精神理性依据道德行为原理对纯思维的我的一种逻辑否定——无我的私心杂念。“复礼”是实践精神理性在人文和合道路上的履行。

道就是所行之道。“夫道一而已矣”。向善为念之道只有一个方向——仁义中和的方向。“为仁”是实践精神理性经过“非礼”勿视、勿听、勿言、勿动的磨炼之后对自己道德本性和人文使命的和合肯定——有我的欲仁达仁。“为仁由己”，只要依据“毋意，毋必，毋固，毋我”② 和“志于道，据于德，依于仁，游于艺”③ 的双向控制方式，“修己以敬”，就能达到“仁者爱人”，“智者知人”的“仁且智”的圣贤人格。曾子的“慎独”、“三省”；孟子的“寡欲”、“养心”都是对孔子学说的一得之见。

道德主体的自我约束机制，道德心灵治疗机制，总的方向是积极进取，是自强不息，“杀身成仁”的奋斗；但胜己才能自强，纠偏才能前进，

---

① 《颜渊》，见《论语集注》卷六，49页。

② 《子罕》，见上书卷五，36页。

③ 《述而》，见上书卷四，27页。

有牺牲的准备才能成就圣贤功业。在这里，一方面确保了心灵的道德善良取向，同时又充分利用了思维道路的反演规律，可谓“极高明而道中庸”(《中庸章句·第二十七章》)。其反馈结构图如图 13—6：

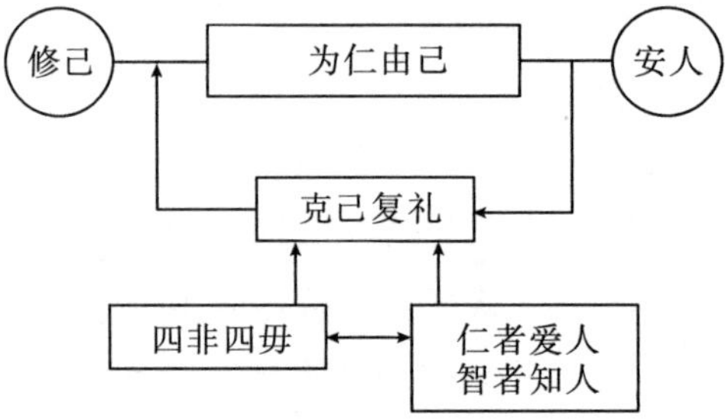

图 13—6

传统伦理思想中的“养心之术”，“心斋”，“三省吾身”，“见不贤而内自省也”①，“君子以仁存心”②，“尽心”、“养性”，“善养吾浩然之气”，“虚一而静”③，“内视反听”，“内省反听”④，“格物致知”，“正心诚意”，“剥落心病”⑤，“存心、养心，求放心”等主张，都是对道德主体自我心灵和文明主体自我行为的约束机制的不同角度与侧面的理解和说明。心灵伦理学的道德自律、自制、自主、自决等自我修养机制，荀子有精到的陈述：

> 心者，形之君也，而神明之主也，出令而无所受令。自禁也，自使也，自夺也，自取也，自行也，自止也。⑥

心灵的自我限制与使用、放弃与采取，行动与停止，都是自作主宰的自律、自制、自主、自决的过程。

然而，心灵伦理的道德自主、自决、自律、自制必须有一种权衡的尺度，否则就会乱其伦，而无依据。

> 圣人知心术之患，见蔽塞之祸，故无欲、无恶，无始、无终，无近、无远，无博、无浅，无古、无今。兼陈万物而中县衡焉，是故众异不得相蔽以乱其伦也。⑦

---

① 《里仁》，见《论语集注》卷二，15 页。
② 《离娄下》，见《孟子集注》卷八，65 页。
③ 《解蔽》，见《荀子新注》，351 页。
④ 《同类相动》，见《春秋繁露义证》卷十三，360 页。
⑤ 陆九渊说：“人心有病，须是剥落。”(《语录下》，见《陆九渊集》卷三十五，458 页)
⑥ 《解蔽》，见《荀子新注》，354 页。
⑦ 同上书，350 页。

不使其乱伦，必须建立评价、判断欲与恶、始与终、近与远、博与浅、古与今的标准。这个标准就是为实现道德和合目标，完善自我心灵，提升道德境界，实现心灵和谐、平衡、和乐，而"止于至善"，这便是心灵道德与文明道德和合的价值和合标准。

心灵伦理学是"为己之学"，是要使自己成为"大人"、"贤人"、"真人"、"圣人"的学问。这种学问只能由每个道德主体亲自探究，躬行不止，方能领悟其中的"三昧"。否则，弛于外务，巧于立论，则谬矣！"巧言令色，鲜矣仁！"①

但从艺术的审美角度，我们倒可以略陈其中的气象与意境。心灵伦理学的意境，可以"元亨利贞"四德明之。"元者，善之长也；亨者，嘉之会也；利者，义之和也；贞者，事之干也"②。在此意境中，善意不断长息，嘉美会聚一心，道义融合无间，应事无不公正。仿佛大化流行，贞下起元，冬去春来，生生之仁，常存不灭。和合之体虽统称为仁，实可差分为仁义礼智，诚实之信义通贯其中，从无间断。善、信、美、大、圣、神③，便是朱熹绍承孟子所划分的道德实践精神的六境界气象④，这是道德和合的第三境界。它具有无限的潜在的善的可能性，因而是"至善"。它"保合太和"，自成一体，别无破缺，止于至美的人文和合精神。

道德和合的生态伦理学、社会伦理学、心灵伦理学的理论建构，是从批判经分析而创新的。其批判主要针对传统伦理的不分世界、不分层次、不分状态时空、不分学科类型的糊涂说话。如"存天理，灭人欲"、"吾欲无欲"。前者不明层次结构，后者又陷二律背反。依据道德和合的三个世界（生存、意义、可能世界）与三种伦理学，传统伦理思想粲然成章。其分析的重心在人类道德行为和道德心理活动的深层融突和合机制，社会交往融突和合机制与天人交换融突和合机制上，只有明晰这三种融突和合机制及其原理，和合伦理学才能创建新说。否则只是玄虚的幻想。其创新的目的在于揭示和合人文精神依次上升的三种和合境界，以及构成它们的道德基本原理和相互之间的转换关系。

道德和合以生态伦理为基础，以社会伦理为枢纽，以心灵伦理为归

① 《学而》，见《论语集注》卷一，1页。

② 《乾文言》，见《周易正义》卷一，《十三经注疏》本，15页。

③ 参见《尽心下》，见《孟子集注》卷十四，113页。

④ 参见拙著：《朱熹美学思想探析》，见《朱熹与退溪思想比较研究》，114～116页。

致。“己”范畴从人类之己（和合生存世界），转换为人我之己（和合意义世界），达到主体心灵之己（和合可能世界），外延浓缩，内涵升华，境界延拓，以至无限。

道德和合要达到尽善尽美，单一道德和合仍显不足，必须有人文和合的辅相与文饰，尽善才能转换为优美。因此，道德和合继之以人文和合。

第十四章　人文和合与和合人类学

人文是中国各民族、各家文化现象中所蕴涵的基本文化精神。中国文化中的“文”以人为本位，“人”又以“文”为本性或自性。通过人与自然、社会、人际和人自身心灵的诸关系的合乎中节的协调，以教化天下。由此而开出礼乐文化、人伦文化、仁爱文化、人神文化、自然文化和生生文化等等，它们都深刻地蕴涵在中国哲学、文学、语言学、心理学、美学、艺术学、人类学等之中。

人文精神或人文主义，作为特有的概念是欧洲文艺复兴的产物，作为一种文化现象本身，则古已有之。中国文化作为人文类型的文化，有丰富的人文精神意蕴。人文这个概念，较早便见之于通行本《易传》：“观乎天文以察时变，观乎人文以化成天下”[①]。“文”的本义是纹理。许慎《说文解字》释“文”为“错画也”，指各色交错的纹理。甲骨文作，似以杂色交错文身，是人身的一种修饰。“东方曰夷，被发文身”[②]。古代文身是作为氏族人的成年礼。氏族的一切重要巫术仪式，就是原始礼的一种形式。如果说，文身是人作为氏族人的首肯，是人作为人的权利与责任的赋予和自觉，那么，礼是作为氏族社会跨入文明的标志之一。[③] 所以有释“文”为文明和文化。干宝注曰：“圣人之化，成乎文章。观日月而要其会通，

① 《贲·彖传》，见《周易正义》卷三，《十三经注疏》本，37页。
② 《王制》，见《礼记正义》卷十二，《十三经注疏》本，1338页。
③ 参见拙著：《传统学引论——中国传统文化的多维反思》，13～14页。

观文明而化成天下”（李鼎祚：《周易·贲·象》，见《周易集解》卷四）。以“文”释文明，“化”训教化。“文明以止，人文也”[1]。文明而有节度，和人与自然、社会、人际、人自身心灵、不同文明间的关系秩序、序列，以及人对其认知和把握，是谓人文。简言之，人文是“化成天下”的学问。

一、 人文精神的本根追寻

所谓人文精神，是指对人的生命存在和人的尊严、价值、意义的理解和把握，以及对价值理想或终极理想的执著追求的总和。人文精神既是一种形而上的追求，也是一种形而下的思考。它不仅仅是道德价值本身，而且是人之所以为人的权利和责任。它作为道德的基础，应该具有超越层面的品格和终极关怀的性质。自西周以来，中国的道德关怀与终极关怀，随着国家的治乱兴衰、分合统裂，在强烈有秩与失落无序之间互动。近代以来，作为中国传统的主流文化之一的价值系统——儒学，逐渐失落。然而儒学的价值系统作为官方意识形态和制度化了的礼教，演变为人文精神的桎梏。[2]

（一） 人文精神的意蕴

和合学的人文和合，着重探究和合人文精神的历史形态、本质特征和发展道路，是从人类文化生活状态空间这一狭义的角度集中展现和合精神的科学意蕴和逻辑结构。从人文精神的文化价值来审视帛书《易传》，其义理之书或德义之书的蕴涵，凸显了中国古代人文精神的意蕴。人的独立、尊严、自由，首先是人的衣、食、住、行获得的生命生存意识和实践，然后才有为什么生存和怎样生存，其间包含着价值和意义。

人文精神的文化价值基于人的需要和创造，展现人的价值理想，构成一般的价值尺度、价值原则和多样化的价值目标、价值取向。帛书《易传》的人文精神体现了现实世界（已然）与理想境界（应然）的价值，并关注现实人的生存和怎样生存，人的命运和意义，而非为一种完全超越现实界和生命存在的玄想，是为既超越又存在。因此，帛书《易传》提出了天、地、人三才思想，从人的生命生存所必需的自然生态资源、自然生态环境和社会文化氛围的关系中来展现。

---

① 《贲·象传》，见《周易正义》卷三，《十三经注疏》本，37页。

② 参见《人文精神寻踪》，载《读书》，1994（4）。

穷理尽生而至于命（也，将以顺性命之）理也。是故位天之道曰阴与阳，位地之道曰柔与刚，位人之道曰仁与义。①

天道、地道是人道视野中的天地之道，阴阳和柔刚虽具有自然价值，但这种自然价值是人的智力、观念投入的产物，是人文化了的自然人文，即自然的人化。仁义作为人道原则，蕴涵着爱人，把人当作人看的尊重人，以及人与人关系的合宜等人文价值。人道的仁义原理，亦是人与天、地之间关系应如何处理的原则。这种原则，虽具有道德规范的性质和功能，但体现了中国的人文精神。

天、地、人三道之所以是阴阳、柔刚、仁义，《要》篇作了深刻的陈述：

故易又天道焉，而不可以日月生辰尽称也，故为之以阴阳；又地道焉，不可以水火金土木尽称也，故律之以柔刚；又人道焉，不可以父子、君臣、夫妇、先后尽称也，故为之以上下。②

日月生（星）辰是天道所表现的具体现象，风霜雨露亦是天道所展现的现象，这种现象千千万万，用日月星辰这种现象来指称天道，不能完全或指称尽天道的含义。天道如此，地道、人道亦不能尽称。这便是名称的局限性。

由语言符号所构成的名称在“约定俗成”以后，名称与其所指称的对象之间的关系就固定下来，并通过人的社会交往活动形成“传递之链”，被人们所掌握。语言符号总是与意义相联系，意义需要借助于一定的语言符号形式表现出来。语言的指称与意义相互制约。语言的意义的抽象程度越低，内涵越丰富，语言的指称范围越小；反之，语言的意义越抽象，概括程度越高，语言的指称范围就越广。这就是说，用日月星辰这样抽象程度较低的、指称范围较小的语言来指称抽象程度较高、范围较广的“天道”，便是不尽称，即出现“言不尽意”的冲突。为了语言符号与所指称的名称的意义相符，于是中国古代思想家、哲学家便从日月星辰、四时运行、风雨霜雪、雷电灾异中总结出阴阳这个意义抽象、概括程度高的概念（“名”），以指称“天道”。五行不能尽称地道，故以柔刚指称；父子、君臣、夫妇、先后不能尽称人道，故以上下指称人道。笔者认为，君臣、父子、夫

---

① 廖名春：《帛书〈易之义〉释文》，见《国际易学研究》第一辑，22页。

② 廖名春：《帛书〈要〉释文》，见《国际易学研究》第一辑，28～29页。另见池田知久：《帛书〈要〉释文》刚作“冈”，“故为之以上下”句的“为”作“要”字。

妇、先后的上下宗法等级关系，亦不能尽称人道，应以《易之义》篇的“仁义”指称人道较妥帖，因为仁义更能体现帛书《易传》的人文精神。

但是《要》篇的阐述，仍然表现了帛书《易传》要求超越对象的自然性的需求，即天地的纯自然形态和主体人自身的自然属性，亦即人的动物性形态，而赋予自然以人文意蕴，赋予天道、地道、人道以人文价值。这便是帛书《易传》对不可以“尽称”的“尽称”的追究的回答。

帛书《易传》要求超越对象自然和主体自身的自然形态，这是人的文明的觉醒。这就是说，对象自然世界和主体人自身能否、应否超越自然状态？什么是人文（人道）世界所应然和所以然的规则、规范？自然的人化和人的自然化如何定位？这些问题无疑均导向人文世界的文化价值层面。

> 损益之道，足以观天地之变，而君者之事已。是以察于损益之总（变）者，不可动以忧憙。故明君不时不宿，不日不月，不卜不筮，而知吉与凶，顺于天地之心，此胃易道。①

主体排除一切超自然的异己力量的干扰和支配，否定神对人的束缚，人以自己的意志和力量，不卜不筮，独立自观天地之变易，追求自身损益之道的实现。

这是说，当帛书《易传》对天、地、人三道内在价值意蕴作反思时，其所感受到的是人的主体性确立的力度。主体具有“参天两地”的功能，而给天地以定位。“天地定立，[山泽通气]，火水相射，雷风相搏”②。这是人赋予天地自然以价值和意义，天地自然由于满足主体人的需要而获得价值意义；人在天地的定位中而定位自身，人在创造天地自然的价值和意义中，人亦获得自身的价值和意义。这便是天、地、人圆融之道，亦是对象自然世界和主体人自身自然状态的超越。

> 夫易，圣人之所高德而广业也。知高体膻卑。高效天，卑法地。天地设立，易行乎其中。③

---

① 廖名春：《帛书〈要〉释文》，见《国际易学研究》第一辑，28 页。池田知久：《帛书〈要〉释文》“顺于天地之心”作“顺于天地之 [变] 也”（见《国际易学研究》第一辑，45 页）。

② 廖名春：《帛书〈易之义〉释文》，见《国际易学研究》第一辑，22 页。

③ 张政烺：《马王堆帛书〈周易·系辞〉校读》，见《道家文化研究》第三辑，29 页，上海，上海古籍出版社，1993。现关于帛书《系辞》的释文有傅举有本、陈松长本、廖名春释文本、又陈松长释文本，共四个本子，孰善孰优，不得而知，张政烺先生的《校读》，由于笔者未见照片，笔者亦持存疑态度。

人在效法天地和天地定位中，崇尚道德，广大事业，就意味着人的社会道德理性的增长。

天、地、人三道，虽不相离，但各有其界限。帛书《易传》的人文精神，表现为肯定和提升人的价值的同时，否定天地的神性，肯定天地自然性，并运用刚柔的运动变化解释天地神妙莫测的变化，排除易为人误解的神秘性。

> 万物之义，不刚则不能动，不动则无功，恒动而弗中则□，[此刚]之失也。不柔则不静，不静则不安，久静不动则沉，此柔之失也。①

万物自身蕴涵着刚与柔的属性和功能，刚动柔静，不刚不柔，便不动不静，动而有功，静而安定。然动静、刚柔不离不杂，互补互济。若恒动不静，或动而不合中节，或久静不动，都是一种缺陷和偏失。

这种缺陷和偏失，是对于万物自身内在刚柔动静必然性的悖逆。它们之间的互补互济，实是对各自生命存在的挽救。

> 是故天之义刚建动发而不息，其吉保功也。无柔救之，不死必亡。动阳者亡，故火不吉也。地之义柔弱沉静不动，其吉[保安也。无]刚文也，刚穷贱遗亡。重阳者沉，故水不吉也。②

柔以补救刚之动发不静，刚以文饰柔之沉静不动。若不救不文，就不能保功保安；无功不安，就是不吉则凶；不吉则凶，不死必亡或穷贱遗亡；其亡其凶，非神之使然，是万物自身内在固有的属性和功能。这是对神的排斥与对天地之义的人文的肯定。

作为超越自然状态的人文价值，是对于德义的追寻，帛书《易传》于此孜孜以求。《二三子》③、《易之义》④ 开章即明德义。“易屡称于龙，龙之德何如？孔子曰：龙大矣。龙刑卷遐，宾于帝，见神圣之德也”⑤。龙是

---

①② 《帛书〈易之义〉释文》，见《国际易学研究》第一辑，22页。

③ 自马王堆汉墓帛书《周易》公布以来，均称此篇为《二三子问》，笔者认为不妥，改称篇题为《二三子》，参见拙文《帛书〈易传〉的时代与人文精神》，见《国际易学研究》第一辑，71页。

④ 《易之义》篇题是笔者所加，帛书整理小组原以为是《系辞》下传，故不加篇题。1985年8月笔者受山井湧教授、安居香山教授之邀，在东京大学对面本乡会馆讨论帛书，笔者作《周易帛书浅说》演讲，由吾妻重二先生翻译，并将演讲稿复印分发，其中就讲到《易之义》之篇题。后发表于《中国文化与中国哲学（1988）》，84～116页，北京，三联书店，1990。

⑤ 廖名春：《帛书〈二三子〉释文》，见《国际易学研究》第一辑，8页。

中华民族的和合图腾，它在民族的传统观念和心理中是一吉祥物，是祥瑞、尊严、能力的化身。中华民族亦以自己为龙的传人。所谓龙之德义，主要是指人（圣人）应具有的道德意识和行为。

社会道德价值，是一种社会实践精神。它是以规范、准则、理想的方式指导人的行为活动。道德本质上就是一种价值，它是指人的行为或社会现象所具有的道德性质和意义。帛书《易传》提出成德之教，是对于社会道德价值的体认。

> 《易》曰："龙战于野，其血玄黄"。孔子曰：此言大人之广德而施教于民也。夫文之孝，采物毕存者，其唯龙乎？德义广大，鸣物备具者，[其唯] 圣人乎？①

这种广德施教的德教思想，在中国古代具有重要的作用和影响。它在完善政治制度，提高社会大众的道德水准和统治者的道德素质，以及安定社会秩序等方面，都有其显著的效果。广德施教是一种推己及人、成己成人的人文关切，它是人之所以为人的价值自觉，是人超越自身自然状态而承认人的社会性的一种肯定，是对人的内在人性价值的确认。

广德施教需要从自身做起，提升自身道德素质和道德实践活动水平。道德的最高境界便是圣人，圣人必仁。孔子讲过仁者"爱人"的名言。帛书《易传》说："安地厚乎仁，故能既（爱）"②。孔子的"仁"蕴涵着无差等的"泛爱众"的人文精神，与帛书《系辞》基本精神同。这种爱人的人文原理，是高于自然的文明的基础。它把人作人看待，即尊重人的独立人格，以爱己之心推及爱人之心。

爱是人类之所以生存和发展的内在的无穷力量。若人类不互爱而相杀，人类早就毁灭了。人与人之间的斗争、竞争，在某种意义上说，是相互补充和相互促进，而不是互相消灭。

> 天地之大思曰生，圣人之大费曰立（位）立，何以守立（位）曰人（仁），何以聚人曰材。③

"人"与"仁"古相通。天为乾，"万物资始"；地为坤，"万物资生"。资始资生乃天地乾坤之大德，这便是天地生物之心，也即是其爱心。

---

① 廖名春：《帛书〈二三子〉释文》，见《国际易学研究》第一辑，8页。

② 张政烺：《马王堆帛书〈周易·系辞〉校读》，见《道家文化研究》第三辑，29页。

③ 同上书，33页。

帛书《易传》人文价值的基本精神，便是仁者爱人和“天地之大思曰生”的“大生”精神。它不是第一的外律法教，而是内在自律的德教。法教可以把人作牛马看待，而少了一份人文的关怀；德教是把人作人看，是对人以爱相待，因而多了一份人文关怀。

仁义道德理性，并非与功利（利）不两立，《周易·乾文言》曾主张“利者，义之和也”，义利可以融合，而非只有冲突。“昔之善为大夫者，必敬其百姓；士顺德忠信以先之……其将取利必先其义以为人次。”① 这是先义后利的主张。单纯地追求功利，人的私欲就会无限膨胀，为求功利而不顾道义，就会做出伤天害理的事。因此，利需要义的调节和制约，以义与利的和谐、中节为价值标准或尺度，以使社会人文生态环境清净而无污染。

帛书《易传》广德施教的人文关怀，体现在人化的社会关系中，是对于礼文化的关注。《易之义》说：“是故履，以果行也；嗛，以制礼也……益，以兴礼也”②。礼是主体人在人与人关系中自己定位自己，安身自己的设计，它把群己、义利、理欲、经权等基本价值关系统统糅合起来，以便最大限度地发挥其协调的功能，使人与社会、人与人的关系各得其序。《易之义》的“制礼”、“兴礼”，是对春秋时期以来“礼坏乐崩”后的礼的新调整。礼不是往古的陈迹，在不同的历史时期，都提出对礼的修正，即使在现代社会，礼仍然存在于生活活动各个层面。因而，礼在广义上是文明的象征，具有人文价值，使自然的人化和人的自然化得以定位。

帛书《易传》成德之教的社会道德价值，是与人的个人人格、行为和群体人格、行为相联系，体现着人与人之间相互关系的需求、利益、生活规范、理想目标等。这种道德价值作为实践精神价值，发生于人类化解现实关系的冲突意识，是人类希冀解决社会冲突而提出的要求。它不是直接现实的，也不能还原为现实。但它给现实的关系、行为以价值的导向、规范和目标，因而社会道德价值以其自身的主体性、能动性作用于现实社会，促使和指导现实社会的变革。

人文（人道）世界所应然和所以然的规则，首先是对人的生命和人生意义的关怀。这种关怀的价值取向，是人与自然、人与社会、人与人以及人自身心灵的冲突获得和谐、平衡和协调。

---

① 廖名春：《帛书〈昭力〉释文》，见《国际易学研究》第一辑，38 页。

② 廖名春：《帛书〈易之义〉释文》，见《国际易学研究》第一辑，24 页。

（二）人类学的内涵

中国文化虽有悠久的人文传统，然而它几乎无所不包。在现代学科分类比较严密的情境下，和合学的人文和合，有必要从和合学的特定立场出发，梳理传统的人文科学概念，确立与人文和合相适应的人类学体系。

人文科学或人文学科，是一个外延（范围）指称模糊，内涵意谓多重①，而且演变不定的概念。从语源上分析，它出自拉丁文 humanitas，有人性、教养之义。它开始是作为西塞罗培养雄辩家的教育纲领，而后成为中世纪基督教的基础教育。14—16 世纪，受文艺复兴运动的影响，人文学科因与神学学科相对立，而盛极一时，当时主要指以人和自然为对象的所有的世俗学问，既包括哲学、修辞、诗学、历史等社会科学，又包括自然科学和技术科学。这种意义上的人文科学，实际上是所有非基督教神学的学问，是排除神学的剩余品。

人文科学从 19 世纪以来，曾作为英美学院和欧洲大陆大学预科的基础教育。它以训练人的知识技能为基本目标，使人更富于人道精神。20 世纪，它一般作为既有别于自然科学，又有异于社会科学的独立的知识领域。然而，人们对于人文科学的性质、特征以及与其他科学的关系等问题，存在很大的分歧。因此，后来几经演变，人文科学渐失去了特定时代赋予它的反宗教的旗号的功能，成为多指谓的普通术语。狭义上的人文科学仅指拉丁文、希腊文、古典文学的研究；广义的人文科学指所有以社会现象和文化艺术为研究对象的知识。通常意义上的人文科学多指语言、文学、哲学、考古学、绘画、音乐、雕塑、建筑等学科。由此可见，人文科学在历史上曾起过旗号的作用，而又在现代科学严密分类系统中很难作严格意义上限定的一般概念。

在中国学术思想界，人们更多地使用社会科学这一概念指谓类似西方人文科学所指谓的知识系统，因此，常将人文科学当作自然科学的剩余类。以人文科学对自然科学的使用方法，也是日常语言现象。在严格的科学分类学中，人文科学一词很难说明日益高度分化而又高度综合的现代科学体系。

在严格的科学分类系统中，人文科学已失去了原有的特殊地位，取代它的新的、更严格的概念，应是人类学。

---

① 黄楠森、夏甄陶等主编《人学词典》说："人文科学，关于人的价值和精神表现的科学。包括：现代与古典语言学、文学、哲学、考古学、艺术史、艺术理论，以及具有人文主义内容和运用人文主义方法的其他社会科学等等。"（517 页，北京，中国国际广播出版社，1990）。此"等等"，就把人文科学特定对象模糊了。

人类学（anthropology）一词源自拉丁语 anthropos（人或人类）与 logos（学说或科学），意为“关于人的科学”或“研究人类的学问”。作为一种系统的科学知识，人类学是人文思潮的理论化结晶。

把人类学规定为“研究人类的学问”[①]，有其正确的一面，也有其非准确的一面。从正确方面说，人类学确是研究人的科学，它研究人类在什么时候、什么地方、怎样产生于地球，以及怎样进化，人种怎样形成，人体结构、体质特征如何演变等。[②] 从非准确方面来看，因为“自然科学各个领域、部门、学科的发明和创造，社会学科和人文学科的各个领域、方面的研究和发展，都直接地、间接地为了人”[③]。这样，人类学就可以把一些自然科学如生理学、医学、药物学等社会科学如社会学、政治学、经济学、法学、历史学等包括进去。这些学科不仅有自己独立的研究对象或领域，而且有的学科诞生的历史进程比人类学既早又长。

人类学作为一门独立的学科，自诞生以来，就一直作为一门具有独特研究对象的学科保持、延续下来。然而在人类学作为一门科学的学科诞生前，有一相当长的演变过程。西方一般把“人类学家”一词的创造者，冠之于亚里士多德。他在《尼各马可伦理学》中描写一位心灵崇高，但“不喜欢说人闲话，也不喜欢炫耀自我的人”（ouk anthrōpologos），使用了这个词，不过在希腊世界中似乎不经常使用。16 世纪在拉丁文中使用“人类学”一词（anthropologium），只与人体结构相关。1501 年马格纳斯·亨德特（Magnus Hundt）发表了《人类是万物之灵》（*Anthropologium de homnis dignitate*）一书，书中对“人类学”做了解释。该书对人体解剖学和生理学进行概括性的研究。

1655 年首次以英语形式出版了没有署名的《抽象人类学》（*Anthropologie Abstracted*）一书，它给人类学作了这样的规定：

> 人类学，或人类特征史，迄今为止一般应当分成两类：第一类为心理学，即关于理性灵魂的本性的讨论；第二类为解剖学，也就是说，通过解剖揭示人体结构或者构造……[④]

---

① 康德曾把人类学规定为：“一种系统地把握人类知识的学说（人类学）”。《实用人类学》，邓晓芒译，1 页，重庆，重庆出版社，1987。

② 参见［美］C. 恩伯、M. 恩伯：《文化的变异——现代文化人类学通论》，1 页，沈阳，辽宁人民出版社，1988。

③ 参见拙著：《新人学导论——中国传统人学的省察》，1 页。

④ 参见［英］A.C. 哈登：《人类学史》，廖泗友译，1～2 页，山东人民出版社，1988。

该书从心理学与解剖学方面对人类学作了研究。到了 19 世纪初，“人类学”一词的含义还不明确。1822 年出版的《英国百科全书》曾作这样的说明：“人类学是关于人类自然特性的研究。”“在神学家看来，人类学是有灵感的作者对上帝的一种歌颂方式，他们把人体各部分和人类感情看作是上帝创造的。”

英国学者爱德华·泰勒（Edward B. Tylor，1832—1917）于 1865 年出版了《人类早期历史》，又在 1871 年发表了《原始文化》，这两部著作奠定了人类学的文化研究基础。泰勒因此被尊为“人类学之父”。在弗雷尔·马勒科（Freire Marreco）女士收集编写的《为纪念爱德华·伯内特·泰勒博士 1907 年 10 月 2 日 71 寿辰而写的人类学论文专题集》中，马克斯·缪勒（Max Muller）曾说，泰勒科学目的的真正意义，泰勒自己作了很好的说明：

> 人类学的当务之急，是加强人类学的方法，并将其系统化……然而，人们只在部分人类学领域中采用了严格的方法。另外，人们在进行数学、物理学、化学和生物学的精确实际操作时，还应该克服某种情有可原的犹豫现象，以便承认人类学的问题有必要听从科学的处置。我旨在说明人们可以根据表格和分类法来调查各种风俗习惯的发展。①

随着达尔文进化论思想的传播，人类学有了长足的发展。这个发展是在激烈的论战过程中进行的。古代哲学家如毕达哥拉斯、柏拉图、亚里士多德等是基于无蛋就无鸟，无鸟就无蛋的认知，认为人类自始至终是存在的，无所谓开始的人类起源问题。基督教的传播使摩西（Moses）的宇宙起源说受到普遍的采用，教会对无神论者怀疑亚当和夏娃表示谴责。无神论者坚持认为摩西的宇宙起源说是“神学的——为软弱同胞”写的。瓦尼尼（Vanini）于 1616 年主张人类是由人猿发展来的，或与猿猴同类。1655 年法国波尔多的加尔文派教徒伊萨克（Isaac de la peyrère）在阿姆斯特丹发表《亚当之前的人类》著作，证明亚当夏娃不是地球上最早的人类。伊萨克受到迫害、审判，巴黎议会当众烧毁该书。这样便产生了人类起源的多元论与一元论之论战。霍维拉克（Hove Lacque）认为：

> 语言学上的多样性不可能形成为一个共同的中心，这已经得到证实，这一不可能性对我们来说足以证明原来就存在着好多种族。许多

---

① 转引自泰勒：《论婚姻法和遗传法中运用的调查社会风俗发展的方法》，载《人类学研究所期刊》，1889 (18)，245 页；另见［英］A.C. 哈登：《人类学史》，122～123 页。

种族同语族一起都得到了发展。①

由此说明种族的多元性。

然而林耐（Carolus Linnaeus，1707—1778）、培丰（Baffon）、布鲁门巴哈（J. F. Blumenbach）等认为整个人类都是由唯一的一对人传下来的，而不是多元的。培丰认为人类的变种是由于气候和食物。布鲁门巴哈在《原始人种学概论》中将人种分类的基础建立在测量上，预示了进化论。拉马克（Lamarck，1744—1820）认为物种不是固定不变的，复杂的物种是从人类存在之前的简单形式发展而来的，把物种变化的原因归于人类生活的自然条件，或种族杂交，或器官机能的使用与否等。并认为人类是由某些猿类缓慢演变的产物。这一观点在他的《动物哲学》（1809 年）一书中作了系统的论证。拉马克的观点得到很多人支持，罗伯特·钱伯斯（Robert Chambers 1802—1871）的《自然创造史的痕迹》一书，通过自然法则确立了进化论概念，对达尔文以前的进化史有巨大的影响。赫伯特·斯宾塞（H. Spencer）甚至说："有机体进化论的观点已在我们的思想中深深地扎下了根，其结论来自大量的证据。"② 达尔文《物种起源》的发表，深刻地影响了人类学这门新生科学。

从 19 世纪到 20 世纪初，人类学渐成为一门相对独立的，既有自己理论体系，又有分析方法的完整的学科群。现代人类学已成为拥有众多学会、组织和国际大会组织等的学科，并形成了众多学派和一系列理论学说的、新兴的综合性科学群体。

20 世纪初，人类学传入中国，三四十年代曾热过一阵子。③ 中国古代许多哲学家、思想家与古希腊的哲学家一样，都是现代人类学的先驱。但在 50 年代，被作为"伪科学"而遭禁止。与人类学相关的课题仍集中在科学院的古脊椎动物和古人类研究所、考古所等单位，继续进行有关方面研究工作。

---

① ［英］A. C. 哈登：《人类学史》，46 页。

② 邓肯编：《赫伯特·斯宾塞生平与信件》，第 2 卷，317 页，1898。

③ 由林纾与魏易翻译德国 Michael Haberlandt 的民族学，书名译作《民种学》，于 1903 年由北京大学堂书局出版。主要讲德国的人种概念，并对北美洲、大洋洲、亚洲和欧洲民族作了综合性的评述。同年清政府颁布了《大学学制及其学科》列入了《人种学及人类学》的新课程。但只有北京大学有此课程，并定名为《人类学》。陈映璜《人类学》于 1918 年出版，作为教科书，主要讲体质人类学，涉及体质类型、演化和人种的世界分布等。1926 年蔡元培在《一般》杂志发表《说民族学》一文，说明民族学关心的主要是文化。并在 1928 年成立中央研究院社会科学研究所建立民族学组。20 世纪 30 年代，英美提倡的社会/文化人类学传入中国，全国 100 所大学教授人类学。［参见乔健：《中国人类学发展的困境与前景》，载《广西民族学院学报》，1995 (1)］。

80 年代始，人类学在思想界开始受到重视。[1] 然因人类学是一门需要实地考察和教学分析的准实验科学，所以多由理科的科学家来研究，文科的学者反而没有发言权。这样人类学在学术界仅热闹了一阵子，思辨多于考察，缺少定量分析。90 年代以来，学术界就很少关心科学人类学了，相反，“思辨人学”倒有不少著述。但这种“人学”不是近现代意义上的科学的人类学。

从人类学的历史演变的考察中，可取得这样的认知：人类学是研究人类的起源和进化，人类自身的体质特征、活动类型、种族差异及其所创造的文化的生态渊源，形成过程和发展法则的科学。简言之，人类学或人类科学是研究人类及其文化的科学，即依据人类的生物特征和文化特征来综合地研究人。英国著名人类学家马林诺夫斯基（Bronislaw Kaspar Malinowski 1884—1942）将人类学规定为：“人类学是研究人类及其在各种发展程度中的文化的科学”，强调人类的差异性、功能性和文化的概念。

（三）生态人类学的理论目标

和合学的人文和合，其实践运用的科学形态，是人类学这一现代科学，而不采取文艺复兴时期的人文科学形式。人类学的分支学科不断增设，研究领域不断拓展。据初步估计，比较大的分支学科不少于 20 门，小的分支学科近百门，并仍在继续增加。传统人类学分为两大部分：体质人类学（或生物人类学）和文化人类学（分为考古学、语言学和民族学三分支）[2]。从和合学的人文和合的三个世界结构来分类，和合学的人类学主要有三个基本分支：生态人类学、价值人类学、智慧人类学。其结构如下：

和合学的人文和合与和合人类学体系

- 智慧人类学
  - 宗教人类学
  - （哲学人类学、艺术人类学、符号人类学）
  - 心理人类学
- 价值人类学
  - 道德人类学
  - （文化人类学、教育人类学、制度人类学）
  - 经济人类学
- 生态人类学
  - 社会人类学
  - （民族人类学、种族人类学、考古人类学）
  - 体质人类学

---

① 参见江应梁：《人类学的起源及其在我国的发展》，载《云南社会科学》，1983（3）。

② 参见［美］C. 恩伯、M. 恩伯：《文化的变异——现代文化人类学通论》，杜杉杉译，5～6 页；周大鸣、乔晓勤：《现代人类学》，6 页，重庆，重庆出版社，1990。

和合学的人文和合，将人类存在与文化发展看作是一个不可分离的生态、价值和智慧的融突和合体，并将这一融突和合体奠基在自然生态环境之中，放置在道德和合规范系统之后。这种逻辑秩序，体现和合学对和合人文精神的最本质的理解。和合人文精神是人类文化巨系统的本质特征，它存在于社会化的生态环境之中，以经济的、道德的和合价值规范作为文化教育等制度化实践的中枢结构，以心灵的智慧式创造（或超越）作为永久的象征符号和无限的内在目标。

和合人类学的学科体系，从社会化原理分析人的体质形态及其组织化现象，揭示生存世界的人类内在的生态法则（自然生态环境为外在的生态现象），从道德规范的高度把握人的价值取向和各种意义化的文明活动，说明意义世界的规范结构；从人类的宗教性情感中反思人类的各种心灵活动及其符号化过程，展示人类智慧的无限创造能力和潜在可能动机。生态人类学、价值人类学与智慧人类学依序上升，构成了和合人文精神的升华进程。

人类文化首先是一种有别于自然生态而又离不开自然环境的生态现象。这种以人类文化为本体的生态，可称之为文化生态。①

文化生态是人类特有的生态状态，它由文化生存环境与文化生活原理和合而成。其中，文化生存环境是自然生态环境的人文化的历史产物，即人文化了的自然生态环境。文化生活原理以人类的自觉的谋生、厚生、乐生为内在主题，将自然性的生理法则、进化机制与社会性的文明法则、进步机制融突和合为文化生态总原理。图示如下：

（A）人文和合“生境”的动态结构如图 14—1：

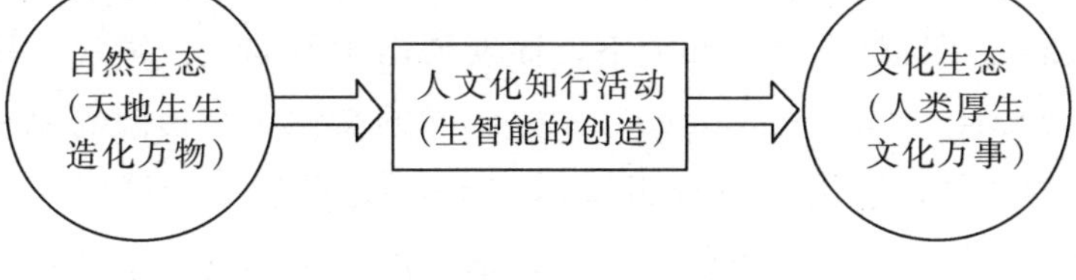

图 14—1

（B）人文和合生理的法则体系如图 14—2：

人类求生、谋生、厚生、乐生的“生智能”，及其人文化的生存知行

① 文化生态现象可见［美］R. M. 基辛：《文化、社会、个人》，甘华鸣等译，163～166页，沈阳，辽宁人民出版社，1988。

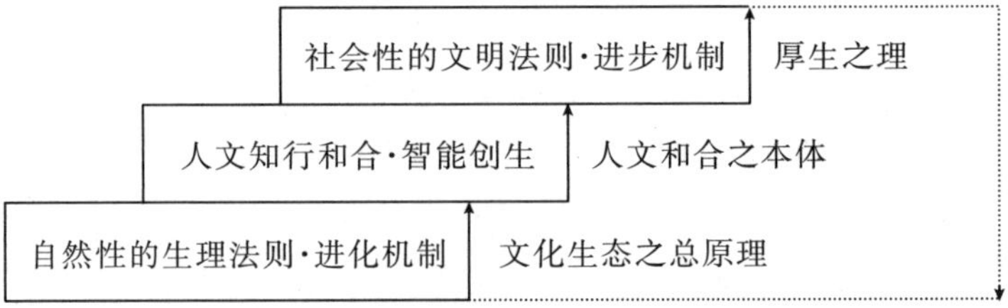

图 14—2

活动，是自然生态转化为文化生态的创造性转换中介，又是人类体质生理进化与人类社会文明进步法则承接相继、彼此协调、历史增益的变易枢纽。简述之，自然与社会经人文和合而成为文化生态。

文化生态是活生生的、蓬蓬勃勃的、具有无限生机与永恒魅力的人文景观，是人类首创的系统工程，是人文精神和合之体的原动形式。人猿揖别之后，人类便开始了自己的文化生态历程。

史前文化是原始意义上的生态文化，是文化生态的第一种历史形式。人与所有生物一样，为了生存就必须满足特定的基本需求，人类比其他生物的优势就在于有文化。人类生态学家注重特定人类生态系统的微观研究。如新几内亚高原策姆巴加马林（Tsembaga maring）人以原始农业为生。他们通过猪肉牺牲循环过程把自己人与他人联系起来。在一般情况下，猪是作为给祖先灵魂的牺牲，只有在危机时，人们才礼仪性地吃肉。当猪的大量繁殖而无法供养时，生态的压力引发部族内的敌意，于是猪祭典的大量宰杀猪便必须举行，这样便由猪祭典的循环，以使人口、土地与动物之间保持平衡。[①] 人类的生态系统往往需要从文化意义上加以解释。

原始意义上的生态文化具有两种不同的状况：一是在完全不同文化背景下的人们处于同样的自然环境下，而发展出相似的文化适应，称之“幅合进化”（convergent evolution）；二是不同的文化具有相似的原有文化背景，称之为“平行进化”（paralled evolution）。前者如印第安人的科曼奇人，其历史开始于干旱严酷的爱达荷南部，以野生植物、小动物或大型猎物为生。后来科曼奇人进入了大平原，得到白人的马匹和枪械，扩展了他们狩猎才能，大的狩猎首领自然变得更有权威。他们便以一种自然生态环境转变到另一自然生态环境，由一种生活方式转变为另一种生活方式，发挥了自己的文化“先期适应”。科曼奇人与另一进入大平原的奇延人在文

① 参见［美］R. M. 基辛：《文化、社会、个人》，甘华鸣等译，155～159 页。

化的许多方面有相似之处，但奇延人原先的文化背景则与科曼奇人大异，他们原就是定居的农人，在社会、政治、宗教体制上亦殊。

后者如分布很广的中国、美索不达米亚西北和秘鲁等，他们各自在地域上相距很远，但各自都独立地发明出灌溉农业，并运用灌溉农业创造——河滨生活环境和劳动力分配等机制，如中国南方的河姆渡文化，北方的仰韶文化。在一系列社会、文化发展中起重要的作用。①

智能的演进和科技进步，将史前文化推进到文明时代。文明时代是现代意义上的生态文化，是文化生态的第二种历史形式。中国从夏、商、周以来，农业发展，商业扩大，以及工匠等出现，农业的聚落变成了小城镇，都城成为全国政治、文化、经济中心。城镇居民的生活方式与从事农牧业的农人、牧人不同，他们只是间接地关心自然生态环境的适应问题，更直接参与和适应新的城镇生活文化环境，如怎样适应新的社会秩序，按血缘和从事的职业分为不同的社会阶层，社会运作的规范化、官僚化、专门化等。人类发明了文字、冶金术、火药等等，以及后来科学技术的发展，推进了人类文明，并改善了人的文化生态环境。

在信息时代，人类在经历了体力劳动的解放以后，由于21世纪的个人电脑的普遍使用，减轻了人类脑力劳动的负担，人类文化生态更臻完美，而出现文化生态的第三种历史形式。

尽管文化生态的历史形式还将进一步向更完美的方向发展，但其中以厚生为主题的人文和合精神及其文化生态原理则如不息的川流，绵延一体，生生不息，化化不止。

生态人类学是和合人类学体系的基础学科。它是由体质人类学和社会人类学这两大支柱性亚学科和民族学（民族人类学）、种族学（种族人类学）以及考古学（考古人类学）等综合性亚学科构成的科学系统，是人文和合生存世界中的理论形态。

体质人类学是关于人的自然科学。它以自然科学的眼光和方法研究人类的体质特征、体能类型及其变化规律，是生物学、生理学、解剖学、形态学以及进化论等学科或学说交叉渗透、融突生生的人类学科。人体形态、人类种性和人类起源是其研究的主要领域。体质人类学是人文精神对自身机体的理性审察和科学回顾。② 现代体质人类学的主要研究领域为：

---

① 参见周大鸣、乔晓勤：《现代人类学》，127～129页。

② 参见A.C.哈登：《人类学史》第一、二两章对“体质人类学”的论述，1～42页。[美]C.恩伯、M.恩伯：《文化的变异——现代文化人类学通论》，6～8页。

人类生态学、人类进化学说、灵长类学和遗传学以及人体测量等。

社会人类学是人类精神对自己生存活动的实证观察和数理把握。英国社会人类学功能学派的创建者 A. R. 拉德克利夫-布朗（A. R. Radcliffe-Brown，1881—1955）[①] 对社会人类学作了这样的规定：

> 对各种不同类型的社会进行系统比较，特别注意那些原始的、野蛮的或没有文字民族更自然的社会形式的一门关于人类社会本质的调查学科。[②]

第一个获得社会人类学教授头衔的弗雷泽爵士在 1908 年 5 月 14 日，以《社会人类学的范围》为题的就职演讲中说：

> 我理解的、或至少是我希望认为的社会人类学范围，只限于人类社会的浑沌初开和初步发展时期：它不包括人类社会复杂发展的更成熟阶段，更不必说今天要求我们那些现代政治家和立法者解决的实际问题了。[③]

他把社会人类学看成对社会的“原始”形式进行的社会学研究。马林诺夫斯基认为，社会人类学是“社会学的一个分支，是社会学对原始部落的应用”[④]。

社会人类学是不能把研究的对象完全局限于原始社会的。将原始社会和那些更先进的社会做比较，是社会人类学的必不可少的任务。这就是说弗雷泽和马林诺夫斯基的定义，已不适用于今天的社会人类学了。今天我们可以作这样的规定：社会人类学是关于人类社会组织和社会化过程的实验科学。它以实验科学的实证方法，借助现代数理统计分析工具，研究人类的群体特征、组织行为及其变化规律，是社会学与人类学以及统计学、概率论在实地考察、宏观实验基础上的跨学科的综合应用。

民族、种族都是人类文化生态具有地域特征的历史形态。民族学这一

---

① 1936 年布朗到中国讲学，此前他的学生用他的方法研究墨西哥、菲律宾和日本。他在燕京大学发表题为“对于中国乡村社会社会学调查建议”的演讲，认为中国农村是运用他研究出来的调查方法的理想的研究对象，费孝通对江村的调查就是受布朗的启发。费氏的云南三村的研究，就不受布朗功能学派方法的束缚了。[参见乔健：《中国人类学发展的困境与前景》，载《广西民族学院学报》，1995 (1)]

② [美] A. R. 拉德克利夫-布朗：《社会人类学方法》，夏建中译，110 页，济南，山东人民出版社，1988。

③ 转引自 [英] A. R. 拉德克利夫-布朗：《社会人类学方法》，111 页。

④ [英] 马林诺夫斯基：《社会人类学》，见《不列颠百科全书》，第 13 版，1926。

术语常被用作“人类学”的同义语，用来概括人类学科学的整个领域。它是研究民族的学问（希腊词源为 ethnos），1839 年被爱德华兹（M. W. F. Edwards）作为巴黎民族学会的称号，1843 年模仿法国成立英国民族学会。在其组织章程中宣称：“目的是探究栖息或曾栖息在这个地球上的所有人类可区别的特征，这些特征包括物质与精神两方面。”① 在《不列颠百科全书》（第 14 版）是这样写的：民族学和人种史“主要是研究作为种族个体的人和所有种族个体在地球上扩散的科学。这两门科学既包括对人类种族的体质特征进行比较研究，也包括对有不同文化条件及特征基础的民族分类进行比较研究”②。民族或种族的群体之间的相似性和差异性，是通过人种特征、语言、生活方式、思维模式，以及从居住方式、穿衣戴帽直到人们所持信仰而区别开来的。

对民族学和人种学的研究基础资料，来自于考古。考古学不仅力图重建史前民族的日常生活与习俗，而且设法追溯这些社会的文化变迁，并对这些文化变迁提出可能的解释。它以地质学的证据，确定那些民族某些人种特征的骸骨。

这样，民族人类学、种族人类学和考古人类学其共同之处是，从历史科学的角度研究人类社会组织和体质形态的演变过程及其进化规律，是体质人类学与社会人类学多重融突而和合的产物，是人文精神对自我存在方式的具体追溯和历史总结。

生态人类学的总体理论目标，是通过对文化生态的体质基础和社会组织及其具体样式和历史发展的系统而全面的科学研究，把握生存世界人文和合精神的脉动节律和再生机理。

二、 人文精神的现象透视

在人类文化研究领域，有一个类似于鸡生蛋，抑或蛋生鸡的创造悖论。按照“单向度”的思维方式，人们产生了这样的问题：究竟是人类创造了文化？还是文化创造了人类？人类与文化究竟谁是先在的，是先有人？抑或先有文化？是人类决定文化？还是文化制约人类？诸如此类的本原论的问题，在历史上常常困惑着人类理性，不断引发了一场又一场的不

① 转引自［英］A. R. 拉德克利夫-布朗：《社会人类学方法》，112 页。

② 同上书，112～113 页。

了了之的学术论争。

（一）创造悖论的和合化解

文化与人类关系的本原论问题之所以不能合乎逻辑地解决，原因在于这一问题蕴涵着创造悖论：

第一，按照通常文化定义：文化是人类创造的物质财富和精神财富的总和；或认为文化是人类在社会历史实践过程中所获得的能力、所从事的活动和所创造的成果①；或认为“文化是历史上所创造的生存式样的系统，既包含显性式样，又包含隐性式样。它具有为整个群体共享的倾向，或是一定时期中为群体的特定部分所共享”②。这些文化定义，都自然地推导出“人类创造了文化”③ 这样一种看法或结论。

第二，依据通行的人类定义：人类是文化（理性、制造和使用工具、符号、政治、经济、创造性等都是文化的特征或方面）的动物，是依文化方式自我实现的动物，自然地能够得到“文化创造了人类”的判断。

第三，然而，本原论的追根究底方式，是一种不相容选择性，要么是“人类创造了文化”，要么是“文化创造了人类”，两者必择其一，没有第三种中间答案可供选择。这样，便陷入了“二律背反”式的悖论之中：创造文化的人类已经文化了，创造人类的文化已经是人类化了，但从本原上看，这似乎是不可能的，因为创造者必须先于被创造者。

创造悖论是一个悖论家族，鸡蛋互生问题、理气先后问题、心身主次问题、心物生成问题等等，都是这个悖论家族的常住成员。文化与人类谁创造谁的问题，仅是这个悖论家族的“后起之秀”。

按照传统的因果律、线性思维方式和形式逻辑规律，创造悖论是不能消除的。换言之，这一类悖论是宗教创世论思维的必然伴随物。除非预设一个绝对先在者，否则，只能在无穷追溯、无限外推的恶性循环中兜圈圈，在轮回中沉浮荡漾。传统思想中的“上帝”、“第一推动者”、“阿赖耶识”、“太一”、“无极”、“天理”、“绝对观念”、“唯一存有”等术语，都是传统本体论为解决本原问题的创造悖论而承诺的第一本体、最高原理。它们都是绝对先在者。这就是说，极端还原论必然导致创造悖论；创造悖论

① 参见黄楠森、夏甄陶等主编：《人学词典》，410页。

② ［美］克鲁柯亨：《文化的研究》，见庄锡昌等编：《多维视野中的文化理论》，119页，杭州，浙江人民出版社，1987。

③ ［美］莱斯莉·A·怀特：《文化科学——人和文明的研究》，曹锦清译，118页，杭州，浙江人民出版社，1988。

必然构造绝对本体论，这是传统思维的理论结构运动。

和合学以关系整体论为基本的思维方式，从根本上化解了植根于创世学说中的一系列线性因果思维方法，为解决各种创造悖论创建了有效的逻辑工具。

单就人类与文化的创造悖论而言，和合学认为，人类与文化谁创造谁的先后问题，其表述方法是错误的，跟它所要研究的对象是不相适应的。换言之，这种表述方法所形成的“问题”，根本上就是不存在的。因为人类文化是人类与文化的融突和合系统，时间上、逻辑上都不存在绝对的、可分离性的先后关系，创造与被创造的关系。

自然生态系统通过突变的方法，生成原始的文化生态系统。在自然生态系统中，只有类人猿及其生化现象，没有科学意义上的人类文化。在文化生态系统内，只有人类及其文化生活现象，没有逻辑意义上的动物活动。正是因为自然降生人类时给了人类精神以文化生态的原初形态，人类与文化之间整体水平上才不存在谁创造谁的先后关系问题，只有两者生死与共的和合关系。

文化与人类的无先后的非创造的关系和合，是整体水平上的真实关系。若从局部分析，从人文精神不断再生自己的历史发展角度考察，人类创造文化与文化创造人类都是正确的。从一种文化形态活动中看人类，通过自己的人文实践活动，创造了新的文化形态，构成了文化生态的发展环节。通过社会化的文化教育生产，社会文化传统塑造了一代人的行为方式和思维智能结构，创造了新的人类后代，构成了文化生态的承继环节。文化通过人类再生，人类通过文化衍生，生生之道，不容分裂为二。其关系图式如图 14—3：

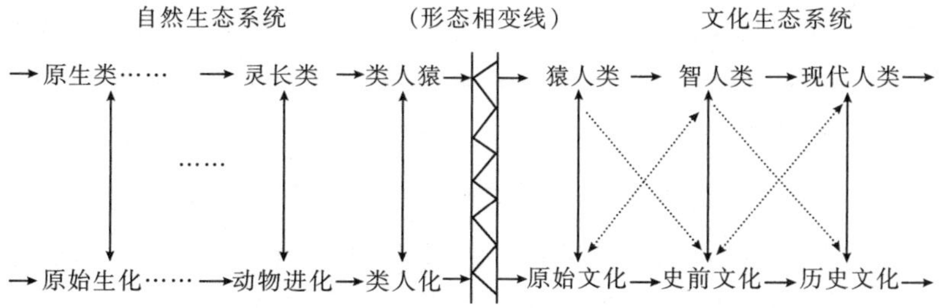

图 14—3

从自然生态到文化生态，其间发生了一次形态相变或本质突变。从形态上看，由原来的自然状态的生化进化相变为社会状态的人文化；就本质而论，从原来的自在的自然生理本质突变为自觉的社会心理本质。这一根本变易标明，人类的本性是和合的文化价值，即人文和合。

从文化学的角度看人类，人类是文化的价值主体，以及文化生态意义的唯一解释者。和合生生，生生而化生、变生。从自然生态到文化生态，说到底是文化的变迁。一个物种如果要生存、繁衍下去，那就要适应其生态系统。以往常把生物演化与文化变迁混淆起来，以为有相似之处，其实生物演化的法则是以生态系统中的种群行为作为运作对象的。它无视个别有机体的行为方式是得自基因还是得自母亲的教诲，文化的变迁可以把人类遗传基因所转化的无限的潜力完全发挥出来。它与人类种群不同，它不是靠弱肉强食来维生，或受食物来源的限制，也不在于会演化的文化本身，而在于环境中的社会文化系统如何演化。人类行为中的文化成分的变迁过程与形成种群中遗传信息的自然选择过程是不一样的。啄木鸟不能选择不啄木取食，一个民族却可以改变自己风俗：可以订下不准猎杀图腾动物的禁令。这种改变显然是文化与环境的冲突造成的，为了使文化与环境的冲突获得协调、平衡，而做出的适应性的改变。社会人类学家的一个错误，就是依据短暂的观察便做出这样的推论：这个系统经世代之久，或直到欧洲人把事情搅乱之前，仍处在稳定的均衡状态，但考古学家所知道得更清楚，他们不断地寻求社会文化系统如何演化的理论。①

文化之所以变迁的原因，除环境的冲突与适应的文化生态学的原因之外，从文化学的角度看，人类是文化的价值主体和文化生态意义的唯一解释者。因而，文化变迁的根本原动力，在于人类自身的创造性的活动，即人的发现和发明。所谓发现和发明，按照拉尔夫·林顿（Ralph Linton）的看法：发现是给知识增添新的东西；发明则是知识的新运用。② 比如有人发现把某种食物同对儿童有吸引力的某个假想人物联系起来，就容易劝说儿童吃营养丰富的食物。于是有人便利用这一发现，发明出一个名叫大力水手（popeye）的人物，让他充当一系列动画片的主角，在各种戏剧性的情况下狼吞虎咽地吃了很多菠菜罐头，并变得力大无穷。这样发现导致了发明。发明有无意识的偶然的巧合，亦有有意识的、有特定目标追求的发明。前者特别表现在史前期的那些发明；后者的发明往往是建立在新观念或创造新事物的刻意追求上，这似乎是对人们已经觉察到的需要的明显

① 参见［美］R. M. 基辛：《文化、社会、个人》，150～154页。
② 参见［美］C. 恩伯、M. 恩伯：《文化的变异——现代文化人类学通论》，532页。

回应。

但是发现和发明作为文化变迁的根本源泉，不论在社会的内部或外部产生，却不一定必然导致变迁。只有当社会人们接受了发现发明，并加以运用，才会产生文化变迁的作用。因此传媒系统就是必需的了。这种传媒系统就是使发现和发明通过它而为人们所直接接受，比如上述所谓充当一系列动画片的主角，为儿童所接受等形式。①

发现和发明作为人类价值文化主体的创造，是人的类价值或类水平上的人生意义的表现，是在于它的文化生态及其内在的人文和合精神。人类通过自觉的生存活动，通过参赞天地生育，化成万物质性的文化行为，实现天人的和谐、协调、发展，达到厚生、乐生、安生和永生的意义目标。人的类价值或人类价值，是相对于自然的文化价值。人生的类意义或人类生存意义，是体现于人文和合精神中的“生生之易”。“生生之易”有简易质朴的形式特征，有变易不息的生命流行，有不易恒常的仁义道德。“函三为一”，“一中有三”，“三而一，一而三”，便是人文和合的内在逻辑。人文作为“文明以止，人文也”。止者，止其所止。“大学之道，在明明德，在亲民，在止于至善”（《大学章句·第一章》）。人类的文明历史，就是自然天地、宇宙万物合目的性的历史。天文人文，交相辉映，“郁郁乎文哉”！观乎天人，观乎人文，以察时变，以化成天下。这便是天人分职，文化和合。价值主体与价值客体水乳交融，会聚成人文和合的巨流，“逝者如斯夫，不舍昼夜！”

（二）人类的文化价值本性

人类总是通过自己的文化这一生态参照系统来解释一切的。首先，人类的意义要通过文化来展显；其次，文化的意义要通过人类来体证；再次，天地万物的意义无一不在人类文化坐标内得到不断真实的科学的投影，不断完善的道德映射和不断优美的艺术创造。

价值的主体是最权威的意义解释者，意义的解释活动只能在价值的文化创造过程中进行，这就是人类意义世界的人文和合机制和价值规范原理，这就是人类最本真的文化价值本性。

按西方人类学的研究传统，研究所有的人类文化便通称为文化人类学。因此，最广义的文化人类学，其研究范围几乎包括了人类的所有活动，涵摄了从人类生涯开端直至今天的所有的人类行为。这样界说文化人

---

① 参见［美］C. 恩伯、M. 恩伯：《文化的变异——现代文化人类学通论》，533～534页。

类学，过分宽泛而不得要领。从最狭义的角度理解，文化人类学仅研究人类的习俗现象，相当于民俗学以及民族学。[①] 如此限定，明显地又显狭窄。R. M. 基辛以广义文化人类学包括狭义文化人类学、语言人类学和史前考古学，把狭义文化人类学包括民族学和社会人类学。[②]

文化人类学在长期的演变中，积累了大量信息，构成了文化变异的资料库。在此基础上形成各种思想流派，呈现百花竞艳的情境：

1. 早期演化论。19 世纪的人类学的理论取向是以这样一个信念为基础，即文化一般是以齐一和渐进的方式演化的。文化变迁的动力从一开始就蕴藏于文化之中，因此，文化发展的终极原因是由内部决定的。大多数社会经历同样的发展阶段，最后达到一个共同的终点。其代表人物是爱德华・B・泰勒和路易斯・亨利・摩尔根（Lewis Henry Morgan，1818—1881）。

2. 历史特殊论。20 世纪初，反演化论的领导人是弗朗兹・博厄斯（Franz Boas，1858—1942）。他对演化论关于所有人类文化都受到普遍规律的制约，持有异见，强调文化变异巨大的复杂性，应尽可能地多收集人类学的资料，决定文化变异的普遍规律就会从这些信息中自动地产生出来。

3. 文化传播论。19 世纪末 20 世纪初，形成了两个文化传播论流派：英国学派和德—奥学派。前者以 G・埃利奥特・史密斯（G. Elliot Smith），威廉・丁・佩里（William. J. Perry）和 W. H. R. 里弗斯（W. H. R. Rivers）等为代表。他们认为较高级文明起源于埃及，在其他民族与埃及接触中，便传到了世界各地。并认为人生来就缺乏创造力，而宁愿借取其他文明的发明。后者以弗雷兹・格雷布纳（Fritz Graebner）、W. 施密特（Wilhelm Schmidt）为代表，他们关于创造力方面的论述与前者相似，认为文化特质不仅以单个形式，而且还能以群体的形式传播到很远地区。他们以为世界上存在着和传播着几个不同的文化复合体（Kulturkreise）。

4. 功能学派。一战期间，马林诺夫斯基（Bronislaw Malinowski，

---

① ［美］露丝・本尼迪克特曾说：“人类学的工作不遗余力地投入了对文化特质的分析，而没有致力于研究已形成为整体的文化。在很大程度上，这要归因于早期民族学描述的本质。古典人类学家并未根据有关原始民族的第一手认识撰写著述。他们是那些随心所欲利用旅行家、传教士说的逸闻趣事和早期民族学家外在的、图解式说明的书斋学者……如《金枝》那种文化研究及通常的比较民族学论著，都是对特质的分析性讨论，并且忽视了文化整合的所有方面。”（《文化模式》，37～38 页，北京，华夏出版社，1987）按：本尼迪克特的批评有其合理性。

② 参见［美］R. M. 基辛：《文化、社会、个人》，6 页。

1884—1942）深入特罗布里恩德群岛（the Trobriand Islands）研究土著生活，认为一种文化特质的功能，在于满足该群体成员的基本需要或次生需要。这种观点亦难解释文化变异，这就是说，它能够用某些可以代换的文化模式中的任何一种来满足需要，为什么偏会被某些特定的文化模式来加以满足？这种现象功能学派未能做出很好解释。

5. 结构—功能学派。建立在功能主义基础上的英国阿瑟·雷金纳德·拉德克利夫-布朗（Arthur Reginald Radcliffe-Brown，1881—1955）与马林诺夫斯基异。他认为社会行为的各个方面之所以存在，目的是为了保持一个社会的社会结构，而不是为了满足个人的需要。一个社会的社会结构是现存的整个社会关系网络的总和。但难于确定哪种特定的习俗真的对保持社会体系具有功能？它可能是中性的？或可能是有害的？

6. 心理学派。在弗洛伊德（Freud）和约翰·杜威（John Deway）倡导下，人类学家开始对形成成年人的典型个性的重要因素——婴幼儿文化环境进行了研究，开始出现心理取向。心理分析学家艾布拉姆·卡丁纳（Abram Kardinar）认为，每种文化中都有一个产生于某种共享的文化经验的基本个性，社会上成年人的个性也应该是由共同的文化经验所塑造的。多数心理人类学家承认在一个社会中存在着一套典型的个性特征，有称之为“基本个性”、“个性模式”，亦有称之为“民族性”。这种基本个性产生于文化经验的某些方面，特别是育儿习俗。以此说明心理因素和心理过程怎样帮助人们解释文化实践活动。

7. 晚期演化学派。20 世纪 30 年代莱斯利·A·怀特（Leslie A. White）非难博厄斯所强调的历史特殊论，支持演化论的理论取向。他认为文化随着器械手段把能量转化为功能的效率的提高而演化。换言之，更为先进的技术能使人类控制更多的能量，而导致文化的扩展和变迁。他否认环境、历史、心理对文化的影响，而受到批评。朱利安·H·斯图尔德（Julian H. Steward）把演化论分为三个学派：单线演化、普遍演化和多线演化。前者为泰勒、摩尔根；中者为怀特；后者即他自己，对某些特定文化差异与相似之处进行解释，研究特殊文化的演化。

8. 结构主义学派。克劳德·列维-斯特劳斯（Claude Lévi-Strauss）是结构主义的文化分析方法的倡导者。他与布朗所关心的社会诸要素怎样发挥其功能的观点大相径庭。他把表现为艺术、礼仪和日常生活模式的文化，看成是人类深层心态模式的外部表现，把对文化现象的解释集中在人们的认知过程上，即人们感知与划分周围事物的方式方法上。由于他的研究晦涩且无法证明，解释价值较少。列维-斯特劳斯的结构主义方法是通过直觉而不是通过逻辑来抓住某个文化内在的思维规则，民族科学学派的民族学方法，则力图从对民族志材料的逻辑分析中导出这些思维规则，这种民族志材料必须尽可能地避免受到观察者自己的文化倾向的干扰。

9. 文化生态学学派。现代人开始高度重视环境对文化的影响。文化生态学是分析文化与其环境的相互关系的科学。朱利安·斯图尔德认为，文化生态学必须同生物生态学区别开来。生物生态学是研究生物体与其环境之间关系的科学。安德鲁·瓦依达（Andrew Vayda）、罗伊·拉帕波特（Roy Rappaport）则主张把生物生态学原理合并进文化生态学的研究中，使其成为单一的生态学。他们认为，文化特质与生物特质一样，可以被看作是有适应性的或者是不具适应性的。文化生态学家则认为，文化适应涉及自然选择机制，即有适应性的特质其幸存频率越高，繁衍的频率也越高，力图理解文化与其自然环境和社会环境的关系，以探询一种特殊的文化特质是如何适应其环境的。

10. 社会生物学学派。社会生态学与文化生态学的差异是：（1）文化生态学集中研究生物学家称之为群体选择的现象；社会生物学研究焦点在于生物学上的个体选择，即在某个给定的环境中某种特征会怎样适应于个体。（2）社会生物学家以自然选择对基因起作用；文化生态学家以自然选择对行为起作用，不管该行为是不是纯粹由基因决定的。（3）文化生态学家和文化人类学家一样认为基因对人类社会行为的决定作用非常有限。遗传特征可以在某些行为上表现出来，但不能准确地说起什么决定作用。社会生物学家认为，行为（包括人类的社会行为）既是基因的产物，也是环境影响的产物。他们的理论取向是把生物进化原理运用到动物，包括到人类的社会行为之中。

上述种种流派，均依据一种理论取向。另外，有的人类学家依据其课题兴趣来规定其研究的思路，形成了经济人类学、政治人类学、象征人类学或认知人类学等等；还有的人类学家则依其研究方法取向，对民族志、民族史以及跨文化作研究；① 等等。有的人类学家本身就是某一领域的专家、学者，各自的研究兴趣集中在某些领域，而形成教育人类学或制度人类学，认为教育或制度对文化演化产生影响。

---

① 参见［美］C. 恩伯、M. 恩伯：《文化的变异——现代文化人类学通论》，52～76页。

（三）价值人类学的理论目标

从和合学的逻辑结构看，研究意义世界的人文和合的人类学，应当名副其实地称作价值人类学。这是因为，尽管人类文化现象有无数个方面和无限多的可能状态和历史样式，但其中最根本的，具有枢纽地位和支配作用的，是人类文化系统中的价值规范及其标准尺度。所有的文化人类学，无论是广义的还是狭义的，其核心和实质只能是价值人类学。

价值人类学的学科使命在于，向下概括生态人类学的实证材料和理论学说，从和合人文精神的角度阐明其中的价值原理和应有意义；向上使智慧人类学的反思和建构符合人的价值目的，体现人的意义追求。在自身中，不断整合各种价值标准，校正各类意义尺度，完善所有的行为规范。

历史自身不能确定其价值，因为价值往往与意志相联系。然而伦理学却能借助于历史来表明一种既定原则是否与实践相符。比如当有人说慈善和慈爱是由于人类自然本性的改变而形成的价值观时，便可寻求历史事实为尚武部族的伦理辩白。这并不是说处在原始或低层文化水准的人容易有恨而不易有爱，塑造一种冷硬品性和好战的特质。他们的自然本性也有温和的品性，它与冷硬品性在正常关系中相冲突而渐占优势。这就是说，文化的历史是价值形成的历史，也是价值转换过程的历史。

人类文化历史是在新与旧的冲突中进行的，文化的价值转换是不是提供了我们想要的程式？从外观上看，这样的转换过程可以用形式和功能来表述；从本质上看，它作为人类意愿的表白，则关系到价值的认可和取向的变化。因此，人类学的价值观的转换，使人们注意到了文化过程的活生生的灵魂。价值人类学从价值转换的方式中，作这样的审视：文化价值转换方式的变动可称作立场的改变。用一个术语来说，是位序转变(metataxis)，这可以说是个纵向过程，一个上升或衰落的过程，从民俗学这一特殊领域来说，价值的衰落或庸俗化比起价值的上升或逆庸俗化更显著。

文化价值转换的另一种类型是含义的转变，用术语来说是平位掉换(metalepsis)，它可以说是横向过程，是从价值系统的一极到另一极的位移。它最为显著的是逆现实化的产生，即从一种风俗的实用价值转移到装饰价值领域。含义的改变，有人便把它看作价值转移。这两种价值转换方式，在人类学中虽然抽象地来说是可区分的，但在实际过程中可能同时发生或共存。一是降低了的“地位”和偏移了的“含义”很容易连接在一起；二是逆庸俗化和逆现实化在典型的复兴中可结合在一起。[①] 这就是说文化的变迁，在某种意义上说是价值的变换。人类学本身便蕴涵着人的价值，因此，以人文和合的人类学的实质为价值人类学。

在价值标准、意义尺度和行为规范中，最基本的是，经济利益标准这一内在于生理需要的意义尺度和道德善恶标准这一外化为行为准则的意义尺度。因此，价值人类学的两翼是经济人类学和道德人类学，它们分别是形下和合与道德和合在人文和合意义世界中的缩影，分别从“利用”与“正德”两个维度来说明行为价值规范的科学性和实践性。除此而外，教育人类学、制度人类学以及一般文化人类学是价值人类学的重要分支，是对人类价值标准、意义尺度和行为规范的更系统、更综合、更富于实践性的研究。

人的生存需要生产、分配和消费，于是人类的任何活动、特别是原始人的活动是与经济活动相联系，亦是人类学所关注的问题。经济人类学是把经济活动作为社会文化整体中的一个因素来研究的，也把传统社会的一般经济制度与现代经济制度进行比较研究。罗宾斯（Robbins）曾对经济学作这样的规定：经济学是研究作为目的和有限手段之间的关系的人类行为的科学。这个定义曾被用来定义经济人类学的适当范围。但它使人面临着困境，因为我们不能说任何特定生活层面或特殊行为及制度是经济性的，而只能说一切有目的的行为都有其经济方面（使目的得以最大的实现）。[②] 除复杂的社会外，经济学的特殊模型仅“适用于”人类经济的一个小范围。

人们要理解一个特定社会的需求，稳定的食品供应和服务是怎样平衡的，就需要理解人类学的文化变量这个因素。若没有对需求的文化限定和对习俗的理解，任何经济系统的经济过程都不能断定是怎样和何时满足需要的。当人类学家应用传统人类学理论与方法分析经济行为时，他们是将经济行为视为社会行为或社会制度的一部分。进一步说，所谓原始或小规模的经济，只是其他社会行为，如亲属制度、权力结构、礼仪行为的一种表现。人们之所以有经济行为，主要目的在维系人际关系或责任。

经济人类学的兴起与发展，使人们将经济现象的研究看成是了解社会生活的一个重要环节。它使人们了解到我们自己对人类生产活动的文化观

---

① 参见［英］R. R. 马雷特：《心理学与民俗学》，张颖凡等译，84～98页，济南，山东人民出版社，1988。

② 参见［美］R. M. 基辛：《文化、社会、个人》，298～299页。

念都是特定的，并只属于一个特殊的历史阶段和一种特殊的经济方式。不可能用一种经济模型来套在一切部落的社会经济之上。“实质论派”（substantivism）的人类学家强调经济学的基本模型和概念只适用于市场交换体系。以这样的观念来研究部落经济，实是将基于市场的概念硬来比附不同种类的社会制度，这种研究自然无所收获。“形式论派”（formalism）认为，真正的经济学理论应该足以阐明部落社会和乡村社会，何以能使人们获得最大的个人满足和分配有限的资源，如是，则经济理论就能应用于一切社会。[①] 其实社会制度、价值观念、风俗习惯是变易的。没有永恒的经济理论，也没有应用于一切社会的经济理论，这种永恒的、超越的、普遍适用的理论，只能是一种形上学的绝对观念。这样经济人类学就要陷入歧途，而与经济人类学的宗旨相背离。

近半个世纪以降，现代化的潮流激烈冲击一些民族和地区，使一些地区的原始民族或经济落后民族发生急剧的演化。脱离了殖民统治的民族国家，面临着如何解决殖民政府撤退后所遗留下来的经济脱节及普遍贫穷问题。经济不发达国家和经济转型中的民族国家，急需寻找一种适合于自己民族国家经济发展的模式，等等。这种种内因外缘促进了经济人类学在现代的发展。这种发展是与这些民族国家的传统社会正处于激烈的文化变迁过程相适应。部落和传统的瓦解，货币市场经济的传播，企业精神和个人主义的兴起等等，刺激着第三世界，使第三世界诸民族将迅速地纳入世界性的文化和经济体制之中。若有一种经济变迁和社会组织方式可能适用于第三世界民族，那么，经济人类学的挑战就不只是学术性的。人类学家追求更广泛的经济模型，以便说明在变异多端的社会体系中，以复杂而多次元的价值计算方式，寻求人类发展的新途径。

和合经济人类学不是刻意去追求发达国家的“原生型”或“传输型”[②]的现代化问题，也不特别关注依附理论（dependency theory）与非依附理论的关系。所谓依附是一种情境，即某些国家的经济受到其他国家经济发展和扩张的制约，并且是前者被后者宰制。在两个或多个经济体系彼此互赖的关系中，以及这些经济体系和世界贸易之间的互赖关系里，如果某些优势国家能扩张且自足，而其他依赖国家的扩张和自足只是优势国家扩张的反映，那么，这种关系就是依附的形式。但由于东亚新兴工业的崛起，

① 参见周大鸣、乔晓勤：《现代人类学》，146～148页。
② 拙著：《传统学引论——中国传统文化的多维反思》，298～306页。

许多经济学者对该地区的研究不断地以经济成长、所得分配、教育普及、低失业率等特征来凸显亚洲“四小龙”的经济快速发展。这样用以解释 20 世纪 60 年代以来拉丁美洲国家经济停滞、财富不均、社会不平等的依附理论便受到质疑与挑战。①

和合经济人类学在研究发展中国家的经济时，希望找到一条社区如何调适于更广泛的网络系统中的路径。传统人类学对某些特定社区的人民、价值、风俗、意义有相当丰富的知识，但视野显得很狭隘；经济学家虽有全球性的视野，但太抽象。经济人类学家融合两者的冲突，弥补两者的不足，使两者趋于更完善的境界。②

经济利益标准与道德善恶标准是意义世界中最难协调的两种意义尺度。由于缺少人文和合的主体结构观点与和合学的纵横互补、整体贯通等原理思想，长期以来，人们误以为两者是偏序化的，或者是对抗性的，因而产生了“重义轻利”与“存理灭欲”的价值观念。

“重义轻利”或“重利轻义”，“先义后利”或“先利后义”，都是对经济利益标准与道德善恶标准的意义和合关系，作了偏序化的理解所产生的似是而非的价值规范。从根本上、整体上讲，“义利相即”，无分先后，不辨轻重。同一种人类行为，用经济利益标准度量其意义，有利害之分；如用道德善恶标准度量，有善恶之辩。若两种度量结果性向一致，自然是或善义而有利，或危害且恶义，义利和合。反之，若结果性向不一致，或善义而有害，或有利却恶义，义利冲突。

义利冲突的原因，不在于利不对或义有错，而在于人类行为的动机或效果不符合既定的意义尺度。在这种情况下，或用尺度矫正人类的行为动机，使其向善义谋利，达到义利内在和合；或变革意义尺度，使其适应人类的合理化的现实行为，让两种尺度协同，达到义利的外在和合。否则，轻利亦轻害，只讲动机之善意，往往好心干坏事。轻义必轻道德，不计较善恶，结果人心叵测，人际险恶。而且从理论上讲，轻利者未必能重义；重义者往往注重利益的公正，按义的方式重利，岂是轻利！命题本身在逻辑上就是不能自圆其说的。

至于“存理灭欲”式的价值选择，如果说在道德和合的心灵伦理学里尚有合理性的话，那么，在此人文和合的意义世界里，它就成了地地道道

---

① 参见邓玉英：《对依附理论之重估——以东亚发展经验为论证》，博士论文打印稿。

② 参见周大鸣、乔晓勤：《现代人类学》，162 页。

的“残杀之具”。“理”用道德善恶标准来度量其意义，“存天理”（实为人文原理）自然是天经地义的；“欲”须从经济利益标准规范其满足方式，“灭人欲”则废弃了一种必要的、跟人类生存需要相关联的意义尺度，使人文和合失去了文化生态的形下和合基础（“利用”）和人文和合精神（“厚生”）。灭去“人欲”的“天理”，就像断了线的气球一样飘然直上，“上不在天，下不在田，中不在人”，终将会爆破而化为虚无。传统价值观念之所以必须进行改革，就在于其中许多观念的理论基础不是人文和合学和价值人类学的，而是道德形上学和抽象人性论的。因此，和合学原理的实践运用，既是创新的理论建构，又是批判的逻辑否定。

三、 人文精神的终极关怀

要实现对传统价值观念的理论批判和逻辑否定，必须摒弃情感的恋结或情绪的干扰。

传统价值观念及其依据的意义尺度、表现的行为规范，都是人类祖先、古代圣哲千辛万苦、竭精殚思探索并总结出来的文化结晶。我们必须对其持一种敬爱的情感，骄傲的情绪。但是，文化的本质是精神不断和合再生的生态，价值的本性是意义不断和合再释的过程。爱而迷执，便成复古恋结；骄而傲慢，产生情绪干扰。如此，抱残守缺以为孝敬祖宗；恪守教条成了遵循圣训，目中无人成为创造发明。情绪纠缠，如入罗网；情绪干扰，似陷深渊。综而言之，失去了人类的智慧。

（一） 文化自我批判的逻辑道路

人类文化之所以形态上能与自然生态相区别，人文价值之所以本性上能够不断趋于完善，原因在于人类智慧有一个“一字之诀”。那就是“无”。这个“无”，是逻辑层次上的否定性思维活动，是无化的理性及其辩证运动。“道即无”，“道者，无之称也”①。智慧的逻辑道路，是通过对人类文化的自我反思、自我批判和自我否定获得内在的前进动力的。没有这种高层次的批判功能和否定机制，人类智慧将被沉重的历史文化熄灭其光明，扼杀其生机。智慧之道以“日损”为前进方式［“为道日损”（《老子》第四十八章］）。只有否定文化的陈迹，人类文明才能转生，获得新的

---

① 老子说：“道常无名”（《老子》第三十二章），又说：“道隐无名”（《老子》第四十一章），故以道为无。

文化生态气象。“道”视“万物为刍狗”。“刍狗”① 万物是天地日新的客观逻辑，“刍狗”历史是人类日新的人文逻辑。

“无”是智慧的“上方宝剑”，是摧枯拉朽，推陈出新，日新不止的“永恒活火”。以“无”为利器的人类智慧，相继否定了巫术、图腾、迷信等自然宗教，迎来了人类文化的哲学解放；又否定了自然哲学、宗教神学和道德形上学，实现了人文文化的科技解放。可以相信，这条自我批判的人文智慧之道是无限的。道既是无之称，无亦即是道。只有无所执著、无所遮蔽、无所染污的和合人文精神，才能沿着生生之道永远日新，逼近至善、至美、至真的“终极状态”。

正如“恶”比“善”更有资格作为历史进步的杠杆一样，“无”比“有”更有可能将人类的文化推向最优美的生态之境。儒、道、佛及宋明新儒学的道德至境多用“无”或“虚”来建构，在历史上其智慧水平是独到的，无能超越的。

哲学就是智慧之学。智慧人类学在某种意义上说，即是哲学人类学。哲学人类学与体质人类学、人种人类学的区别就在于，后者都预先假定了关于人的本质的知识，并仅考察人的外部特征或文化成就。而前者“正是要考察被这些科学视为当然的那种知识，并深入探讨使人同所有的其他存在物形成对照的基本本体论结构”②。哲学人类学虽不被作为古典哲学学科，然其真实的起源可追溯到古希腊哲学。它在文艺复兴和歌德时期达到新的高峰。在 20 世纪 20 年代赫尔穆特·普勒斯纳（Helmuth Plessner）、马克斯·舍勒（Max Scheler）重建了哲学人类学；阿道夫·波特曼（Adolf Portmann），埃里希·罗特哈克尔（Erich Rothacker）等继续发展了它。如果说笛卡儿和康德已使“意识”成为哲学实在的“结构基础”，那么，哲学人类学是更具体、更全面地阐述这种基础的许多尝试之一。从这个观念来审视，哲学人类学不仅研究处于其他部分之中的世界的一部分，而且成为一种新的、最终的基础，成为一种“先验哲学”。

由于人类学的一个重要方面是人与动物的比较，所以，在哲学人类学与动物心理学之间存在着接触点。但人与动物异趣，人面对着他必须通过语言和选择特定的制度来对之加以组织的刺激的洪流。现代的哲学人类学

---

① “刍狗”是草捆扎成的狗的形象，古代作为祭祀用品。人们把草做成刍狗时，既不是爱它、重视它，祭祀完了抛开它，也不是恨它、轻视它，具有工具的性质和功能。

② ［德］米夏埃尔·兰德曼：《哲学人类学》，张乐天译，4 页，上海，上海译文出版社，1988。

不再只是按照人的抽象能力或区分善恶的才能来解释人，而是像行为主义那样，牢固地将人置于他的自然环境中，置于他的文化世界中，把人作为一种由历史、文化和传统所决定的存在来研究。这种观点虽遭非议，但作为一种哲学学派的哲学人类学仍然存在。①

在哲学人类学的重建过程中，也诞生了存在主义。存在主义也探讨人，但它不是人类学。存在主义相对于哲学人类学而言，是从人内部审视自己，他们关注各个个人的自我之谜，并大声呼喊着这个自我。还是在人的个体性中，在人的时间的具体性中发现了人的存在。克尔恺郭尔（Søren Aabye Kierkegaard，1813—1855）批评黑格尔的理性哲学抹杀了万物的具体性，黑氏认为人只有超出自己的个别性而成为普遍的东西的一个环节，才能实现其真正的本质。克尔恺郭尔认为，人在黑格尔那里成了抽象物，普遍性的概念几乎统治一切。人，“个人”或“孤独的个体”，是真正的哲学所需要关心的，哲学的核心和对象也在于此。这个“孤独的个体”是唯一的个人或“单独的自我”。它只与“自己发生关系，因而自我不是关系，而在于一个关系把它和它自身关系起来了这一事实”②。这个“孤独的个体”通过内心同上帝对话，成为真正的“存在”。

人类学是从外部审视自己，从在所有其他实体之间，“他”是怎样一种特殊的存在、“他”在宇宙中处于什么位置等方面来研究人。卡尔·雅斯贝尔斯（Karl Jaspers，1883—1969）不满哲学人类学，是因为对于人类学要求确定的关于人的知识并做出关于人的明确的陈述表示质疑。他认为人基本上是开放着的可能性，本身无明确的稳定性。人的自由、意志、思考、行为与集体、社会不相关联。他所谓的“个人自由，是指独立思考，根据自己的见解行动，从而在保持自己的本质之连续性中生活。自由的人就是在他那以自己的抉择及其后果为内容的命运所给他注定了的处境中，历史地明了其自己的那种人”③。他的哲学“是克尔恺郭尔哲学的一种世俗化的概括”④。

萨特与雅斯贝尔斯不同，他把作为人的纯粹意识活动的自为与人的自由等同起来，提出了一种独特的自由观，并发表了《存在主义是一种人道

---

① 参见［德］米夏埃尔·兰德曼：《哲学人类学》，2页。

② ［丹麦］克尔恺郭尔：《那孤独的个人》，见《祁克果人生哲学》，79页，香港，1983。

③ ［德］雅斯贝尔斯：《新人道主义的条件与可能》，见《存在主义哲学》，205页，北京，商务印书馆，1963。

④ ［法］让·华尔：《存在主义简史》，6页，北京，商务印书馆，1962。

主义》。认为人的超越性和主观性是人的思想、行动乃至人类生活的一切的出发点，“结合超越性和主观性，即我们所谓的存在主义的人道主义”①。这就是说，萨特既把存在主义作为一种存在的本性的本体论学说，又把它作为一种探索人的存在的意义和价值的伦理学说。他主张存在先于本质，自由作为存在，是先于人的本质的。“人的存在和‘他是自由的’这两者之间没有区别”②。在这里，存在主义的人道主义不能理解为古典的人文主义。之所以说是人道主义，是因为它认识到人作为一个立法者的特殊任务，它就是去发现和塑造自己的本质，这个任务是其他生物所欠缺的。

海德格尔认为，此在的“在”，即生存的基本结构是“在世界之中”，即在世，对在世的分析便是基本本体论的主要内容，它不同于对人的具体在者状态的分析。人以外的在者，都是它们之所是，是已被规定了的现实。此在总是其所不是而将要是的存在，而总是不断地超越、筹划、设计、选择自己。人之作为可能性存在，人的筹划、设计、选择蕴涵着人可以成为不同形态的存在，即可以获得其本身，成为其“本真”的在，又可失去其“本真”，成为“非本真”（nongenuineness）的在。作为人的在总是在世的在，因而，人既可以是本真地在世，也可以是非本真地在世。海德格尔有时谈到“存在主义的人类学”，要从人类学中划出存在主义的范围。在所有的在当中，人类学研究这样一种在——人，研究他的特殊性和特殊法则。但是，在这样做时，人类学忽视了这种在的和所有的在的问题。从存在主义来看，人可谓仅仅是一种透明的地方，通过它看所有的在。他们之所以研究人，就在于人为它打开了通向在的道路。由于海德格尔的本体论目标限制了人类学，所以反过来从人出发也限制本体论的视野。这样海氏便认为人类学与本体论是互相妨碍、互相遮蔽的。他曾因把“在”与人连锁而扬名，但这一连锁并没有结出果实。人类学为有利于这两个问题的研究，就需要从这一连锁中解放出来。③

从这一哲学的演化中，可以窥见殊途而通向哲学人类学：第一，出于形而上学的动机。在实证主义受到否定的时期，人类学提出希望有一门中心学科能对各门科学有所说明，能为各门科学提供一种共同的哲学的解释。在诸多科学之内，只要引入人类学观点，就超越了对事实的单纯实证主义的记录并建立起一种参照系，具体的事实知识环绕着这种参照系才能

① ［法］萨特：《存在主义是一种人道主义》，见《存在主义哲学》，359页。

② ［法］萨特：《存在与虚无》，56页，北京，三联书店，1987。

③ 参见［德］米夏埃尔·兰德曼：《哲学人类学》，51～55页。

统合起来。

第二，出于先验的动机。20 世纪 20 年代哲学家走向人类学，是由于他们对认识论的不满，这种不满已在生命哲学中得到了表达。知识从作为哲学必须以之为开端的事实转换为仅是意识的功能之一。意识本身只是人的整个生活中的一部分。只有从把人作为一个整体出发，人的知识的公正地位和意义才能得到正确估价。人的知识世界不仅与感觉和范畴形式相关，也与人的生活实践方面相关。这样，人类学为先验论建立了一个更深更广的基础：把先验论的根基追溯至最终的源头。

第三，出于本体论的动机。在这个时期实证主义者和新康德主义者把哲学几乎完全归结为各门科学的认识论基础。对世界本身的研究似乎已转交给了科学。相反，现象学却强调哲学有自己的研究对象。哲学又一次激起自己的基本问题是形上学问题而不是认识论问题。人类学不仅把人当作认识主体，而且当作存在的主体。它似乎是在现代的主体出发点与现代的形上学之间的理想的综合。

第四，出于人文科学的动机。被称为“人的科学”的智力的、文化的科学，也需要哲学人类学。它们研究在行动和经验中的人及其作品，并以人的领域作为自己的主题。所有这些科学都缺乏一个共同的基础，哲学人类学为其准备了一个共同基础，形成了一门研究人文科学基本原则的科学。这样，哲学人类学不得不综合和深化关于人的知识中的精华，迈出超越科学并获得一条它自己通向实在的真正道路。

凡此种种动机，都导向哲学人类学。然而在哲学人类学的最深的根基中，人的问题既非来源于哲学，亦非来源于科学，而是来源于时代的需要。哲学人类学的方法是，从人的一个显著特性开始，并从那里寻根究底。比如这一特性实现了一个存在者中的一个有意义的、必不可少的功能，那么，这个存在者必须怎样构成？换言之，哲学人类学的方法是进行由观察而得的细节到可能仍然未知的人的整体推论。①

（二） 哲学人类学与理性人类学

和合人类学作为人类与文化的融突和合，并不追究彼此间的先后之序，亦不非寻求谁创造了谁的本原性问题不可。但和合人类学以“和而不同”的精神对待追究先后之序者和本原性的寻求者。事实上人类文化和合系统是价值标准和意义解释的封闭系统。这就是说，一切文化价值标准，

---

① 参见［德］米夏埃尔·兰德曼：《哲学人类学》，44～48 页。

所有的人文意义尺度都是人类自我设定、自我校对、自我更新的，在人类之外或之上没有“立法者”。

人文和合系统对价值标准的自我封闭性和意义规范的解释循环性，表现为人类心理的自我调适，哲学反思的自我悟解，艺术活动的自我表达和语言符号的自我象征等等精神现象。究其根据，原因在于人类文化是自己认识自己，自己改变自己的自组织系统。它的目标，最终极意义上的目标，是自己与自己的创造活动以及创造物之间的人文和谐。

人类自我对于其自身之外、之上的“立法者”的否定，使人进入了另一个世界。在人类的“轴心时期”，无论是在古希腊，还是中国先秦，人们已开始不是从上帝、皇上出发去理解人，而是从人自己和人自己的智力天赋开始去理解人。古希腊哲学家视人是具有理性的存在，中国古代思想家视人是道德理性的存在。孔子认为人与禽兽的区别就在于人有道德理性，比如拿“孝”来说，“今之孝者，是谓能养。至于犬马，皆能有养；不敬，何以别乎?”① 孝的最基本的要求是奉养父母，这是连禽兽也能做到的。人之所以为人，不仅能奉养父母，而且能尊敬父母。“敬”作为人类独有的品性和要求，是对于人的人格的尊重。后来荀子亦说：“夫禽兽有父子而无父子之亲，有牝牡而无男女之别，故人道莫不有辨。”② “亲”与“别”，是人类社会的伦理，这种伦理的蕴涵，构成了“人道”的基本内容，“人道”意蕴着人的理性③，建构了人文的理性伦理学。

这就是说，人一旦获得了对自己的理性的这种信任和责任，他就敢于不服从神的或传统的规则，并代之以遵奉他自己的发自内心深处的命令。当陆九渊讲“立本心”，王守仁讲“六经注我”、“我注六经”时，确立自我主体，自我价值，自我尺度，便成为理性的责任，把道德理性的不自觉，提升为自觉的行为。虽然说按照自己理性生活的人才是真正个体的人，但陆九渊和王守仁的主体自我的确立，仍然受绝对道德理性——“天理”的压抑。因此，陆王的心性自我主体仍然是被扭曲了的和戴了“金箍咒”的主体自我。换句话说，真正主体自我的确立，或理性主体的凸显，必须内在地蕴涵着自由。一个人服从自己的理性，意味着服从自己，也意味着接受他自己意志的、而不是来自普遍的、传统的“天理”或规则的选择。如果主体自我没有选择的自由，真正的主体自我亦不能确立。

---

① 《为政》，见《论语集注》卷一，5～6页。

② 《非相》，见《荀子新注》，56页。

③ 参见拙著：《新人学导论——中国传统人学的省察》，13～18页。

排除了人类之外、之上的"立法者"，理性只不过是人的品格、特征的展现。换言之，人具有理，理赋予人以一种特殊的尊严，并使人与禽兽、万物区别开来。"天地万物与吾一体"，万物与吾人类都没有之外、之上的"立法者"，人自身这个小宇宙与自然大宇宙是相一致的。所以"东方人不像西方人那样作为一个与自然不同的人去探索自然，与欧洲人不同（欧洲人在历史上像食肉兽那样追捕东方人），东方人并不感到负有在精神和技术上控制自然的使命"①。这样，人与自然在理性取向的一致上，获得了自我主体的确立。但这个自我主体的确立是一种"为天地立心"式的模型，而非天地为人立心。因为天地宇宙自然本无心，人亦以无心之心为天地立心。所以，人的价值和意义与天地万物的价值和意义是融突和合的。

从理性人类学来审视，人（包括他的理性本性），能把自己仅仅看成是一面"宇宙的镜子"。在中国古代思想家看来，人与天地万物是互为"镜子"的，是互动的关系。换言之，这面"镜子"是存在于关系之中的，无关系就无所谓"镜子"。但是希腊人的着重点，在于说明一种"神"的宇宙理性超越了人类理性。人类理性只是与尘世中的其他东西相比，具有其优势，即人在其他所有的创造物中占有唯一的、无可比拟的等级。

在中国宋明时期，理学家思想，在"存天理，去人欲"的伦理哲学中，建构了一种道德形上学；西方近代出现了理性人类学与一种普遍的理性形上学的结合。黑格尔把传统的预言式的基督教的历史哲学建构成为一种理性形上学，尽管这两种形上学有其异，但道德形上学亦具有理性的蕴涵，因此两者是可以圆通的。无论是道德形上学或理性形上学，都是人的理性对"天理"的反省，或人的理性对神的反思。事实上，无论是"天理"，或是神，都只有在人的理性中才能得以完成。这就是说，世界理性在人类中特别在哲学理性中获得了自我认知。

理性人类学在其演化中，曾蕴涵着二元论的取向：若按照柏拉图的观点，在"理念"与现实之间存在着一道裂缝；如依照宗教的观念，在上帝与世界之间亦存在着一道鸿沟。依此推而言之，灵魂是与"理念"和上帝相关联的东西。这样一道类似的鸿沟贯穿着人类，即超人类的分裂在人类中重复着；人既是现实的、尘世的、感性的存在，而又是理性的、超越的存在。由于人的二元化的性质，人不仅参与了两个领域，并经受着它们之

---

① ［德］米夏埃尔·兰德曼：《哲学人类学》，104页。

间的张力。中国古代思想家把人看成“天地絪缊”或“男女媾精”的一个环节，即天、男的阳和地、女的阴相结合。在《圣经》中人是由捏合起来的泥土和神的气息组成的，宋明理学家认为人是由形而上的理（“天理”）与形而下的气杂合的结果。不能否认，人是由其物质存在形式（身体）与精神存在形式（灵魂）构成的。问题在于，按中国“体用一源”、“体用不二”的思维方式，人的身与心（灵魂）、理念与现实，上帝与世界不是分裂的，而是有机的整体；按西方“体用二元”的思维方式，无疑是无法弥合的。这就意味着人的理性本性的分裂，并非属人的一切都是理性。

人的理性本性的分裂，意味着非理性的出现。当潜意识被作为人之中更基本、更高和更真实的成分加以赞美时，理性就被认为是窒息了人的自然的、无以言表的成分，而使人与自身的最深沉的力量之流相脱节。只有潜意识才具有内在的创造性，并展现本真之我。潜意识仅是心灵之中一个较深的层面，但作为整体的心灵下面，它通向生命的较低层面。人被要求是在生命一词的全部意义上的生命。歌德时曾把生命置于精神之上，生命的价值获得了认知。福尔斯特为了体验生命是什么？他迈步穿过了所有的感情的高峰和深谷——“感情就是一切!”这种感情哲学被尼采更激进地继续着，他否定理性以及与此相关联的一切理想、一切道德和价值观念，而提出“重新估价一切价值”的口号。他认为在理性世界中，从古到今的历史和文化实际上都是使人服从普遍的、纯粹的理性，以及作为理性所体现的世界。这样使人不敢去创造世界和使人真正看到自己的前景和价值，并揭露了人们生活的假面具和骗人的东西。因此，尼采认为，知识并不能强化生命，而且知识的每一次超越都使生命显得无能和削弱生命。

在现代社会，出现了人的贬值，与物的增值的异化现象，“高技术”的出现，造成了人们“高情感”的危机，古希腊艺术中人类童年似的天真和纯情，文艺复兴中人文主义者那种自尊和乐观精神，逐渐地失去了光彩，代之的是核威胁、战争灾难、环境污染、生态危机、资源匮乏、人口爆炸等。人再次面临着“自我失落”，心灵失衡。人类所面临的冲突，从哲学角度审视，实质上是人自身的一种危机，亦是人的文化危机。是人对自己在世界上的存在价值和意义、地位和作用、责任和使命没有正确理解和把握导致的，是人的生活样式与周围世界发生了异化性、破缺性、病态性的后果，即人的理性非理性失衡的呈现。这就需要在人类自身的生活活动中，协调理性与非理性的内在关系。

理性是人类实现种系优化的努力在个体中的呈现，是生命自在体自我创造的展现。它作为人的自我创造和自觉的发展，是突破过去，对“在”与“实在”不断建构的象征形式。这种形式具有“超越”的含义。这里的“超越”是一切理性的预参量。因而理性才获得了对人在世界中物化的倾向和可能性发生强大的参与功能。是人类走向未来的内驱力。正是由于“未来”的存在，就需要理性的指导。理性作为人的精神世界内部结构的理智觉醒的有序现象，超越于本能情欲，达到对世界的冷静的审视、批判和思索；作为文化的人文精神现象，它不以幻想的虚构来对应人的本性，慰藉人的心灵，以适应于整体生存和发展的现实需要，寻求建立、调整文化的规范。①

和合理性人类学便是在理性与非理性的冲突、融合中实现平衡、有序，通过对理性与非理性的内在结构、机制、相互关系的研究，把握其中变化的奥妙，超越理性与非理性一切局限、障蔽和绝对化，而指导未来世界的实践活动。

哲学人类学、理性人类学都属于智慧人类学。由于人工智能的开发，信息联网使得时空隔距越来越小而逼近。在现代高科技不断深入发展的情境下，人类智慧的价值和意义越来越提高，未来的人类实践活动的效益，主要来自于智慧。

（三）智慧人类学的理论目标

人类通过自我不断的自我批判，自我否定，以防治其可能的偏差与异化，又通过不断的自我肯定、自我创新实现其可能的意境与气象，两者对偶协调，对应补偿，一以贯之，构成了人文和合的最高景致。传统宗教的“终极关怀”，实际上就是这种人文景观的极化状况。

人类的自我反思的端始是通过与众神的对照而发展起来的。古代宗教的领域包括人的起源、人的灵魂在死后的命运，灵魂的受罚或拯救等等。同时也对早期的人规定了他作为一个人不得不在生前完成的任务，以及完成这些任务带给他的生活以意义。事实上“终极关怀”不离始端关注，彼岸世界不外此岸世间，神仙之境即是凡俗之境，天堂乐土只在人间大地。智慧光明而诚信，心灵和谐而整合，有分别亦是无分别；智慧昏昧且虚妄，心灵杂乱且冲荡，无分别亦是有障碍。但这毕竟是“打破沙锅——问到底”的究竟活头，是人文精神的极致。事实上，一切都渗透在生存世界之中，只要尽心尽力地生存，而非“存在”，愚夫愚妇不比圣贤学者更愚

---

① 参见郑伟建：《人类活动中的理性、非理性研究》，博士论文打印稿。

蠢，圣者贤者也不比愚者俗者更高明。生生之道，日新之德，彼此皆有；道德和合，人文流行，万类同庆，宇宙同乐。

和合学可能世界的人文和合精神，形成智慧人类学系统。它以科学的心理人类学为基础，以非政治化、非意识形态化、非工具化的宗教人类学为表征，是人类心灵现象最直接、最全面、最系统的逻辑考察和实践证明。

人文和合精神的无限可能性是以人类的心理活动为现实基础的。心理人类学是以人类学的参与观察法、泛文化比较、生活史分析、民俗和艺术分析、心理学的投射测验等方法，研究社会系统中文化传统的传递、持续与变迁的心理过程和状况。如文化心理为什么有差异？文化以何种方式影响个人的基本人格和角色人格？文化与人格的关系？以及文化是如何影响民族性格的形成？这些就是传统心理人类学的研究的范围。人的人格的形成具有时间性、不可逆转性与持久性等特点。人格是人在成长过程中由社会文化铸造的。① 与人格相联系的是民族性（National Character），即国民性的研究②，又称之为“集团人格”、“众趋人格”、或“基本人格结构”等等。这种研究与本尼迪克特的《文化模式》一书相关联。她从一种主导动机支配的三种文化进行比较研究，指出新墨西哥州的祖尼印第安人，因其节制、中和、热衷礼仪以及个性淹没于社会之中而成为“日神型”（Apollonian）的人；温哥华岛上的考库特耳人以其“酒神型”（Dionysian）的性格而具有偏爱个人竞争对抗，嗜好心醉神迷和偏执狂似的权威幻想；美拉尼西亚的多布人，则具有隐秘、执拗冷酷、反复无常的民族性。③ 这就是以联系每个民族文化不同层面的共同心理模式，探索大多数人所共有的人格特征、价值取向、行为法则以及社会制度等。

许烺光的民族性研究引入了“轴”（dyad）的概念，它是指人类相关

---

① 由安东尼·马塞勒（Anthony J. Massella）和朱高文（Godwin C. Chu）、杜维明等著的《文化与自我——东西方人的透视》中说：“人格概念所引起的主要问题是我们往往把人格看成与社会和文化相分离的一个独立的实体……心理学和人类学的学者们都关注社会和文化是怎样影响人格的，却较少关心人格定向是怎样反过来影响社会和文化的……有些学者意识到人格概念不足以充当理论人类行为的工具，便开始了重建新的人格观。T. 帕森斯（Talcott Parsons）在试图将弗洛伊德与杜克海姆的观点相结合中注意到，通过社会互动过程获得的超我是沟通人格与文化的桥梁。”（28～29 页，杭州，浙江人民出版社，1988）

② 康德说：“休谟认为，如果国民中的每个个别的特性都被努力吸收进来的话，那么国民本身就没有特性了。我以为他在这里是错了。因为做出某种特性恰好是他本人所属的那个民族的普遍特性。”（《实用人类学》，邓晓芒译，220 页）

③ 参见［美］露丝·本尼迪克特：《文化模式》，41、47～101 页。

联的最小结构单位，“轴”是家族系统中的核心，亦是辐射关系中心。它决定个体的态度和行动形态，并推而及之体系内其他轴的相对关系和体系外的关系和行为①，所有的文化现象亦是从这看不见的“轴”引发出去的。

与心理人类学相联系是艺术人类学和符号人类学。因为信息交流是生命存在的前提，每一个信息都由符号构成，人类依符号而进行交流，体现了人类交流具有很大灵活性。因此，符号就是任何可以拿来有意义地代替另一种事物的东西。符号或可以由身体有机地产生，或可以借助身体在技术上的延伸，工具化地产生。语言是最“纯粹的”有机的符号系统。换言之，语言是表达概念的符号系统。② 正因为这样，有的人类学家认为，由于人类使用符号，才使得人类的全部文化得以产生和流传不绝，人类的行为亦由符号的使用所组成。这样符号便成为人类行为和文明的基本单位，亦是人类与禽兽之所以差异的特有领域。③

和合心理人类学根据现代脑科学、神经生物学、生理心理学等实验科学的研究成果，综合认知心理学、个性心理学、气质心理学、民族心理学和社会心理学等心理科学的理论学说和信息科学的方法，系统地把握人文和合精神的从微观到宏观的心理活动机制及其变化发展法则。

宗教现象是人类心理类水平上童蒙状态的人文表现，宗教历史是人类文化和合系统反馈纠错的自由历史。人文精神本质上是和谐的。但童蒙状态的人类心理，误以为人类的价值标准在至上神灵或先在的祖先那里，祭神祈福，祀祖祷祐。自然崇拜、祖先崇拜的原始宗教由此而生。④

宗教人类学是研究世界各文化在信仰和仪式活动方面的异同。从比较宗教学研究的结果发现，各地区、各民族的宗教活动，其基本哲学、仪式行为，在人类日常生活中的角色，虽形形色色，但有其相似之处。⑤ 因为所有的宗教都是为了满足一定的社会和心理的需要，如对生与死的普遍性的解释，无时空限制地赋予个人和群体以生活意义，给人提供超脱世俗生活达到精神自我境界的途径，在某种意义上还具有稳固群体秩序、提供道德规范的功能和作用等。宗教的这些心理和社会功能，即使到 21 世纪科学技术高度发展，仍然有其效用。这种效用的价值在于其宗教实践活动。

---

① 参见许烺光：《文化人类学新论》，张德瑞译，台北，联经出版事业公司，1979。

② 参见［英］特伦斯·霍克斯：《结构主义和符号学》，126～127 页，上海，上海译文出版社，1987。

③ 参见［美］莱斯利·A·怀特：《文化科学——人和文明的研究》，曹锦清译，21 页。

④ 参见吕大吉：《西方宗教学说史》，1～11 页。

⑤ 参见吕大吉：《人道与神道——宗教伦理学导论》，144～180 页。

人类学家认为，宗教是指对人生的一种特殊象征性的情感表现，以解释人类本身和他所接触的世界，对于行动提供必要的动机和一套有关的活动方式，使人类能够生存下去和得以生存的工具。事实上，所有宗教信念和宗教活动都是人根据他自己所处的生活环境的创造；宗教的观念亦是人的现实生活经验的拟人化，宗教仪式亦给人带来超脱感、安全感以及心灵的安慰，甚至如痴如醉①，等等。人与神灵的中介人，即宗教仪式的主持人，分为萨满（Shaman）和祭司（Priests），前者是兼职的，后者是专职的。②

宗教将人生价值和意义的本根倒悬在天帝，逆推于祖先，这不仅是对现实人生的虚幻超越和思辨否定，而且将人文和合精神激化到“上九”的“亢龙”的地位。离开生态的永生，脱离代谢的不朽，都是人类心理究极意义尺度到极端的逻辑虚构。“亢龙”必“有悔”。矫枉多过正。宗教的社会政治化，使人文和合精神恶化到“万恶之源”，成了极端专制的牧民工具。但人文和合精神必能“穷极则反”。文艺复兴运动，或明清启蒙思绪，使人类和合精神回到了感性世界和文化生态之中。宗教改革运动、新文化运动，使政治宗教退出工具领域，转换为心理宗教，融化到文化传统、风俗习惯的人文和合大潮流之中。

现代意义上的宗教，只能是以人文和合精神为本位的世俗化的心理宗教，即没有天国的天国的宗教。宗教的“外显功能”，即外表看得见的功能逐渐减弱；其“内涵功能”，即隐藏在人的意念中的功能仍然存在。和合学的宗教人类学是对宗教历史现象的人文和合的分析和梳理。宗教与人生息息相关，人与神的平等相关相应。它只是一种道德约束、整合的力量，借以获得社会、人际、心灵和谐平衡的一种外律因素。

宗教的工具化导致了神对人的奴役，天文对人文的抑制。佛教的不可言说的“第一义”信条，阻碍了语言文字和概念逻辑的科学化、技术化发展。西方宗教的过分政治工具化与东方宗教的非工具的神秘化，都说明要使和合精神优美、完善、真实地表达自己的价值功能和意义蕴涵，就必须从人文和合继续前进到工具和合，借助各种工具系统而有效地解决人文精神和合道路上的诸种困境、迷惑以及诸多悖论。

人文和合精神在哲学里反思自己，在艺术里呈现自己，通过符号外化

---

① 参见周大鸣、乔晓勤：《现代人类学》，214～216页。

② 参见［美］凯西·F·奥特拜因：《比较文化分析——文化人类学概论》，192页，郑州，河南人民出版社，1990。

自己，因而在可能世界的智慧人类学中有哲学人类学、艺术人类学和符号人类学的理论建构。心理人类学的科学基础，宗教情感的智慧力量及其工具化、符号化运动，在以人文和合原理改革人文学科中，创立和合人类学系统；在种类繁多的、又不断分化的人类学学派（如现代的都市人类学、乡村人类学、应用人类学等）的融突中，建构和合人类学原理。

21世纪，人类面临着人与自然、人与社会、人与人、人的心灵和不同文明的冲突，如何协调上述五大冲突，是和合人类学所关注的。比如现代化过程与其民族文化传统之间，特别是非西方社会现代化与其传统文化的冲突、融合的关系；外来文化冲击与本土文化保留之间的冲突、融合的关系；多元文化并存与“大同文化”（在信息联网下的地球村文化）之间的冲突、融合关系；城市文化与乡村文化、高雅文化与通俗文化之间的冲突、融合关系等等，是人文和合的和合人类学建构的基础和必须，这也是人类学的未来发展的方向。即使是最先进的电脑技术的发展，也不能代替人类自身的智慧和判断能力。和合人类学仍有其广阔的发展前景。

第十五章　工具和合与和合技术科学

人类与自然的人文和合，是通过人类对自然的化成而达到文化生态这一人文景观的。要参赞天地，化成万物，使自然生态环境转变为文化生态系统，人类就必须利用各种有效的工具，解决生存问题，克服发展障碍，即实现工具和合。

一、　和合技术结构和工具理性

汤川秀树说："对于东方人来说，自身和世界是一事物，东方人几乎是不自觉地相信，在人和自然界之间存在着一种天然的和谐"①。这种"天然的和谐"，是不自觉地相信。人类现代所面临的自然，是人的智能对象化的自然，即人工自然。人类与人工自然的融突，不仅是物质、能量和信息的交换，而且必须借助于某种方法、手段，即工具，以达到人类与自然世界的和谐。

（一）和合技术的含义

"欲善其事，必利其器"。器即工具，"备物致用，立成器以为天下利"②。器即器具，人类制成器具，以供天下人利用。器具、工具是指传导

① ［日］汤川秀树：《创造力和直觉——一个物理学家对于东西方的考察》，37页，上海，复旦大学出版社，1987。

② 《系辞上》，见《周易正义》卷上，《十三经注疏》本，82页。

人的智能、体能以作用、改变对象物的一切器具的总和，并以达到满足人的需要为目的。因此，工具也指人为了达到某种目的手段，譬如语言是人类交流思想的工具。这就是说，人类所从事各种不同的活动，便利用各种不同的工具（手段、方法）达到自己的目的；工具也以自己各种不同的形式，适应人类不同目的的需要。亚里士多德的《工具论》[①] 认为，逻辑是人认知的工具，即是其例。

工具是人的智能的自觉对象化的创造，这是人与动物的主要区别。工具的制造及其有效的利用，合理的匹配，需要有人类解决问题和冲突的"解智能"，及其技术外化。工具是"解智能"外化的技术产物。

技术一词在希腊文（τεχυη）中是指技能、艺术。亚里士多德把科学与技术加以差分，认为科学是知识，技术是实践性的，是人在实践活动中的技巧性、熟练性。技术在古代指工匠的技巧 technic（即手艺、技能）、技艺、艺术（art）；中国古代指"工"与"巧"。《说文》："工，巧饰也。"即工巧。《考工记》："天有时，地有气，材有美，工有巧，合此四者，然后可以为良"[②]。这是讲制造器具、工具的方法，即制造工具的技术。彦疏：

> 作器之法，须合天时地气之义，将欲说已下不善之事，故先于此说四者和合乃善之意也。[③]

这样技术即是技艺、技能、方术，意蕴着方法、天时、地气与作器者的和合。

18 世纪的产业革命，人的认知技术是对自然世界进行开发加工活动的主要形式。由于生产技术的发展，产生了 technology（技术学、工程学），这个词的后缀 logy 是"××学"，表征学说。狄德罗（Denis Diderot，1713—1784）认为，技术是完成特定目标而协调动作的方法、手段和规则体系。E. 卡普(E. Kapp)认为人类所发明的一切技术活动手段，都是人体器官向外界投影而形成的结构。这样，技术既指活动方式本身（技能），又指代替人类活动的装置。

20 世纪以来，苏联学者认为，技术是"生产体系中劳动手段的总和"，或"人工创造的人类活动手段的总和"[④]。相川春喜等人认为，"技术是劳

---

① 亚里士多德的《工具论》方书春译为《范畴篇解释篇》，北京，三联书店，1957。李匡武译《工具论》选本，广州，广东人民出版社，1984。苗力田等译《亚里士多德全集》，北京，中国人民大学出版社。

②③ 《考工记》，见《周礼注疏》卷三十九，《十三经注疏》本，906 页。

④ C. B. 舒哈尔金：《技术与技术史》，载《科学与哲学》研究资料，1980 (5)。

动手段的体系"[①]。C.辛格在《技术史》第一卷认为，技术为"人类能够按照自己愿望的方向来利用自然界所储存的大量原料和能量的技能、本领、手段和知识的总和。"这就是说，技术是人的知识、能力、手段、体系的总和。

除"手段说"和"总和说"外，还有"知识说"、"能力说"等。德国贝克曼认为，技术是"指导物质生产过程的科学或工艺知识"，曾在19世纪产生巨大影响。M. 邦格（M. Bunge）把技术规定为按某种有价值的实践目的用来控制、改造和创造自然的事物、社会的事物和过程，并受科学方法制约的知识总和。[②] 世界知识产权组织（WIPO）认为，技术是制造一种产品或者在工业、农业或商业中提供一种劳务的知识系统。[③] 村田富二郎认为，技术是在"生产现场中，直接或间接被充分利用的，只有经过特殊训练的人所具备的特定能力"[④]。依据技术的希腊原文来规定技术。

凡此种种，说明随着技术的发展以及技术与社会、经济关系的紧密，人们对技术的关注越来越浓厚。同时，由于人类知行活动领域的不断延拓和智能水平的不断提高，技术的含义也在不断充实、演进。

古代的技术一般指人制造、操纵和使用手工工具的技能、技巧、手艺，是生产劳动的一部分。近代产业革命使人们对技术有了认知，技术亦增加了机器的设计、制造以及机器的组合匹配等物质手段等。现代技术概念进一步包含了工艺、程序、规则等设计与研制的技术理论及其科学原理。可以说现代技术是以工具为标志的生产、技术、科学的和合体。规定为：人类根据自己的目的（目标），运用知识、能力、经验和工具、程序、规则，从自然界获得人工自然物的一切手段、方法的和合体。

技术概念是与一定时代、条件、社会文化背景、生产活动、科学活动以及人的智能、目的相联系的历史范畴。其历史的延拓图式如图15—1。

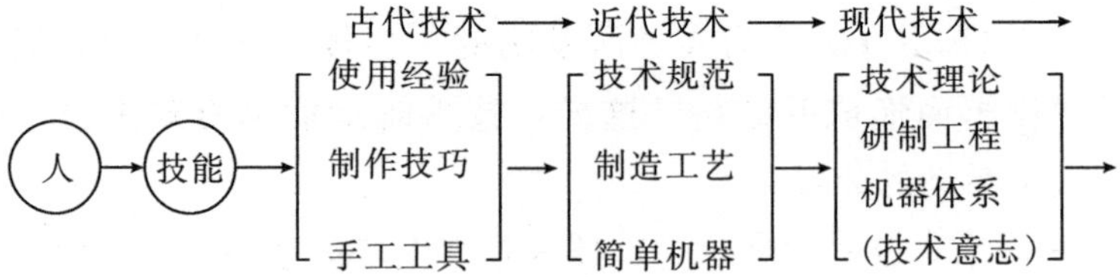

图 15—1

① ［日］中村静治：《技术论论争史》上，第一章，东京，青木书店，1975。

② 参见［德］F. 拉普：《技术哲学》，载《当代哲学》，第2卷，1982。

③ WIPO：International Bureau of WIPO：*The Elements of Industrial Property*，WIPO/IP/AR/85/7，Paris，pp. 3～15.

④ ［日］村田富二郎：《技术论和技术》，载《金属》，第51卷，第1号。

这些基本上属于对技术的狭义的规定，它表现了人类创造性的构思，即为了满足个人和社会需要而创造出来的，具有实现目标的功能和起改造世界作用的一切工具、方法。

对于技术广义规定，便超越工程学范围，而扩展到任何讲究方法、工具的有效活动。M. 邦格曾把技术分为四方面：（1）物质性技术：物理的（民用的、电气的、核的和空间工程的）技术，化学工程的、生物化学的（药物学的）、生物学的（农学的、医学的）技术；（2）社会性技术：心理学的（教育的、心理学的、精神病学的）、社会心理学的（工业的、商业的、战争的心理学）、社会学的（政治学的、法律学的、城市规划的）；经济学的（管理科学的、运筹学的）、战争的（军事科学的）技术；（3）概念性技术：计算机科学；（4）普遍性技术：自动化理论、信息论、线性系统论、控制论、最优化理论等。它虽然包括了技术的各个方面，说明技术在当代的广泛渗透性，但实质上仍是工程学的。

M. 邦格试图突破工程学的限定，埃吕尔（J. Ellul）则把技术定义为："在一切人类活动领域中通过理性获得的（就其特定发展状况而言）、具有绝对有效性的各种方法的整体"①。H. 马尔库塞（Herbert Marcuse）认为，"文化、政治和经济以技术为中介融为一个无所不在的总体，它吞没和拒斥一切别的东西"②。这种广泛的、多样的、无所不在的总体，不仅是确切地描述问题，而且处于现代文化中心，包括了人所从事的价值部分，使人能理解技术以及技术的社会政治意义。

走出工程学，走向社会，走向文化，这就是和合学工具和合中的技术。它不限于解决人类与自然之间融突的手段、方法，而且包括解决人际（国际）之间的社会融突和心灵自身的观念融突的手段、方法的和合。这种广义的技术定义，能符合现代各学科走向融合、和谐的需要。然而，埃吕尔等人的技术广义定义，并不能保证人们正确理解技术科学，以及技术文化的社会价值。

所谓和合技术，是指人类主体根据自己目标，利用和开发智能、经验、工具等一切手段和方法，使人类与自然、社会、人际、心灵、文化之间的冲突，获得和合。这个规定具有人文创造，既合规律又合规范，中介转换，倍加增效，切实可用的特征。它超越了传统的、以经验为基础的、

---

① J. Ellul：*The Technological Society*，New York 1964，p. 183.

② Herbert Marcuse：*One-Dimensional Man*，Boston/London，1964，Pxvi.

简单技术所涉及的工具、机器的使用方法和过程。普遍渗透到社会、经验、思维与日常生活之中，而深深影响自然科学、社会、人文科学的各个层面，譬如技术价值学、技术社会学、技术文化学、技术伦理学、技术经济学、技术管理学、技术逻辑学、技术人类学、技术心理学等。和合技术科学就是这种技术具体学科的融突而和合。

（二）和合技术的结构

技术活动的发展和扩大，人类认知到技术是各种各样错综复杂因素的有机联系的结构。由于人们的不同文化背景和价值观念，对技术本质亦有不同理解，于是建构了由不同技术要素组合的技术结构。①

以往的技术结构，基本上可分为：

1. 从技术的客观性、物质性要素出发，建构技术内部结构。石谷清干基于对技术本质为劳动手段的理解，把直接劳动手段的技术作为主干，诸如劳动工具、劳动容器、动力装置等；又把劳动对象和间接劳动手段的技术作为枝干，并按主干与枝干的整体联系建构树式结构。② 黑岩俊郎从生产领域来差分技术部门，诸如机械、运输、材料、化学、土木、电气、控制等等。他是从技术是工具的应用视角，把各种不同特征的相关技术构成网状结构。③

中国学者关士续等从技术的"硬件"（物的因素）角度，认为每一个时代总有一项主导技术，代表该时代的主流，推进其他技术的发展。与主导技术相联系而产生和发展起来的技术称"主导技术群"，它与这个时代的其他技术，构成了时代技术群。④

2. 综合技术的物质性、精神性要素，建构技术结构。户坂润从现实技术存在于一定生产关系和社会组织之中的关系出发，认为技术可差分为：主观存在形式的技术与客观存在形式的技术两种。前者有赖后者为中介，才能获得本身的意义。其技术结构如图 15—2。⑤

户坂润认为技术的本质是社会性的、物质性的。客观存在形式的技术应从劳动手段方面来把握，构成生产力的两大要素；技术在一定生产关系中，同经济关系相联系，构成上层建筑的强有力的决定者。⑥ 这样，就把劳动手段中的主观成分包含在技术结构之中。

---

① 参见黄顺基、刘大椿：《科学技术哲学的前沿与进展》，297～307 页。

② 参见［日］石谷清干：《工学概论》，183～187 页，东京，日暑社，1972。

③ 参见［日］黑岩俊郎：《日本技术论》，337～342 页，东洋经济新报社，1979。

④ 参见关士续：《科学技术史简编》，261～262 页。

⑤⑥ ［日］《户坂润全集》，第一卷，235～236、255 页。

- 技术
  - 主观（个人主体）的技术（包括智能、技能、手艺等）
    - 观念的技术（数学家的计算、医生的临床诊断、文学家的创作、理论家的思维）
    - 物化的技术（工程师的设计、钢琴家的演奏）
  - 客观的技术（包括工具、机器）＝物质的技术（真正的技术、技术学诸问题）

图 15—2

星野芳郎从各技术部门（动力、采掘、材料、机械、建筑、交通、通信、控制）与劳动过程（采掘、原材料生产、机械生产、建筑、信息处理、能源生产）的相互联系、作用、平衡中，总结出“作为一个整体，则形成了一个把所有技术部门从低级到高级联系到一起的、复杂的、立体网络的结构的技术体系”①。

山胁与平认为，技术是以主体性形式，运用体能与智能，构成能动的主体劳动能力的两个方面。若把技术单纯作为劳动手段，人的主体性因素就被忽视了。他从技术的二重性出发，从 15 个方面论述技术的特性：(1) 技术是社会人类的创造，因此，从根本上说，技术是社会性的。(2) 经济性。技术在经济关系中才具有意义。(3) 生产性。技术是人类劳动生产的要素。(4) 物质性。技术具有物质性和自然性。(5) 手段性。技术是人作用于自然的手段。(6) 系统性。技术作为手段，只有在生产劳动中被系统化、体系化、程序化才能发挥作用。(7) 阶级性。在阶级社会，技术就反映阶级对立的各自阶级利益。(8) 革命性。技术从目标上观，是以维持人类生命和提高人的生活水平为目的的，所以本质上是革命的。(9) 保守性。技术可以延续、再生产、反复使用，所以具有保守性。(10) 历史性。技术从传统技术中产生，随人类历史发展而发展。(11) 选择性。达到目的的劳动手段多种多样，可依据各种因素进行选择。(12) 规则性。技术都是个别的、特殊的，一把钥匙开一把锁，并依各自的规划基础上有效地使用。(13) 容许性。技术在环境基准、质量优劣、完成方式、制造方法、安全率等方面与严格追究真伪的科学不同。(14) 动力性。工具和机械等手段只有在生产过程得到能源（动力）的供给，才能有效地发挥作用。(15) 控制性。技术在控制作用下，才能达到预定目的。此 15 个特性都与技术的自然和社会性相联系，因此，对技术二重性认知是技术结构的

---

① ［日］星野芳郎：《技术发展的模式》，载《科学与哲学》，1980 (5)。

重心。①

3. 技术社会性特性的民族性结构。吉谷丰认为，世界各个民族居住地区的自然条件和生活方式的差异，以及需求的分殊，技术也具有民族性。技术作为文化的一个方面，与文化一样具有民族技术结构。他从日本与西方在思想、世界观、自然观、命运观、思考、认知、感觉、关系、行动、集团组织、传播、评价等方面的比较中，说明技术的民族性结构。②

4. 技术的经验型、实体型、知识型组成的有机整体结构。中国学者黄顺基、黄天授、刘大椿等认为，任何时代、国家、地区的技术结构都是由经验形态、实体形态、知识形态三种技术要素组合而成。所谓经验形态是指由经验知识、手工工具、手工性经验技能等要素组合而成的技术结构；实体形态是指由机器、机械性经验技能与半经验、半理论的技术知识等要素组合成的技术结构；知识形态是指由理论知识、自控装置和知识性经验技能等要素组合的技术结构。其图式如图 15—3。③

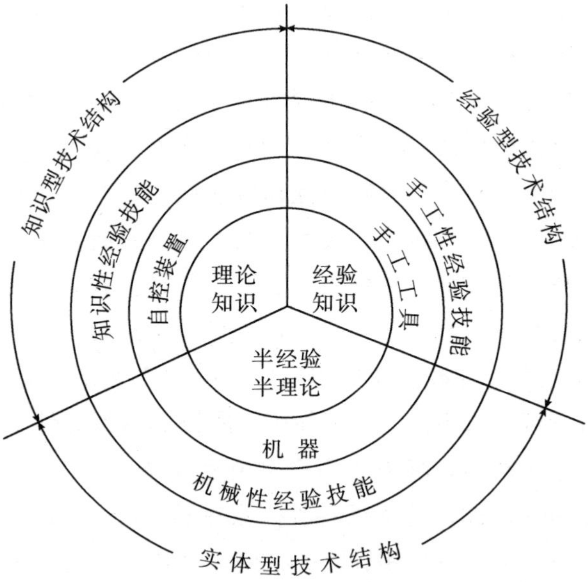

图 15—3

从古代以手工工具为特征的单相经验型技术结构，到近代以机械工具

---

① 参见［日］山胁与平：《技术的定义和特性》，见《技术论和技术教育》，青木书店，1978。译文见《科学与哲学》，1985（2）。

② 参见黄顺基、刘大椿：《科学技术哲学的前沿与进展》，302 页。

③ 参见黄顺基等主编：《科学技术哲学引论——科技革命时代的自然辩证法》，268～269 页。

为特征的双相实体型技术结构，再到现代以自控工具为特征三相知识型技术结构，这三种技术结构的内在要素都包括知识、工具和经验技能三种要素，亦即技术的三要素：知识（设计、发明、技术知识），实体（器械、机器、设备）、经验（技能）。从这个意义上看，无论是古代、近代、现代的技术结构，都是不同要素冲突融合而和合生生。

和合学的技术结构诸形态、模式亦都包含这三种要素。和合学技术结构分为自然形态的工艺制造技术，社会形态的规章制度技术，思维形态的范畴立极技术三个基本层次。其图式如图 15—4。

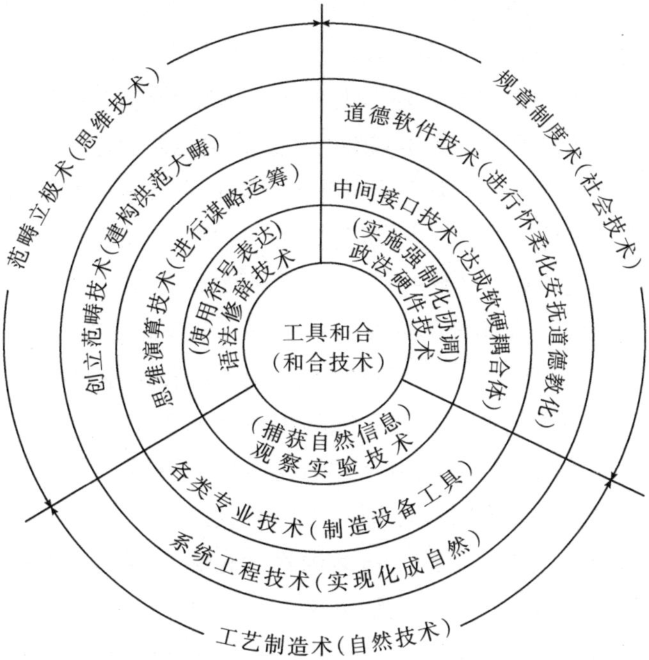

图 15—4

和合学的技术结构是一个具有明确目的性、系统性和层次性的和合系统。它是一种立体式的、多层次的理论建构，体现了工具和合的整体贯通的特性。和合学的工具和合（和合技术）涵摄工艺制造术结构、规章制度术结构和范畴立极术结构。三者之间虽有递进关系，但三者并存，这种并存是冲突、融合而和合，并非以一种形态结构代替另一形态结构。和合技术科学，就包含着这样一种意思。

（三） 排扰解难的工具理性

解难是工具和合在生存世界的主要功能和效用，要实施这一功能和效用，必须分析天人冲突的表现特征及其深刻根源。科学技术从本质上说就是解难。

所谓技术科学，英国 C. W. 柏塞尔认为，“是一个包括传统工程各个分支，农业科学，以及有关空间、电子计算机和自动化的各现代学科的学科群”①。和合技术科学，除上述现代工艺制造术各学科群外，应包含规章制度术和范畴立极术等方面的内涵。

技术科学是运用一切工具、手段、方法，解除人与自然、社会、人际、心灵、文明间的冲突、困难，使人获得利益和需要的满足。和合技术科学是为了解决人与诸多方面的冲突中，由融突而走向和合。以人与自然生态的冲突及其表现特征为例来说，人类文化活动（包括人的技术文化活动）与自然生态的和合关系，是形上和合、道德和合以及人文和合立论的基础。因而，天人和合是元始本根性的、道德制约性的、人文化成性的。只有从这三种和合角度看，人类文化与自然生态的关系才是本根和合的，应该和合的与成为和合的。然由于人类与自然的质能差异和文化与生态的机制相变，两者的和合是相对于冲突的和合，是不断解决冲突的和合化过程。

天人之间围绕生存问题的冲突，主要有三个彼此重叠的层次：

1. 物质层面的变形冲突。自然生态造化出来的各种物品，并不都能满足人类生存和发展需要，人类必须利用各种加工工具、生产技术，才能使天然物品发生变形，转换成为人类的物质生活资料。当人类变形自然物违背了物性的自然法则和转换法则时，便形成人与自然生态在材料层面的变形冲突。只有当人类的目的与自然的物性相和合时，冲突才能解决。材料技术及其工具和合系统，旨在解决这一层面的冲突。

2. 能量层面的变性冲突。人类的生存和发展活动，必须不断补充能量，才能维持。但自然环境中的各种能量并不都能直接满足人类的生存和发展需要。人类必须利用各种变换手段，方能利用物质性变，获得足够的生产能源与生活能量。因为根据能量守恒和转换定律及爱因斯坦的质能关系，只有变换物性，才能迫使自然释放出人类所需要的能量。烧毁燃料才有热能，截拦水流才有水力电能，裂变核子才有核能。当变性物质违反了能量守恒定律与质能关系时，便有人与自然生态能量层面上的变性冲突。能源技术及其工具和合系统解此冲突。

3. 信息层面的变时冲突。人类为了得到更适宜的材料和更有效的能

① 邹珊刚主编：《技术与技术哲学》，41 页，北京，知识出版社，1987。

源，必须与自然生态进行“信息”对话，强迫自然“说出”自己的过去经历、内在本质和变化规律及发展趋势。这是一种对自然信息的变时推究，通过对自然质能现实信息的时态变换，把握自然生态的全部历史、本质规律和可能方向。当变时质能时态相位违逆了自然原理和信息规律时，人与自然生态出现信息变时冲突。信息技术及其智能工具专为解决变时冲突而设。

人与自然生态的这三重冲突，构成了人类生存世界的知行困境。噪声干扰，信息混杂，不明自然的来由、底细和真相。不晓人类该怎么办，犹豫难决，忧心忡忡，此为知之困难。物形阻碍，质能难驳，或徘徊不前，或后退无路，或碰壁摔跤，坎坷蹇难，此为行之困境。知忧行困，“知难行亦难”。人与自然生态的三重冲突，和合之道路漫漫。

人与自然生态冲突，知行困境及解难方式如图 15—5：

	系统层次	冲突方式	解决工具	生发难题	
人与自然生态的冲突	信息系统	变时冲突	信息技术	干扰失真	知行困境
	能量系统	变性冲突	能源技术	保持守恒	
	物质系统	变形冲突	材料技术	形态复杂	

图 15—5

人类要生存发展，要使文化与生态融突和合，就必须排解知忧行难的生存和发展困境，使其转换成为生存和发展的解境。要实现这一目标，人类必须外化自己的本质力量，使理性由生智能转换为群智能，物化成为技术工具和合系统。

理性按照技术科学原理外化成为工具，是人类智能的放大增益过程。技术工具，首先是人文和合的创造物，是人类智能的物化结晶；其次，技术工具放大了人类的智力，弥补了感觉器官的天然局限，增益了人类的技能，完善了效应器官的能动作用。理性的工具外化，形成了具有实践品格和价值意义的工具理性。

工具理性是人类与自然生物的本质区别，是文化实践的内在的推动力量。工具理性的发展史，就是人类科学技术进步的生产历史，就是人类生存和发展的自强不息的进取的历史，就是人类文化合理化成自然生态的文明历史，也就是人类知行自觉解决人与自然生态冲突以及生存和发展困境的历史。

按照工具的外在和合特征，工具理性的历史演化经历了三个阶段：手工工具→机械工艺→系统工程。

工具具有内在的和合“规范”。规范（或译作“范式”）是库恩（Thomas Samuel Kuhn，1922—1996）用以说明科学革命内部机制的概念。他认为“规范”是指由某一特定科学团体所采纳的，一般性的理论假定和应用这些假定的定律和技术等因素构成的。规范为科学内合理工作规定标准，协调并指导在这些规范内工作的一群常规科学家的“解决难题”活动。① 然而库恩的“规范”定义有失明确性，却被G. 道西移植到技术的研究中，提出了技术规范概念。所谓技术规范，是指根据一定的物质技术，根据从自然科学中得来的一定原理，解决一定技术问题的“模型”和“模式”。一种新的技术规范的出现，具备有两个基本条件：（1）成功的范例，给人以成功的启发；（2）形成一个能够为整个新技术实践所共识的文化模式。②

技术规范是技术中的整合要素或结构性要素，它是主体与手段在技术规范的整合下的融突和合；它使技术活动按特定的次序组合起来，成为一个有序结构；它决定着技术活动的结构，即使技术活动的主体及其手段不变，根据不同技术规范组合起来，亦可发挥不同职能。换言之，无技术规范，主体与手段的结合便失其根据。

依据技术活动的不同层次，构成相应的技术规范。在技术规范的整合下，技术活动获得实现。大体可差分为三个层次：

1. 技术的科学规范。所谓技术的科学规范，是指人作为自觉的、能动的活动主体，在技术实践中依据理性的力量，即相应科学原理的指导，利用物质运动规律以达到自己的目的。技术的科学规范依据科学原理在技术活动中的作用，可分为两类：一是肯定性规范，是对于有关技术活动的肯定，为给人们的技术活动以方法论的指导。如热力学中卡诺循环理论，为建构生产热机的技术活动提供理论基础；二是否定性规范，它是对技术活动的消极制约，它限制了人们有关技术活动的展开。如热力学第一定律宣判了永动机的死刑等。

技术的科学规范表现为技术原理，它往往是应用科学的研究成果，但亦不限于此。比如能量守恒定律是基础科学的理论，但对于一切技术活动都有约束作用，为所有技术活动的科学规范。

---

① 参见［美］库恩：《科学革命的结构》，4、64～74页，上海，上海科技出版社，1980。

② 参见［英］G. 道西：《技术规范和技术轨道》，载《科学与哲学》，1984（3）。

2. 技术的行为规范。所谓技术的行为规范是指连接技术与科学的中介，它揭示了技术对科学原理的依赖关系，以及从认识世界向改造世界的过渡。技术的科学规范的建构，仅是一种技术活动的可能性和找到技术活动的科学原理的根据。它既不是全部的技术活动，亦不是现实的技术活动。

技术活动作为主体的实践活动，它是见之于主体的行为，于是有技术的行为规范。技术的行为规范是指关于人在技术活动中依据什么方式、方法、程序、步骤及其相应的组织与协作原则，如何实现技术的科学规范的规定性。比如，卡斯特和罗森茨韦克举例说，一个人买了一套立体声收音机零件来组装，组装过程中，他需要一些零件、工具等，仅这些还不够，因为在容纳各种元件的收音机里，包含着一整套细致的按步骤组装的程序。这是工艺知识的组成部分，是完成实际目标所需的信息。①

技术的行为规范一般表现为技术活动的工艺。工艺水平高低、优劣对技术活动的效率、效益以及产品质量有很大的影响。工艺水平还规划经济效益的大致区间，人只能在这个区间内有所作为。因此，提高工艺水平，扩大原有区间，是提高经济效益的关节点。如水轮机叶片，工艺分机械加工和精密铸造，无论怎样加强管理，机械加工的原材料的利用率不可能提高到精密铸造的水平。

技术的行为规范除工艺外，还包括操作规程、生产组织、协作匹配等规定。这样，才能建立技术的行为规范，而开始技术生产活动。假如不建立技术的行为规范，生产就会乱套。这是因为主体生产者赖以展开其技术活动的基础和准则，是技术的行为规范。

3. 技术的社会规范。所谓技术的社会规范是指技术在社会大系统中存在与其他社会因素建立有机联系的方式的规定性。人的技术实践活动是社会的活动，社会大系统对人的技术实践活动的规定性，构成了技术的社会规范。

技术的社会规范，包含这样几个方面的因素：一是社会大系统中各子系统间的相互作用。如技术子系统与经济、政治、文化等子系统之间的关系，均构成对人的技术的社会实践活动的制约作用；二是技术子系统与社会大系统之间的相互作用，也会构成对技术子系统的制约作用；三是社会大系统与自然生态系统、技术子系统与自然生态系统之间的相互作用。如

① 参见［美］卡斯特、罗森茨韦克：《组织与管理》，206页，北京，中国社会科学出版社，1985。

社会大系统、技术子系统要使自然生态系统发生某种变化，而作用于自然生态系统；反之，社会大系统和技术子系统亦受自然生态系统的制约，亦构成对技术实践的规范。

技术的社会规范表现为对技术实践总体格局的定向的规定性。技术的社会规范有肯定性一面，即促使技术实践的发展；也有否定性方面，对特定技术实现予以禁止或限制。从性质上看，有强制性的法律手段，也有非强制性的市场诱导手段等。

技术规范从不同角度、侧面对技术活动进行了整合。技术的科学规范是对相应的科学理论、原理、知识进行整合，明确了技术原理和建立相应的方法论；行为规范是对各技术要素进行整合，使技术活动成为有效的实践活动系统；社会规范是对社会大系统各个子系统进行整合，使技术子系统与其他子系统相匹配、协调和谐而共存于社会大系统之中。

技术规范理论探讨了技术与科学、行为、社会之间的错综复杂的相互制约、渗透、促进、转换等等作用关系。其间并非简单双向线性作用方式，或单纯单方因素起作用的方式，因而如“科学产生技术”，“技术决定社会”，或“技术的社会经济决定论”、“社会的技术决定论”，这样的一些观点，都失之偏颇。①

从科学社会学和科学知识社会学出发而形成的“社会的技术决定论”的技术社会观，逐渐被建构主义技术社会观所代替。建构主义技术社会观的特点，是对社会关系的各个方面做一视同仁的考察，而不像经济决定论者把生产关系作为决定因素。任何技术都是在特定的社会历史环境中，由“相关社会群体”建构而成，这种建构的作用覆盖着技术发展自始至终的全过程，以及技术人造物的内涵和外延。② 其实，建构是一种过程，在此过程中起整合作用的，便是技术的这三种规范。

工具理性外化工具和合系统，是通过人类的工艺制造技术和技术三种规范，以及其社会历史性实践不断进行的。工艺制造技术是生存世界工具和合的转换枢纽，其量化流程图如图 15—6。

图 15—6

---

① 参见孔昭君：《企业技术论——技术社会学的尝试》，论文打印稿。

② 参见柯礼文：《评当代三种技术社会观》，载《自然辩证法研究》，1991（11）。

工艺制造技术及其工具系统是人类文化自铸的“双刃剑”。它们既可以制造破坏性的工具，用于战争军事目的；也可以制造建设性的工具，用于和平发展目的。而且同一种工具系统，既能协调人类与自然生态的关系，解决人与自然生态的冲突，又能破坏文化与自然生态的融合，激化人与自然生态之间的冲突。甚至反戈一击，化成自然生态的工具，成为扰乱人类社会结构的动乱武器。

工艺制造技术及其工具系统的这种可破可立，或破或立的“双刃”作用，说明它们依据自然法则，遵循反合原理。“道法自然”，即自然而然。自然不会预设自己的目标，只根据环境的约束条件按因果法则或概率法则而起作用。人类的自然技术、工具工艺，是附着在自然环境上的人工系统，虽制造过程有人类的目的和文化的方式，但作用过程只有自然的道路和效果。“反者，道之动”（《老子》第四十章）。工具的制造和使用之道之术，也就自然有了正作与反作，正用与邪用的反合原理。按自然价值尺度，工具系统无分正反的技术和合系统；按照人类价值尺度，工具作用当有邪正之分，正反之别，这是价值意义冲突的非和谐系统。

生存世界工具和合系统价值意义上的冲突与非和谐，根源在于工艺制造术既要遵循自然变化法则，又要接受社会规章制度的价值选择和意义约束。当人类的价值选择和意义约束内部产生人际冲突时，解决人与自然生态冲突的工艺制造技术也要受到牵连，发生外源性的不和谐。这就说明，要从根本上消除工具的不和合异用，就必须从工艺制造技术进入到规章制度技术的层次，解决意义世界的人际（社会、国际）冲突，以及工具和合问题。这种转换，虽有层次之别，但亦相互渗透、相互关联。

二、 规章制度技术和解结功能

人与自然生态的工具和合，说明人类如何、怎样运用技术手段作用于自然，促使天然自然转换为人工自然，以改善满足人的需要。在人与自然生态的相互冲突融合中，存在人的社会意义、自然的社会意义以及作为人与自然生态之间的中介手段，即技术的社会意义问题。

技术的功能就在于人类在构造自然，创造人工自然物中具有物质变换、能量转换、信息交换的功能。技术还具有生产力功能和社会功能。这些功能的实现，都有赖于一定的社会环境，其社会功能的实现，还与社会的自然、文化、政治、经济环境对技术的整合，以及社会舆论、法律规范对公众技术心理的调适相联系。和合学的工具和合，从意义世界层面来看技术，是为了解决人与人、人与社会之间的冲突、融合的问题。

（一）意义世界的内外郁结

在和合意义世界，实现工具和合首先面临的问题是价值规范的内外郁结。作为意义的主体与规范的立法者，每个人都有自家的价值规矩（尺度）和意义标准，并希望所有的人都能认同自己的规矩（尺度），运用自己的标准。但依据个人道德要求制定的自己规矩和标准很难直接成为人类的公共尺度和公认标准。

人的价值规矩和意义标准的不同或冲突，是与人的经济、政治的利益和需要的冲突相联系。于是经济制度的技术规范、政治约法的技术规范和伦理道德的技术规范以及文化价值的技术规范，便是技术社会化过程中所必须涉及的问题。现将技术在解决人与社会冲突中的三种形式分述如下：

1. 经济制度的技术规范。人的技术活动，是在既定社会区域中所具有的经济环境或状况下进行的。因此，经济体制、制度对技术社会化的影响是巨大的。就技术创新的社会实现而言，从技术创新的类型来看，市场竞争可能是最直接有效的因素，它可以形成技术创新的自动调节器，有利于技术成果走出企业、进入社会。但宏观调控，市场管理，也是促使技术正常社会化的必要条件。同时，从技术推广应用的角度看，价格与经济体制、制度的改革，亦很必要。如中国地矿部矿产综合利用研究所曾开发出提高选矿品位的磁团聚重选法，技术先进，经济效益显著，却难于推广，其原因是现行工业管理体制、制度和产品价格体制、制度不合理的制约。中国大部分钢铁公司与矿山公司都各自为政，矿产品价格较低，由国家统一定价。尽管此项新技术提高了矿石品位，但精选矿石增加的收入抵不上成本的增加，成为亏本经营。精选矿石对冶炼厂来说，不仅增加产量，而且降低能耗和原材料，利益显著。选矿公司不愿“为他人做嫁衣”，而让冶炼厂得利，新技术便得不到利用。这里存在冶炼厂与选矿厂的利益冲突，二分的管理体制、制度之间的冲突，矿石的精与粗、能耗的大小等冲突。解决此冲突的方法、手段的技术，不仅可促使新技术的转化，产生社会物质效益，而且可改革经济体制，制度而趋向合理化，使利益冲突得到协调。譬如使两个独立核算单位在体制上合二为一，采取联合公司，或利益分摊等形式，这便是冲突融合而和合为新和合体的方法、手段，即工具和合的一种形式。

经济体制、制度的改革是解决人际、社会经济利益冲突的技术工具。

经济体制、制度既具有满足社会经济需要，促进技术进步和发展的作用和功能，亦具有压抑社会经济需要，阻碍技术进步和发展的作用和功能。默顿在关于英国17世纪技术与社会经济制度的研究中，发现了经济制度、经济需要与技术之间的关系，一般是由经济需要带来技术的需要，并由经济制度、体制的协调（即工具和合的作用），使社会形成一种共识；只有那些能帮助英国谋求经济上的统治地位的发明活动，才是最有价值的。① 因而推动了技术的应用和发展。

李约瑟在分析中国近代科技落后的原因时，指出："虽然中国社会本身生来就是发明创造的沃土"，除四大发明外，"齿轮、曲柄、活塞连杆、鼓风机以及旋转运动和直线运动相互转换的标准方法——所有这些的出现，中国比欧洲要早，有些还要早得多——它们的利用却比应该得到的要少，这是因为在一个官僚们决心要保护和稳定的农业社会里缺乏这种需要"。因此，"无论谁要阐明中国社会未能发展近代科学，最好是从说明中国社会未能发展商业的和工业资本主义的原因着手"②。这就是说，中国的技术发明之所以得不到利用与发展，是由于经济需要不明显。说到底是由于中国官僚要保护农业社会的经济制度和体制，未能发展商业和工业资本主义的制度和体制，因而阻碍了中国科学技术的利用和发展，造成中国近代科技落后而挨打。所以，改革中国经济体制和制度，是解决中国科技落后状态的关键。这便是和合学所要强调的经济制度技术的工具和合。

2. 政治约法的技术规范。技术社会化过程的政治区位，是指技术活动在既定的社会区域中所具有的政治环境或条件，不同的政治环境或条件，其权力的冲突形式差异，政治约法技术亦分殊。

政治区位对技术的整合，与技术对政治的制约，体现在"国家主义"与技术政治化的倾向上。在当代世界或国家中，各种政治势力的冲突越演越烈，技术的作用亦越来越大。技术的功能已超越了人与自然的界限；一方面被作为政治冲突的工具；另方面被作为协调政治权力冲突、政治利益冲突的工具。

就前者而言，一些国家和民族或一个国家内部的不同政治集团或民族，以军事技术显威，以样品技术显力，它在不同意识形态和宗教意识的国家或集团的相互冲突中具有重要地位。所以，技术的发展显示了技术

---

① 参见［美］R. K. 默顿：《17世纪英国的科学、技术与社会》，211～278页。

② ［英］《李约瑟文集》，84、293页，沈阳，辽宁科技出版社，1986。

"国家主义"和技术政治化的倾向。所谓技术"国家主义",是指技术的民族共同意识或共同意志[①],并体现各国政治和集团对技术的重视和支持上。现代无论是把技术作为国家能力的工具,还是作为国家的特殊目标,它的发展都为世人所关注。各国对技术R&D规划的支持也成为政府永久和制度化的功能。特别是第二次世界大战后苏联人造卫星的发射,促使各国把新技术的创造放在首位,美国便把发展尖端技术看作是国际政治力量和权威的较量。约翰逊副总统在1961年的一份报告中说:虽然登月计划是危险的,但空间竞争的失败更危险,所以人类空间计划是我们必须采取的危险的行为,否则就意味着我们将在各方面退居第二位,因为空间技术已成为国际地位和威望的重要象征。[②]

一个国家内部,由于意识形态、价值观念或政治目的原因,而使技术政治化。苏联为向革命节日献礼和政治宣传的需要,便搞样品技术、展品技术,以及进行社会主义与资本主义竞赛的斯达哈诺夫运动[③]等。西方一些民间团体利用技术问题,诸如环境和核能问题进行反政府活动,以表示他们对执政党的独裁的不满。[④] 在这里,技术已被异化,它本身的价值并不重要,而是以技术所要达到的政治目的,为其所追求的目标。[⑤]

技术的"权威意志"是技术社会化过程中,政治区位对技术的一种整合现象。迪弗尔热认为,所谓权力是一种规范概念,是指一个人处于这样的地位:他有权利要他人在一种社会关系中服从他的指示;而社会的标准和价值体系则确认了这种权利,并把它赋予应享有这种权利的人。权威就是被赋予权力的人所具有的身份,或者说权威就是握有权力的人。[⑥] B. J. 霍奇等人在"社会组织"理论中区分了六种权力,即人们公认的合理合法性权力,控制和施与他人利益的奖赏性权力,强制或惩罚他人的强制性权力,英雄崇拜认同的特指性权力,宗教领袖的人格力量所具有的魅力性权力,以及技术专家以知识和技能为基础的专长性的权力[⑦]等。这种种权力,有时在一定时空条件下,对协调种种形式的权力冲突,能起到技术工具的

---

① 参见[日]斋藤优:《技术转移的理论与政策》,载《科学译丛》,1988(3)。

② M. E. Kraft and N. J. Vig, *Technology and Politics*, Durham: Duke University Press, 1988, p. 25.

③ 参见[美]A. C. 萨顿:《西方技术与苏联经济的发展》,110、479页,北京,中国社会科学出版社,1980。

④ R. Williams etc. ed. *Public Acceptance of New Technology*, 1988, p. 53, p. 379.

⑤ 参见陈凡:《技术社会化引论——一种对技术的社会学研究》,博士论文打印稿。

⑥ 参见[法]莫里斯·迪韦尔热:《政治社会学》,113~116页,北京,华夏出版社,1987。

⑦ 参见鲁品越编著:《社会组织学》,267~272页,北京,中国人民大学出版社,1989。

作用，即工具和合的功能。

譬如苏联政治领导人以自己的权力对技术创新和变革进行协调、平衡，以解决隐藏在技术变革背后的权力冲突。第二次世界大战后，西方化学工业曾获得令人振奋的发展，赫鲁晓夫在东西方政治竞赛的权力意志驱使下，认为优先发展化学工业是苏联最持久的核心政治问题。他在1961年苏共二十二次大会上提出："化学工业在建设共产主义物质技术基础中具有特别重大的意义"。为实施这 "宏伟计划"，投资规模急剧扩大，但最终化学化运动遭失败。勃列日涅夫在苏共二十三大批评赫鲁晓夫犯了主观主义的错误。这是以政治权力约法来协调政治权力的产物。又如20世纪70年代初苏联就如何发展自动化控制技术系统问题在科技界争论不止，苏共政治局也形成两派，相互冲突。勃列日涅夫在1971年苏共二十四大上讲话，决定采用和发展自动化控制技术系统①，并利用中央集权政治体制的强化来协调、解决双方的冲突。

美国亦是以政治权力来决定、协调技术创新中出现的冲突。约翰逊总统在1967年为党派政治冲突的需要，抢先共和党人一步布置了ABM系统，说是要反对来自中国的莫须有的导弹威胁。里根总统在1983年3月23日宣布"星球大战"计划前几天，都未与其科学顾问G. 凯沃斯商量，其目的是想显示他在核战争上的权力。② 这种政治权力的冲突，采取政治权力协调的手段，是"权力意志"社会环境中解决政治权力冲突的一种技术形式。

在一个多民族、多宗教（或多教派）、多集团以至多地方之间都存在的国家中，各民族、各宗教、各集团、各地方之间，无疑存在着各种利益的、权力的、需要的，甚至信仰的、习惯的冲突；各种利益的、需要的、信仰的冲突，又集中到一点，以权力冲突最为核心和重要。解决这些冲突的工具即技术，便是通过政治权力的、或政治约法的手段、方法（技术）来协调。这是属于外在的、外律的政治约法技术。

3. 伦理道德的技术规范。技术伦理道德是指社会道德或科学家、技术专家的个体、群体道德在科技工作中的一种特殊表现。它所研究的对象和范围，包括技术发展对社会道德的影响和作用，技术的发展是否使人更善良、更高尚、更友爱，技术知识对确定人生目标的影响，人在技术工作

---

① 参见伯明翰大学苏联与东欧研究中心编：《苏联工业创新》，217～229、320～338页，北京，科技文献出版社，1988。

② M. E. Kraft etc. , *Technology and politics*, Duks University, press, 1988, pp. 28-29.

中的品德结构、道德关系，技术实践活动中个人与他人、集体、社会、民族、国家之间道德行为规范，技术实践活动中的道德观念、道德原则、道德意识、道德规范、道德行为、道德评价、道德修养等等，关系到技术人才素质的培养和提高。

伦理道德的技术规范，是指技术活动、技术发明创造、技术利用等交往活动中的善恶冲突，需要以道德规范为手段、工具，来解决技术活动中的善恶冲突问题。譬如关于原子能利用的善恶冲突：西方世界支核派与反核派冲突激烈。支核派认为原子能是未来世界的重要能源，是通向未来世界的希望之灯。反核派认为原子能造成环境污染，威胁人类生存，使用这种“不清洁”的能源是不道德的。1976年联邦德国全国性反核工人举行示威运动，在汉堡附近核工程基地发生暴力行动，使该国在1985年的核动力计划下降50%。法国45%的人反对建立核电站。核能的善恶的道德冲突，引起全世界各界人民的关注，这不仅需要政治约法技术的协调手段，亦需要道德规范的工具技术手段，使核能危害人类的威胁（恶）减少到最低限度，以至于零，给人类福利（善）发挥出最大作用。

计算机的发展和应用，也需要有善恶的道德规范技术。计算机的革命，给人类带来了更舒适、安逸、丰富、方便、准确的生活活动方式；电视与计算机结合的新型的第一流教育可以在普通家庭中进行，医疗服务可以做到自我诊治等等。于是，有人认为计算机技术是善的。然而，另一些人对计算机有恐惧感，认为今后的人可能被计算机所控制和奴役。它使人变懒，丧失社会进步的动力；造成工人失业，并使人丧失个性、创造性，以及利用计算机进行犯罪活动等等，因此是不好的、恶的。由计算机使用推广所引起的道德善恶的冲突，也需要人的道德的自觉自律，并建立一定的道德规范技术，来调节由计算机使用所引起的负面的、消极的、恶的方面的作用，使之得以消除或化解。这是属于内在的、自律的道德规范技术。

经济制度的技术规范、政治约法的技术规范和伦理道德的技术规范，是由于人与人、人与集团、社会、国家之间的冲突融合，它基本上有三种基本形式：即经济利益冲突、政治权力冲突和道德善恶冲突。它们分别体现了人的经济关系、政治关系和道德关系。这三种关系的冲突，说到底是由于价值尺度（规矩）和意义标准的差分而引起的。当个人的价值尺度和意义标准与他人、集团、社会的价值尺度和意义标准有差异或冲突，甚至被认为是异端或被全然拒绝时，不满、牢骚、怨恨、愤懑、忧郁、消沉、颓废等情绪便郁结于内。于是人与他人、集团、社会的和合交往关系便形成内源性的阻塞和区隔。假如许多人都陷入这种内郁不解的困顿心境，则人与他人、集团、社会关系便会出现宏观上的摩擦与耗损、对抗与冲突，甚至爆发内乱和战争。

人与社会、人际、心灵的关系是最复杂的关系，假如规范不当，梳理不顺，往往酿成彼此盘根错节、相互缠绕纠结的各种矛盾冲突的扭结，这些冲突的扭结，若不能得到及时的开解，便会愈益纠结，激化为它们之间的各种冲突。

以上扭结和情感困顿导致意义的郁结，意义郁结又导致价值冲突，价值冲突又导致意义郁结的加深。如此便陷入了社会关系结构的恶性循环运动之中，导演出一幕幕治乱震荡的历史闹剧。经济制度、政治约法、道德规范是解决这三种冲突的技术工具。见图 15—7。

	关系层次	冲突形式	解决工具	意义难题	
人与他人、集团、社会的冲突	道德关系	善恶冲突	道德规范技术	善恶正义	内外郁结
	政治关系	权力冲突	政治约法技术	权力分配	
	经济关系	利益冲突	经济制度技术	利益协调	

图 15—7

（二） 祛郁解结的工具德性

要妥善解决、合理协调人与他人、集团、社会之间的冲突，价值尺度和意义标准的失范，就必须进一步外化人类的更高层次的本质力量，使德性由生规矩（尺度）转换为解规矩（尺度），结构化为规章制度技术系统，形成新的工具和合子系统。

德性外化为规范体系，是人类价值尺度和意义标准的和合化过程。古人讲“内外合一之道”或“合内外之道”，就是这种和合化过程的一种古典表述。从道德技术规范活动来看，有技术道德活动、技术道德关系和技术道德意识三层次。前两个层次构成人的价值尺度和意义标准在技术实践中的行为和社会关系中的外化之道；后一个层次构成技术主体的价值尺度和意义标准的内化之道。

技术的道德活动，在道德交往活动所构成的各种各样道德关系中，是技术道德主体德性的外在表现，即其价值尺度和意义标准的外在表征。技术的道德活动是在一定的技术道德关系中实现的，道德关系亦体现在技术的道德活动之中。因此，这里便把此两者放在一起来阐述。

技术活动和关系是复杂的，支撑此技术活动和关系的道德价值尺度和意义标准亦是复杂的。当富兰克林发明了新式火炉，州长欢迎他到官邸，并把发明的专利证书给了他。他却说：不要。州长以为他是傻瓜。他解释说：我们大家都从别人的发明中享受到了利益，也应该以自己的发明为别人服务，我们应该自愿地而慷慨地做事。法国微生物学家巴斯德每有发明，便去登记专利，但不领取专利费，人们不解，他解释说：我是不让那些钻营的人得到好处。诺贝尔一生申请了355项发明专利，开办15家炸药工厂，从而积累大量金钱。但他在临终时，把他从专利和工厂积累起的财富，设置了诺贝尔奖金。他在遗嘱中说：此奖金不论国籍、人种与语言，只颁予确实对人类有难以磨灭之伟大贡献的人们。此三人对于专利权这一具体问题上采取不同的道德行为活动，亦有具体不同的道德价值尺度和意义标准。但他们三人热爱真理、鄙视金钱的价值尺度和意义标准又没有差异。

技术主体的道德行为活动和关系，社会、他人会对其做出一定的道德价值和意义的评价。这种评价既反映了技术道德活动和关系的价值尺度和意义标准的是否正确、合理，亦可以改变、纠正、促使技术主体采取一种有价值、意义的道德活动和关系。

然而评价技术道德活动和关系的价值尺度和意义标准不是绝对的，而是随时代的发展而变化的。当哈恩发现了铀裂变现象后，便由西拉德和魏格纳说服爱因斯坦写信给美国总统罗斯福，建议尽快进行原子弹试制。这个建议得到所有反法西斯物理学家的赞同和道德价值、意义上的肯定评价。因为如果纳粹德国首先试制成功原子弹，那么人类就要遭受难以想象的苦难。1945年美国在法西斯日本的广岛和长崎扔了原子弹，促使日本投降和第二次世界大战的结束。又由于战后东西方冷战时期的核武器军备竞赛，潜伏着毁灭人类的核战争的危机，世界人民对核武器的道德评价就截然不同，开展反核武器的运动。①

除了技术的活动和关系的社会舆论形式的道德价值和意义评价外，亦有来自技术活动和关系主体的自我道德价值和意义的评价，或技术活动和关系主体的“良心”、“良知”、“义务”等道德自律的自我调适。所谓科技“良心”或“良知”，是指科技主体在特殊科技活动和关系环境下，进行自我道德价值尺度和意义标准的一种选择。爱因斯坦在评论诺贝尔奖金时

① 参见纪敏：《科学学纲要》，480～488页，长沙，湖南人民出版社，1986。

说："诺贝尔发明了当时从未有过的最猛烈的炸药，一种超级的破坏工具。为了对此赎罪，也为了良心上的宽慰，他设置奖金来促进和平和实现和平。"[①] 爱因斯坦自己参与了原子弹的制造工作。他自己说："今天，参加过研制这种历史上最可怕最危险的武器的物理学家，不说是犯罪，也是被同样的责任感所烦恼。"[②] 因而，他晚年一再提倡和平运动，提倡裁军和东西方和谈。

爱因斯坦从他的道德良心出发，即根据他的价值尺度和意义标准来衡量自己和他人的技术活动。他认为，"个人应当根据他的良心行事，即使这种行动势必要触犯国家的法律"[③]。科学技术专家的"良心"，是人类道德的高尚的情操，也是爱人类的"良心"。它促使了按道德价值尺度和意义标准外化技术活动和关系。

技术的道德意识，不断地根据道德文化环境和时空条件，调节道德价值尺度和意义标准。技术的道德意识从静态来看，它是技术活动和关系主体在长期技术活动中对各种技术道德价值和意义进行比较后所选择、确定的一种稳定的规范。它可以用来作为评价某一技术活动和关系的价值尺度和意义标准，也可以作为技术主体评价或约束自己技术活动和关系的价值尺度与意义标准。

但在具体运用这些道德尺度和意义标准时，只有层次性、差异性等。譬如在技术活动中要实事求是，要诚实；要尊重客观经验事实；不要为符合某一理论而修改原始实验数据，这是技术道德所要求的。然而 1912 年道森和伍德沃德宣称在英国苏塞克斯的辟尔唐地方发现了古代猿人遗骸，埋藏新生代第四纪岩石之中，还发现石制工具。1915 年又称发现了头盖骨和颚骨。鉴定为原始人骨骼的化石，定名为道森原始人。后来科学家测定骨骼里氟和钠的含量，用 X 射线研究骨骼的构造，证明化石是伪造品。是道森把假化石事先埋到辟尔唐沙层中的。为追求虚名荣誉，结果彻底毁掉荣誉和道德人格。

技术道德价值尺度和意义标准的差异性表现为，当某些技术尺度与标准对某一技术道德活动和关系的评价发生冲突时，便发生某些技术尺度和标准服从另一些技术尺度和标准的情况。如 1939 年哈恩用中子轰击重元素铀，发现有中间质量的元素产生，他向物理学界发表这一重要成果，这是

---

①② 《爱因斯坦文集》第 3 卷，205 页，北京，商务印书馆，1979。

③ 同上书，329 页。

遵循要真诚地帮助别人这一道德价值尺度和意义标准，一时铀裂变的科技文献相继发表。但1940年后，有关这方面的报道完全绝迹，这是因为美、英等国物理学家，在研究铀核裂变释放能量的可能性，进行曼哈顿工程绝密计划，为战争需要而保密的道德尺度和意义标准。这种道德价值尺度和意义标准的冲突，便以道德规范的手段、工具加以调节。

技术的道德意识从动态来看，它是由各运动变化的道德意识要素构成的，其中起主导作用的技术活动主体的道德价值尺度和意义标准意识，它制约着技术活动主体的意识、意志、情感。当某些技术活动不符合道德价值尺度和意义标准时，技术活动主体会直觉地选择某种道德行为活动方式。1902年居里夫妇经45个月的努力终于提炼出镭，世界各地都要索取制镭的方法。一个星期日早晨，居里夫妇讨论了这个问题。居里说，我们必须在保留或毫无保留地叙述我们研究成果的这两个决定中选择一个。居里夫人赞成居里的后一个选择，即毫无保留地叙述，包括提炼手段在内。居里继续说，如果我们自居是镭的所有者，那么，在你发表你用什么方法提炼沥青矿之前，我们须先取得这种技术的专利执照，并且确定我们在世界各地选镭业上的权利。居里夫人接着说，我们不能这样办，这是违反科学精神的。在这次有关镭的专利权讨论中，技术的道德价值尺度和意义标准是居里夫妇的技术活动的自觉意识。

技术道德活动、技术道德关系和技术道德意识所凸显的道德价值尺度和意义标准的内外合一，表现为：一是内在的尺度要外向化，个人的标准要利他化，自我的德性要规范化（使自我的品性接受文化规范的约束，即“博文约礼”、“克己复礼”）；二是外在的尺度要内向化，社会的标准要利人化（有利于每个个人），群体的德性要承继化（即通过教育传承给后一代）；三是这两种变易要机体化（即和合为一个社会有机体）。

（三）规章制度术的耦合机制

在高科技的现代化社会，地球信息化、生态化、科技化，而产生“地球村意识”和“太空船意识”。21世纪人们应当如何来认识和控制核能和遗传工程的问题？对人类的生存和发展来说，这两项科学技术既有其正面积极的作用，亦有其负面消极的作用。核能既可以和平利用，造福人类；亦可以制造杀伤力极大的各种核武器，几个核弹就可以毁灭地球村。

遗传基因的塑性重组，可创造出新的生物物种或改变物种性能、形态等等。如遗传工程与农业联姻，美国利用基因来改变番茄（西红柿）的成熟期和增加可溶性固体的量。[①] 冲破传统遗传学家认为“种间”杂交不可能的禁区，有学者用人的基因对进口山羊进行基因改变试验，在羊奶中发现了人的蛋白质，并将从羊奶中提取抗癌抗体。重组遗传基因不但可治疗遗传病，如马丁·克莱茵对患有血液遗传病的病人施行移植正常遗传基因的治疗，而且对于人类有正面的积极的作用和影响，有善的道德评价。但是遗传基因也可能生产出自然界不存在的、对人类有极大危险的微生物或病毒，制造出抗药物的细菌菌种和释放出新的致癌物质；也可用来制造生物武器，因此引起人们的恐惧感。为此，科技界呼吁对遗传工程实验室采取严密安全措施[②]，并加技术控制和道德工具的限制[③]。

无性生殖的论争，亦涉及人的基本德性问题。20 世纪 60 年代初，斯弗·西·斯图尔德等人在康奈尔大学成功地实现了胡萝卜无性生殖。60 年代末，牛津大学的哲·华·格登博士又用无性方法繁殖了非洲爪蛙。这样，人类也可以无性生殖的问题，激起了论争。赞成人的无性生殖者认为，无性生殖是由单个亲体发生的生物，自然界存在孤雌生殖（俗称处女分娩）的后代；可复制伟大天才或绝代佳人，改良种族或使生活愉快；复制健康人，而无遗传疾病现象；为不育夫妇提供孩子；提供具有一个人自己选择的某一基因型的孩子；控制未来孩子的性别；以及生产许多完全一样的人，从事平时和战时的某些特殊职业（包括侦探）等。反对无性生殖者认为，无性生殖切断性交和生育的关系，导致剥夺人性；其后代可能有被剥夺自我感的危险；无性生殖在人体中无个性，而个性是生命的部分；无性生殖婴儿丧失对自己独一无二的价值感情；并引起严重身份（父母与子女间）的混乱；等等。[④] 假如世界上充满了无性生殖的人，很难想象这个世界还有什么人性、仁爱！

从上述三项的技术活动的实践和关系来观，既包含着正面的价值尺度和意义标准，亦蕴涵着负面的价值尺度与意义标准。这个两种并存的价值尺度与意义标准集于一个事物之中的情况，便需要寻求道德工具的裁定。这就是德性的工具化形成工具德性。工具德性是文明的产物，社会越是文明，规章制度越健全，人们的德性越开化，人格越完善。更进一步，工具

---

① 载《参考消息》，1995-05-31。

② 参见［日］星野芳郎：《未来文明的原点》，241～244 页。

③ 参见威尔逊：《新的综合——社会生物学》，3～9、246～249 页，成都，四川人民出版社，1985。

④ 参见黄顺基、刘大椿主编：《科学技术哲学的前沿与进展》，343～345 页。

德性又是文明进步的动力。工具德性通过自身的开化，不断完善社会的政治结构、法制建设、道德制度，使人与人、人与集团、社会交往关系不断向更公平、更有效和更自由的人文和合目标发展。

德性的非工具性和封闭内化，是中国传统伦理“内圣之学”的特点，也是其缺陷。德性不能外化为工具。就无法建功立业，更无法不失真地传承后代。儒家伦理的“道统”之所以几度沉浮，几番式微，不能开出民主，未能创造科技，根由在于“内圣之学”的内郁不外化，不能改革制度，开放社会。“外王之学”外结而自然无为，不能内化成为科学理论与技术能力。一言以蔽之，传统伦理的致命弱点是没有健全而创生的工具德性。事实上也少工具理性，工具悟性。故圣人处无为之事，常无所能，自然无为，无为而无所不为，无能而无所不能。这是听命于自然之道的无可奈何的心态的自傲式表述。

有鉴于此，工具德性只有通过规章制度技术及其实践活动不断外化自己，才能形成意义世界的工具和合系统。工具德性的工具和合外化，是顺着两个方向同步进行的：

第一，沿正义裁断方向工具外化，形成政治约法、法律制度及其运行设施的硬件系统，对人与人、人与集团、社会交往活动以及技术活动、技术关系进行刚性监控，即孔子所谓的“道之以政，齐之以刑”① 者。这便是为技术工具立法，以技术法律的形式限制、引导技术活动和关系始终坚持为人类谋福利的价值尺度和意义标准，摒弃一切有违者。

第二，沿仁爱怀柔方向工具化，形成道德规范、文艺形式及其活动机构的软件系统。对人与人、人与集团、社会交往活动及技术活动、技术关系进行柔性调适，即孔子所说的“道之以德，齐之以礼”② 者。这便是道德教化工具的作用。

这两个方向外化而成工具系统，是社会规章制度技术的两轮，二者耦合才能成为中用（庸）之道。缺少任何一项构件，社会系统便不能正常运行，人与人、人与集团、社会关系便难以和谐协调。

规章制度技术的社会目的，在于协调意义世界的各种价值尺度、意义标准、道德规范等，使其达到工具意义和合。规章制度的软件、硬件耦合机制，有助于达到这一目标。

一般而言，任何一个社会都有规范人与人、人与集团、社会关系的规

①② 《为政》，见《论语集注》卷一，4～5页。

章制度，但未必有科学化、民主化、程序化的规章制度技术体系。因而，规章制度的建设往往是盲目的，或以君主之言为规范，或随时“约法三章”，或任意损益制度，或朝令夕改。如此，社会的运行机制不完善，犹如颠沛于大风浪中的航船，时而偏左，时而偏右，或沉或浮，一治一乱，一文一武，一张一弛，轮回交替，摇摆不定。这说明，要使意义世界的工具系统和合，还得更上一层楼，深入到可能世界探析工具和合的范畴逻辑结构及其可行的通达和谐道路。

三、 范畴立极技术的解悖效应

人类的思维具有“洪范九畴以立皇极”或“仁义中正以立人极”的创立冲动和建构功能。张载的“为天地立心，为生民立命，为往圣继绝学，为万世开太平”①，便是这种创立冲动与建构功能的悟性自觉。

（一） 可能世界的有无悖论

思维的创造冲动与建构功能不离人体的生理冲动和心理欲望，往往通过情绪冲动与情感沟通来开辟自己的道路。这样，就极易导致情感与理智的冲突，情志与悟性的撞击，产生心灵自身的观念冲突。

1. 语言修辞技术。在现代，人是生活在一个语言符号世界之中，人所创造的精神文化是以语言形式来表现；人的对象世界亦以语言形式来标志、命名、描述、称谓。人的思维活动是对象世界以语言等信息代码形式组织起来的。因此，人只有在思维活动中，通过对语言符号及语言符号所携带的关于对象世界的信息的操作和处理来掌握、认知对象世界。

当代心理语言学和神经语言学的研究为深入探讨思维和语言之间关系开出新路，这便是依据从思维到语言与从语言到思维的转换机制说明其间的关系。心理语言学者把语言或思维形成的最初形式或最深层的结构称作“语义录痕层”。所谓“语义录痕”，是指“包括由词义基本单位（义素）表示的意思表象，是由语义图表示的同时性模式系统（大概可以认为，语义录痕是初始思想中的意思格式‘模式’）”②。“语义图”是深层的句法潜在的组配能力和关系。语义录痕既不使用词亦不使用语法形式，而是由潜

---

① 《近思录拾遗》，见《张载集》，376 页。原“为生民立命”作“立道”；“为往圣”作“为玄圣”。

② ［苏］卢利亚：《神经语言学》，10 页，北京，北京大学出版社，1987。

在的语义关系（即意思成分）构成的。它借助内部语言既向深层句法结构转化，亦向表层句法结构变化。这两层转化表示主体思想内容逐渐明确化，最后在扩展性话语中得以表达。

大脑的思维过程是通过脑神经元的神经脉冲进行的。英国脑生理学家巴洛（H. B. Baralow）认为，“我们关于外部世界的所有经验，即使是那些最生动有趣的经验，都是通过神经纤维内部的这种微小而短促的电扰动而传递的，然而正是这些不知名的脉冲是一个惊人复杂的系统中激活的单元，并且就是这一系统赋予感觉语言以意义。”① 当神经脉冲的强度达到一定的度，刺激神经元阈限时，神经元便向神经纤维传递脉冲（“全”）；反之刺激太弱，不及阈限的度，神经元便不向神经纤维传递脉冲（“无”）。大脑思维过程就是神经脉冲通过“全”和“无”这两种信号形式传输分编制各种信息，并进行信息处理活动，使人的语言具有一定的意义。

思维与语言的关系是，语言是联系思维和外部世界的现实中介，即外部对象世界的信息向思维转化和思维内容向外部对象世界转化的媒介。这便是语言的认知功能与实践功能。符号是作为语言认知功能的被反映的外部对象世界的标志。符号与对象世界的关系，就是指称与被指称、标志与被标志的关系。

所谓指称，是指名称与实在之间的对应关系，它包括名称在内的整个语言与所描述的事态的对应关系。语言的指称与被指称关系，是语言主体渗透的过程。语言和它所表示的实在之间的指称关系并不是由语言本性所决定的必然的内在联系，它是人们在社会实践和社会交往中的“约定俗成”，在中国先秦时期儒、道、墨、名、法等各家就曾对指称名称（“名”）与实在（“实”），即对象世界的事物实在之间的问题进行激烈的论争。荀子就名与实之间的关系的约定俗成作了陈述：

> 名无固宜，约之以命，约定俗成谓之宜，异于约则谓之不宜。名无固实，约之以命实，约定俗成谓之实名。②

指称与被指称的名与实之间关系，只有被社会交往活动中的人们所普遍认同和采用，即被社会所接受，而逐渐固定下来，并具有相对的确定性和稳定性。

名与实之间的指称与被指称关系之所以被社会所接受，是通过社会交

① ［英］巴洛：《大脑的语言》，载《科学与哲学》，1983（1）。

② 《正名》，见《荀子新注》，372～373页。

往的“传递之链”。克里普克（S. Kripke，1940—　）认为，当一个名字沿着链条一环一环地传递过去时，这个名字的接受者知道了这个名字，他用这个名字所指称的对象就会相同于他由以知道这个名字的人所指称的对象。① 名实之间的指称关系中被指称的对象，并非一定与名称一起在同一条历史传递之链中传递下来，相反，名称在很大程度上是通过历史文献，并包容了历史的文化内涵。这就是说，名与实之间并非简单的二项关系，在实际的语言交往活动中，直接介入的有名称陈述者、接受者以及名称被陈述的语境等多方面因素。语言主体（陈述者、接受者）的思维操作和实践操作对于指称的名实关系有重要影响。

一般来说，名称与指称的实在之间是统一的，即名与实相符。主体实践活动的关于客体的本质、特征、功能的信息被思维的操作所内化，构成现实名称与实在的内在融合；同时主体以有关客体的名称的知识系统指导实践，使关于客体的种种观念对象化、现实化，从而达到名与实的外部融合。

> 夫名，实谓也。知此之非此也，知此之不在此也，则不谓也。知彼之非彼也，知彼之不在彼也，则不谓也。（《公孙龙子·名实论》）

名称是用来指称实在的，名实应该相符。但是由于外部对象世界的实在或本质、形态、位置等变化，便与原来的名称之间发生冲突或错位。这样名实便出现了不相符的情况，知道这个（“此”）对象已不是这个（“此”）对象了（实在发生了变化），或者知道这个（“此”）对象已经不在此原来位置了（实在的空间位置改变了），就不要称此为此，或谓此在此。彼与此同理。

名称与实在，或名分与实质不相符或不对当，当用“正名技术”。孔子的学生子路问，假如卫国的国君等着您去治理国家，您准备首先干什么？孔子说：“必也正名乎！”② 之所以要正名，就是名称与指称实在不相符。语言、名词与其所指称对象不一致。譬如“觚不觚，觚哉！觚哉！”③ 觚是有四条棱角（腹部和足部）的酒器，后来新兴贵族不依照觚的规定标准来制作，逾制越礼。因此，孔子感叹地说：“觚不像个觚，这也是觚吗！这也是觚吗！”觚的实质已变了，但仍然称谓为觚，这便是“名不

① 参见［美］克里普克：《命名与必然性》，98页，上海，上海译文出版社，1988。

② 《子路》，见《论语集注》卷七，54页。

③ 《雍也》，见上书卷三，25页。

正”。又譬如齐景公问孔子从政的原则，孔子说：“君君，臣臣，父父，子子。”① 君的名称要与其实际相符，臣、父、子的名称要与其实际相符。“君不君，臣不臣，父不父，子不子”，就是“名不正”，名实不符。

名称与指称的实在之间之所以发生不相符，是因为名称一旦从它所指称的或所命名的感性对象中抽取出来，它便具有了相对的独立性。名称在现实中被“约定俗成”后便获得稳定性和确定性，并在现实语言系统中，有它自身的构成规则和使用规则。语言符号的相对独立性，使语言符号的自我发展和自我完善出现两种可能性：一是使名称可能更准确地指称和描述外部实在；二是使名称与其所指称的实在相分离。另外，语言符号的相对稳定性与外部对象的变易性，也会使名与实分离。

孔子便讲了一套正名的必要性。

> 名不正则言不顺，言不顺则事不成……君子名之必可言也，言之必可行也。君子于其言，无所苟而已矣。②

名称与指称对象事实不符，言辞不当，言辞语句就不顺当通达；言辞语句不顺当通达，事情就办不成。名称或命名用词一定可以说得出理由，顺理成章的话语一定能行得通。人们对于言辞说话，一定要严谨而不马虎。孔子提出言语用词是否得当，语法修辞是否准确，语词、概念与言语说话的关系，名称、称谓与外部对象实在的关系以及言语、概念与人的行为的关系等问题。虽然孔子的正名工具技术，是为了纠正或修正礼制，名分上的言语、用语的不当现象，“言不顺则事不成，事不成则礼乐不兴，礼乐不兴则刑罚不中”③，但孔子亦提出“名”、“言”、“事”与“名”、“言”、“行”关系的一般言语语法修辞等理论说明，这些涉及以语法修辞工具技术解决名实不当的冲突现象。

荀子明确地提出以语法修辞技术来解决言语活动中的名实不当问题。“彼正其名，当其辞，以务白其志义者也”④。纠正其名实不符，恰当地运用词句，以表白其思想。荀子批评“诱其名，眩其辞，而无深于其志义者也”⑤。那种诱人违实的名称和迷乱不当的词句，恰恰表明其思想浅薄。名是指称实的，言辞表达思想。名不正，辞不当，而以名辞技术使其正、当。

---

① 《颜渊》，见上书卷六，51 页。

②③ 《子路》，见《论语集注》卷七，54 页。

④ 《正名》，见《荀子新注》，379 页。

⑤ 同上书，379～380 页。

《吕氏春秋》试图从逻辑上使“实”、“意”、“言”、“行”的相悖获得解决，此四者之冲突为“离”、“悖”、“不正”、“不当”，即名实相离，言意相悖、言辞不正、行为不当；四者的相符一致便是“合”、“信”、“正”、“当”。“以其言为之名，取其实以责其名，则说者不敢妄言”[①]。“按其实而审其名，以求其情；听其言而察其类，无使放悖”[②]。按照事实或实在来审察名称，根据言辞来考察类别，使言说者不得妄言，以求得真情和解决相悖。《吕氏春秋》列举五种名实相悖的现象：“夫说以智通，两实以过悗；誉以高贤，而充以卑下；赞以洁白，而随以污德；任以公法，而处以贪枉；用以勇敢，而堙以罢怯。此五者，皆以牛为马，以马为牛，名不正也”[③]。名称或言说上智通、高贤、洁白、公法、勇敢，而实际或事实上愚惑、卑下、污德、贪枉、罢怯。这五种名实相悖，犹如以牛为马相似。“正名”技术，就是通过言语修辞技术，解决名称与实在相悖，而使相符。

韩非“喜刑名法术之学”（《史记·老庄申韩列传》）。刑、形古通，形即做出的事，或有形质的物，包括事、实、物。因此形名即名实，称韩非为刑名之学，是与从刑法的名称与事实关系的讨论相联系。主张以刑名为工具技术，来衡量事实。譬如：“人主将欲禁奸，则审合刑名；刑名者，言与事也。”[④] 韩非认为，名称、言辞、事实、功绩等必须相符。“群臣其言大而功小者则罚，非罚小功也，罚功不当名也。群臣其言小而功大者亦罚，非不说于大功也，以为不当名也，害甚于有大功，故罚”[⑤]。名（言）大实（功）小，或名（言）小实（功）大，都要罚（刑）。在这里，不是罚功小或不喜欢功大，而是罚名实不当。韩非主张“名实相待而成，形影相应而立”[⑥]。他以刑名参同为手段、方法，即工具技术，解决名实、言功相悖的现象。

2. 思维演算运筹技术。人是有情的，人的生理冲动和心理欲望，会通过情绪和情感的冲动表现出来。情绪是指有机体的生理需要是否获得满足的情况下产生的体验。[⑦] 它是大脑皮层、丘脑、下丘脑等协同活动的

---

① 《审应》，见《吕氏春秋校释》卷十八，1141页。

②③ 《审分》，见上书卷十七，1030页。

④⑤ 《二柄》，见《韩子浅解》，44页。

⑥ 《功名》，见《韩子浅解》，222～223页。

⑦ 詹姆士和丹麦生理学家卡尔·朗格（Carl Lange，1834—1900）认为情绪机体是各种器官变化时所引起的感觉的总和。坎农（W. B. Cannon，1871—1945）提出丘脑情绪学说。阿诺德主张评定——兴奋学说，把情绪与认知联系起来。夏克特（S. Schachter）提出情绪三因素说，即外部刺激、机体内生理变化与认知相互作用的结果。汤姆金斯（S. Tomkins）情绪动机说，等等。

结果。

情感是指人对于现实的对象是否适合人的需要和社会的要求而产生的体验。人在认知现实世界的实践过程中，对现实世界各种现象所体验层次、方面，以及态度、价值评价的不同，而产生喜、怒、哀、乐、爱、恶、惧等不同的体验。它是主体人对现实世界的一种特殊的认知形式，是由一定事物现象的刺激而引起的体验。这种体验体现了现实世界与主体需要之间的关系。但由于每个人的体验的方式、态度、观念的不同，其体验亦差分。

情绪与情感有其同，亦有其异。就其同而言：均是人对现实世界现象是否符合主体的需要而产生的态度的体验；他们作为主体的意识经验，是人脑和神经系统活动的结果；亦是一种对现实世界的反映形式。这并不是说情绪和情感对现实世界的任何现象都能引起人的情绪或情感的体验，而是指特定的，即人的需要与现实世界现象之间的关系的反映。“凡人之有喜怒也，有求得与不得，得则喜，不得则怒”①。当现实世界的某些现象满足人的需要，便体验到喜和乐；反之，便体验到怒和哀的情绪和情感。其间的关系是错综复杂的。

情绪与情感其异是：情绪较情感宽泛，包括动物在内，情感是人的特有现象；情绪有情景性、激动性、暂时性的特征，它随情境的改变和需要的满足而变化；情感具有稳定性、深刻性、持久性的特征，较少受具体情境的左右，它是人的个性结构和道德品质中的因素；情感是在情绪反复出现的基础上产生，是高级的、复杂的情绪的表现形式；情绪是表现出来的冲动性，情感是内隐的内心体验形式等。② 情绪与情感构成了既同又异的融突关系。

汤姆金斯（S. Tomkins）、伊扎德（C. Izard）认为，情绪和情感具有重要的动机性机能和适应性机能。它是多侧面、多因素的复合现象，并非由单一因素引起的。情绪或情感都会发生冲动，这种冲动既是促使人去实现某种目标的动机和意向的情感基础，表现为强烈的激情；亦是对行为目的和后果缺少清醒认识和缺乏理智的表现。

情感是人的需要与对象世界关系的体验。需要对于人来说，有生理、

---

① 王充：《祭意篇》，见《论衡校释》卷二十五，1061页。《管子·禁藏》亦曾说：“凡人之情，得所欲则乐，逢所恶则忧，此贵贱之所同有也。”

② 参见彭聃龄主编：《普通心理学》，436～438页，北京，北京师范大学出版社，1988；车文博主编：《心理学原理》，518页，哈尔滨，黑龙江人民出版社，1986。

心理、理想的需要，这便是欲望。欲的初义是“想要”[①]。殷周时，人们已在思考“想要”什么和为什么“想要”，从而引申为欲望。欲望是指人想要得到某种东西或达到某种目的的内心要求。它是对需要的一种心理体验形式，并指向能满足需要的对象的行为倾向。欲望具有两重性：一是依据现实的条件和环境的生存和发展，有可能实现的欲望。此种欲望一般是合理的；二是脱离现实条件、环境的生存和发展，不可能实现的欲望。此种欲望（或称奢望）一般是非合理的。欲望能否实现，对人的情绪和情感影响很大，前者喜、乐，后者怒、哀。

欲望不是人类特有现象，动物也有欲望，它是由动物本能的、生理的需要决定的。人类虽与动物一样有生理的欲望，“食色性也”，但有根本的区别，这是因为人的欲望内涵，社会的需要往往具有统摄的作用。[②] 人类的欲望可称谓情欲，即情感的欲望。

与情感相对应的是理智。“理”的初义是指玉石的自然纹理，或顺纹理而治玉，为治理。治理需深思熟虑，体会自然纹理而雕琢。这就需要人对玉石的理解和智慧。[③] 理智是指人根据某种认知和需要活动对现实世界的一种体验形式。它与人的求知欲、追求目标实现的需要相联系。现实世界的各种信息与人脑中暂时形成的神经，即既有知识、经验相符或相异而产生的反映。它是协调情感与现实世界冲突的中介，是控制情欲无限膨胀的力量。这便是理，是制约的情欲，使情欲无过不及的原理、原则、规范等。这样便发生情欲与理智的冲突。

在中国古代思想家中，绝大部分都主张以理制欲，人的情欲需要加以控制，而不能任其肆欲。《礼记·乐记》对当时情欲与理的冲突作了陈述：

> 人生而静，天之性也。感于物而动，性之欲也。物至知知，然后好恶形焉。好恶无节于内，知诱于外，不能反躬，天理灭矣。夫物之感人无穷，而人之好恶无节，则是物至而人化物也。人化物也者，灭天理而穷人欲者也。于是有悖逆诈伪之心，有淫佚作乱之事……此大乱之道也。[④]

---

① 参见拙作：《中国传统理欲观的发展及其现代转化》，载《中国文化月刊》，1993（2）。

② 《管子·牧民》曾把人的欲望需求分为二类：一是生理的；一是社会的。“仓廪实则知礼节，衣食足则知荣辱”，“仓廪实”、“衣食足”是指生理的欲望；“知礼节”、“知荣辱”是指社会的欲求。

③ 参见张立文主编：《理》，20～23 页。

④ 《乐记》，见《礼记正义》卷三十七，《十三经注疏》本，1529 页。

性静欲动，天性是未被外物感动的本然的心理状态；人心被外物所感动或引诱，便产生情欲或物欲，即对于物质需要的欲望，不能运用理智加以控制和调节，物欲就不断地膨胀，人所具有的理智、理性就消亡了。一旦天理丧失，人便由具有理智、理性和道德的人，转化为只有情感欲望的人。这就是“人化物”，即“穷人欲”而“灭天理”的物人；人若以理智、理性或天理控制、协调情欲，把只知情感欲望的人转变为具有人生理想和道德情操的人，这便是“物化人”。

从情感欲望与理智天理的冲突中，可以具有两种不同价值导向：“人化物”，物欲战胜天理，欲制约理，重欲轻理，便导向纵欲。如从魏晋时的竹林名士的放达高逸的心态言行，转变为元康名士的狂放卑污的心态言行。如果说嵇康、阮籍的“任自然”是指“越名任心”，意在与司马氏集团所倡导的名教相抗衡，那么，元康名士的任自然，便走向放荡形骸的纵欲主义和寻求肉体刺激的理论根据。把两晋的纵欲推向极端的是《列子·杨朱篇》。它就当时有关情欲与理智冲突中的养生与任情、名誉与享乐、礼义与纵欲的关系，从纵欲任情角度作了阐述。[①] 它是魏晋时社会动乱，人生无常，尔虞我诈，朝不保夕，今朝权倾朝野，明日祸灭九族的现实心态反映；是对人生前途绝望的悲哀和心理狂躁的变态的表征；也是对现实社会的黑暗腐败，虚伪名教的逆反心态的表露。

《杨朱篇》强调人生的负面价值，批判人生的正面价值。究竟人生的价值与意义是什么？人活着总要有所为，这是人生价值和意义的动因。然人生有限，死亡无时无刻不逼迫着人思考人生的价值和意义，即“人化物”与“物化人”的冲突，情欲与理智的冲突。人在经历痛苦和对生命必死的理智观照后有可能产生这样四种负面的消极态度：一是无所作为，生活空虚，苟延残生；二是尽情纵欲，寻欢作乐，今朝有酒今朝醉；三是装为不知，浑浑噩噩，不去理解生命痛苦感受；四是自欺欺人，自我毁灭，自我了断。这是死亡的恐惧和人生精神痛苦而使人生误入迷津的原因，也是《杨朱篇》之所以宣扬纵欲主义的症结所在。

《杨朱篇》以满足个体肉体感官的欲望为人生最高的、唯一的价值，以疯狂地纵欲、尽情地发泄为人生的目的和生活意义所在。把内在精神痛苦转化为外在肉体的纵欲，把对现实社会的反抗转化为颓唐、堕落和兽性

---

① 参见拙著：《理欲关系论》，见《国故新知——中国传统文化的再诠释》，415～416页，北京，北京大学出版社，1993。

的还原，使正常的、理智的人化成禽兽的、无理性的人。人把自己生活在无人的尊严、道德、意义、价值之中，这样的人自然不是人，而是物或禽兽，即“人化物”。若人就是禽兽，何必由禽兽而进化为人！人生活在世不是因有生命而不得不活，而是因有生命而拥有生活。人生的意义就在于以自我的生命去推进社会生活的进步。社会生活的进步就是个人通过全社会生活和自我生活来完成创造性事业的总和，这就是人生生活的意义。在这里，人生的生命和人生的生活都得到了升华，而进入理（或天理）的境界。人的情欲、欲望与理智、天理的冲突得以融合。

“理”在中国哲学中最基本的含义是指物理、事理和伦理。[①] 物理是指自然世界有关物的存在、相互作用及运动变化的原理、原则。“天行有常，不为尧存，不为桀亡”[②]。不因人为而改变其运动变化的规律性。事理是指事情、事务、办事、处事的道理、原理、原则、方法的总和。凡人所从事的各种活动，如交往、实践、实验、合作、争论，人对物的使用、改造等等活动，广义地均称谓为事。“这个椅子有四只脚，可以坐，此椅之理也。若除去一只脚，坐不得，便决其椅之理矣”（《朱子语类》卷六十二）。椅之理是其区别于凳子、桌子的所以然之理。是人制作椅子实践活动所要遵循的原理、原则。伦理是指人与人之间的伦辈名分的道理、原理。现实世界从某种意义上说是由物理、事理、伦理构成的。

物与事在解悖、处理技术上有重要的差分。物理现象演算运筹技术是还原论工具技术，即把对象逐层分解，直到夸克。物理学的成果主要借用这种工具技术。系统方法是近几十年的发展趋向。事理现象的演算运算技术是以整体思维和系统方法占主导。只有把需处理的事理现象作为一种系统来认知，才可能找到科学的定量化的处理技术。[③]

情欲与理智的冲突，既属于事理系统，也可属于伦理系统，是人的生活交往活动中的事情，可依事理、伦理系统工具技术来处理。事理、伦理均由物、人、信息、关系要素构成。事理、伦理是一种关系的过程，物、人、信息、关系在这个过程中都是流变的，构成物流、人流、信息流和关系流。“四流”每一特定组合，而成特定事理、伦理系统。

“四流”在流变过程中，必然有流量、流速、流向和流度的问题。由此如何组合、安顿、协调“四流”的流量、流速、流向和流度，便需要

---

① 参见张立文主编：《理》，1～6页。

② 《天论》，见《荀子新注》，268页。

③ 参见苗东升：《系统科学原理》，259～261页，北京，中国人民大学出版社，1990。

高超的演算运筹技术。所谓运筹，就是指人在合理地、协调地组合、安顿“四流”之先如何进行行为活动的谋略、计算、选择的综合。当然，这种谋略、计算、选择不一定符合事理的实际，或流变了的事理，具体讲情欲与理的冲突的情境，就需反复演算运筹，以适应流变后的情境。

情理冲突的解悖演算运筹技术，首先要考虑目标或目的。宋明理学家的目标是“存天理，灭人欲”；理学的批判者戴震提出“体情遂欲”论，其目标是情感欲望与天理的统一。所谓天理的本质内涵是，以我情絜人情，情之不爽失为天理。① 他自设宾主说：

> 问：“以情絜情而无爽失，于行事诚得其理矣。情与理之名何以异？”曰：“在己与人皆谓之情，无过情无不及情之谓理。”②

戴震依其目标，设置制约情与理的条件，运筹决策，即使情欲得到适当的满足而无差失，既无过度，亦无不及这样的约束条件，以维护中和的运筹决策。这样，目标、约束条件，运筹决策，构成了演算运筹技术。

朱熹认为，情理之冲突，天理人欲的差分，都由心之所主宰。他已体悟到在君主专制社会中，千万人之心，最根本的是人主（君主、皇帝）的“心术”。“臣闻人主所以制天下之事者，本乎一心，而心之所主，又有天理人欲之异”③。这就是说，君主的心术，并非都“正”，而有“正”与“不正”的天理与人欲之分别。然而，“人主之心正，则天下之事无一不出于正；人主之心不正，则天下之事无一得由于正”（《朱文公文集·戊申封事》）。在一人、一党统治的情境下，人主的“心术”的正与不正，就涉及“正朝廷，正朝廷以正百官，正百官以正万民，正万民以正四方”（《朱文公文集·庚子应诏封事》）的问题；亦关系到一个国家能否建立“纲纪”（包括法纪、法度、典章等）和运用“纲纪”的问题。“人主之心术公平正大，无偏党反侧之私，然后纲纪有所系而立”（《朱文公文集·庚子应诏封事》），这就是“所谓其本在于正心术以立纪纲”（《朱文公文集·庚子应诏封事》）。

人主的心术不正，反映了人主天理与人欲、公与私、义与利的冲突。

---

① 参见拙著：《戴震》，236～238页。

② 戴震：《理》，见《孟子字义疏证》卷上，2页。

③ 朱熹：《辛丑延和奏扎二》，见《朱文公文集》卷十三。“人主”古代是指君主、皇帝；在现代可用来指最高的领导者，特别是执政党的领导者。

朱熹的目标是“正心术”或“心术正”。其约束条件：一是确定正与不正的标准（尺度），从道心、天理出发，心为“公而且正”，是正；从私欲出发，心就是“私而且邪”（《朱文公文集·辛丑廷和奏扎二》），是不正，只有“克私”，才能“正心术”。二是“欲正人主之心术，未有不以严恭寅畏为先务，声色货利为至戒，然后乃可为者”（《朱文公文集·答张敬夫》）。人主若沉溺于声、色、货、利之中，心术自不正。只有做到“先务”和“至戒”，才能使心术正。三是“君心不能以自正，必亲贤臣远小人，讲明义理之归，闭塞私邪之路，然后乃可得而正也”（《朱文公文集·庚子应诏封事》）。人主不能自己正自己心术时，必须给予帮助，创造“心术正”的内外条件和环境，促使其心术正。通过这样的演算运筹技术，即正心术的技术，而达到心术正。

3. 范畴立极技术。思维的意志和认知、情感密切相连。认知是意志构成的前提，意志是形成认知的必要条件；情感可以是意志的动力或阻力，意志亦可以是情感的直接或间接的控制者。① 它们是现实实践交往活动中相互渗透、相互作用中发生、发展起来的思维心理活动。

所谓意志，是指人自觉地确定目的，调节、控制自己的活动，以克服困难，实现预定目的的心理过程。意志是人类所特有的心理现象，它表现了人的意识的能动性。意志具有确定目的并服从目的，调节行为克服困难，意识随意性的体验等特征。

意志以随意运动实现一定目的而获得体现。随意运动与目的行动机制是极复杂的。П. K. 阿诺兴对目的行为生理机制模式，作了比较合理的解释。主要有五个层次：（1）内导综合，是合目的性的随意运动的机制的第一层次，它包括优势动机、环境刺激内导、记忆内导和起动内导四因素组成，当此四因素共同被大脑组织综合的后期，便开始形成目的或决策；（2）采取决策，它决定于大脑皮层对信息传递的加工与整合，它包括传入大脑的信息量适中有利于采取决策，以及对传入的信息进行加工、选择过程的速度；（3）动作结果受纳器的形成，它是接受动作结果反馈内导，并对这种反馈信息进行比较、核对、校正的机能器，决定着目的性动作过程；（4）外导综合，意志行动由随意运动实现，它是运动性神经机能与植

---

① 韩非曾粗浅地说到认知、情感、意志之间的关系。“爱子者慈于子，重生者慈于身，贵功者慈于事”（《解老》，见《韩子浅解》，162 页）。又说：“慈于子者，不敢绝衣食；慈于身者，不敢离法度；慈于方圆者，不敢舍规矩。”（同上书，164 页）。慈是情感，不敢绝衣食、离法度、舍规矩，是意志、意向活动。情感是意志行为的内在动力。

物性神经机能的动力综合，以保障姿态兴奋和目的性动作的产生；（5）目的性动作，实现躯体动作反应、植物性反应和内分泌反应的动力相互作用，以保证人与外界环境的相互作用。肌肉本体感受器由自身所实现的动作不断做出反馈内导冲动，依此不断传出反馈内导流，使目的性行为处于动作结果受纳器相应机制控制之下。依据各器官活动不同参数，并借助于定向探究反应纠正内导综合，矫正自身行为活动的错误，以达到满足优势需要，即最后目的性行为结果。①

意志行动是指在意志支配下具有目的指向性，以随意运动为基础展现为克服困难的过程的行为。其特点是由个体人来实现，因此受已形成的人的个性特点、动机、生活目的的制约。意志行动结构分为两个阶段：（1）准备决定，（2）执行决定。② 前者是行动的目的确定，动机与动机的斗争，计划的制订，期望的调整，手段的选择等。这是行动的目的、方向、方式等的意识未转化为实施的阶段。后者是意志通过克服各种困难、障碍，实现预定的目的。在执行过程中既要自我调节、自我评价，检查行动的方法、手段，又要修改行动方案、目的等。在这里，意志作用贯串于意志行动的全过程。

意志对于人的性格的培养，学习工作的好坏，事业成功与否，都有很大的影响。因此，中国古人非常重视意志的培养锻炼。孔子说："三军可夺帅也，匹夫不可夺志也"③，人具有独立的意志。强调人应"志于学"，"志于仁"，"志于道"；以"行道"为意志行动的目标。受意志支配和控制的行动是有一定目的和指向的，这就是志向。孔子希望他的学生根据自己的条件、能力，发展自己的志向。有一天，子路、曾皙、冉有、公西华四人陪孔子坐。孔子说，假如有人请你们出去，你们怎么办？子路说："千乘之国，摄乎大国之间，加之以师旅，因之以饥馑；由也为之，比及三年，可使有勇，且知方也。"冉有回答说："方六七十，如五六十，求也为之，比及三年，可使足民。如其礼乐，以俟君子。"公西华说："非曰能之，愿学焉。宗庙之事，如会同，端章甫，愿为小相焉。"最后曾皙回答说："莫春者，春服既成，冠者五六人，童子六七人，浴乎沂，风乎舞雩，咏而归。"曾皙待子路他们三人走后，问孔子他们三位的话怎样？孔子说：

---

① 车文博等主编：《心理学原理》，555～560页，哈尔滨，黑龙江人民出版社，1986。

② 《墨子间诂·经说上》中有"志行，为也"，"志"指意志、动机；"行"是行动、实践。动机意志见之于行动，称为"为"。

③ 《子罕》，见《论语集注》卷四，39页。

“亦各言其志也已矣。”[①] 各人有各人的志向，就是意志行动的准备阶段，即主观未见之实际行动的阶段。

《淮南子》认为，意志行动而所指向事物的精神不集中，就会影响感应效果。“凡人之志，各有所在，而神有所系者，其行也，足蹪趎埳，头抵植木而不自知也，招之而不能见也，呼之而不能闻也……何也？神失其守也”[②]。陈述意志行动与精神之间的联系。

意志行动的准备阶段，朱熹称其为“未动而欲动者，意也”（《朱子语类》卷五）。它是一种未实行的心之所指向的计划、方案。“志者，心之所之”（同上书）。后一“之”字，陈淳释为“向”。陈淳说：“志有趋向、期必之意。心趋向那里去，期料要凭地，决然必欲得之，便是志。”[③] “有趋向”，即意志是有目的性行动，而不是情感冲动，并以自觉的决然行动达到预定的目的。

陈淳注意到意志行动的动机。动机是指推动人去确定某种目的（目标）的原因或动力。人的意志行动的动机是人在现实生活实践中形成某种需求的愿望。“为学紧要处，最是立志之初，所当谨审决定。此正是分路头处。才志于义，便入君子路；才志于利，便入小人路。舜、跖利善正从此而分；尧、桀言行正从此而判”[④]。由于人的需求的多样性而产生多种愿望和动机，决定着人生同一时间内产生多种目的。譬如现代人既要义，又要利，义利得兼。可是按陈淳的观念，义利为两极，犹孟子说的“鱼和熊掌不可得兼”。因为它要指向君子与小人，虞舜与盗跖、唐尧与夏桀的善恶两极的目标。这样便产生动机的冲突。解决、协调这种冲突，当运用范畴立极技术中的“正志术”，即端正意志动机技术，也即“立志”技术。

“正志术”，便是“立志须是高明正大”[⑤]，这就是说，在意志行动的动机选择上，就要以高标准要求自己，譬如陈淳说：“须是立志，以圣贤自期，便能卓然挺出于流俗之中，不至随波逐浪，为碌碌庸庸之辈。”[⑥] 以圣贤作为自己意志行动的目标和目的，排斥随波逐流、庸庸碌碌的障碍和阻力，以及不良的动机，以达预定的目的。

意志行动不仅存在愿望动机的冲突，亦存在动机与效果的冲突，这便是所谓好心办坏事。这就需要在意志行动的执行阶段，注意内在与外在条

---

① 《先进》，见《论语集注》卷六，47～48页。
② 《原道训》，见《淮南鸿烈集解》卷一，40页。
③ 陈淳：《志》，见《北溪字义》卷上，16页，北京，中华书局，1983。
④⑤⑥ 陈淳：《志》，见《北溪字义》卷上，16页。

件、情况、环境的变化，及时调整计划、方案、目标等。由于对这些因素认知、掌握、调整等不周，便使意志行动受到挫折，达不到预定的目的，或没有完成任务。这也就是意向与功利、意志与事功的冲突。“志功不可以相从也”①。如何协调志与功的冲突，墨家认为，“志功，正也”②，以正志功术来解悖。

意向与功利、事功的冲突，主要有两种情况：一是意向行动的目的指向过高，没有充分估计到内外情况、条件、环境的现实可能性，而导致事功的失败；二是事功、功利心理的无限膨胀，为达到事功、功利的目标，而不惜采取一切不法的、非理的手段、方法。这就需用“矫枉术”，不是矫枉过正，而是矫枉求正。意向过高，便是过度，矫正意向，使经过个人的积极努力，能够达到目标，完成事功；事功的膨胀，甚至贪功枉法，就要矫正贪功心理状态，使之遵法、合理。这两种情况都是“过”，当然也有“不及”的两种情况，便要使之“及”，这也是“矫枉术”的一种形式。

上述修辞不立其诚实，就会悖逆理智之明辨。范畴不用其灵明，就会扰乱道德之诚敬。理智昏聩，无道而强作有德；道德败坏，无理而装作有理。是非繁然淆乱，有无浑然无辨。心灵冲突是诚明之间的分离或恶性混杂。它们有三种可能的冲突表现形式：名实不当，情理不容，志功不合。

名称、名分与实在、实质不对当，当用“正名术”或“刑名术”，即语法和修辞技术；情欲与义理（天理）不相容，当用“谋略术”或“正心术”，即思维演算和运筹技术；意志、志向与事功、功利不适合，当用“正志术”或“矫枉术”，即分类范畴和立极技术。这些“术数”，共同构成工具和合的思维技术系统。语法学、修辞学、逻辑学、运筹学以及数学，都是思维技术科学群的重要成员。

心灵冲突、有无悖乱以及其解决方式，如图 15—8：

	心理层次	冲突表现	解决工具	可能难题	
心灵冲突	意志活动（意志）	志功不合	范畴立极术	志功差级	有无悖乱
	念虑活动（情感）	情理不容	演算运筹技术	情理异趣	
	言语活动（认知）	名实不当	语法修辞技术	言意分际	

图 15—8

① 《大取》，见《墨子间诂》卷十一。

② 《经说上》，见《墨子间诂》卷十。

（二）达道解悖的工具悟性

心灵冲突及有无悖乱，集中表现为人类思维创立冲动与建构功能依据不同方式运演，彼此性向相反。创立冲动是否定性的运演方向，即“无之”，通过否定之否定，完成创新使命，开辟日新道路。建构功能则具有肯定性的运动方向，即“有之”，通过肯定之肯定实现承接过程，延拓义理和谐。有而无之，无而有之，神化莫测，难以预料。要穷神知化，出入有无之境，理性、德性都无能为力。必须发掘人类最高的本质力量，使悟性从生范畴跃进到解范畴，量子化为范畴立极技术系统。

按现代科学，可能世界的度量工具，是概率论以及量子力学的波函数①，其物理模型是量子。量子的特点是非连续的层级间的跃进，悟性具有量子化的特征。想象呈现，灵感闪耀，都是其创造性跃进的宏观表现。悟性是对理性和德性的僵化形态的否定，又是新的理性形式和德性活动的起始点。

悟性按照决策科学的目标和合原理外化成为范畴逻辑结构和语法结构，使人类的义理追求达到尽可能优美的工具和合状态。悟性的功能就在于运用概念、范畴的形式，通过综合、整理经验材料，来进行思维生气盎然的创新活动。

悟性的工具外化，称为工具悟性。工具悟性不断否定旧的范畴与极限，肯定新的范畴和极限，以此通达思维的逻辑道路，解除悖乱并实现义理的和谐目标。

东方神秘主义是悟性神秘化运用的结果。卡普拉在《物理学之道》②中认为：

> 东方神秘主义的细节虽然有所不同，但主要的特点都是强调宇宙的基本统一。他们所追求的最高目标是认知到所有事物相互联系的统一，是使自己与终极的实在归于统一。这种认识的出现，即所谓的“悟”，不仅是一种智慧的艺术，而且是包括整个人在内的经验，也是最本质意义上的宗教。③

他尝试通过这本书来探索现代物理学的概念与东方哲学和宗教传统中

---

① 参见李继宗等主编：《自然科学基础》，64～65页，上海，复旦大学出版社，1987。

② 《物理学之道》编译为中文，书名改为《现代物理学与东方神秘主义》，成都，四川人民出版社，1984。

③ ［美］F. 卡普拉：《现代物理学与东方神秘主义》，12页，成都，四川人民出版社，1984。

的基本思想之间的联系。他们之间观察世界方法的相似性，促使有把这两种理论结合起来，去描述亚原子世界现象的可能性。东方神秘主义形式背后，蕴涵着人类丰富的科学思维的方式、方法、模型，是人类的宝贵财富。

实际上，悟性，尤其是工具悟性，是工具理性与工具德性的融突和合体。能谦则诚，诚则灵；无妄则实，实则明；灵且明即神化。张载说："神，天德；化，天道"①。《易传》强调人能"穷神知化"②。现代量子力学和深度心理学将不断揭示悟性的活动机制及其工具化符号过程。东方文化赋予悟性的神秘色彩，将为科学技术的光明所消解。因此，研究中国传统文化，只有站在现代科学技术的理论前沿，才能反观洞察"太极"、"涅槃"之类的怪圈。卡普拉认为，"神秘主义思想给当代科学理论提供了坚实、恰当的哲学基础，也提供了一种世界观，使科学发现能够与精神方面的追求和宗教信仰完美地和谐一致"③。他的这种追究，使他在反观中国最古老的经典——《周易》时，发现"太极"、"阴阳""对于文化不平衡的分析的适用性就更为明显了。系统论以相互关联和相互依赖的观点来看世界，在这种相互关联、相互依赖的结构中，每个不可分的整体就叫做一个系统，系统的特性无法被归于其组成部分。生命机体、社会、生态体系都是系统。令人惊讶的是，中国人早在古代就已经发现了阴和阳是各种自然系统的根本属性，而我们西方人直到最近才开始研究它"④。这种"反观术"，能发现传统，创造传统，使传统与现代融突而和合。

假如就传统观传统，就会当局者迷，犹如雾里观花，朦朦胧胧，若有若无，惚兮恍兮。以己之昏昏，使人之昭昭，这是不可能的。所谓"难得糊涂"之类的气象，实非科学技术所追求之目标。

（三） 范畴立极术的叠合结构

工艺流程，工程设计；规章条款，制度规范，从符号学的角度看，无一不是用符号化的各种范畴制定并确立的。人类文化的各类"宪法"，人类行为的各种极限，都是通过范畴化运动从可能变为现实，并由现实化为历史的。

---

① 《正蒙·神化篇》，见《张载集》，15 页。

② 《系辞下》，见《周易正义》卷八，《十三经注疏》本，87 页。

③ ［美］F. 卡普拉：《转折点——科学、社会、兴起中的新文化》，56 页，北京，中国人民大学出版社，1989。

④ ［美］F. 卡普拉：《转折点——科学、社会、兴起中的新文化》，32 页。

洪范九畴[1]，皇极为中。就结构讲，人类确立的各种极限都是有中介性或中用性，都是最优化的工具和合状态。“极”训为中[2]、中和，或训为极致、至极。中和是大本达道，致中和，便可位天地，育万物。然中和实是中介状态与中用（庸）之道。极致、至极便是最佳状态，最优化结构。但中介状态与最优化结构不能直接达到，必须采取两边夹的双层结构建制，才能逐渐逼近。

范畴立极术的双层结构是由言语修辞的表层结构与概念范畴的逻辑结构叠合（或夹合）而成的。双层叠合，表层与深层限极，方能从结构上保证中道的中和的本性或本质，以及极致的目标。

范畴立极术的双层叠合结构为：

范畴立极术	表层：言语修辞·语法结构	工具悟性外化
	（中介）（中和极致·义理结构）	
	深层：概念范畴·逻辑结构	

辞达则有礼，“礼者，理也”。义当则道通，“夫道，一而已矣”。工具和合，道理明白，虽有法、术、势、数，而人道平易；虽有规、矩、方、圆，而人事和融。如此，“穷理尽性以至于命”[3]。一旦知“天命”之信息，便可“制天命而用之”[4]，经济利用厚生，制器度功，便可左右逢源，无往而不融突和合。

和合人文精神度难解结，涉险解悖，由人文和合之“厚生”转换到形下和合之“经济”。经济才是现实的厚生之德，利用之道。

老子说：“国之利器不可以示人”（《老子》第三十六章）。工具和合专门揭示人文活动的各种“利器”，从工艺制造术到规章制度术，再到范畴立极术，“利器”已尽现眼底。

原始文化，道术浑然一体。文明时代初始，脑与体分工被等级化、政治化。“劳心者治人，劳力者治于人。治于人者食人，治人者食于人”[5]。道术为天下裂。然劳心者，有“夫子之道”，而无“回天之力”，更兼鄙视“雕虫小技”，不习实用技能，“四体不勤，五谷不分”；劳力者，有“艺人

---

① 参见《洪范》，见《尚书正义》卷十二，《十三经注疏》本，18页。另见拙著：《中国哲学范畴发展史（天道篇）》，16～17页。

② 参见拙著：《走向心学之路——陆象山思想的足迹》，236～238页。陆九渊同意“极”训为“中”，朱熹不同意训为“中”，两人有一场辩论，反映两人哲学体系的分歧。

③ 《说卦传》，见《周易正义》卷九，《十三经注疏》本，93页。

④ 《天论》，见《荀子新注》，278页。

⑤ 《滕文公上》，见《孟子集注》卷五，39页。

之功”，却无“制度之权”，更兼无缘读“圣贤之书”，不谙“刑名法术”与“仁义道统”，自生自灭，杂于迷信，而未能独立、超越、分离、发扬。

中国古代文化道术报端分化，长期缺乏沟通。结果虽有治道而无民主制度，有学术而乏逻辑道路（即逻辑科学）；虽有匠艺而乏科学原理，有工具而少技术科学。和合学的工具和合，便是“对症之药”、解蔽之方。知己之不足，纳人之长处，融突而和合，发展、完善和合技术科学。

第十六章　形下和合与和合经济学

“形而下者谓之器”。形下和合是指在和合学原理指导下，旨在协调、融突人与自然、社会、人际、心灵、文明间的物质、能量、信息交换关系，以解决人类的衣、食、住、行等物质经济问题，因而与经济学发生和合关联。

形下和合，因其现代技术科学的应用，和合工具系统的使用，制器造物，利用厚生，理财致富，构成了不同类型的经济生活和合体（简称经济和合体）。在现实社会中，从形下和合角度看，家族、厂矿、企业、公司、利益集团，以及其他跨地区、跨行业、国家化、国际化的经济合作组织、贸易协定组织，都是水平、形式、性质不同的既冲突又融合的经济和合体①，建构和合经济学。

按和合学的逻辑结构，经济和合体有三种基本类型，相应地六种基本经济学科：

---

① 笔者不采取“经济一体化”或“政治一体化”组织、机构等称谓。“一体化”易作无差分、无冲突的静态理解。其实“经济”、“政治”、“贸易”的跨国、跨地区的组织、机构，既差分、冲突，又融合、协调，并保持参加国的独立意志、政策以及价值观念、国家利益等，因而是“和而不同”、“求同存异”的和合体。“20世纪的世界经济是以贸易、生产、金融投资乃至经济政策、体制走向全球一体化为特征的。其中，区域经济一体化又是这一进程中最具活力的现象。”[屠启宇：《区域一体化与20世纪世界经济》，载《世界经济研究》，1995（2）] 按：“一体化”虽是当前使用较多的概念、名称，但并不符合“一体化”所指称的对象的实际情况。因此，笔者采用“和合体”概念、名称，以“正名”，使之名实相符。

和合经济学	创新型经济和合体（可能世界）	←→	虚拟经济学 信息经济学	经济学(科)
	互利型经济和合体（意义世界）	←→	制度经济学 结构经济学	
	再生型经济和合体（生存世界）	←→	中和经济学 环境经济学	

从现代经济学的发展来看，由于社会经济的发展，推动了部门经济学的蓬勃发展和经济理论的精密化、差分化、技术化。如对经济部门或领域的研究，形成资源经济学、商业经济学、工业经济学、农业经济学、石油经济学、环境经济学、货币经济学、消费经济学、城市经济学、国土经济学、生态经济学、教育经济学、科技经济学、卫生经济学、文化经济学等等；对经济理论的研究和考察，形成微观经济学、宏观经济学、数理经济学、动态经济学、福利经济学、发展经济学、信息经济学等等。各形形色色的经济学，都是殊相、殊色。执相、执色，便有冲突，冲突而离散，离散而分殊；分殊而殊途同归，同归于共同的价值目标和理想境界的追求，便需要建立融突论的和合经济学，以协调各部门经济学、各经济理论之间的差分冲突，以促使其互渗、互补、相关、相应而融合，以达到和合而生生的新经济理论形态的创生。这便是理一而分殊，分殊而理一。

一、 经济和合体与环境经济学

所谓和合经济学，是指运用和合学的原理、方法、价值系统，研究自然、社会、人际、心灵、文明间的生态环境、资源、能量和人的生存、发展的经济现象，寻求协调人与自然之间的合理物质交换，调节人与社会、人与人、人的心灵之间的经济活动的生产、流通、分配、消费和物质、精神需求之间的物资、信息、智能的关系，探索协调各文明（各国、各民族、各集团、各文化圈）之间的贫富、资源、人口、环境的“交相利”的平衡互动关系，使和合经济活动取得最优化、最合理的自然、社会、人际、心灵和文明的效益的经济学说。

（一） 社会经济有机体的特点和功能

对于和合经济学无疑需作阐述，这里从形下和合谈起。

形下和合的核心概念与标志性范畴是“物”。这个“物”虽语源上可解为“形而下者谓之器”的“器物”，但从和合学的生生原理来看，“物”范畴的本真的、完善的意义当是“物化”与“化物”的融突和合义。“物化”是“解智能”的利用，是人类智能借助技术工具物化为智能产品，是人性的物化。

“化物”是人类智能利用技术工具变换自然质能，使其具有经济价值，成为人类生活材料。“化物”是人类自身的经济化；“物化”是自然环境的经济化。二者是经济和合体必备的变化。

意义世界形下和合中的和合范畴“物性”也具有二义：一是人性的物化；二是物化的人性。正因为“物性”是依生生之道而成的和合范畴，所以才不能用通常意义上的物性（如物质属性）来替代。“物性经济学”中的“物性”，按通常义，便是资源经济学或物资经济学，无有新义；若按和合义，则是“物性”与“物命”的和合，才能构成意义世界的形下和合。制度经济学试图从意义基准与价值尺度上规范和度量人性的物化程度及其经济价值数量，并给予节制，才符合和合学的学科建设的宗旨。

“物化”与“化物”构成了社会经济有机体系统。前者包含了人与自然的关系；后者蕴涵了人与人以及人自身心灵的关系。这种关系的总和，构成了社会经济结构，即经济有机体结构。①

经济有机体结构是社会有机体的组成部分，社会经济有机体是“物化”与“化物”、物质内涵与社会形式的冲突融合，由而和合生生，“物化”的物质内涵，是指社会经济有机体的“物化”的整体运行过程，即自然资源转换为物质产品的过程或关系格局；“化物”的社会形式，是指社会经济的智能、科技、工具的配置，资源、材料的占有以及分配制度的关系格局。

经济有机体结构所涉及的这些关系格局，属于经验的原材料，从这些经验的原材料中可形成一些模式或模型，然后从这些模式或模型去理解社会经济有机体结构。这样便可以窥见社会经济有机体各关系格局的本质，认知社会经济有机体结构的各种关系。从这个意义上说，社会经济有机体结构不能仅仅归结为一定社会中所描述的社会经济关系的总和。因为社会

---

① 对经济结构的定义，见仁见智，各说齐陈。荷兰经济学家、诺贝尔经济学奖获得者丁伯根（J. Timbergen）认为，经济结构是“对有关经济对某些变化做出反应的方式的不可直接观察到的特征所作的考虑”[《关于结构概念引起的几个问题》，载《政治经济学杂志》，1925（2），62页]。另，计量经济学家佩卢（F. Perroux）认为，“表示在时间和空间里有确定位置的一个经济整体的特性的那些比例和关系”（[瑞士] 皮亚杰：《结构主义》，72页，北京，商务印书馆，1978）。这两种经济结构概念里只包含技术关系和人对自然的关系，强调结构关系的时空性或经济结构关系的不可见性。他们都认为，用数量关系就可直接或间接地表现经济结构。美国经济学家泰勒（L. Taylor）则把经济结构看作是经济体系中的制度和成员行为的某些格局（[美] 泰勒：《结构主义宏观经济学》，1页，北京，经济科学出版社，1990），虽看到人与人的关系，但显模糊。

经济有机体结构是社会经济关系格局的一种模型，而社会经济关系是社会经济有机体结构的表现形式。

经济有机体结构作为经济系统的结构，具有一些共同的特点：

1. 整体性，是指社会经济有机体是一个有机的整体结构，组成整体的各部分、各机体、各要素之间相互依存和关联。各部分、各机体、各要素只有在整体中，其性质和功能才能获得确实和定位。舍弃其孤立状态中的个体性，而构成其整体性质和功能。譬如说，社会经济有机体结构可设想为企业经济结构、产业经济结构和社会经济结构三个层次，但产业经济有机结构的性质和功能，不等于企业经济有机结构的性质和功能的简单相加，社会经济有机体结构的性质和功能，也不等于产业经济有机体结构的简单相加。这就是说，整体的性质和功能大于其构成部分的性质和功能之和。这种整体性的原理适用各个不同层次的整体与部分的关系。

社会经济有机体结构的整体性原理，不仅适用于现代经济各部分、部门以及各层次之间，而且适用于现代经济学的各部门、各层次的理论之间。卡普拉曾指出，现代经济学的特征是支离与还原主义的方法。经济学家通常认识不到，经济只是整个生态和社会结构的一个方面，一个由人与人以及人与自然之间持续的相互作用所组成的系统。他们的根本错误，在于把系统肢解为各个部分，即把整体加以肢解，并假定它们各自孤立。当代经济学家的这种支离方法，对抽象的定量模式的偏爱和对经济结构进化的忽视，已在理论和经济现实之间导致了巨大的裂痕，已使当代经济学处于一种深刻的概念危机之中。比如全球性的通货膨胀和失业，财富分配不当，能源短缺等，对任何人都是痛苦的现实。但经济学对于这些现实痛苦的乏力，正被愈加怀疑的公众、被其他学科的科学家以及经济学家自己所承认。①

这种全球性的生态环境危机、南北及东西的贫富对峙、资源匮乏、人口爆炸、经济移民等问题，虽各部门经济学的研究有其价值和意义，但若囿于部门、部分经济学，已不可能提出根治性的对策，这就是笔者提倡和合经济学的重要原因所在。

2. 贯通性，是指社会经济有机体结构各部分、各部门、各要素的同

---

① 参见［美］F. 卡普拉：《转折点——科学、社会、兴起中的新文化》，冯禹等译，129～130页。

质、异质、同异交质的自然、人际、心灵、文明之间的相互胶粘、贯洽、交通，即互相渗透，以及由互相渗透的发展，而引起互相转化、转换。这种互相渗透，既包括社会经济有机体结构内在子结构之间、母子结构之间的各种形式的渗透，亦涵摄社会经济有机体结构外部相关社会结构，如社会政治结构、社会文明结构、自然生态结构、伦理道德结构等之间的互相渗透。这种贯通性与社会经济有机体的整体性相联系，便构成整体贯通律。①

由于社会经济有机体结构内在与外在两种形式的渗透，便引起两种形式的转化或转换。这种转化或转换是贯通性的表现。就其内在而言，贯通性的转化不仅表现在社会经济有机体之内，而且表现在社会经济有机体结构内部各个层面、部分。比如企业经济结构内部的要素的贯通和转换，是 $G\cdots\cdots G'$、$P\cdots\cdots P'$、$W\cdots\cdots W'$ 三种时空形式的共时、历时结构的融合。图示如图 16—1：

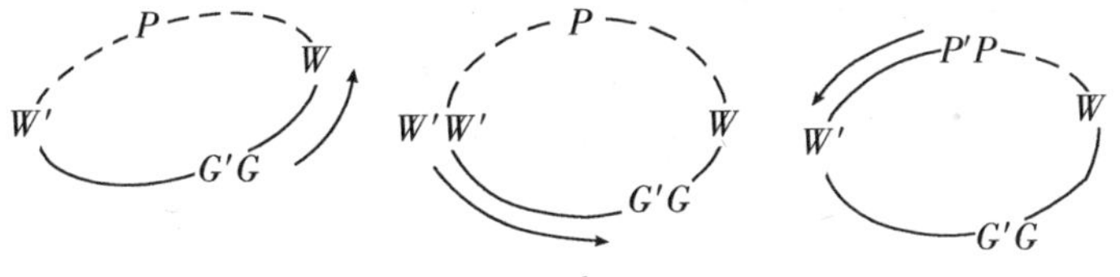

图 16—1

在这里 G 指货币资金，P 指生产资金，W'指商品资金。a 序列是货币资金的循环转化：$G—W'\cdots\cdots P\cdots\cdots W'\cdots\cdots G'$；b 序列是商品资金的循环转化：$W'—G'—W\cdots\cdots P\cdots\cdots W'$（$W''$）；c 序列是生产资金循环转化：$P\cdots\cdots W'—G'—W\cdots\cdots P'$。这三种时空形式的融突，构成了企业经济结构内在的运动内容。在企业经济结构的基础上，所有企业之间的耦合关系的贯通，形成空间上的一定格局，便是一种产业结构。产业结构的共时结构作为社会经济有机体结构中的共时结构的子结构外，还包括政府、居民等非企业性的要素，但它们是参与社会经济有机体结构的耦合要素，并以共时态为条件。在这里社会经济有机体结构的各要素是以空间形式呈现贯通的。

社会经济有机体结构各要素贯通过程中的时间形式或时间序列，是一种历时结构。由于时间的一维性，所以各不同层次的经济结构的贯通转

① 参见拙著：《传统学引论——中国传统文化的多维反思》，58～60 页。

化，不仅具有方向性，而且具有时间的顺序性。① 共时性和历时性的贯通转化，构成了社会经济有机体结构的生命活动。这就是说，社会经济有机体结构由其内外的融突而构成动态结构，亦即生命结构。

3. 融突性，是指社会经济有机体结构各要素之间的冲突和融合关系。一个社会经济有机体结构各要素之间若无冲突，便无改革进步的动力，即内驱力；若无融合，冲突便无休无止，而使社会经济有机体结构秩序完全打乱，破坏正常运行机制，所以两者互补互济。比如在市场经济情境下，社会经济有机体结构内在冲突的原因，来自商品的内在冲突性。商品价值——使用价值互相转化的冲突运动，构成商品的内在冲突，由商品的内在冲突，推动着经济有机体结构的内在自调整和转化运动。这种层级关系，是相互絪缊蕴涵的。

从企业经济结构的内在融突性来考察，它是由企业资金（本）三种时空形式的融合构成的。比如企业资金（本）总循环序列中$P\cdots\cdots P$循环和$W'\cdots\cdots W''$循环形式的流通过程是不间断的，这种不间断性的流通过程表现为两种形式：

（a）$P\cdots\cdots W'—G'$、$G—W\cdots\cdots P$

（b）$W'—G'$、$G—W\cdots\cdots P—W'$

这里资金（本）流通行为序列，若舍弃这个流通过程的特质，作为一般的流通行为序列，流通过程只代表商品形态变化的两个相反序列。企业是商品的生产者和经营者，其所生产和经营的商品必须经两个相反冲突序列的形态变化，而这种形态变化便是商品价值——使用价值冲突运动的表现。正是这种冲突运动的融合，才构成企业经济结构的有序性运动。

产业经济结构是企业经济结构的母结构，其贯通的转化运动，它的动力亦是由于商品的冲突运动，即商品价值—使用价值的冲突运动。企业经济结构作为产业经济结构的子结构，总是与其他企业经济结构既冲突又融合而存在的。假设企业在市场上可以购到它的一切投入要素，并能够在市场上实现其产品价值。在这个投入与产出的价值实现中，都涉及与其他企业外的居民和政府各方面的因素。就企业资金（本）的流通过程的$W'—G'—W$而言，W'是企业的产出品。这些产品对企业来说一般无使用价值，它必须“全面转手”。在$W'—G'$中的G'，在过程完成之前是存在于另一企业中的。之所以这样，亦因为商品价值与使用价值的冲突。在$G'—W$的流

① 参见王春永：《市场经济运行通论》，中国人民大学博士论文打印稿。

通中，G 虽为该企业掌握，但 W 中的 Pm 存在于其他一个或另一些企业中。这个企业要投入生产要素就要把 G' 换成 W。其中也蕴涵着商品价值与使用价值的冲突和融合。

社会经济有机体结构的贯通转化运动，也是由商品价值与使用价值冲突融合所推动，但除此之外，必须考虑到居民和政府的要素的冲突、融合关系。比如居民向企业、产业提供劳动力市场，政府通过财政收支活动，参与社会经济有机体的活动。劳动力对于其所有者而言，重要的是价值而非使用价值；对于企业而言，恰恰相反，重要的是使用价值而非价值。这种既冲突又融合的运动，是社会经济有机体结构实现贯通转化的动力因。

政府并非无能为力，它能把财政收入的一定量的货币转购为商品或劳务，使货币转化为对它有使用价值的东西。这个过程也是企业、产业所需要实现的商品和劳务价值。这说明商品的价值——使用价值的冲突和融合运动是社会经济有机体结构运动的自身动力因。

在这里，我们从企业经济结构、产业经济结构和社会经济结构的整体性、贯通性和融突性①，阐明了社会经济有机体的特点和功能，体现了和合经济学的一些特征和意蕴。

（二）社会—经济—自然—人的模式

从形下和合的“化物”与“物化”的视角来考察社会经济有机体结构的整体性、贯通性和融突性，可构成这样的关系模式：社会—经济—自然—人。这个模式与古典的“自然秩序”、新制度学派和公共选择学说的社会—经济—政治有异，把自然纳入这一模式，并突出人的价值。自然是人类的父母，“天地之塞，吾其体，天地之帅，吾其性”②。人类从自然中取得衣、食、住、行等自身生存和发展的物质、能量、营养等。自然科学使人类实现了与自然的直接对话；社会市场经济变换、转化了人类向自然获得生存、发展的智慧和配置资源的方式与组织机制，但并非改变或废除人类与自然和生、和处、和立、和达、和爱的利益关系。

社会市场机制使人类从自然界获得物质和精神产品的速率和规模方面得到扩大和增进，但人类的极端功利主义的自私行为，也给自然以极大的

---

① 参见张鸿翼：《儒家经济伦理》，80～102 页，长沙，湖南教育出版社，1989。书中论述了社会经济运行的五大基本道德法则：整体和谐法则，天人合一法则，社会人本法则，中庸守常法则，循环发展法则。

② 《正蒙·乾称》，见《张载集》，62 页。

损害和破坏，使人与自然的冲突更加激烈；自然报复人类的行为，也使人类自身的生存和发展受到破坏和危害。从经济学的角度来看，保护与发展自然就是保护与发展人类自身。人类与自然不仅在利益上是共同的，而且在公共资源、生态环境方面需建构公共产权。以便建立自然在社会市场经济中的价值和地位，分配人类对自然所必须承担的责任与义务，以及所享有权益的限度。

假如从社会—经济—自然—人的模式下来设计市场经济，来规范人与社会、人与人、人与物（自然）的关系，则使人与自然（物）之间的责任与义务，所享有的权益限度以及实现这种权益的方式纳入了市场秩序的体系内，并成为市场秩序的基本组织内容。市场秩序的思维边界由社会—经济的单向模式而进入社会—经济—自然—人多向模式。从社会经济中的人与人的利益关系的思考转换为人与自然关系中的社会经济的思考。在这种向度中，市场秩序是由社会秩序、经济秩序以及社会—自然秩序构成的互动利益关系系统。在这里所说的社会秩序，包含社会运行机制中的政治、法律、道德、文化行为等社会行为秩序的总和；社会—自然秩序，包含人与自然之间的物质、能量、信息的输出与输入的利益关系，作为市场秩序的前在秩序与边缘秩序；经济秩序包含由交易行为与市场制度所构成的市场秩序。

如果说从经济秩序引向社会—经济秩序，由经济市场体系而转向社会—经济模式来观察、界定市场秩序，是制度学派和公共选择学派对新古典主流经济学说的超越，那么，从社会—经济—自然—人的模式来看，它将市场秩序规定为社会秩序、经济秩序与社会—自然秩序协同互动的利益关系体系，则是对制度学派和公共选择学派的发展。①

在社会—经济—自然—人的模式中，人、社会、经济在一定意义上，都是自然的产品。人类借助于工艺制造技术，解决天人冲突和知行生存困境。人通过生产工具系统的中介和合作用，实现社会与自然之间的质能交换，使自然物质、资源转化为物质生活资料和物质生产材料（“器物”），使自然能源变性为生产动力和生活能量。经过这种生产性质能交换，人类从自然环境中源源不断地获得衣、食、住、行等经济活动所必需的材料与能量。研究自然环境中的经济方面问题，便形成了环境经济学。

所谓环境经济学，是依据和合学原理，研究环境再生产、保护与人类经济活动之间的互相关系，协调人与自然之间合理性的物质、能量、信息

① 参见王根蓓：《市场秩序论》，武汉大学博士论文打印稿，1994。

的交换，调节人类的经济活动需求与自然环境系统供给之间的关系，使经济活动取得最优化的效益。

人类经济活动与自然环境之间构成的各种形式的关系，如社会制度与环境保护、经济发展与环境保护、经济需求与自然环境供给、人的索取与环境治理等冲突，以及由人以资源形式从自然获得的物质、能量和信息，再以“三废”等形式排向自然环境。在这个获得与排出之间，人类的经济活动，既获取了巨大的物质财富，又造成了自然生态环境的危机，这便是环境经济学所要研究的对象。

但环境经济学所研究的对象，并非环境系统和经济系统的本身，而是寓于这两者结合部中的、有机结合而成的环境经济系统，即结合部中环境经济系统的能量和物质转换关系。这就是说，环境经济学要研究人类经济活动与自然环境的冲突、融合关系效应，使这种关系效应转化为经济信息，并反馈到国民经济平衡与核算之中，为经济和社会发展战略提供制定环境经济政策的依据。

人类的经济活动，中国商代或更早就存在。由于人类的经济活动，而产生环境经济问题。我国先秦时管仲“以差征赋之轻重”而相对于土地之美恶，是一种“环境资源税”的原始形式。在后来的《秦律》和《唐律》中已出现环境保护的法律：“其行道，燃火不灭，而致延烧者各减一等”①。如“延烧赃少者，杖八十上减一等。赃重者，坐赃上减四等罪止徒一年。”说明对自然环境的重视，“以天为父，以地为母，以开乎万物”，“禁民斩木，所以爱草木也”（《管子·五行》）。以自然为父母，爱护一草一木，这种保护自然环境的意识，是对于人与自然冲突的初步自觉。

随着社会的进步，科学技术的高度发展，以及人们观念上的错误，环境污染，资源匮乏，生态危机等问题愈来愈严重，已成为人类生死存亡的命运问题，于是引起了各个研究领域的学者的注意，形成了环境经济学。从环境经济学基本理论研究来看，涉及社会经济发展与自然环境的关系；人类经济活动与生态环境的相互作用和影响；人类生产、消费与环境负荷、改善的关系；合理利用自然资源与保护环境质量的关系；自然资源价值理论等。从环境经济学的应用研究来看：有环境经济计量；环境经济预测；环境经济统计；环境经济损益分析；环境经济管理；等等。

---

① 长孙无忌：《杂律》，见《唐律疏议》卷二十七，48页，《万有文库》本，上海，商务印书馆，1929。

现代，由于生态环境危机的现实变化，西方经济学家对环境经济提出了各种不同的主张，形成了各不相同的环境经济学学派，如福利主义学派、悲观主义学派、理想主义学派、改良主义学派和现实主义学派（或称乐观主义学派）等。[①] 福利经济学是属于规范经济学，它相对于实证经济学回答"是什么"问题，而回答"应该是什么"的问题。[②] 它从一定的价值判断出发，研究社会经济应怎样运行。福利经济学由 A. C. 庇古建立，他运用基数效用理论，提出国民收入总量愈大，社会经济福利愈大和国民收入分配愈是均等化，社会经济福利就愈大两个福利命题。[③] 依据第一命题，要增加社会经济福利，必须最大限度地增加社会生产量，为此就必须使社会生产资源在各个生产部门间的分配达到最优化，这便是福利经济学的"最优资源配置论"。

第二次世界大战以后，他们为了解决社会经济增长与环境污染的冲突，提出了"环境资源退化费用"这一概念，以调节或改变经济增长的方式，建议把国民生产总值分为消费、生产投资和环境投资三项。环境经济学的宗旨是在社会经济发展与环境状态之间寻求某种持续的均衡，使社会经济决策兼顾两者。在环境保护上，福利经济学认为，有两方面因素影响高效率地解决环境问题，即公共商品和外部影响。前者指当消费者使用某一商品时，不排斥诸多其他的消费者共同使用之。环境质量犹如灯塔、杭州西湖等，这类公共商品的使用费用是大家支付的，自己不支付也可以获得使用价值。这类商品会降低解决环境问题效率。后者是指生产和消费者通过价格机制以外的途径，影响别人福利，例如，工厂排污而影响水源质量，造成居民用水问题。在生产和交换中又不重视外部影响，对此必须制定相应环境经济政策。

福利经济学的许多观念是环境经济学的来源。比如"社会经济福利极大化"、"帕累托最佳值"、"卡尔多补偿原理"、"社会福利函数"等，是建立在"边际效用价值论"和"资源稀缺"论等经济理论之上[④]，对于环境

---

① 参见童宛书主编：《环境经济学》，27、35～45 页，杭州，浙江大学出版社，1993。

② 参见马克·布劳格：《经济学方法论》，石士钧译，134～146 页，北京，商务印书馆，1992。

③ 参见高鸿业、吴易风：《西方现代经济学》下册，222 页，北京，经济科学出版社，1990。

④ 参见高鸿业、吴易风：《西方现代经济学》，下册，223～238 页。另见马克·布劳格：《经济学方法论》，149～152 页，北京，商务印书馆，1992。关于帕累托的最适状态，一种意见认为它摆脱了估价，完全属于实证经济学的范围；另一种意见认为，它充满估价，是规范经济学的一部分。

保护有指导意义。

悲观学派的环境经济理论，是以探讨人类未来命运的“罗马俱乐部”所提供《增长的极限》一书的观点为代表。该书认为，人类社会的增长受五类互相制约和作用的因素限制：加速工业化、人口剧增、粮食短缺和普遍营养不良、不可再生资源枯竭、生态环境日益恶化等。这五种增长趋势都呈指数函数型。其中任何一项增殖都会促使正反馈环上的一连串变化，这些变化反过来又使最初变化的一项发生更大的增殖。由于地球的有限性，而使这五种增殖都有一定的极限。超越此极限，人类社会就有崩溃的可能。

当增长越来越接近于整个世界环境的最终极限时，负反馈环的作用就变得越来越强，一旦负反馈环能平衡或克服正反馈环时，增长便到了停止的极限。人类虽可利用高科技，但无法化解发展的无限性与地球有限性的冲突。因此，人类社会瓦解的“危机点”无法消除。所以，《增长的极限》设计了一系列限制增长的消极措施。

在悲观学派的环境经济学中，博尔丁的“宇宙飞船经济”理论颇有影响。地球犹如太空飞船，是人类赖以生存的独一无二的生态系统。由于人口和经济的不断增长，资源消耗与日俱增，终将耗尽“小飞船”内的有限资源。同时人类生产与消费排出的废物将污染飞船内部的一切，那时人类将覆灭。为免此劫难，人类必须转化“增长型”经济为“储备型”经济，“消耗型”经济为“休养生息型”经济，“单程式经济”为“循环型经济”，通过这种转化，以使生态环境保持良性循环。这种悲观学派的经济学，使人从“悲”中激发“奋”进，有一定价值和意义。

理想学派的环境经济学理论，以生态科学为基础，它的代表作是戈德·史密斯等编著的《生存的蓝图》一书。认为要选择走社会健康发展的道路，不把灾难留给子孙后代，对社会进行人道的改革，创建一个持续发展的、平衡的、稳定的社会。这个社会生态破坏最小，物质和能量保存最大；实现重在休养生息而非耗费的经济，保持人口出生和死亡相等；使全体社会的成员的意志长远地得到满足。

理想学派主张建立“理想生态经济社会”，它是弗雷尔依据戴利的“稳态经济学”和卡伦巴斯的“理想人类生态论”而提出的理想经济模式。他认为理想生态经济社会，把环境道德观念纳入社会福利范畴，又不使经济体系受损失。可增加环境的舒适程度，悠闲的生活和促进社会关心来弥补经济上的物质商品量的减少。稳态经济社会可永续不衰地提供较高的生活水平，有效地使所有社会成员公平合理地享有这种生活水平，激发人们人道主义精神，使人与人、人与自然生态环境之间保持良好的关系。

改良学派的环境经济理论，是以舒休雷特的“社会改造论”为代表。他们认为，环境危机已不是个别现象，而是整个社会的现实问题，必须对社会进行改造。这种改造首先要建立一个专门的政党，如环境保护主义的政党（如绿党）；其次以民主形式将自己代表人物选入立法机关各不同岗位；再次着手研究改造经济结构和社会生活方式。假如环境保护者得不到改造社会的权力，那么就必须发动群众性的保护环境运动，对政府施加经常性压力。他们还认为，消费品虽愈来愈多，但选择环境的可能性却愈来愈少。现代工艺已达到这样的水平，即对自然过程的干预具有特别的危险性，必须通过全面改造管理社会的体制来调节与自然的关系。改良学派的环境经济理论对于增强人的环境意识，推动环保运动，促进环境立法，都有积极的作用。

现实学派的环境经济理论，是相对于悲观学派和理想学派的环境经济理论而言的。他们以“国家调节论”、“补偿论”、“新发展哲学”等环境经济理论为主导，要求从经济政策上，管理制度上，发展模式上，比较实际地提出解决现实环境问题的方法、措施和途径。

法国经济学家巴尔和英国经济学家杰克斯等主张“国家调节论”，主张在环境保护和资源利用方面，应以各种形式的国家调节作为市场机制的补充。在国家调节的方法和手段上，又明显地分为政策经济学派和制度管理学派。前者主张部分控制模式，在环保中利用价格政策进行调节，并以“影子价格”为主要手段。他们以为这样可以促使自然保护措施获得最佳的环境效益和经济效益，运用征收污染税、资源消耗费和折旧、废物的排放罚款等价格机制，使企业向闭路循环和低废、无废的先进工艺转变。制度管理学派主张直接管制（即行政管制）与奖励、刺激和强制遵守自然保护法规相结合为基础。这种管制是以放弃任何形式的市场经济机制，应用环境标准、法规等行政管理手段来克服私人经济发展与公共环境质量间的不断增长的冲突。通过行政干预规定各种污染物的排放限额，不准采用污染严重的生产工艺和设备，禁止生产污染或危害环境的产品。以便以最小代价达到规定的环保目标。

“补偿论”以美国经济学家塞尼卡、陶希格和法国的经济学家安里格等为代表。他们认为，经济增长和工业发展，向环境排放污染物增加，使生物圈的自净能力遭受破坏。为恢复生物圈的质量目标，需投入额外的劳动和资本作为补偿。他们主张对消费自然资源这种财富应付费，对污染每一单位的水和空气应收一定的税率，以促使企业家注意环保。

“新发展哲学”是拉丁美洲学者佩鲁等人提出的，主张寻求一条“人类新的发展道路”来解决环境危机。新发展哲学与传统发展模式在发展的目的、发展的层次、发展的战略上是不同的。前者要求改变现行的不平等和不合理的国际经济秩序，能解决环境危机；后者不能化解人与环境的冲突。这是对环境经济学的重要探索。

西方这些环境经济理论，都与各个时期自然环境的状况和人们的认知相联系。他们都呼吁保护环境，探索环境经济的各种模型、方法、途径，研究环境经济决策及有关政策和管理手段，或对环境工程、设施进行技术经济分析和评价等，具有积极的价值和意义。但无论是福利的、乐观的、理想的，还是悲观的、改良的环境经济学派，都是对环境经济的“用”的方面的对策和设想，没有一种“体”的方面原理和范畴。和合环境经济学便是从主体人的生产、消费形式与自然环境的物质、能量、信息的交换中，既冲突又融合的互动过程中，建构环境经济和合体（生存世界）的理念。

（三） 和合环境经济学的原理

和合环境经济学在协调经济发展与环境保护，人与自然之间的物质、能量、信息交换关系等方面的冲突融合，与和合经济学是一致的，它是和合经济学的子系统。和合环境经济学植根于中国文化的“天地万物一体”的理念，这种“天道”（“天”）与“人道”（“人”）和合的理念，曾影响被誉为西方近代古典经济学奠基人之一[①]的魁奈（Francois Quesnay，1694—1774）。他作为法国启蒙时代的重农学派的创始人，曾被这个学派的成员称为“伟大的立法者，欧洲的孔子”。米拉波（Victor Riqueti Mirabeau，1715—1789）在魁奈逝世的演说中说：

> 孔子的整个教义，在于恢复人受之于天，而为无知和私欲所掩蔽的本性的光辉和美丽……他以特别聪睿的耳朵，亲从我们共同的大自然母亲的口中，听到了“纯产品”的秘密。[②]

---

① 学术界对近代经济学始于何人虽有争论，但将严格的数理知识引入经济活动分析中，实始于F.魁奈。

② ［德］利奇温：《18世纪中国与欧洲文化的接触》，朱杰勤译，93页，北京，商务印书馆，1991。所谓“纯产品”学说，是指把土地生产物看作各国收入及财富的唯一来源或主要来源。

魁奈把道德秩序纳入自然法则的范围，以为人类在道德领域与自然领域一样，存在着完全独立于人的意愿的客观法则，这被认为是继牛顿发现支配物质世界的和谐秩序的伟大法则之后，在道德秩序中发现了支配人类社会的法则，并用中国传统文化中的“天道”、“天理”等术语来表达自然法概念。魁奈这种天人合一式的思维方式，被称为：

> 企图把天道和人道合而为一，把作为正道的，或如中国人称为世道的自然秩序，和实际的秩序合而为一（这一方面，中国也许提供了最宏伟的实现这个目的的实例），都是出于想得出一个可说明世界的综合一切的数学公式，同时对宇宙现实求得一个综合一切的看法。在这一点上，他的心理是和中国人相通的。[①]

他的弟子博多在其《经济哲学》一书导论中说，中国的哲学家，“从远古便被最高深的真理所贯彻，他们称之为法则或‘天道’。他们的一切措施，都根据于这一个原则：‘顺乎天意’”[②]。这种天人关系理念，是东西方所能认同的。

天人之间借工具和合而结成的质能交换联系，具有明显的经济效益。通过质能交换，国计民生问题不断得以解决，人们经济利益需要不断得到一定程度的满足，社会物质财富不断得到积累。物美价廉，品种齐全；丰衣足食，安居乐业。生存世界呈现经济繁荣、生活安康的真实气象。

天人质能交换产生的经济效益服从生生法则。由于物质产品终止于消费，若无再生产，经济效益将衰减到零值。经济生活的富足气象将化为饥寒的惨景。因此，只有经济效益的不断再生产，经济生活才能维持下去；只有经济效益不断扩大再生产，经济生活活动才能发展。

经济效益的再生产，是由三种再生产融突和合构成的：一是自然生态环境的再生产（生产对象的按自然生态规律的再生产）；二是人类自身的再生产（生产者的按生理规律的再生产）；三是文化社会环境的再生产（生产文化约束条件的按社会规律的再生产）。因此，经济效益的再生产属于再生型的经济融突和合体。

要使经济发展并使上述的再生产持续进行和不断扩大规模，加深层次和提高水准，就必须维持三种再生产系统之间的动态均衡，使其协调发

---

① ［德］利奇温：《18世纪中国与欧洲文化的接触》，朱杰勤译，92页。所谓“纯产品”学说，是指把土地生产物看作各国收入及财富的唯一来源或主要来源。

② 同上书，97页。

展。由于人类自身的再生产归根到底取决于整体经济效益的再生产，因而，制约经济效益再生产的主要因素是两大环境及其再生能力与再生水平。

生态环境是经济效益再生产的自然制约条件。人类的经济活动和物质生产只有遵循自然法则和生态规律才有可能长期维持并适度发展。社会环境是经济效益再生产的文化制约条件。人类的经济生活只有与整个社会生活及其文化素质、水平协调一致，才能顺利进行和健康发展。

若再生产系统失衡，环境制约条件就会恶化，或生态危机或意义危机，经济效益的再生产将受到干扰和破坏，或病态发展，或逆转衰退。

环境经济学作为协调人类经济活动需求与环境系统供给之间的物质交换，研究经济效益与生态环境、社会环境之间的动态平衡机制与协调发展规律的学科，有两个基本的和合原理：

1. 经济效益的再生产水平和绝对增长速度，一定要与生态环境的再生产水平和自然生长速度及资源利用与保护相融突和合；

2. 经济效益的再生产方向和相对发展道路，一定要与社会环境效益及社会环境的再生产方向和文化发展道路相融突和合。

违背第一融突和合原理将导致生态环境恶化、生态危机和生活质量的总体下降。

违背第二融突和合原理将引发社会震动、意义危机和文化精神的系统紊乱。

实现这两个融突和合原理，作为人类主体的一方对于自然客体一方，应建构一种平等的、互敬的、互爱的价值关系。这是因为主体人类是有生命的，客体自然生态亦是有生命的。所以人有人格，“物”有“物格”；人有人性，“物”有“物性”；人有人权，“物”有“物权”（如生存权）。人在高扬自我的人格、人性、人权的时候，若侵犯、危害了“物格”、“物性”、“物权”，也会受自然生态环境的报复，主体人类也会自食其恶果。

既然物与人一样，同是宇宙间有生命（广义生命）的东西，同具“格”、“性”、“权”，就应当是互相平等的，互相尊敬的，互相爱护的。只有像爱人类自己一样去爱自然生态环境，像尊敬人一样去尊敬自然生态环境，才能建立人与物的真正平等关系。因此，环境经济学应当引申到社会学、人文学、管理学、哲学、技术学等。它既是一种和合经济学，也是用和合学原理、方法，来研究、解决环境中经济问题的学科。

二、 经济和合体与制度经济学

经济学在作为独立的学科诞生之前，曾涵容在各种道德哲学、政治学文献之中。使经济学得以真正独立化的基石——“经济人”的假说，其所探讨的核心命题，即个人利己本性与公共利益的关系，并由托马斯·霍布斯（Thomas Hobbes，1588—1679）带入近代意识之中，而引起了具有近代科学论战意义的广泛讨论。他们面对近代兴起的“商业社会”的需求，从对个人自利行为评论始，而引出新型社会如何规范市场参与者的谋利活动，使之与公共利益相一致。亚当·斯密（1723—1790）继承前者，把个人谋求自身利益的动机和行为系统纳入经济学的分析中，对经济人的自利行为如何导致整个社会丰裕的经济机制提供经济学的证明。

亚当·斯密认为，应让每个人以自己的方式自由地追求自身利益。但如何避免因离心力的干扰而使社会分崩离析？如何依靠个人的自利动机、行为来维持秩序井然和运转的社会？如何使公共利益得到保证？他认为，在自由市场体系内部，存在着一只至高无上的无形之手（An Invisible Hand）。

> 每人都在力图应用他的资本，来使其生产品能得到最大的价值。一般地说，他并不企图增进公共福利，也不知道他所增进的公共福利为多少。他所追求的仅仅是他个人的安乐，仅仅是他个人的利益。在这样做时，有一只看不见的手引导他去促进一种目标，而这种目标绝不是他所追求的东西。由于追逐他自己的利益，他经常促进了社会利益，其效果要比他真正想促进社会利益时所得的效果为大。①

“看不见的手原理”，形式上是讲一种经济现象的行为动力，它支配经济现象，却又看不见其实相，相似于形上学的表述。从经济学的意义上，“看不见的手”是对于为什么个人的自利行为会无意识地创造社会财富的增长和分配范围的扩大这样一个事实。它虽不出于他们的利他考虑，但它会在“正义的法律”基础上，化解经济人之间、经济人与社会之间的经济利益冲突，从而形成使个人和社会的利益都能够同时得到实现的一种“自然秩序”。“看不见的手”作为对经济人的自利行为的限制，使其个人追求

① ［英］亚当·斯密：《国富论》上卷，400页，伦敦，个人图书馆版，1954。

自身利益的动机可能推进整个商业社会民众的利益。在这里，“公共利益”不仅是指随着经济发展而来的就业机会和国民收入的扩大，还包括各种收益均等化的分配趋势。这样，“看不见的手”便是广泛存在于市场竞争过程中的制衡力量。[①] 西方微观经济学的核心内容，便是论证这一原理。

（一）利益交换与道义价值

和合学认为，要解决经济效益再生产过程中的生态危机与意义危机，必须从生存世界进到意义世界，揭示人际交往的利益本性及其道义价值关系。人们物质生产过程中所得到的器物产品，往往需要通过市场交换才能各得其所，顺利进入消费过程，实现人类自身的再生产。

人际的交换，不论采取以物易物的原始方式或是采取货币交换的现代方式，本质上讲都是一种利益交换。利己与利他，按等价交换规律在经济市场公平而自由地实现。每一次利益交换的等价完成，公平、自由等道义价值就部分地实现一次。

人际利益交换是道义价值的承载体，道义与利益在交换中是价值融突和合的关系，即义利融突和合。[②] 违背等价交换规律，必违反道义公平原则，反之亦然。在经济生活领域，牺牲利益与牺牲道义都是背逆人性的，亦有悖于人文和合精神。

中国先秦时期对道义与利益的“百家争鸣”，大体可归纳为义利互涵论，义利拒斥论，义以制利论，义利双弃论和唯利论五种。就义利互涵而言，主张“义以生利，利以丰民”[③]。道义与利益并非冲突，水火不容，而是利益依道义而有，“夫义所以生利也”[④]。道义普遍地充满于主体的经济利益活动之中，经济利益活动会使人民生活丰厚。反之，“不义则利不阜”[⑤]，不义的经济利益活动，不能导致人民生活的丰厚。这样利依义而立，义依利而体现，义利互即互涵。“利，义之和也……利物足以和义”[⑥]。利即为他，利他为义。

墨子绍承“义利互涵”，主张“交相利”，贵义重利。“天下有义则生，无义则死；有义则富，无义则贫；有义则治，无义则乱”[⑦]。儒家讲义，它

---

① 参见杨春学：《经济人与社会秩序分析——历代经济学家的探索》，博士论文打印稿。

② 参见拙著：《中国哲学范畴发展史（人道篇）》中的《义利论》。

③ 《晋语》，见《国语集解》卷七，256页。

④ 《周语中》，见上书卷二，46页。

⑤ 同上书。“阜”韦昭注“厚也”。

⑥ 《襄公九年》，见《春秋左传注》，965页。

⑦ 《天志上》，见《墨子校注》卷七，294页，北京，中华书局，1993。

所追求、所蕴涵、所达到的往往为非利益、非功利目的，而是道德理想和人格完善，具有超功利的内涵。墨家以利即涵义中，利益是“兼相爱”的行为活动的准则，是“爱利万民”，上利于天，中利于鬼，下利于人，这利天下之利，是乃道德价值的所在和展现。因此，重利即是贵义。顺义而行，可使天下国家民众得到大利。墨子把义通约为利，利即大利、公利，义利为一体两面。后期墨家则明确以义为利，“义，利也”①，义利不离不二。《经说》解释说：“义，志以天下为芬，而能能利之，不必用”②。志在使天下美好，善利天下，而不居功自用。

中国思想家，重义，故以义生利；西方经济学家的“经济人”思想，重自利，由自利而有公共利益。亚当·斯密认为，参与以社会分工为基础的交换过程，是每个人的利益所在，在这一过程中的合作和彼此尊重对方的意愿是实现个人利益的必要条件。“经济人”仅仅是在理论层次上提炼出来的一种市场上的人，他以交换形式进行的自利行为，是不能以道德尺度衡量的。在这里“自利”只是意味着在交换过程中对对方的利益不感兴趣。“经济人”在经济自由的条件下，出于改善个人境遇这种自然的愿望，工人就会将自己的劳动力投入到他自己能可靠地得到最高工资，从而为整体创造最大价值的地方；资本家就会将自己的资本投到可以给他带来最高利润、同时产生最大效益的产业；土地所有者就会将自己的土地租给那个依靠自己所取得的劳动生产率能向他提供最高地租的人。在所有这些方面，“看不见的手”都会显示其威力，协调各行业和在各个层次上充当不同角色的“经济人”的行为，保证社会经济的各个部门和生产过程的各个程序能在时间、地点、数量、质量和其他一切有关方面做到互相配合，从而有效地促进社会经济的繁荣。

这样，从“自利”出发的“经济人”，达到了促进社会经济发展的公共利益的目标。这种“公利”的目标，即属于道义的范围。

> 每个人改善自身境况的一致的、正常的、不断的努力是社会财富、国民财富以及私人财富所赖以产生的重大因素。这不断的努力，常常强大得足以战胜政府的浪费，足以挽救行政的大错误，使事情日趋改良。③

---

① 《经上》，见《墨子校注》卷十，469页。

② 《经说上》，见上书卷十，469页。孙诒让曰：“能能叠用，无义，当作而能利之，不能必用。”

③ ［英］亚当·斯密：《国富论》上卷，314页，北京，商务印书馆，1979。

尽管对亚当·斯密此一洞见有种种批评，但每一个人对于改善自身所处环境的努力，即追求个人利益，这是经济人的基本心理动机。在每个人的内心深处都潜伏着这种人类生命和社会进步的源泉。

亚当·斯密曾冷静而公正地指出：人们对自身经济利益的追求，既有利于促进培养出如克勤克俭这样好的品质，又有益于社会财富的增长和维护社会秩序，以及推动社会制度的变革。之所以如是，是因为人们价值观念层面的转变，以为那些发财的人既富有必伟大；在经济实践层面上的影响，追求个人利益在一定程度上促成社会经济组织和法律制度的变革。亚当·斯密认为，工商业的谋利精神，使农业中出现了“商业精神”。这就促使封建“财产制度”的瓦解以及封建行政司法权的取消，把所谓“安宁的秩序”、“良好的行政管理”、“个人的安全和自由”带给了农村。这是凭借王权的强制力量所办不到的一种革命，这种革命是由大领主的痴愚和商人的勤劳这两个全然不顾公众幸福的阶级完成的。①

农村土地制度的演变，劳动分工，货币发明，经济机制等，都是在个人追求自身利益的过程中自发形成和发展起来，“原非任何人类智慧的结果”②。在这里，亚当·斯密在肯定个人追求自利的价值中，凸显了人的价值和意义。同时他又肯定超越人之上的一种冥冥中的力量，这就是建立在个人利益基础之上的自发秩序，即经济学中的一种“自组织”观念。这种“自发秩序”，对于主体人的创造来说，又是一种外在的力量。

这种自利的“恶”的历史价值，在中国思想家中亦曾做出了描述。先秦法家在经济上“重农”，主张积极发展农业生产。这种“重农”的基础是人人都有一种“自利”的“自为心”。在人与人的经济利益交换活动中，绝无一点利他的动机和行为。亚当·斯密曾经说过：“同业中人甚至为了娱乐或消遣也很少聚集在一起，但他们谈话的结果，往往不是阴谋对付公众，便是筹划抬高价格”③。韩非指出：

> 夫卖庸而播耕者，主人费家而美食，调布而求易钱者，非爱庸客也，曰：如是，耕者且深，耨者熟耘也。庸客致力而疾耘耕者，尽巧而正畦陌畦畤者，非爱主人也，曰：如是，羹且美，钱布且易云也。此其养功力，有父子之泽矣，而心调于用者，皆挟自为心也。④

① 参见［英］亚当·斯密：《国富论》上卷，378页。

② ［法］季德、利斯特：《经济学说史》上册，86～103页，北京，商务印书馆，1986。

③ ［英］亚当·斯密：《国富论》上卷，122页。

④ 《外储说左上·经五》，见《韩子浅解》，280～281页。

在出卖劳动力的庸者与买劳动力者的关系中，并没有真正的仁“爱”之心。买劳动力者以“美食”、优厚的工钱对待庸者，不是利他，而是自利，即促使庸者努力耘耕。出卖劳动力者用力快耕细耘，把田畦播得整齐，也不是因为“爱”主人，而是为了自己得到好吃的和好工钱。正是这种自利的“自为心”，却促使了农业生产的发展和社会经济的繁荣，达到“富国”的目标，即由“自利”而达到“公利”。

韩非把一切自利的经济活动和社会行为，都纳入经济分析的范围。譬如造车的店主希望人都富贵，做棺材卖的人希望人早死，这并非出于造车人的仁爱和做棺材的人的心眼坏，而是因为人不富贵车便卖不出去，人不死棺材卖不出去，都是出于人与人的利益关系，是一种自利的行为。正是这种从“自为心”出发的追求“自利”的行为与社会生产的扩大和经济繁荣相联系。在这里，“善”的道德价值受到了冷落，“恶”的道德价值却得到了褒扬。因此，韩非从根源上说，是性恶论者。

人的“自利”的本性，“自为心”的人格。虽然出卖者与买主、君与臣、父与子之间，都从“自利”出发，而使互相关系得到协调，但亦不可避免地发生种种以利益为内涵的冲突或矛盾，它不能凭借仁、义等道德规范或自身的道德自律，而需要一种他律的法律，以调节社会的种种冲突，以维护社会的秩序。韩非说：“法者，宪令著于官府，刑罚必于民心，赏存乎慎法，而罚加乎奸令者也，此臣之所师也。”[①] 全国臣民都要遵守法令，在法律面前人人平等，“法不阿贵，绳不挠曲。法之所加，智者弗能辞，勇者弗敢争。刑过不避大臣，赏善不遗匹夫”[②]。法律不偏袒富贵者，刑罚不避大臣，奖赏不遗一般百姓。韩非认为，国家无常强和常弱，关键在是否以法为价值尺度，“奉法者强则国强，奉法者弱则国弱”[③]。依法治国的力度强则国强；依法治国的力度弱，则国弱。这种法治的思想，是调节“自利”为核心的社会机制和社会冲突的最佳的选择。

亚当·斯密虽与韩非异趣，但他认为人的本性中即使有“仁爱”的倾向，这种倾向也与市场交易活动无关，它在市场交易中没有立足的余地。此外，源于人的天然社会情感的理智、公正、正义感等诸伦理学原则，在很大程度上依赖于作为社会存在的人的“道德自律”，且因人而异。要依它们本身来化解经济利益的冲突，是不够的。这就需要外在的法律的强

---

① 《定法》，见《韩子浅解》，406 页。

② 《有度》，见上书，41 页。

③ 同上书，34 页。

制，把它们所体现的精神转化为制度，即单纯的、明确的天赋自由制度。在这种制度下，“每一个人，只要他不违背正义的法律，都应让其完全自由，以他自己的方式，追求自身利益，让他以其勤劳和资本同任何其他人或其他阶层相竞争”①。这就肯定了经济人在追求自身利益过程中的权利、责任和义务。

韩非要求在“法治”环境下，斯密倡导在“不违背正义的法律”条件下，凸显人的自身利益，使人在现实世界获得价值和意义。在现代，人的自身利益的实现，也需要在不违背正义的法律的条件下，以使人际利益交换与道义价值获得融突而和合。

（二）人性物化与公私度量

形下和合的天人通过质能交换而生产出人类衣、食、住、行等器物产品，从人的角度看，物品实质上是人类智能物化的产物，故称物智能。人的解智能是人性的工具外化，经技术工具的生产性使用，转换为物智能。

智能的物化，实质上又是人性的物化。在人际经济交往过程中，人与人之间的道义关系，必须通过物与物之间的经济关系来表现。人性的物化，也就成了人际关系的物化。这两种物化，是形下和合状态空间内特有的现象，是工具和合手段化、技术化合乎规律的演进。物性化是对人性的否定性的表现，是对人际关系限定性的约束。二者又是同一融突和合过程的两个侧面，人性的物化必然是人际关系的物化，反之亦然。

人性与人际关系的物化，形成了一个公与私的问题。物化人性与物化人际关系的目的究竟是为了自身的私利私义，还是为了公共的公利公义？由于人性本质上是人文化成的社会关系，人际关系是通过利益、道义的价值交换环节组织化的，因此，“公私”不是绝对的定性化概念②，而是相对的定量化的范畴。换言之，公私问题实质上是价值度量问题。

价值度量蕴涵着人的意识和行为中所包含的主体需要，追求价值、注重效益的原则。西方关于“经济人”的论争一直持续到现代。③ 从19世纪晚期历史学派和奥地利学派关于利己与利他的论争，到20世纪40年代的关于利润最大化行为假设之争，以及赫伯特·西蒙（1916— ）对“理性经济人”提出批评，而米尔顿·弗里德曼作了辩护；70年代之后的“理性

---

① Adam Smith：*An Inquiry into the Nature and Causes of the Wealth of Nations*，Encyclopedia Britain，Inc，1980，p.300.

② 参见拙著：《中国哲学范畴发展史（人道篇）》，第六章《公私论》，212～242页。

③ 参见杨春学：《经济人与社会秩序分析——历代经济学家的探索》，博士论文打印稿。

行为”之争，这是在经济学危机这一学术氛围和心理学试验这一新的基础上进行的。经此论争，“经济人”的内涵得以具体和丰富，并显示其新的生命力，引起经济学领域之外学者的关注。Robert Parloff 在 1987 年当选为美国心理学协会主席的就职演讲中说：

> 我扮演一个自豪地、泰然自若地倡导自利的角色……自利是一种虽不完美，但却富有成果的模式，有助于科学去理解人类的行为和他们所建立的诸制度的运行，去理解他们所拥护的价值观，甚至去理解人们扩展帮助他人的方式的社会准则。①

似乎问题又回到了亚当·斯密的殿堂下。

中国到了 16 世纪和 17 世纪之交的李贽（1527—1602）的时代，资本主义经济萌芽产生，他批判宋明理学家把人性说成“天命之性”或“天理”的体现，而把“私作为人的心性的本质特征和内涵”②。“夫私者人之心也。人必有私而后其心乃见，若无私则无心矣”③。“私”是人心的普遍的、基本的“格”，也是人的意识的本来状态和人的一切行为活动的出发点和动因。“如服田者，私有秋之获，而后治田必力；居家者，私积仓之获，而后治家必力；为学者，私进取之获，而后举业之治也必力”④。“私”是现实社会各阶层所认同、各个个体的行为所追求的“自利”形式，也是人的共性。一些人“开口谈学，便说尔为自己，我为他人；尔为自私，我欲利他”⑤。其实说的与做的完全相反，并非真的为他、利他。“自朝至暮，自有知识以至今日，均之耕田而求食，买地而求种，架屋而求安，读书而求科第，居官而求尊显，博求风水以求福荫子孙。种种日用，皆为自己身家计虑，无一厘为人谋者”⑥。从宋明道学家言与行、心计与现象的冲突、分离中，从负面的陈述中，呈现人必有私的共性。

李贽从这种人性分离和异化中，认为必须复归到活生生的感性的现实人性上来；剥去口谈道德的假面具，而复归到人性本质私上来。比如“身履是事，口便说是事，作生意者但说生意，力田者但说力田”⑦，以使言与

---

① Parloff：“Self-interest and Personal Responsibility redux”，American Psychologist，42 (January，1987)，转引自 Kenneth Lux：*Adam Smith's Mistake*，1990，p. 26。

② 拙著：《李贽与中国文化的走向》，见《李贽学术国际研讨会论文集》，48～63 页，北京，首都师范大学出版社，1994。

③④ 李贽：《德业儒臣后论》，见《藏书》卷三十二，544 页。

⑤⑥ 李贽：《答耿司寇》，见《焚书》卷一，30 页。

⑦ 李贽：《答耿司寇》，见《焚书》卷一，30～31 页。

行一致，消除人性的异化，回到现实人性私的自利层面上来。

李贽的时代，是儒家道德价值中心论显露出一些向重视个体生命价值为基本原则转换的迹象，即从人的道德价值绝对论转换为人的生命价值的相对论。在社会经济有机体的现实运作中，个体人都以功利价值和生命价值为取向。

> 如好货，如好色，如勤学，如进取，如多积金宝，如多买田宅为子孙谋，博求风水为儿孙福荫，凡世间一切治生产业等事，皆其所共好而共习，共知而共言者，是真迩言也。①

从“百姓日用”的价值层面看，“灭人欲”的价值取向，无疑是荒诞的，但正是这种荒诞，也孕育了一些具有高尚道德修养、道德情操的志士仁人，为“存天理”的道德价值理想而奋斗牺牲。然而，一旦投入现实社会经济生活，李贽认为，人们只能在功利或利益价值、生命价值制约下进行生活交往活动，这才是人的真实的“共好”、“共习”、“共知”、“共言”的“价值共意”。

道德价值是指主体用来满足自身道德需要的价值，它取决于主体赖以生存的社会条件和主体所组成的社会经济关系，制约主体行为活动的取向和目的，构成主体行为活动的道德动因。主体在自觉履行道德规范中，调节各种道德关系，以满足主体自身特定道德需要。这样，主体的经济行为便蕴涵着道德价值，而被宋明理学家升华为形上学本体，称之为道德的形上学。李贽的道德批判，就在于把道德形上学转换为道德形下学，即“百姓日用”之学；把形而上的道德价值中心论转换为形而下的功利价值、生命价值中心论；把主体用来满足自身道德需要的价值转换为主体用于满足自身物质、生命的价值。这就是李贽所表达的“穿衣吃饭，即是人伦物理”②。这便是人性及人与人关系的物化。

然而，李贽揭示了这样一个真理：衣食等是人类社会生存和发展的基础。人作为有生命运动的特殊形式，首先都是作为“物”的存在，即经济性的物质存在形式，衣食等谋得方式是规定现实的人性和人的本质的决定因素。所谓“天理”，说到底，无非就是人的“穿衣吃饭”等最基本的社会经济活动，亦即人的生命生存活动，并由“穿衣吃饭”而化生人与人、人与社会、人与自然的种种关系，与由调节这种关系的冲突和融合的伦理

① 李贽：《答邓明府》，见《焚书》卷一，36页。
② 同上书，4页。

道德原则、规范以及伦理道德原则而升华——“天理”。因此伦理、道德、道义、天理、绝对理念等等，都是被化生的，而非人的本来状态，亦非人的本质。所以，归根到底，李贽便简言之“皆衣与饭类耳”①。就此而言，天理的回归，就是人的自我异化的复归。

人性的回归，是因为宋明理学家把人性分裂为“天命之形”（形而上者）与“气质之性”（形而下者），这种分离也具有人性异化的性质。现实的、有生命的感性的人性之外，却存在着异己的形而上的“天命之性”。原于天理的“天命之性”是真、善、美的象征，原于理与气相杂的“气质之性”蕴涵着假、恶、丑的内涵。公与私、义与利以至寿与夭、贵与贱、富与贫都是由这种相分裂的异己的人性决定的。李贽把“私”作为人性的本质，在当时具有凸显个体人性和人格尊严的积极意义和价值。

与人性与人际关系物化中的“义利”问题一样，公与私的价值度量亦是相对的。在“经济人”思想之中，追求个人自利的动机和行为导致了整个社会经济的发展和文明的进步。王夫之在论证公与私的价值度量，亦接触这个问题。他认为秦始皇废封建而置郡县的动机是私天下，“秦之所以获罪于万世者，私己而已矣。斥秦之私，而欲私其子孙以长存，又岂天下之大公哉！”② 王夫之批判以天下为一姓之私产。“以天下论者，必循天下之公，天下非夷狄盗逆之所可尸，而抑非一姓之私也”③。但他不是借斥责秦始皇之私，而行复封建制之实。这是因为恢复封建制并非公天下。反之，郡县制代替封建制，是历史发展的进步现象。郡县“俾才可长民者，皆居民上以尽其才，而治民之纪，亦何为而非天下之公乎？”④ 郡县制采取选拔官吏，得到民的拥护，这便是公。王夫之从这个历史现象的背后，洞察到历史人物的主观动机与行为活动效果之间的冲突。“秦以私天下之心而罢侯置守，而天假其私以行其大公，存乎神者之不测，有如是夫！”⑤ 合乎社会历史发展趋势的郡县制这个社会制度之“公”，是假秦始皇为满足自己主体所需要的私，而得以实现其大公的。历史往往就在这种“误会”中前进，这可谓是历史合理性的“误会”；“经济人”是以其“自利”的动机和行为，而得以实现“公共利益”和社会经济发展的。这便是融突论的

---

① 李贽：《答邓石阳》，见《焚书》卷一，4页。

② 《读通鉴论·秦始皇》，见《船山全书》第十册，68页。

③ 《读通鉴论·叙论一》卷末，见上书，1175页。

④ 《读通鉴论·秦始皇》，见上书，67页。

⑤ 同上书，68页。

和合思维。

王夫之认为，公私价值度量，随着时代的变迁，为道屡易，公私也变。

> 有一人之正义，有一时之大义，有古今之通义；轻重之衡，公私之辨，三者不可不察。以一人之义，视一时之大义，而一人之义私矣；以一时之义，视古今之通义，而一时之义私矣；公者重，私者轻矣，权衡之所自定也①。

义有一人、一时、古今之分；以一人比一时，一人为私义，一时为公义；以一时比古今，一时为私义，古今为公义。“一人之义，不可废天下之公也”②。公私作为主体的价值尺度，都必须由主体权衡自定的。这是人之为人的价值原则或应然之则。

在这里，价值度量必须确定价值尺度和意义的基准线。若以人类全体为公的意义基准，那么，民族、国家、阶级、集团以及个人都属于私，其价值活动都具有私义私利的度量特征。集体化水平愈高，私的度量值愈小；个体化水平愈高，私的度量值愈大。若以自然为公的意义基准，人类全体便是一个大私，人类征服和改造自然的活动，便具有自私自利的价值度量特征。相反，若以个人为公的意义基准，则天下为公，任何集体组织都是程度不同的公利公义组织。因此，公私价值尺度的上限是以自然为公的基准，下限是以个人为公的基准（可反演）。在这两极之间，分布着一系列意义基准，彼此间仅有度量程度之别。这便是运用工具和合的规章制度术与范畴立极术，解决公私问题的理论结果。公私范畴的度量关系及其极间分布图示如图 16—2。

从公私度量分布图中可以看出，只有以自然为公度的意义基准和以个人为私度的意义基准，价值度量的量程（0、1）才是收敛的，天人之际才能构成度量化的概率测度空间，人类的社会经济活动以及经济活动基础上的价值活动，才是可量化处理的。

公私的价值度量与善恶的价值度量是基于不同意义基准上的度量，是对不同价值关系的不同度量。两者的量值和质性是彼此交错的：公可善亦可恶，私亦有善有恶；善可公可私，恶亦有公私。公私度量服从经济价值法则和利益意义规范，善恶度量服从道德价值法则和伦理意义规范，两者

---

① 《读通鉴论·东晋安帝》，见《船山全书》第十册，535 页。

② 同上书，536 页。

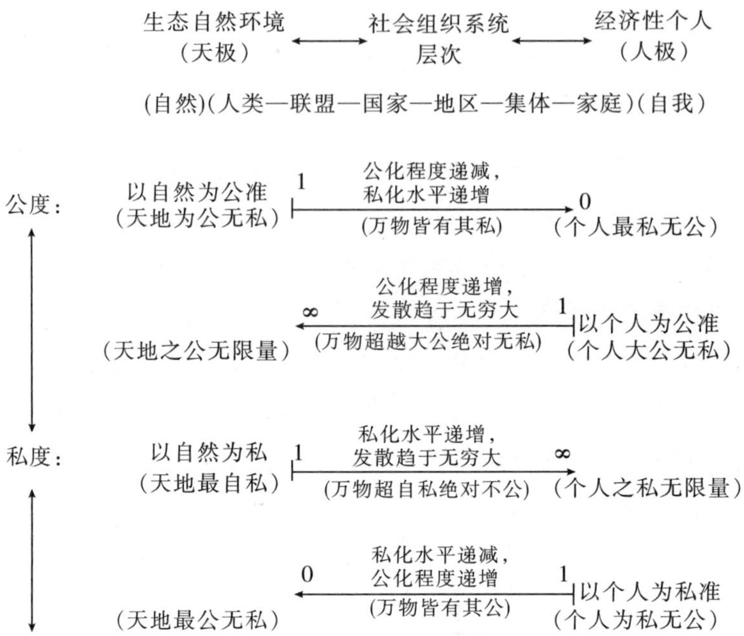

图 16—2　公私范畴的天人立极、意义基准与价值尺度全息分布图

只能差分融突和合，不能混为一谈。私并不必然是万恶之源，公并不当然是万善之根。究竟应该公有还是应该私有，从根本上讲，取决于工具和合的水平以及整个人文意义世界的价值偏向，并受到整个人文生存世界行为方式和可能世界思维模型以及艺术和合的心灵偏好的影响。经济的所有制结构及其公私标准问题，是关联到自然、社会、人际、思维，并协调经济、政治、管理以及道德、艺术、文化的高阶融突和合性问题。换言之，经济所有制的公私彼此转换，并不是此种是解决社会贫困冲突的有效途径和发展经济、建设文明的动力，而彼种不是，这里不需要非此即彼的二元对立思维，而需要和合思维。以图通过所有制的公私变革，以解决物质的、制度的、精神的一切问题，那是有害而无益的“阈观”之见、“童观”之见。

20 世纪两次重大的社会变革，即俄国革命和中国革命，曾设想通过思想革命和制度变革，改变人性，或变革经济学家所说的“自利的经济人”。人的行为是可以被制度所改造，人性是可以转变的。但能否通过一两次革命就能普遍地改变人性，十二亿神州尽舜尧？或某种制度的变革，便引起人类行为的基本方式的转变？在现实社会中，是非常艰难的。理想往往不能代替现实。

（三）和合制度经济学的意蕴

“经济人”思想经历代经济学家不懈的、艰苦的探索、论争，成为对人类有所裨益的知识，它有利于人们设计和选择更有效率、有秩序、有民主的制度。人们期望致力于生产性的、经济性的社会交往活动，使个人的自身利益与互惠的社会制度的安排和保障相结合。每个人都对谋求为他人做贡献感兴趣，但很难要求他人做没有互惠的贡献。

经过曲折的认知道路，工业化国家共同的一点认知是，人仍然是经济增长的真正发动机。经济增长不是经济活动的唯一目的，进行人力资本投资也是一个重要组成部分。据报道，1994 年美国经济增长 4.1%，各公司获得巨额利润。即使这样，实际中等工资却下降了。在其他大多数先进国家，经济增长速度加快，但它们的许多公民并没有感觉得到实惠。公民只有在他们觉得可以从中得到实惠时，才会支持增长经济活动力的政策。

当前，主要工业化国家的经济核心，令人吃惊地在短时间内已从大规模的制造业，即从生产大量物品转到创造、处理和分配信息上来。全球贸易和投资已加快了这种根本性变革的速度并扩大了它带来的种种结果。一些人从中获得了实惠，提高了经济生活水准。但有许多人长期失业而不得不靠政府补助生活，如欧洲的许多国家；或者像美国较为普遍的那样不得不长期从事工资低而且福利少的没有前途的工作。这种趋势对各国社会的稳定和繁荣构成了威胁。①

在这种情况下，已不是选择政府干预还是选择自由放任政策的问题，而是需要各国政府采取行动来加快公民成功适应经济改革的速度，使普通工人受益于新经济的转变。这就需要：

1. 新经济将使善于发现和解决问题的工人获得回报。这就需要花钱对工人进行培训。

2. 在新经济中，除非得到革新和投资的余地，否则，受过良好教育和培训的工人生活也不会大大改善。这需要改善进入资本市场（如通过小型商业发展银行）的机会。需要有手段来保护知识产权（通过专利权、商标、版权法）。需要防范（如通过反垄断法）大竞争者的掠夺性行为。

3. 工人可通过补偿制度分享经济增长带来的好处。这种制度将使他们能以分享利润和生产力提高的好处的形式来领取其部分收入。当用这些

---

① 参见美国劳工部长罗伯特·赖克：《为什么光是经济增长还不够?》，原载英国《金融时报》，1995-06-05，转引自《参考消息》，1995-06-27。

形式将补偿与公司、企业经营情况联系在一起时，雇员们考虑问题和行为方式就会更像企业家。有关社会保障的规定和税收减让这些公共政策可以对这些形式的雇员所有权起到促进作用。

4. 以往西方国家靠一种“安全网”来接住掉下来的人，并向他们提供支持，直到他们再次站立起来。这是由机构和转账性支付组成的一种结构。但以往的“安全网”已不再够用了，必须把它与工作场所编织在一起。更重要的是，它应帮助人们从旧经济体制过渡到新经济体制。① 在欧洲，这种“安全网”已愈来愈不牢靠，经济紧缩意味着一种根深蒂固的权利感处于危险之中。失业救济金通常与失业人员在职时的薪金差不多的情况，以及由国家帮助寻找“适当的”工作这种好事也许不再有了。1995 年 10 月以来上街游行的法国人感觉到了这一点，欧洲大陆各地千百万人也感觉到了这一点。这说明欧洲人以往以为与生俱来的权利即所谓的“社会市场”经济，可能已“精疲力竭”，这种从战后以来的社会市场经济，不仅仅是一种经济制度，而且是在欧洲居支配地位的意识形态，正在动摇。②

有鉴于此，一个社会需要通过提供一套鼓励追求自身利益的经济人进行互惠交易的社会关系或“制度”，以支持追求“开明的自身利益”。以经济学的术语来说，制度改革的目标，在于使个人对自身效用最大化的追求的有秩化，但无须“个人效用函数”本身有重大的转变。根据“经济人”的思路，社会的主要任务在于创造一种使个人利益的追求变得更为文明的社会环境。在这种社会环境中，人们通过自利交换活动，传递着彼此需求和供给的信息，而且传递着互相认为是“善”的想法，从而分享某种共同的道德、价值和法律等等。③ 假如期望由“看不见的手”把社会带入某种理想的和谐状态，那么，便需要遵守“看不见的手”的理念对社会进行精心设计。

西方经济学中的制度学派产生于 19 世纪末与 20 世纪初。其代表人物是托尔斯坦·凡勃伦（Thorstein Veblen），他批判正统经济理论，既批评边际效用学派把个别消费者的欲望和满足作为经济学研究对象，也不同意马歇尔（Alfred Marshall）关于社会经济是各种因素相互作用达到均衡的

① 参见美国劳工部长罗伯特·赖克：《为什么光是经济增长还不够?》，原载英国《金融时报》，1995-06-05。转引自《参考消息》，1995-06-27。

② 参见《决不不战而败——削减预算正在对欧洲人的社会计划构成威胁，他们不会那么容易就放弃好生活》，载美国《新闻周刊》，1995-12-10，转引自《参考消息》，1995-12-11。

③ 参见杨春学：《经济人与社会秩序分析——历代经济李家的探索》，博士论文打印稿。

分析方法。他主张从制度的演进来说明各种经济现象，并将其作为经济理论的基本内容。他用心理因素解释制度的形式，用达尔文的进化论说明制度的演变。凡勃伦认为，人类在经济生活中以本能为基础，形成了生产技术和私有财产两种制度，这两种制度在资本主义社会表现为“机器操作”和“企业经营”。这两种制度之间的冲突，便出现社会的种种问题。

凡勃伦的制度经济学在凯恩斯经济学的冲击下，影响有所减弱。20 世纪 50 年代以后，加尔布雷思（John Kenneth Galbraith）出版了《美国资本主义：抗衡力量的概念》，包尔丁出版了《组织革命》，标志着新制度学派的形成。后来成立了自己的学术团体：“演进经济学会”和《经济问题杂志》。新制度学派强调制度因素在经济中的决定作用，以制度作为经济学研究对象。主张以质的分析，即制度—结构分析代替量的分析，批评正统经济学只重视数量关系，使经济学成了只关心稀缺资源配置和生产效率的技术经济学。缪尔达尔认为，经济学必须研究整个社会制度，包括对经济领域具有重要意义的其他一切事物。

加尔布雷思通过对美国社会制度的分析，提出二元体系理论。所谓二元体系是指在美国经济中各创造国民生产总值一半的计划体系与市场体系。前者是由 1 000 家左右大公司构成的有组织的经济。在这种体系中，起支配作用的不是市场调节，而是计划原则；后者是由 1 200 多万家小企业和个体经营者所构成的分散的经济。这种体系没有能力控制生产和价格，只能听命于市场，受供求关系的支配。加氏认为，两体系的关系是不平等的，它是一切经济问题的根源，如社会经济发展的不平衡、滞胀问题，并把一切经济问题与制度—结构上的缺陷联系起来。因此，化解社会问题，就必须进行结构改革：通过议会立法来调整政府机构，以便改善两体系之间的关系，实现两个体系权力的均等化；或通过政府具体的经济和法律措施来提高市场体系的权力；或通过政府的经济和法律措施来限制计划体系的权力。

缪尔达尔从制度经济学方面研究发展中国家的经济问题。他所提出的“循环积累因果原理”，被认为到达了制度经济学的核心。这一原理的基本内容是：经济制度是发展着的社会过程的一部分。在一个动态的社会过程中，社会各种因素之间存在着因果关系。某一社会经济因素的变化，会引起另一种社会经济因素的变化，后者的变化反过来又加强了先前那个因素的变化，并导致社会经济过程沿着先前那个变化的方向发展。这种因果发展关系不是简单的循环流转，而存在着积累效应，可以是上升的，也可能是下降的运动。他运用这一原理反对自由贸易理论，认为自由贸易会使产品、资本和人才流动有利于发达国家，不利于发展中国家，进而会对这两类不同国家产生不同的循环积累因果效应，使富国越来越富，穷国越来越穷。所以，他反对把发达国家的发展模式运用到发展中国家。发展中国家影响发展的因素有：产量和收入、生产条件、生活条件、对待工作和生活的态度、制度、政策六方面，它们互为因果，并促使它们之间良性循环。同时还要进行土地关系、行政管理、教育制度等一系列改革。

新制度学派重视经济伦理学，即价值判断问题。他们认为，经济学首要研究的是经济体系“应当是怎样的”，而不是首先问“这是什么”。所以，正统学派企图把规范经济学与实证经济学分开是不对的，两者是不可分的。正统学派的理论实际上隐含着价值判断标准，但未必正确。在商品越多越好的这种价值判断准则下，对物的关心超过了对人的关心，对国民生产总值的关注压倒了对它的福利含义的关注。制度经济学家所要扭转的正是这种重物轻人、只见产值不见福利的趋势。他们的价值判断标准虽不一致，大体是增进人的福利，提高生活质量，促进自由平等为价值判断准则和政策目标。新制度学派的一些具体理论有不少错误，并被西方经济学界视为“异端邪说”。①

和合经济学是对人性物化水平的价值度量和意义标准的经济维度的研究，形成制度经济学。它包括财富生产制度、财产所有制度、生产经营制度、产品分配制度、物品消费制度等内容。这些都是制度经济学需探讨的领域。

从整体关系上看，制度经济学通过对物化智能及其“物性”尺度的量化研究，主要完成三项融突和合节制使命：

第一，节制人类开发和利用自然生态环境的程度、速度和水平，以保护和完善自然生态资源，实现天人融突和合；

第二，节制人类建立和变革物资所有制等经济结构的公化或私化水平、变易频率和幅度，以保护和完善经济结构功能，避免经济结构动荡和利益秩序破缺，实现人际融突和合；

第三，节制金钱、货币等经济价值符号的泛化程度和水平，节制人类

---

① 有关西方制度经济学的论述，参见高鸿业、吴易风等编著：《现代西方经济理论与学派》，511～523页，北京，中国经济出版社，1988。

智能物化的范围和层次，以保护和完善社会生活环境及其文化符号资源，防止智能物化失度而导致人性的意义危机，实现心灵融突和合。

三、 经济和合体与中观经济学

制度经济学作为融突的“存在”，他们曾反对凯恩斯主义的财政政策和货币政策，主张从正统经济学教义中解放出来，进行制度—结构改革，化解社会冲突。然而，凯恩斯主义仍有其市场，并在美国主控经济政策。

（一） 宏观经济学与微观经济学

近几年来，美国克林顿政府拥护了麻省理工学院（MIT）学派的经济基本理念，即政府在促进发展强劲经济的目标上，可以扮演一个重要角色，而与里根和布什政府深信自由市场、政府角色越少越好的信念大异。这就是说，原来主张自由市场经济的芝加哥学派受到挑战。

芝加哥学派是指在芝加哥大学任教并主张经济自由主义的经济学派。他们采用实证主义的分析方法，弗里德曼（Milton Friedman）认为实证经济学类似于自然科学，回答实际经济状况“是什么”，不回答关于“我们应该如何”这一类问题。它的任务是提出一个一般理论体系或创立一种能对现象做出正确预测的理论或假说，用以预测客观变化过程的结果。

芝加哥学派在经济理论上：一是重视货币理论，二是坚持经济自由主义。弗里德曼创立了现代货币数量论，它不同于早期货币数量论和凯恩斯主义货币理论的“名义收入货币理论”。货币数量论是货币需求理论，主要取决于代表总财富的长期的或已成为惯例的持久性收入。要稳定经济便要实行稳定的货币政策。货币数量论认为通货膨胀是一种货币现象。只要货币供给量增长率超过总产量增长率，就会发生通货膨胀。通货膨胀与失业并存现象是由于政府干预过多造成的。

这个学派在理论上倡导经济自由主义，推崇自由放任经济，把自由放任看成是尽可能地减少国家在经济事务中的作用，从而扩大个人作用的一个手段。在国际经济关系中亦主张实行自由贸易，并把此作为在世界各国间建立“和平民主”关系的手段。在政治事务上，竭力主张削弱国家权力，保护个人自由权利，把人们在经济活动中的普遍依存关系与个人自由结合起来，通过竞争性市场来组织全社会的经济活动。除自由竞争市场之外，人类社会还没有发现别的什么方法能非强制性地将个人经济活动有效地结合一起。由自由竞争市场，社会能将稀缺的生产资源分配到人们最需要的商品和劳动生产上去，使个人和社会都取得最大的福利和满足。①

芝加哥学派认为，政府对于经济活动的直接干预往往有损于经济效益，有损于消费者的利益，并使经济的正常发展受影响。由于克林顿政府的经济理念的转变，使芝加哥学派反对政府干预的观念已走下坡路，而MIT学派的索洛（R. Solow）力主短期刺激景气的思想受到重视；同时哈耶克（Friedrich A. Hayek）的自由市场观念也受到质疑，而凯恩斯力主以政府花费来摆脱经济萧条的主张亦正当道。

克林顿政府这套所谓经济“新观念”，对东亚的日本、韩国、新加坡等国高成长的经济体而言，可说是“老法子”，并不“新”。事实上，1994年美国国会的“科技顾问评估室”的研究报告，就呼吁美国向日本、韩国学习“政府角色强化”以及“与企业界合作”等策略。这并不表示放弃“市场经济”的理念，只是深信“在有需要时，政府应该参与，甚至干涉”的角色和功能。②

凯恩斯（John Maynard Keynes，1883—1946）的《就业、利息和货币通论》（以下简称《通论》）一书出版，标志着西方经济学中宏观经济学（macroeconomics）的产生③，与微观经济学④（microeconomics）相对称。宏观经济学以整个社会或国家的经济活动为研究对象，以研究收入决定、经济增长、经济发展、通货膨胀、经济周期等问题为内容。同时也研究全社会的整体经济行为，如消费、储蓄、投资、政府购买等行为，以说明哪些总体经济行为决定了国民收入和就业水平及其波动。宏观经济学采用总量分析方法，所谓总量是指同社会的整体经济行为相适应的经济变量以及其之间的关系，以说明收入与就业水平和一般价格水平是怎样

---

① 参见高鸿业、吴易风等编著：《现代西方经济理论与学派》，435～440页。

② 参见《MIT经济学派主控美国经济决策》，载台湾《中国时报周刊》，1995-02-14。《克林顿强调政府干预重振经济——凯恩斯主义在美政坛又获青睐》，载《参考消息》，1995-02-18。《经济学领域的“反古典”革命》，载《参考消息》，1993-03-12。A. 布莱因达认为日本模式的特点是：主导经济运行的不是资本家而是工人；收入分配更趋合理；企业不一定追求极限利润；资本、劳动、中间产品市场不仅由价格支配，而且靠更具有长期性、持续性的相互关系来形成；就业更为稳定，劳动流动性低；劳资关系、政府与民间关系并非敌对等。这个模式更适合于转型中国家模仿，而较欧美模式为优。

③ 宏观一词译自希腊文 μakpo，原意大。

④ 微观一词译自希腊文 μlxpo，原意小。

决定的。

凯恩斯有鉴于20世纪30年代西方严重经济危机和失业的事实，不得不否定“古典”宏观经济模型在完全竞争的前提下来论证萨伊定律。萨伊（J. B. Say）是法国庸俗经济学家，他的定律的内容是：供给创造自己的需求。一种产品一生产出来，就会为其他产品提供一个和它自身价值完全相等的市场，有一个供给量，就会产生一个相应的需求量；因而，经济社会的生产活动能创造出足够的需求来吸收所供给的商品和劳务；产品市场如果有产品过剩，那是局部过剩；劳动市场若出现失业，那是摩擦失业和自愿失业；经济社会存在着走向充分就业均衡的必然趋势。其生产活动总是能为总供给创造出相等的总需求。① 萨伊定律与西方20世纪30年代的社会经济现实严重冲突和不相符②，充分就业的假设亦难以成立。

凯恩斯宏观经济学以收入和就业水平的决定和波动为主要内容。他把危机和失业的原因，归结为有效需求不足，而有效需求不足又是所谓人类基本心理规律作用的结果。他主张：由于人类基本心理规律难以改变，要实现充分就业，有赖于国家对经济的干预，如通过财政和金融措施，提高有效需求。有效需求理论是《通论》的核心内容。

凯恩斯模型包括产品市场、货币市场、劳动市场和国际市场，其中产品市场理论被称为简单凯恩斯模型。其主要内容是：有效需求决定社会总就业量和产量水平，总供给和总需求通常在小于充分就业时达到均衡；资本自身的调节器不能维持实现充分就业的有效需求，非自愿失业便是一种常态；消费和投资是有效需求的直接决定因素，消费又取决于收入量和消费倾向，消费倾向的强弱又取决于平均消费倾向和边际消费倾向的高低；投资决定于利率和资本边际效率，利率取决于灵活偏好和货币量，灵活偏好是指交易动机、谨慎动机和投资动机；资本边际效率取决于预期收益和资本资产的供给价格或重置成本，在其他条件既定的情况下，有效需求最终取决于边际消费倾向、资本边际效率、货币数量和灵活偏好。概述如图16—3。③

---

① 参见高鸿业、吴易风等编著：《现代西方经济学》（上册），14～15页，北京，经济科学出版社，1988。

② 凯恩斯在《就业、利息和货币通论》中说：传统的“理论与事实不符，应用起来非常糟糕”（9页，北京，三联书店，1957）。

③ 参见［美］狄拉德：《凯恩斯经济学》，46页，上海，上海人民出版社，1963。

- 国民收入（y）决定理论
  - 消费（c）
    - 消费倾向
      - 平均消费倾向
      - 边际消费倾向—乘数理论（k）
    - 收入量（y）
  - 投资（i）
    - 利率（r）
      - 灵活偏好（l）
        - 交易动机
        - 谨慎动机
        - 投资动机
      - 货币数量（m）
    - 资本边际效率（MEC）
      - 预期利润收益
      - 重置成本或资本资产的供给价格

图 16—3

凯恩斯理论体系存在许多冲突，现代西方经济学家指出：产品市场的均衡可确定均衡收入水平，实无法确定均衡利率水平，但凯氏假定已存在货币市场的均衡利率；货币市场的均衡可确定均衡利率水平，实无法确定均衡收入水平，但凯氏假定已存在产品市场的均衡收入。后来汉森（N. R. Hanson）、萨缪尔森（Paul A. Samuelson）等人用 IS-LM 分析来解决产品市场和货币市场的共同均衡，同时确定均衡收入和均衡利率问题，实现了收入决定论与货币论、财政政策与货币政策的结合，进而把凯恩斯主义与货币主义相结合。①

由于对凯恩斯理论与政策解释的分歧，便形成了以美国萨缪尔森为首的新古典综合派和以英国罗宾逊（Joan Robinson）为首的新剑桥学派。新古典综合派在理论上解释滞胀现象乏力，在政策上又无有效的对策，便受到货币主义、供给学派、理性预期学派的攻击。于是新古典综合派企图把凯恩斯主义、新古典学派、货币主义、供给学派和理性预期学派与自身的宏观经济理论综合起来，其主要特点在于使用了过去没有出现过的总供给和总需求曲线。② 通过总供给和总需求的相互作用，说明包括滞胀在内的

---

① 凯恩斯主义与货币主义的“根本分歧就在于凯恩斯主义者相信货币对总需求不起什么作用，只有政府支出是重要的；而货币主义者则认为重要的是货币，也只有货币是重要的。”弗兰科·莫迪利亚尼（Franco Modiliani）认为，两者根本的分歧在于“非货币主义者接受我称之为《通论》基本现实要旨的内容，即市场经济容易遭受总产出、失业和价格的波动，需要予以纠正，并且能够予以纠正，因此也就应该予以纠正。而另一方面，货币主义者坚持认为，只要货币供给增长遵循一个简单的可以预见的规则，就没有真正的必要去稳定经济；并且即使有这个必要，我们也不具备稳定经济的能力；而且，即使我们能够稳定经济，我们也不应该将必要的斟酌使用的权力委托给当局”（《关于稳定政策的争论》，2～3 页，北京，北京经济学院出版社，1991）。

② 参见［美］萨缪尔森、诺德豪斯：《经济学》，12 版，Ⅶ页，纽约，麦格鲁-希尔出版社，1985。

宏观经济波动。

当前，宏观经济学可分为新凯恩斯主义和新古典主义，前者是以原有的新古典综合派为核心，包括维护凯恩斯学说者组成。主张国家在较大程度上进行干预，因为市场调节有缺陷；后者由货币主义、供给学派、理性预期学派组成，他们倾向市场调节，主张国家在较小程度上干预经济生活。两派围绕滞胀在内的宏观经济波动问题，在市场是否"出清"、市场是否处于均衡状态及非均衡状态是否可长期存在、对理性预期的看法、对危机（或宏观经济波动）的解释等四个问题上进行论争。

这四个问题都与个人行为相关，研究个人行为是属于微观经济学的主题。新古典主义学派认为凯恩斯主义的宏观理论体系，由于缺乏微观基础而应抛弃，对宏观经济运行的正确解释应来自传统的微观经济学以及在此基础上发展出的微观理论。新凯恩斯主义者认为，必须为宏观变量之间的关系提供个人行为的基础，对宏观经济现象进行研究。

微观经济学以市场经济中单个经济单位（单个消费者、单个生产者、厂商、行业、单位、企业、家庭等）的经济行为和经济法则为研究对象。它研究单个经济单位怎样用有限的资源生产商品和劳务，以获取最大利润；或单个经济单位怎样用有限的货币收入购买商品和劳务，以获得最大的满足。作为单个经济单位的经济行为或个体经济行为的企业进行生产时所面临的边际生产率递减法则，家庭进行消费时所面临的边际代替率递减法则，以及需求和供给的均衡决定价格的法则等等，即所谓市场经济的法则。

具体而言，微观经济学是研究这样一些问题的：（1）消费者是怎样购买的——消费理论和需求理论。消费者行为理论称效用论或选择论，是对产品市场需求的研究。并依边际效用论得出需求曲线，用需求曲线表示消费者在市场上购买时所得到的效用。（2）单个生产者是怎样生产的——生产理论。以追求最大利润为目标的生产者必将以最低成本的生产要素组合（也就是最优的生产要素组合）来进行生产。（3）单个商品市场的价格是怎样决定的——市场理论或企业理论。① 市场是指从事某一特定商品买卖的场所或接触点，商品种类多少决定市场数量多寡。由于需求曲线的差

---

① "企业理论"是指一种解释企业产生的原因和企业组织的经济学意义的学问。新古典微观经济学虽然把企业理论作为其核心，其实是在给定企业条件下，关于企业的生产决策的理论。因它是研究不同的生产要素的最优组合和在给定资源时不同的产品产量的最优组合，所以是一种生产理论（郑子彬：《大企业和反托拉斯》，博士论文打印稿）。

异，不同类型的厂商和市场的产量、价格的决定不同。厂商和市场类型的不同是由于竞争程度的不同。根据竞争程度这一标准，从厂商数、产品差别程度、进入市场难易程度和厂商对产量和价格控制程度等要素，把厂商和市场分为完全竞争、垄断、垄断竞争和寡头四类。厂商或企业是指以追求最大利润为目标的、为市场提供商品和劳务的独立经营单位。厂商或企业所有者和经理人员决定生产什么、生产多少和怎样生产，并对自己的决策承担风险和享有利润。为同一市场提供商品的所有厂商或企业的总和是行业。(4) 单个生产要素所有者的收入是怎样决定的——要素价格理论或分配理论。要素价格理论一般认为就是分配理论。分配是社会最敏感与关系人的生存的问题。“边际生产力理论”按照克拉克(Clark)“边际生产力原则”，认为要素需求决定于要素的边际生产力，要素的价格等于要素的边际生产力。后来的修正是，分配理论不能只考虑要素需求，还应当考虑要素供给。只有这样，才有要素价格。要素价格理论依据“生产三要素论”、“均衡价格论”和“边际生产力论”，说明资本社会中劳动、土地和资本都按各自的边际生产力获得了应有的报酬，因而现行社会制度是按贡献取酬的制度。①

微观经济学采取个量分析方法。个量是指同单个经济单位的经济行为相适应的经济变量；个量分析是指研究单个企业产量、成本和利润、商品的效用、需求量、供给量、价格等这类经济变量之间的关系，说明价格和产量等是怎样决定的。因此，微观经济学又称个量经济学。

（二）工业化向信息化的转型

然而，无论是宏观经济学，还是微观经济学，在现实社会的实现中都显示其破绽和缺陷。正如西方经济学家所说：宏观经济学的日益为甚的混乱，促进了对混乱根源的研究。这种混乱状况，是宏观经济学未能适应现代社会经济实际的、乏力的表现。宏观经济学在进一步综合中，既缺乏能融合各派思想的理论体系；又不能以数学或几何图形的游戏来对宏观经济的运行、滞胀现象等做出切实的解释，提出有效的对策；也不能对资本生产和再生产中冲突以及生产过程和流通过程的融合做出解释。从本质上说，西方宏观经济学不过是围绕着经济现象转的传统理论的现代形式。

微观经济学是为了论证“看不见的手原理”，因此使用需求和供给曲

① 参见高鸿业、吴易风等编著：《现代西方经济理论与学派》，10～11页；《现代西方经济学》，1～3页，北京，经济科学出版社，1990。

线的目的不在于说明存在于流通领域的客观现象；在对产品市场的需求研究中，消费者行为的效用论，由于建立在许多假设条件之上，而与现实不相符合；依据追求最大利润的原则推导出的最终结果（扩展线）所依赖的假设条件，即生产函数的存在和完全竞争的存在。但这只能在使用价值的状态中存在，且许多要求难于与现实的条件相符合，而造成现实与假设条件的冲突。对分配理论的边际生产力理论，一些经济学家指出利润率等同于资本的边际产品的假设是牵强附会的，等等。

笔者基于宏观经济学与微观经济学同现实社会经济生活的不相符合，以及现实经济生活与社会的政治、宗教、科技、民族、人口、文化等学科的相互制约、影响、渗透的相互作用，而提出建构中观经济学的构想。

中观经济学（mesoeconomics）是以经济学的原理、原则、规范、方法来研究人类物化生活的各个层面的关系以及与各学科联系的关系。人类经济生活不仅仅是物质的生活，它与各个方面构成社会的整体生活，而这种生活既充满着冲突，又充满着融合。各经济单位、学科在融突中和合。各经济和合体构成各国家、民族、地区，以至国际经济融突和合体。

中观经济学是世界经济在此世纪之交的转型的需要。人类经济活动要创造尽可能完善的经济价值形态，除了防止经济价值符号的单一化（即金钱化、商品化）的节制措施之外，更积极主动的方式是创造出更多的经济价值符号和更丰富的利益媒体，使人类的经济生活审美化、艺术化。为此必须有创新型的经济体。建立以信息为资源的信息产业及其信息经济学科。

中观经济学的载体，便是信息的发展。中观经济重视被人所忽视的经济方面的变化。这些变化是：一是电子技术的革新使得发达工业国家在信息化方面取得了长足的进步；二是发展中国家参与工业化，重建了国际分工体制；三是一些国家的产业社会正在发生转变。在 20 世纪 90 年代，欧洲和亚洲国家在信息化和国际分工方面已经超过了日本一步甚至两步。美国在软件开发和信息网络方面领先于日本，日本“泡沫经济”的崩溃所产生的后遗症对其经济产生了影响。

发展中国家参与工业化，是使国际分工状况发生变化的驱力。东亚和东南亚的工业化，会推展到其他地区。从技术的角度来看，发达国家的工业生产力已达到相当高的水准。若发达工业化国家在这种情况下仍只顾发展制造业，那么就不可避免地导致世界竞争性局面的出现。21 世纪人类超出工业化时代的新的经济发展的阶段已经出现，技术也已达到了相当的水准。这就是说，发达国家目前所面临的课题是加速面向新时代，即加强信息化时代基础设施建设，健全适应新时代的社会体系，探讨进行新的社会资本投资，放宽产业限制。所谓新时代，就是信息化的时代，与此相适应就是建立信息经济学。

工业化时代与信息化时代的差异在于：前者是商品产生附加值，后者是信息产生附加值。在信息时代，电子媒体所载有的信息，即电子信息量将急剧膨胀，并与人们的生产和消费密切相关，对人类的经济活动产生决定性影响。由于光纤技术的进步和普及①，电子信息量将比现在增加数千万倍，性能价格比也将提高数千万倍。由此带动信息化的革命，将是今后21世纪的100年时间里，经济形态发生巨大变革的力量。②

当前产业社会的产业活动将趋于电子信息化，具体说就是个人电脑的彻底普及。21世纪电脑将走入千家万户，不仅白领工人每人拥有一台个人电脑，而且一般人也将拥有个人电脑。它的意义在于，可以建立数据库，区域网络、国际网络连接起来，即建立全球信息超高速公路。大多数发达国家和许多发展中国家，已把它推到首要的议事日程。新的信息经济可能会重新分配国家财富，但对任何一个想在其中占有份额的国家来说，宽带网络都是必需的。

宽带网络是同轴光纤电缆管道，它的容量足以运载流动于计算机（也许还将传入电视机）间的视频，声音和文本全数字信息。这个网络是“转换的”，这意味着计算机像交通警察一样，指挥着信息在两个方向上流动——流入流出家庭和企业。这一设想赋予全世界任何人，不论他们身处何地，都可以一种超快联系，迅速获取从电影到书籍、从新闻到企业资料和购物消息等任何信息。分析家初步估计，到20世纪末，以信息网络为基础的商品和服务价值将达3万亿美元。

目前，越来越多的国家在积极探索为公民提供更多信息渠道问题。那条渠道的最好象征就是互联网络，它是由5万多个互相连接的计算机网络组成的全球网，如今它已成为网络世界的世界语。你在哪里，它就在哪里。编织新的环球网的竞赛正在快速进行，谁迟缓谁就要落后，就会造成

---

① 计算机设计者将用光取代电，作为信息处理的媒介，人们已经借助光纤通话和传送电视节目。IBM美国电话电报公司贝尔实验室及日本电气公司竞相开发各自的全光操作计算机（见《改变未来的十大技术》，载《参考消息》，1995-08-15）。

② 参见［日］吉田春树：《信息革命开创的新时代》，载《东洋经济》。《参考消息》，于1995年10月20日以《日本21世纪经济雏形渐露端倪》为题译载。

经济的损失。①

信息革命，个人电脑时代终将把办公室搬到家里，在家工作将成为现实的话题。是将这种变化视为一种恐怖，还是一种不可多得的商业机会？经营者因其能力大小或许会做出不同的反应。但有一点可以肯定，在转换的时代，是后者而不是前者，经济将充满活力，而且全球经济由融突而和合，即建立全球经济融突和合体。

从工业化时代向信息化时代的转换，21 世纪将会完成，这是历史的必然理势。这将意味着支撑工业社会的体系将瓦解：一是支撑战后经济高速增长的大公司、大企业社会的衰落。现代大企业是为适应技术变革和市场要求而出现的，具有较高的效率，垄断是大企业成长的一种结果。同时，大企业通过管理的层级制的发展推动了工业和技术革命。大企业的经济性是指由技术提供的规模经济、范围经济以及组织的能力，这是指技术上的效率和组织上的效率。大企业的势力决定于为充分利用规模经济和范围经济的潜力而在制造、营销、管理上进行相互联系的投资而导致有力的竞争优势；还取决于组织能力，即设施和技能。② 第二次世界大战后日本经济之所以取得现在的成就，就是因为由资本和技术支撑的批量生产方式与社会体系完美地结合一起，形成了大量消费的现实。这种经济不断扩大过程，在今天的东亚和东南亚都可看到。

在这个过程中，发挥主导作用的是大公司。大公司的组织形式使得批量生产成为可能。从地区来看，一大批中小企业集中在大公司周围，形成企业群。从产业看，作为大公司集团的行业团体应运而生。为了将这两者统一起来，诞生了财界。但是，向信息化时代的转换，就意味着这种大公司社会体系的瓦解。

二是权力和信息不再为某一中心地所单独垄断。这可能要经过一番周折，原因是行政权力一直牢固地掌握在中央手里。但亦不难发现，放宽限制是时代的潮流。只有这样才能使工业化时代向信息化时代转变，这是无可抗拒的。从大公司所具有的中枢机能来看，随着大公司社会的瓦解，也意味某一中心的垄断时代的衰落。

信息性能价格比的大幅度提高，意味着在家还是在公司，在北地还是南地，获得所需的各种信息将无任何障碍。完全实现老子所说的“不出

---

① 《用电线网住世界》，载美国《时代》周刊，1995-07-17；《参考消息》，1995 年 8 月 29 日以《编织环球信息网的竞赛》为题译载。

② 参见郑子彬：《大企业与反托拉斯》，博士论文打印稿。

户，知天下”（《老子》第四十七章）的理想。在家工作使人们不再为工作而集中到大城市，相反，为获得舒适的居住环境，人将分散各地而居。人们为了享受文化和生活的价值和意义，地方与地方、地方与世界的双向交流将日益加深，这就是信息时代。

（三）中观经济学的创新道路

信息时代以新的姿态出现的社会经济生活活动，是一种由研究开发型工业和新型信息文化产业所共同支撑的经济。这种经济的总特征是信息经济，亦即中观经济学。

社会生活的信息化发展过程，便出现了诸如科技咨询、信息服务等知识产业，俗称“点子公司”。一个点子净赚几十万，一条建议救活几个企业。这种所谓“点子公司”的理财的秘密，实际上只有两个字：信息。通过提供高（科技）、新（颖化）、特（异化）、快（速化）、准（确性）的信息服务，提高生产部门的经济效益，使经济价值产生倍增效应。

信息技术及其服务不仅能使物质生产部门产生价值倍增效益，而且能够独立地形成新的信息部门——知识信息和合体，直接创造出社会财富。延拓人类经济生活活动的范围，丰富经济利益的内涵，使人类生活更充实、更完满、更美好。

从财富范畴的结构来分析，知识信息属于精神价值范畴，是社会财富的精神形态。知识信息财富本身就有丰富经济生活、完善经济利益、优化经济结构的经济性价值意义。除此而外，知识信息的最重要、最有开发前景的经济价值意义还在于：其一是知识信息的网络化，独自形成特殊的经济融突和合体；其二是知识信息融突和合体与社会生活的其他经济类型的融突和合体共同构成创新型经济融突和合体；其三是知识信息融突和合体是整个社会经济生活活动系统软件（经济性的精神生产系统）与硬件（物质生产）之间的智能接口，完成物质财富与精神财富之间快速而有效的价值变换。

由知识信息融突和合体及其智能技术接口的经济融突和合体，是现代社会经济生活中最富有创造价值的和合功能系统。这种创新型的经济融突和合体的运行机制是“自上而下”的扩散式价值创造，其图式如图 16—4：

知识信息网络化、社会化及其智能接口地位，将整个社会生产和全部社会财富结合为一个社会有机和合体。社会有机和合体有自己的经济生命和调适法则。这就是只有确保两类社会财富彼此协调、动态平衡、和谐发展，社会有机和合体才能充满生机与活力。

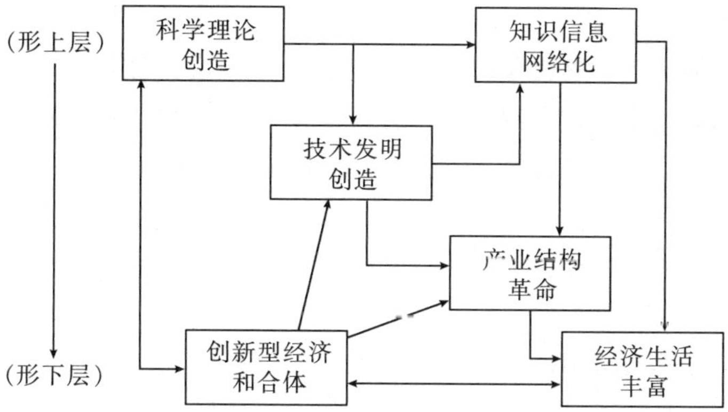

图 16—4

两类财富的和谐发展是通过两种转换机制实现的。

第一种：微观生成性转换机制，结构图式如图 16—5：

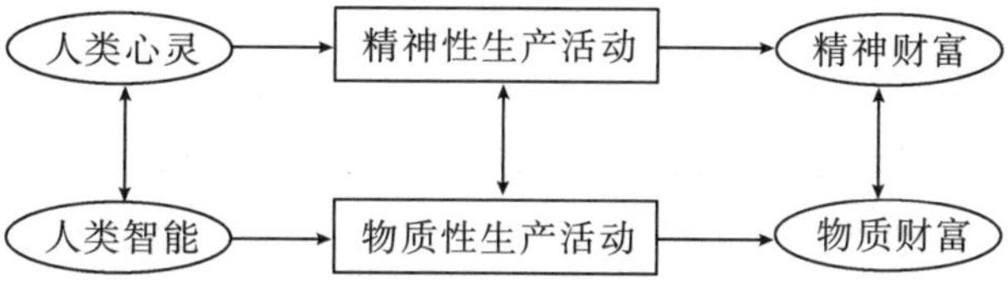

图 16—5

第二种：宏观变易性转化机制，结构图式如图 16—6：

图 16—6

知识信息网络化及其智能技术是“心”之物化与“物”之心化的转换中介。只有两个方向的转换量宏观平衡时，心物才能融突和合。否则，失去平衡，或者掏空心灵，沉溺器物，精神生活贫乏，艺术价值萎缩；或陷入贫困，民不聊生，物质生活苦痛，经济价值减损。如此，人文精神落难，人生意义失却。

中观经济学是以创新型信息经济融突和合体为对象，是科学、技术、信息、生产，知识工程、信息工程、价值工程的融突和合，是研究信息价值、信息价格比、产业活动信息化以及以信息高速公路为基础的商品服务等关系的经济生活活动。中观经济学的核心是知识信息，未来任何形式的商品，其最主要的价值来源是知识，劳动力必须与各种知识相结合，才能成为生产力。社会经济活动的全过程，是知识信息的生产、流通和消费的过程。

信息通信技术的革新在经济活动中使国境的意义变得淡薄，世界变成了一个共同的大家庭，即融突的和合体。企业以全世界为对象把众多因素调整到最合适的程度进行生产和销售，同时通过超越国境的战略合作，扩大国际分工的利益。因此经济活动的世界化将显著加强，它使迄今为止依赖贸易自由化取得进展的个别国家之间的相互依赖性深化发展到整个经济领域。

世界贸易和合体组织的成立，是世界贸易融突的结果。它给多边贸易体制带来加强的机会，也使新的自由公正贸易规范得以确立。贸易壁垒的透明化或被消除，世界贸易自由化获得进展。以往以商品为中心的“硬件”竞争，将名副其实地转化为重视知识、头脑、信息和制度运用的“软件”的竞争。

地区性的经济和合体，在美洲有北美自由贸易协定，并将扩大到中南美地区，并力图建成美洲自由贸易地区；欧洲的欧盟成员国将继续扩大；亚洲东盟正在形成自由贸易区，到 2020 年亚太经合组织将实现贸易和投资的自由化。各地区经济和合体将以已经实现的以地区为单位的单一市场为基础，扩大自由化程度，促进世界经济和合体的共同市场的形成。①

经济的世界化趋势的深化，意味着世界经济和合体的加强，它将对加强国家之间的经济相互依赖性和缓和地区紧张状态做出贡献。19 世纪世界经济力量的重心从欧洲转移到美国，20 世纪以经济力量为基础的美国的政治影响力得到了增强。假如亚洲发展中国家有一个比较安定的国际社会环境和内部环境，21 世纪将会成为世界经济的中心，特别是东亚各国将呈现这种趋势。根据世界银行预测：到 2020 年世界经济规模最大的 10 个国家、地区中，7 个在亚洲。这预示着亚洲国家的政治影响力将以经济力量为基础得到提高。同时也预示着美国将加强对这些国家的贸易压力。因为美国在冷战末成为世界最大债务国，呈现出慢性贸易赤字的美国有可能以在对美贸易上获得盈余的东亚国家为对象，强调美国在这一地区的安全作用，而把经济利益与这种作用联系起来。

随着经济领域世界化融突和合体趋势的持续发展，在国际社会的政治领域的融突和合体趋势也会得到加强，两者相互渗透圆通，构成政治、经

---

① ［韩］朴泰镐：《21 世纪世界经济秩序将向形成共同市场方向发展》，载《经济人》周刊（韩国），1996-01-09，转引自《参考消息》，1996-01-14。

济融突和合体。

人类经济活动要创造尽可能完善的经济价值形态，除了防止经济价值符号的单一化（即金钱化、商品化）的节制措施之外，更积极主动的方式是创造出更多的经济价值符号和更丰富的利益媒体，使人类的经济生活审美化、艺术化。为此目的，必须有创新型的经济和合体，建立以信息、虚拟为资源的信息产业和信息虚拟经济学。

物质与精神两种财富的和合发展，单靠经济生活的形下和合是不能全面完善解决的。因为经济和合体，因物化而成，虽能从物化道路达到心物和合，由经济价值臻于审美情趣，但毕竟以物为中心而溺于物。艺术和合继起于经济和合体之后，是和合人文精神自我否定、自我发展和自我完善的逻辑必然。

第十七章　艺术和合与和合美学

艺术和合美学，曾是一个激动人心的课题。因为爱美是人之本性。和合学从形下和合到艺术和合，是物返归到心的回复过程，是从经济生活阶进到艺术生活的美化过程。这一转化，首先表现为物境与心境的和合关联。

一、艺术和合与生命优美

生活，虽首先是经济生活，但不能归结为经济生活。正如墨子所说，衣、食、息得不到满足，是人民经济生活的“巨患”，假如“饥者不得食，寒者不得衣，劳者不得息”①，那么，就会发生国家乱而社稷危。光有经济生活，生活趋向单一化，这种生活既非真实，又不自然，更不完善。因此在“食必常饱，然后求美；衣必常暖，然后求丽；居必常安，然后求乐”；即在“常饱”、“常暖”、“常安”的经济生活得到基本保障的情境下，才进入“求美”、“求丽”、“求乐”即优美的、美丽的、快乐的艺术生活的精神境界。

（一）艺术和合的蕴涵

依据和合人文精神的逻辑演进历程，经济生活之后必为艺术生活。经

① 《非乐上》，见《墨子校注》（上），380 页。

济生活趋于优美，便达艺术情境。

“艺术”这个概念是一动态的历时过程。在古希腊，艺术并非指求美、求丽、求乐的状态，而是指一种生产性的制作活动，特别是指技艺。后来欧文·埃德曼（Irwin Edman）曾作这样的阐述：

> 艺术的领域是和人有意识地控制物质和运动的世界的能力相一致的。在这个世界中，他必须建造住房，控制他的本能冲动和无意识过程的内心世界。折断棍棒，建造茅屋、摩天大楼和教堂，使用交流思想的语言，庄稼的播种和收获，儿童的抚养和教育，法律和道德规范的制定，缝制衣服，开采矿藏，所有这些活动和艺术的相似之处，不下于一件浮雕的制作和一首交响乐的作曲之间的相似。①

这种对艺术内涵的规定，无甚异于古希腊。

从古希腊到文艺复兴时期，对艺术作了种种规定。② 这些规定由于其分类标准、价值尺度的不同，而分自由艺术和平民艺术，现实艺术和想象艺术，高级艺术和低级艺术，理论艺术、实践艺术和诗的艺术，利用自然艺术和纯心灵艺术等等。大体上“平民艺术”、“手艺艺术”，也就是“奴隶艺术”，是与体力劳动相联系；“自由艺术”是智力的，包括语法学、修辞学、方言学、算术、几何学、天文学和音乐七种，它与现代艺术概念几乎不相及。

中世纪的托马斯·阿奎那（Thomas Aquinas）把视觉和听觉作为理性工具，能领悟一个结构上的整体，并把物质美和精神美加以区别。③ 艺术不是“纯理论的”，而是“操作的”。虽然他与古希腊时代的思想家一样，把今天看来与艺术无关的烹调、马术、战争、财政、法律等包含在艺术内，但他把文学、绘画和雕塑联系起来，称谓为“形象艺术”。但丁（Dante）作为《神曲》的作者，实际上提出了艺术体裁是否具有永久性这样一个美学上的根本问题。它意味着个人精神已内化为一个宇宙，而与已外化的广阔的宇宙一体。

文艺复兴时期，随着艺术家从工匠和手艺人的地位的提升，艺术的地位也发生了变化。恩斯特·卡西尔指出，直到康德的时代，一种美的哲学总是意味着试图把我们的审美经验归结为一个相异的原则，并且使

---

① ［美］欧文·埃德曼：《艺术与人》，11～12 页，纽约，1949。

② 参见朱狄：《当代西方艺术哲学》，7～27 页，北京，人民出版社，1994。

③ 参见［英］鲍桑葵：《美学史》，张今译，196 页，北京，商务印书馆，1985。

艺术隶属于一个相异的裁判权，艺术未获得自主性。

> 康德在他的《判断力批判》中第一次清晰而令人信服地证明了艺术的自主性。以往所有的体系一直都在理论知识或道德生活的范围之内寻找一种艺术的原则。如果艺术被看成是理论活动的产物，那么，必然就要去分析这种特殊的活动所遵循的逻辑法则。[①]

这样，逻辑本身就不再是一个同质的整体了，就应相互分离而成为相对独立的部分。于是，艺术就获得自主性地位。

艺术的自主性改变了美与艺术相分的状况，而使两者联系起来。特别是“美的艺术”的出现，使“美”作为“善”的一个组成部分的内涵，获得了作为“美”的真正意蕴。因为这个时期的艺术家，一般来说是一个人文主义者或作家。达·芬奇强调绘画是一门科学，并与数学相联系。视觉艺术超越机械艺术而走向感性的美，绘画与诗获得了同等的地位。

从艺术的自主性发展为17、18世纪艺术体系的形成。夏尔·巴托（Charles Batteux）在《简化成一个单一原则的美的艺术》（1747）中确立“美的艺术”概念的权威性，并以音乐、诗歌、绘画、雕塑和舞蹈组成一个完整的系统化的艺术体系。巴托认为艺术是对美的自然的一种模仿，显然是对亚里士多德艺术是对自然的一种模仿的改造。正是这个分类原则的提出，使艺术体系建立成为可能，J. G. 赫尔德（J. G. Herder）对艺术体系作了论述。康德在《判断力批判》中把“美的艺术”分为语言艺术（雄辩术、诗）、造型艺术（雕塑、绘画、雕刻、建筑、园艺）和感觉自由游戏的艺术（音乐、色彩艺术）三种类型。这种分类虽无很大的特点，但维克托·库赞（Victor Cousin）追随康德，认为理解美必须通过艺术和美学领域，并用真、善、美来建立他的哲学。

19世纪以来，艺术体系的分类原则由于艺术价值观的相异而相异。如关于诗与视觉艺术和视觉艺术内各具体形式之间的何者为优之争，以及音乐有无普遍意义的论争等等，其间的分类原则不再局限于“美”，而是更广泛。马克斯·德索（Max Dessoir）在《美学与艺术理论》（1906）中，按照时空和模仿进行分类。他认为满足所有需要的艺术分类体系是没有的。E. 苏里奥（E. Souriau）在《各门艺术的对应性》中，以抽象和模仿这两类概念差分线条、体积、色彩、光、动作、语音、乐音七要素[②]（见

---

① ［德］恩斯特·卡西尔：《人论》，甘阳译，175页。

② 参见朱狄：《当代西方美学》，393～396页。

表 17—1），以构成这样的分类体系。约翰·霍斯伯斯（John Hospers）则分为视觉艺术（绘画、雕塑、建筑、实用艺术）、听觉艺术（音乐）、文学艺术（诗歌、文学作品）、复合艺术（表演艺术）四种类型。

表 17—1

	线条	体积	色彩	光	动作	语音	乐音
抽象性艺术	装饰性图案	建筑	纯粹绘画	舞台照明	舞蹈	诗律学	音乐
模仿性艺术	素描	雕塑	再现性绘画	摄影、电影	哑剧	诗歌文学	歌剧、描述性音乐

一些美学家在构筑艺术体系的分类时，直接对各种艺术形式加以描述，或从各自对艺术规定入手，而不说明分类原则。苏珊·朗格（Susanne Langer）以绘画、雕塑、建筑、音乐、诗歌、戏剧、小说、舞蹈、电影九种主要形式作为艺术分类；尼古拉斯·沃尔特斯托里夫（Nicholas Wolterstorff）的艺术分类较之朗格少建筑，为八种主要形式；V. 奥尔德里奇（V. Aldrich）的艺术分类比朗格多摄影、文学，少电影、小说、诗歌为八种主要形式。由此可见，其艺术形式虽有差异，但基本相似，可认为是一种自然认同。由于没有共同标准的个人任意的、以自我规定入手的艺术主要形式作为艺术分类，这样，“美的艺术”概念体系就不能不是模糊的了。这种“艺术”概念在历时态与共时态所存在的模糊性，到 20 世纪初的先锋派（Avant-garde）运动而加剧了。

这样，艺术能不能下定义就成为论争的问题。露西·克兰（Lucy Grane）就说，为艺术规定一种普遍的公式，是根本不可能的，对它下定义亦极端困难。① 维特根斯坦（Ludwig Wittgenstein）认为，艺术像游戏一样，若去追究艺术是什么便会发现它并没有一种共同的特质。他的继承者莫里斯·韦兹（Morris Weitz）赞同艺术犹如游戏的观点，表现了一种“开放性结构”的概念，艺术作品是由一种“相似的组成部分”获得其特征的，不存在一种共同的种类。因此，不可能对艺术下一种行之有效的定义。②

20 世纪 50 年代以后，在能否给艺术下定义问题上，形成了这样两种对立的观点：(1) 认为艺术并不具有独立的本质。他们以为对“艺术”或

① ［美］露西·克兰：《艺术趣味的形式》，104 页，波士顿和纽约，1889。

② ［美］莫里斯·韦兹：《美学问题》，174 页，纽约，1970。

“艺术作品”下定义是错误的，并把持这种观点的人称为“反本质论”（anti-essentialism）[①]；（2）与“反本质论”相对应，认为艺术的本质特征可以概括。他们认为艺术展现了一种不证自明的本质，这并不是说他们都认同某种相同的本质，或相同的艺术定义，而是具有多样性的含义。人们把持这种观点的人称为“本质论者”（essentialism）。前者揭出本质论者在观念上的模糊性，与对“艺术”概念上的澄清，虽就概念本身有一定意义，但他们仍然认为艺术确实是无法下定义的，这是因为它没有一种共同本质。诚然本质随时代变易而变易，但并非不存在。以艺术无本质，不对；以艺术有不变的本质，亦不对。

20 世纪 60、70 年代，“反本质论”受到 M. 曼德尔鲍姆（M. Mandelbaum）等人激烈批判而趋向衰落。分析美学家也承认，在美学、艺术中一些普遍性抽象概念是需要的，即使艺术的定义还不适合于所有的艺术形式，而在有限范围内使用亦是必要的。在给艺术下定义的过程中，亦是见仁见智，或从审美本质出发来规定[②]，如迈克尔・H・米蒂阿斯（Michael H. Miteas）；或从审美功能来为艺术下定义，如斯蒂分・戴维・罗斯（Stephen David Ross）[③]；或从艺术是一种行为的观点出发，艺术作品被定义为人类活动的产品，如唐纳德・沃尔豪特（Donald Walhout）[④]；等等。这样，艺术作为许多概念的集合，还需要进一步做出探索。

如果说古希腊哲学家、思想家把艺术作为一种生产性的制作活动，特别是指技艺的话，那么，则与中国先秦时的哲学家、思想家的认知相似。《尚书》艺字 8 见（《今文尚书》6 见，《古文尚书》2 见）。“予仁若考，能多材多艺，能事鬼神，乃元孙不若旦多材多艺”[⑤]。孔颖达疏：“多材多艺”为“多材力，多技艺”。义以种植庄稼为艺，艺亦有技艺之意。“淮、沂其乂，蒙羽其艺”[⑥]。孔颖达疏：“《诗》云：‘艺之荏菽’，故艺为种也”。汉

① T. J. 迪夫利：《本质论和艺术的定义》，载《美学与艺术批评杂志》，1973 年春季号。W. B. 加利：《艺术作为一个有重大争论的概念》，载《哲学季刊》，1956 年春季号。

② 参见［美］迈克尔・H・米蒂阿斯：《我们能述说审美经验吗?》，见迈克尔・H・米蒂阿斯编：《审美经验的可能性》，56 页，多德雷赫特、波士顿、兰开斯特，1986。

③ 参见［美］斯蒂芬・戴维・罗斯：《主权和艺术作品的效用》，载《美学与艺术批评杂志》，1981 年冬季号。

④ 参见［美］唐纳德・沃尔豪特：《艺术的性质和作用》，载《英国美学杂志》，1986 年冬季号。

⑤ 《金縢》，见《尚书正义》卷十三，《十三经注疏》本，196 页。

⑥ 《禹贡》，见《尚书正义》卷六，《十三经注疏》本，148 页。

许慎《说文解字》："埶，种也。"段玉裁注："《齐风·毛传》曰：埶犹树也。树种义同。唐人树埶字作蓺。六埶字作艺。周时六艺字盖亦作埶，儒者之于礼乐射御书数，犹农者之树埶也。"① 艺之初义为生产性制作活动，这种生产性制作活动犹如农人种植庄稼，需要技艺。术，《说文解字》："邑中道也。"段玉裁注："邑，国也。引申为技术。"② 艺术，便意蕴着带有技术性生产制作活动，亦即技艺。

孔子作《论语》，艺字 4 见，有艺术、技术、才能的意思。孔子说："志于道，据于德，依于仁，游于艺。"③ 以"道"为修养的理想目标，要依据德和仁来规范人的行为活动，才能实现道的境界。如果说德和仁是主体内在道德自觉的外发，并制约主体行为活动的话，那么，游历礼、乐、射、御、书、数"六艺"的实践活动之中，在这种各具特征的、各有技艺性的实践活动中，主体人的活动接受外在的技艺性的、规范性的规则的制约和训练。比如射箭，御车为"伎艺"；书、数亦为技艺，未作为艺术；礼包括左右周旋，进退俯仰等一整套琐细、严格的仪式和礼器大小、规格及服饰颜色、样式等，需专门训练才能掌握这些技艺；乐在中国古代不离诗、歌、舞，诗、歌、舞一般亦不离乐，乐带有技艺性。主体在接受"六艺"的熏陶中，有益于人的德性素质的提升，而有助于"志于道"的实现。孔子自己说过，因为他少时家里贫贱，所以"多能鄙事"④，即学了一些不足以称道的技艺，"吾不试。故艺"⑤。艺就是技艺。

从生产性、非生产性技艺活动来看，"六艺"都可说是技艺性的艺术活动。"六艺"中书后来发展书法艺术，乐本身便是精神创造的审美艺术活动。从当时人关注乐的程度来看，似乎超过了诗、歌、舞等艺术的地位。所以，有以中国古代文化为"礼乐文化"。孔子所说的"游于艺"，不仅仅蕴涵着技艺，而且意蕴着在熟习这种技艺中获得一种审美的感受和精神的愉悦，即艺术的享受。朱熹注释说："游者，玩物适情之谓。"⑥ "游"是主体与对象之间的无拘束的、自由的交往之玩，而获得情感快适的审美活动。当然，孔子"游于艺"的终极目标是"志于道"，其间通过"据

① 《说文解字注·丮部》，113 页。
② 《说文解字注·行部》，78 页。
③ 《述而》，见《论语集注》卷三，27 页。
④⑤ 《子罕》，见《论语集注》卷五，36 页。
⑥ 《述而》，见上书卷四，27 页。

德”、“依仁”，“日用之间，无少间隙，而涵泳从容，忽不知其入于圣贤之域矣”①。这种到达圣贤境界的途径与审美活动是一致的，其间并无功利性的冲突，但却有道德性的浸润。

如果说孔子“游于艺”是对于艺术功能的认知，那么，孟子是对于艺术作品特征的认知。他在对《诗》的解释中，认为不能“以文害辞”，也不能“以辞害志”②。若拘泥于词句，则《诗·云汉》中所说的“周余黎民，靡有孑遗”，相信了这句话，周朝就没有存留一个人了！这显然是一种夸张的说法，是对于大旱的忧惧的情感的流露。孟子体察到了文学的艺术语言与非艺术一般语言之间的冲突及其不同表现的形式特征。解释诗的方法应该是“以意逆志”，这就是“得”。这就是说，解释者在解释诗的文本时，不是无我、无意识、无情感的，而是有意识、有情感的在者。解释者与诗的作者之间“意”与“志”交流，由于诗的作者所创作的艺术形式（文本）与解释者的时间差。因此，解释者对于诗的艺术形式所寓的“志”的体验，只能是一个“逆”向的体验或感受过程。这种体验或感受，意蕴着解释者依据自己的“意”，对以往艺术作品的理解、想象、领悟，而能把握诗的作者在艺术作品中所表达的思想情感或意蕴（“志”）。孟子认为，解释者主体或欣赏主体是能够越过时间差，去把握、体验、感受艺术作品形式（文本）中的作者的意思或美感，达到“意”与“志”的沟通；同时艺术作品形式（文本）在其顺向的流程中能够被后来的解释者所体验、感受和欣赏，不可避免地要受解释者、欣赏者的“意”的左右。虽这种“意”可能与原来艺术作品所寓的“志”有出入，但正因为这样，才能揭示出原艺术作品所意料不到的新的意蕴（“志”）和生命力。表达了一种艺术欣赏的方法和审美的方式。

在人类思维的初始阶段，各个文明所思考的问题和表达的思想，有惊人的相似之处。古希腊人对艺术的看法，与中国先秦儒家对艺术看法近似；古希腊罗马对于世界本原的追根究底，与中国先秦对于世界统一性根源的寻求相近，都以为是水、火、气、原子等等。后来世界的东西南北思想的差分，都是从这一大树干中分枝出来的。

（二）艺术和合的发生

所谓艺术，是指通过塑造形象，表现生活、交流思想、情感需要的对

---

① 《述而》，见上书卷四，27页。

② 《万章上》，见《孟子集注》卷九，71页。

世界进行精神掌握的一种特殊方式。艺术是与人的审美兴趣相联系，并能激起人的审美追求，具有各种审美特征的多样形象。它是人的意识、心灵的流露，是对美的追求和塑造，这是艺术的内在灵魂。艺术掌握的方式是通过形式美的再现和表现，去揭示这内在的灵魂，即本质内涵和生命搏动。

艺术和合是指人对于自然、社会、人际、心灵、文明的审美活动所追求的艺术形象的过程中，由于人的审美趣味、审美观念、审美理想、审美标准、审美能力各各差异，而冲突、融合，通过塑造艺术和合形象，表现和沟通思想、情感等审美意识，以及对自然、社会、人际、心灵、文明美的精神掌握的方式。

艺术如何发生，这种追根究底的研究，古往今来，便见仁见智，较具影响者，便有：

1. 巫术说。爱德华·泰勒、雷纳克等基于原始部落巫术的研究，认为人将自己的想象施加影响和作用的对象，以某种形象描摹，或以装扮、歌唱、舞蹈等多种民族性的巫术形式，以期使对象发生符合于想象施加的目的，这便是交感巫术。①

2. 模仿说。德谟克利特认为艺术发生于对自然的模仿②，亚里士多德以为是模仿行动中的人，人的天性便具有一种模仿的本能和冲动。③ 这也是后来心理学所认为的艺术起源的心理动因，现代心理学通过对儿童心理和部落氏族文化心理来说明模仿说。

3. 游戏说。席勒认为人在现实生活中受精神和物质的限制，希望以自己过剩的精力来达到自己想象的自由形式。④ 他所说的游戏并非指动物性的嬉戏现象，而是指完全意义上的人的游戏。

4. 心灵表现说。克罗齐（B·Croce，1866—1952）认为“直觉即艺术”，“直觉即表现”⑤。弗洛伊德以为艺术是人为摆脱性压抑和性苦闷的无意识的表现。

5. 生活说。别林斯基和车尔尼雪夫斯基认为，艺术的作用是再现生

---

① 卢卡契说：“产生摹仿艺术形象的最初冲动，只是由巫术操演活动中产生的”（《审美特性》，第1卷，320页，北京，中国社会科学出版社，1986）。

② 参见《古希腊罗马哲学》，112页，北京，商务印书馆，1961。

③ 参见［古希腊］德谟克利特：《〈诗学〉〈诗艺〉》，11～12页，北京，人民文学出版社，1962。

④ 参见［法］席勒：《美育书简》，140页，北京，中国文联出版公司，1984。

⑤ ［意］克罗齐：《美学原理·美学纲要》，229、237页，北京，外国文学出版社，1983。

活中引人兴趣的一切事情，并认为“美是生活”，把生活中引人兴趣的事物作为艺术起源，其实生活中引起兴趣的事物是创作艺术作品的动因。

凡此种种艺术发生论，都是以人为中心，围绕人而展开的。在人类社会的各个阶段，人们总是通过艺术媒介来表达思想和情感的需要。原始艺术受图腾、巫术的导向，如原始人的文身、用具、住宅上的图腾形象。文身是把人体作为艺术对象之一，人通过对作为自然物的人体添加某些象征性的符号（包括图腾），表现人的审美意识。这些象征性符号有永久性的，如划破皮肤、裹脚、拉长耳朵和脖子，使头变形、刺穿耳垂的中隔、锉牙齿等；也有暂时性的，如彩绘身体，添加羽毛、金属等等，都是以审美的需要为动机①，原始人的舞蹈、歌唱也常模仿图腾的各种形态，使人与图腾、巫术之间的冲突、融合获得和合。

随着文化的变异，艺术往往与神话、宗教、道德、伦理等互渗，通过艺术形象来表现人的宗教意识、信仰和情操，或神话的寓意、赏善罚恶的愿望等。中国新疆维吾尔自治区拜城县克孜尔镇东南木扎提河北岸崖壁上的克孜尔石窟，是建造最早的中国最西部的大型石窟群，已发现共 236 个洞窟。龟兹和于阗毗邻中亚，为中国佛教最初传入的地区。克孜尔为古龟兹之地。据现代碳-14 测定最早开凿的石窟（118）为公元 205^{+80}_{-105} 年。②

第 118 窟正壁为《娱乐太子图》，中央形体高大者为迦毗罗卫国太子悉达多，其身右是一列菩萨装的男子，身左是一列采女，左下方为伎乐，右下方为一群供物的侍者。太子曾出宫外游，目睹人世间生、老、病、死种种痛苦情景，萌生了离宫出家的念头。其父净饭王百般劝阻，不吝财物美女，使其回心转意。然太子神情忧郁，面对手托丰乳的裸体采女和那婆娑的伎乐，都不屑一顾。他双目微闭，决心已定。这幅壁画集中而生动地描绘了悉达多决心出家的心理境界，比文字更富感染力。作者采用对比的手法，给出了赤裸的诱惑采女与自然处之的太子，形成显明对照，深化了主题，使艺术效果达到妙境。这幅艺术作品的情景与《佛本行集经》卷十六记载的情节相符：“种种巧媚幻惑，令生增上胜妙欲心，或有采女出现舞形，或有采女出微妙声，唱颂歌赞，或作音乐……又复彼等诸采女辈，多种出现歌舞音乐，或复种种诸妙欲事。”

与《娱乐太子图》相对照的是《禅修图》。

---

① 参见［美］C. 恩伯、M. 恩伯：《文化的变异——现代文化人类学通论》，510～512 页。

② 由《中国壁画全集》、新疆壁画编辑组采集标本，请中国社会科学院考古研究所实验室测定。

迦叶即辞如来，往耆阇崛山毕钵罗窟。其山多有流泉浴池，树木蓊郁，华果茂盛，百兽游集，吉鸟翔鸣，金银琉璃罗布其地。迦叶在斯，经行禅思，宣扬妙法，度诸众生。（《付法藏因缘传》卷一）

壁画作者依据自己的理解，用艺术的夸张，将禅修的“心注一境”、“形如枯木”的比丘的静寂心态与流水潺潺，游鸭嬉水，孔雀开屏，雉鸟飞翔，猛虎奔跳，猿猴攀坡，伎乐舞动奏乐等动态情景环绕在旁，以动衬静，以虚拟实，动静、虚实冲突融合，以获相得益彰的艺术效果。特别是壁画作者不满足于山水鸟兽的描绘，而注入乐舞，左边是舞蹈者，双脚交叉，腰肢扭摆，举肘托腮，媚态万端。右边是手弹阮咸者，她左手按弦，右手拨奏，那琴音回荡于山谷，无限美妙。它一舞一乐，衬托出深深的禅修意境。表现了壁画艺术的感人的力量。

这两图深刻地意蕴着在物质与色相围攻下，决心摆脱世俗荣华富贵的诱惑，离尘弃家，入山禅修①的情景。它运用视觉艺术之法，以收达到禅修完善之境。这种绘画艺术风格，虽早期与衰落期有区别，但与后来中原一带佛教内容的壁画一脉相承。

中国画法不重具体物象的刻画，而倾向抽象的笔墨表达人格心情与意境……画家用笔墨的浓淡，点线的交错，明暗虚实的互映，形体气势的开合，谱成一幅如音乐如舞蹈的图案。物体形象固宛然在目，然而飞动摇曳，似真似幻，完全溶解浑化在笔墨点线的互流交错之中。②

佛教艺术壁画，虽有所本，但壁画作者为凸显主题，寄寓意境，透出生命情调。艺术形象是作者对佛经的解读和提升，其间透入作者的理解、气质和神韵。

就龟兹的艺术而言，虽早期与晚期有异，但克罗齐说：“莎士比亚不能看作对于但丁的进步，歌德也不能看作对于莎士比亚的进步……野蛮人的艺术，就其为艺术而言，并不比文明人的艺术逊色”③。这就是说，艺术作为文化现象，总是与它诞生的社会文化生态环境相联系。每一个社会文化生态环境都有与其相适应的艺术精华，就这些艺术精华的价值而言，无所谓商周的青铜器比现代青铜器艺术作品逊色。但随着社会文化生态环境进步的需要，人们生活需求的变异，艺术作品的特征、形式等也会发生变

① 参见霍旭初：《龟兹艺术研究》，31～33页，新疆人民出版社，1994。
② 宗白华：《艺境》，111～112页。
③ ［意］克罗齐：《美学原理·美学纲要》，148页。

异。这也是艺术变异的理势。[①]

（三） 心灵意境与生命气象

“美是生活”，车尔尼雪夫斯基这个命题虽有其合理性，但有简单化之偏颇，缺乏仔细的分析和论证。美或艺术美不能脱离包括经济生活在内的整个和合生存世界。美不在抽象的理念世界，它深深根植于人类的感性生活之中。美不是感性生活之外的实体，而是感性生活最适宜的、和谐的精神状态及其意境。生活，不论是经济的、政治的、法律的、道德的、学术的，只要是真实的、平易的、美好的、宜人宜心的，都与艺术生活相联系。反之，虚假的、阴险的、丑恶的，害人伤心的，即便专门从事艺术创作，美学研究或文艺表演，其生活也与艺术无关，即是非艺术的，不和合的、无美好可言的。人类生活不是艺术的牢笼，审美的地狱，而是艺术创造的天然温室，审美活动的第一名胜。生活之美与美之生活融突和合一体，构成心灵的真实意境。宗白华曾这样说：

> 艺术的生活就是同情的生活呀！无限的同情对于自然，无限的同情对于人生，无限的同情对于星天云月，鸟语泉鸣。无限的同情对于死生离合，喜笑悲啼。这就是艺术感觉的发生。[②]

同情是心灵冲突而融合，同情是由和合的心灵之所发，对于自然、社会、人生的同情都是如此，怨恨、仇视、敌对的生活，不是艺术生活。

心灵的意境之所以是真实的，原因在于生命的生生之理是最自然的、最形象生动的。所谓意境，便是游心之所在的灵境或想象的意象。灵境就是构成艺术之所以为艺术的意境，意象便是心灵主体的生命情调与客体自然景象的融突的和合。因此，意境是“情”与“景”（意象）的融突和合。王安石有诗曰：“草色浮云漠漠，树阴落日潭潭。三十六陂流水，白头想见江南。”[③] 前三句写景，末句点化成无限的愁思、想象和期望，情景交融

---

① 西方从17世纪以来，对艺术有所谓“古代与现代之争”。论争主要问题是：(1) 艺术是否是进步的；(2) 艺术进化是否要以复杂性递增为主要标志。20世纪60年代以后，西方人类学家对交叉文化研究的深入，提出了各民族文化和艺术能否有一个统一的标准来加以比较的问题，或者说根本无法比较，不存在先进与落后的区别。（参见朱狄：《当代西方艺术哲学》，470～490页，北京，人民出版社，1994）。

② 宗白华：《艺术生活——艺术生活与同情》，见《美学与意境》，14页，北京，人民出版社，1987。

③ 《题西太一宫壁》，见《临川先生文集》卷二十六。前两句有作“柳叶鸣蜩绿暗，荷花落日红酣”。第三句“流水”，有作“春水”。

成深沉的意境。

艺术的意境，既超越又内在。它超越于一定的人、物、情、景，又内在于人、物、情、景。情与景的融突和合，既激发出最深的情，也透入最美的景。这样，景是情之景，情是景之情。犹如“天地细缊，万物化醇”。一个崭新的意象①，美妙的新境，呈现在人世之前。这便是“外师造化，中得心源”的创现。

情是心灵的透射，景是心灵的投影。艺术意境的创构，犹如龟兹佛教艺术壁画，从丰满的色相达到最高心灵境界，可谓禅境。禅是静中之动，亦是动中之静；静是静动、动是动静。感而常寂，寂而常感。虚而常实，实而常虚。动静、感寂、虚实圆融不二，直探生命心源。静寂的观照和生命的感动，便是禅的心灵状态。构成中国人的生命情调和艺术意境。②

心灵意境的真实不是哲学认知意义上的真理之实，而是审美价值论意义上的艺术之真。艺术意境的真实，乃是虚以衬实，色以托空，虚不异实，空不异色。其内在的心灵是“信以为真”，即心灵诚信，意境必真。这是心灵艺术生活的真谛。

生命形象的优美，并非伦理学意义上的完善之美，而是主体心灵意义上的生态之美。客体景物是主体情思的寄寓，当情思起伏，波澜变化，因心造境，仪态万千之时，并不是那一固化的物象所能衡量，而只有那大自然无限宽广的胸怀，变化无穷的万象，才能展现主体生命的意境和神韵。在这里，生命才获得充实，生机勃勃；生息摄动，生意盎然；生育繁衍，生气旺盛；如此生态意境，这般生化气象，美不胜收！

一旦心灵在真实的意境中观照自己的生命形象，发现了其中的生态优美，生存世界就变得更真实、更完善、更富有艺术的价值和审美的意义。

心灵意境与生命气象，水乳交融。既天工造化，不假人力，又主体“心匠自得为高”，“灵想之所独辟”。天工造化了生态，人心发现其优美。平淡而超奇，朴实而空灵，浅近而幽远的韵味，只有在生命的体验中才能呈现。

自然之美，只有在心灵的真实意境和生命的生态形象里才具备其完善的形式。通常的自然之物，虽不乏美的闪烁，但不是完美无缺的。天工自然造化之后，仍有人类文化工艺智能的施予。工艺美术便是借助人的创造

---

① 意象，《周易·系辞上》说：“圣人立象以尽意。”立象是为了尽意，故为意象。

② 参见宗白华：《美学与意境》，214～215页，北京，人民出版社，1987。

活动，最大限度地展现自然物美好形象的艺术部门，是和合美学的技术性学科。建筑、雕塑、园林、盆景、瓷、漆工艺、编织工艺、涂染工艺、刺绣工艺以及现代摄影艺术等等，都是工艺美术的具体内容。

工艺美术产生于生产和生活实践，又高于普通的工艺制造技术。它是创造美的具体形态的工艺制造技术。因此，工艺美术不仅不脱离经济利益的功用事业，而且高屋建瓴，从艺术和合的高度反过来成就人类的功利活动和实用价值追求，使功利价值具有艺术化的特征和审美意义。成就功利，成全功利，是工艺美术的融突和合原理。

二、 审美活动与美学体系

充实而自然之美，只有在心灵的真实意境和生命的生态形象里才具备其完善的形式。人的生活、命运和情感，以及人的生存与死亡，爱情与仇恨，痛苦与幸福，都是艺术生命的真正意蕴。

心灵意境和生命意象，要穿透光的层次和秩序的网幕，才能呈显艺术之美。这网幕便是主体的心灵意匠与线、点、光、色、形体、声音等之色相冲突、融合，而达到和合化境。艺术之美展现了人的完美的形象和本质，价值和意义，使人的意义世界闪烁其魅力。

（一） 美学的现代发展取向

艺术之美，便是美学所研究的对象之一。美学源自希腊文 Oncotrnos，关于感觉性的学问的意思。英语为 Aesthetics，德语为 Aesthetik。当美学把艺术作为其研究对象时，都为艺术价值规定了一系列标准，这些标准被视为美的条件，而为历代的美学家所接受、补充和修正。① 西方以美学为“感性学”外，也称为“美的科学”或“艺术哲学”。之所以如此，是基于对美学对象的不同解释。感性学以美感或审美意识为对象；美的科学以美本身即美的本质为对象；艺术哲学以艺术为对象。

西方美学从 20 世纪以来，大体可分为美学基本范畴结构的建立（1900—1950），美学体系建构（1950—1960），现代美学到后现代美学（1960— ）三个阶段。

第一阶段是美学基本范畴结构的建立，美的本质的失语。分析美学认

---

① 参见［美］M. 李普曼：《当代美学》，邓鹏译，58～61 页，北京，光明日报出版社，1986。美学一词是德国鲍姆加登于 1750 年提出的。

为传统美学的“美是什么”这样的形而上学的命题，是假命题，是不可证实的，是无意义的。把它当作“真”是对于语言的误解。维特根斯坦（Ludwig Wittgenstein，1889—1951）认为，美学“这一论题是极大地、甚至是完全被误解了。如果你能察看一下句子的语言学形式，那么你立即就会发现对‘美的’这个词的用法甚至比其他绝大部分的词更容易被人误解”①。“美是什么”从一般语句形式看，就如 x 是什么？x 可换成任何实词，即“氦是什么”一样。但前者是形上学，后者是科学，不可以后者可定义而去定义前者。

这个阶段还包括心理美学、形式主义美学、表现主义美学、精神分析美学和存在主义美学等。克罗齐《美学》（1902）是新美学兴起的标志，并构成了一个心理学美学的潮流。心理学美学在无法从客体对象中寻找美的本质时，便到人心中去找。认为任何美的实质，就是美感。美感是主体心理对某事某物的感应。它们从直觉、孤立、移情、内摹仿、距离等方面寻找美感的本质。尽管它们各个分别，但却构成了一个完整的审美欣赏过程理论的各个环节。比如人待物时，必须与自己待物的实用态度和认知态度拉开距离，才能由实用主体、认知主体转换为审美主体；审美主体与世界的关系是隔断的，既无实用对象，亦无认知对象，而是一孤立对象，即摆脱了自己的多种属性，只以自己形态、色彩、风貌呈给主体，成为审美对象；审美对象就是与功利、概念无关的直觉意象；直觉意象的本身就意味着主体的凝神程度，审美主体便依对象的形、色、态、韵进行内摹仿活动；主体的内摹仿会产生一种心理上的对应，即内心情感，这种由对象而引起的审美情感与审美客体本有圆通之点，客体虽本情感，但主体情感的移入，便带有了人的情感，与主体投入情感交流、应答、共鸣的境界，即审美的最高境界。②

如果说 20 世纪最初十几年关注审美心理的建构，那么，其后则建立艺术形式。克莱夫·贝尔（Clive Bell，1881—1966）和罗杰·福莱（Roger Fry，1886—1934）提出了形式主义美学理论。贝尔从世界艺术如圣索非亚教堂，墨西哥的雕塑，波斯的古碗，中国的地毯，帕多瓦的

---

① ［英］维特根斯坦：《美学、心理学和宗教信仰讲演和对话集》，见蒂尔曼·卡恩编：《艺术哲学与美学——从柏拉图到维特根斯坦》，515 页，纽约—伦敦，1969。维特根斯坦出身于奥地利，后移居英国，在剑桥大学任教。

② 参见张法：《20 世纪西方美学史》，24～32 页，北京，中国人民大学出版社，1990。

乔托的壁画等作品中，追寻其共有的性质，“那就是有意味的形式”①。福莱在《视觉与图像》中认为，绘画的色彩、线条构成的形式，比故事性内容要高。两人都以形式为第一性的。贝尔的“意味”，有人理解“理念”的替身；也可以说形式自己建构自己的意味（内容），当形式存在时，意味就呈现出来。形式主义美学是文学到绘画，东方到西方的殊途同归的运动。

表现主义美学的代表是克罗齐和英国哲学家科林伍德（Robin George Gollingwood，1889—1943）。克罗齐的《美学原理》与科氏的《艺术原理》的核心意蕴，就是表现。前者论述了“直觉与表现”。直觉与逻辑是知识的两种形式。直觉并不依赖于逻辑或概念，它是一种心灵活动。审美直觉是心灵的主动活动，它不是心理的感受和印象，而是一种形式把握。直觉是形式，亦是创造，即心灵直觉创造。这种直觉创造即是表现，直觉的表现是心灵的自主活动和创造性表现，而不是对现实的模仿。克氏的理论结构是直觉——形式——创造——表现，而与概念——印象——模仿——再现无关。科氏自认为受克氏的启示，并继承克氏。他认为艺术是富于想象力的表现，并论证了艺术与情感表现之间的关系。作为想象即表现。强调了相对于感觉的心灵的主动性和从感受到想象的变化过程。主体意识把感觉经验分为注意的与不被注意的，注意的融进来，转换为主体所有物；不被注意的逐出去。意识对于注意与不注意、来与去的挑选感觉印象而言，它是直觉的；意识把感觉经验变形为想象的功能而言，它是创造；就其变形的结果而言，便是表现。经变形的表现，便不同于外物和感受，就是想象。两人的表现理论可以互补互济。表现所意蕴着的是超物理事实和感觉经验的主观心灵，它不受制于概念和现实，才能给心、情、象以相应的传达，并以主观的真诚表现来建立审美世界。

克罗齐从知识的分类中辨析出美的非概念性，使理性丧失了在美中的地盘；弗洛伊德作为精神病医生，寻求人类普遍的心理机制。他在用理性探究人本身时证明了理性的虚假。弗氏以意识、前意识、无意识来描述人的心理。无意识是人作为生命存在的一种本能的追求，它追求本能的快乐，即快乐原则。意识遵循现实原则，它压抑无意识，只能让无意识本能地以现实所允许的方式出现。梦是无意识最活跃而意识相对放松的时候。梦蕴涵着“显意”与“隐意”，前者是梦的表面情景，后者是梦境的无意

---

① ［英］贝尔：《艺术》，4页，北京，中国文联出版公司，1984。

识状态。艺术在本质上是无意识活动。无意识难以确定其内容，得到的只有隐喻，隐喻是现代文艺的特征，亦是现代美学的表现特征。艺术作为一种隐喻是无疑的，但所隐喻的内容却是不确定的。这就是说，弗氏给出了一个隐其所喻的隐喻。

荒诞是存在主义美学的特征。当传统哲学的世界统一性、规律性、必然性受到现代科学的挑战时，人的自我性、个别性、偶然性显现其魅力。不是世界而是自我决定自我；不是上帝、绝对理念、普遍规律而是个人本身才有意义；历史不是必然进化而是充满各种可能性。世界、规律、必然、历史失去了对自我、个别、偶然、可能的支配。在这个冲突中，便孪生了自由和荒诞这个一体的两面。存在主义把西方传统哲学中物质与精神这两个根本范畴统统化之为虚无。海德格尔化“有”为“无”，便化解科学的打击，超越知性的局限。事实上“无”成了形上学的代替者。如何对无进行思考？海氏避开逻辑和知性，主张用自己在世的基本经验和体验来证明无的存在，这样便从哲学转向美学。①

萨特在《存在与虚无》中认为，意识本身是不存在的虚无，意识对象在心中出现时，意识这个虚无附于对象上，成为对象的意识，便化无为有。这就是说，无上帝和规律的人的荒诞感，便走向经验、体验、情感和心灵。这样荒诞的自由的本真存在，却伴随着孤独，恶心、焦虑和畏惧的体验，逃避自由的非本真存在，又受无聊、死亡的鞭挞。人就是不断地在此两难循环中煎熬。卡夫卡小说和荒诞派戏剧是荒诞感的一极，凡·高的充满狂情的画和海明威文学形象是荒诞感的另一极。在一个没有上帝和规律的世界上创造自己命运的悲剧感，是现在荒诞感的核心内涵。

形式主义美学的初衷是想在传统本体打破后，重新确立艺术本体，却走向形式；表现主义美学在追究自律中走向孤立绝缘的直觉，由直觉推向表现；精神分析美学需要在扑朔迷离的艺术和梦中得到象征结构，其结果象征本身蕴涵着隐喻；存在主义美学要描述人在无上帝和规律的世界上的自由，这种自由就是荒诞。无论是从内容→本体→形式，从再现→直觉→表现，从典型→象征→隐喻，从美和崇高→自由→荒诞，还是从形式→表现→隐喻→荒诞，都充塞着非理性的气氛。②

---

① 参见今［日］道友信等著：《存在主义美学》，崔相录、王生平译，沈阳，辽宁人民出版社，1987。

② 参见张法：《20世纪西方美学史》，35～90页。

第二阶段是20世纪50年代的西方美学。它是前50年的深入发展，为美学体系的建构提供了有利条件。它包括具有包容万有的雄心的托马斯·门罗（Thomas Munro，1897—1974），他发展了自然主义美学。早期自然主义美学代表乔治·桑塔耶纳（George Santayana，1863—1952）在《美感》中把审美判断与道德判断分开来，把美规定为“美是客观化的快感”①，即一种自然的快感，它可以由经验来证明。他认为功利是造成美感的一种因素，比如自然界的组织原则（适者生存）和艺术的组织原则（建筑形式）都是功利，以建构自然化、经验化美感体系。自然主义美学以面向科学为目标，把美和审美看作是一种自然现象。门罗的《走向科学的美学》就意蕴着这样一个愿望，并以泛艺术的概念来涵摄自己视野所及。他给美学作这样的陈述：“主要目的是掌握艺术以及与之有关的人类行为和经验模式的知识，并试图理解它们，美学旨在叙述和解释各种艺术，包括它们的极其多变的形式和风格，它们在各种文化环境中的起源、发展和功用，作为它们的基本人类本质，以及它们的心理和社会的过程”②。这是对美学基本内涵的规定。叙述和解释各种艺术的多变的形式和风格，需要通过语言这个重要工具。语言含糊，便难以走向科学。因此他把美学词汇分为描述性词汇和评价性词汇。从观察这个角度，他确定美学主要研究艺术品和与艺术品有关的人类活动这两组现象。前者是艺术品的形式，即审美形态学，后者是审美心理学。审美形态学用科学的方法对艺术进行分析、描述、分类，不讲美的本质。审美心理学的内涵是审美经验，是心理的一种复合结构。

格式塔心理学美学的重要概念是“完形”。完形是由知觉活动组织成的经验中的整体，或知觉的组织中呈现出来的式样，它把审美对象和审美主体联系起来。阿恩海姆（Rudolf Arnheim，1904—　）在《艺术和视知觉》（1954年）中认为，完形均意蕴两个因素：一是力的式样。图形（绘画）中的力不是理智判断或想象出来的，而是眼睛感知的。它客观地存在于知觉中和完形中，是一种心理力。二是自发地追求一种平衡。力的明显、隐含、运动趋向都围绕着平衡进行。之所以追求平衡，是因为无论从人与物理世界具有宇宙的一致性而言，还是从人作为开放的生命系统来

① ［美］桑塔耶纳：《美感》，36页，北京，中国社会科学出版社，1982。后来桑氏在《审美范畴的易变性》一文中声称他改变了原来的规定，认为审美愉快正如色彩给人的愉快一样，既非客观，也非主观，而是“中立状态”。

② ［美］门罗：《走向科学的美学》，483页，北京，中国文联出版公司，1984。

看，都要求达到平衡。这个平衡的中心点是充满着活的张力。有生命活力的平衡，构成了一切完形的两大原则：简化和张力。完形从客体视角是结构，从主体视角是组织。在一定条件下视觉刺激物被组织得最好、最规则和最大限度简单明了性的完形，称简约合宜完形，它遵循视觉组织活动的简化原则。

简化以分离方式组织视觉对象，并以尽少的结构特征把复杂材料组成有序整体。简化以变的趋势去获取平衡，获得美的完形。式样的简化，意蕴着这个式样的内张力的减少，但并不是排除张力。简化在某种意义上也是一种张力。张力是有机体追求平衡的一种方式，它与有机体和环境交换能量、反抗熵的增长的趋势相一致。它使静态的造型艺术变成不动之动，即具有倾向性的张力。并超越古典和现代艺术的对立，使“从最小的视觉张力到最大的视觉张力之间的等级序列中，为每一种特殊的风格找到一个位置”①。简化与张力这两种模式都是以宇宙自然和人生的动态平衡为基础的。格式塔美学对于力与成分、轮廓与骨架的论述与中国美学的气韵、风骨、形神、神气等有圆通之处。

现象学美学把审美心理和艺术构成一完整体系。其代表人物是胡塞尔现象学方法的受益者法国美学家杜夫海纳（Mikel Dufrenne，1910—　）。他的《审美经验现象学》（1953 年）是从现象出发追究本体；意向性和对象贯通艺术和审美心理两个领域；在审美对象的本质直观中化解审美心理与艺术在客体对象上的宽窄冲突；以开放性化解体系与多元竞争的冲突等。

杜氏认为审美对象是艺术作品加审美知觉。艺术作品经表演，即向意识显现，才从潜在存在进入实际存在。表演者与观者（目击者）既差分又融合，表演把作品具体化，目击者卷入作品世界，与作品共在，达到主客的冲突融合。通过这种融合和共在，作品真谛显现出来，获得存在。这是目击者犹如海德格尔的“此在在此”。杜氏认为与艺术相对的客体有：生命客体、自然客体、功用客体、意指客体。对这些客体施予审美知觉，也能成为审美对象。各门类艺术作品的共性是和声、节奏和旋律，比如音乐是时间性的、抽象的、听觉艺术；绘画是空间性的、具体的、视觉艺术，两者冲突，但在共性中，两者是融合的。艺术作品的基本结构是

---

① ［美］阿恩海姆：《艺术和视知觉》，607 页，北京，中国社会科学出版社，1984。他在 1940 年从德国移居美国。

感性、主题和表现。这三层结构在审美知觉中才能出现，是审美知觉意向性活动结果。审美知觉在欣赏艺术活动中为呈现、再现、情感三个阶段。艺术作品的基本结构和审美知觉的活动过程显示出来，审美对象和审美知觉的普遍性便在现象直观中呈显。那么，主客体的融突等普遍性东西如何可能？杜氏认为，“主体在每一层面上都以一种新的形式出现——在呈现中作为活的身体，在再现中作为非个人的主体，在情感中作为深度的自我，正是在这些形式中，主体相继设定了活的、再现的和情感世界的关系”①。这样，审美经验的现象过程是可以把握的，其本体意义也可以确立。

符号学美学的苏珊·朗格（Susanne K. Langer，1895—1985）得益于卡西尔的艺术符号论。② 卡西尔认为，艺术的最大魅力是展示事物的各方面的无可穷尽性。③ 朗格亦认为，“生命感是常新的、无限复杂的，因此，在其可能采取的表达方式上也有无限多样的变化”④。朗格剥去卡西尔关于艺术符号的外在形式，内化为生命、情感形式，并以情感的形式来建构其艺术体系。她认为艺术是人类情感的符号形式的创造。从音乐、绘画（由装饰切入）、文学（诗歌切入）等透出艺术符号的情感形式。各类艺术的总特征就是幻象。幻象不以现实为尺度，而以自身为尺度，表现为艺术幻象的多样性。艺术幻象作为艺术形式，包含情感的内容，并神合于生命形式。生命形式具有能动性、不可侵犯性、统一性、有机性、节奏性、不断成长性等特征。⑤ 这就是从艺术形式超越现实后又回到了人这里，发现了艺术结构与生命结构的近似之点。

第三阶段是后现代主义美学，主要有结构主义、解构主义、解释—接受等美学流派。结构主义之火是由列维-斯特劳斯点燃的。他把索绪尔的结构主义语言学的方法运用于人类学。原始文化中的神话是人类学研究的重要内容。他通过神话分析，即美学的分析，以探索原始文化的深层结构。他以希腊神话中奥狄浦斯的故事，选取每个情节的神话素（要素单元），并进行排列配置，列出语言学式的图表（表17—2）：

---

① ［法］杜夫海纳：《审美经验现象学》，445页，美国西北大学出版社，1973。

② 朗格把她的《情感与形式》一书的首页写上：“谨以此书纪念厄恩斯特·卡西尔”这样几个大字，中译本为刘大基等译，北京，中国社会科学出版社，1986。

③ 参见［德］卡西尔：《人论》，184页。

④ ［美］苏珊·朗格：《情感与形式》，380页，北京，中国社会科学出版社，1986。

⑤ 参见［美］苏珊·朗格：《艺术问题》，50页，北京，中国社会科学出版社，1983。

表 17—2

Ⅰ	Ⅱ	Ⅲ	Ⅳ
卡德摩斯寻找欧罗巴		卡德摩斯杀死毒龙	
			拉布达科斯＝瘸腿 拉伊俄斯＝左拐子 奥狄浦斯＝肿脚
	土生人互相残杀		
	奥狄浦斯杀拉伊俄斯厄忒俄克勒斯兄弟残杀	奥狄浦斯杀斯芬克司	
奥狄浦斯娶伊娥卡斯忒安提戈尼埋葬其兄			

表中横读是历时性故事，纵读是神话在时间之流中不断向我们提示作为结构要素的候选者，并发现共时性的结构。这一纵横结构正似语言学的二项对立，每一要素的意义在上下联系中表示出来，包括语言和言语的意义。Ⅰ纵行的三个要素显示一个共同的神话深层意义："过分高估了血族关系"；Ⅱ纵行三个要素的共同内容是"过分低估了血族关系"；Ⅲ纵行是人与兽的关系，毒龙是地里生出，杀死两怪兽是对人类起源于大地的否定；Ⅳ纵行三个人名的共同含义，行走困难。按希腊人的意思，"人类从大地深处出现之时，要么不会行走，要么行走极为不灵活……因而第四纵行的共同特点是：坚持人类由大地起源"①。这种结构主义的神话分析，是对故事的拆散、重组、结构意蕴，它不重故事的情节，而重结构的意义。拆散就是要素的冲突（Ⅰ和Ⅱ纵行的冲突，Ⅲ和Ⅳ纵行的冲突），重组就是要素的融合，结构意义是和合。在这里体现结构整体性、转换性、自调性和动态性的特征。

解释—接受美学的内在精神的体现者为伽达默尔（Hans-Georg Gadamer，1900—　）。他的《真理与方法》从美学切入而达解释学核心，接受美学是从解释学核心而发生。这就是说，不理解解释学就难以洞悉接受美学内在精神，反之，解释学的普遍性亦有赖于接受美学的阐释。两者异而同源，都源自解释学对人之在世、人与文本关系的新注释。就解释—接受美学的内在精神而言：超越传统认识论的模式，转换主客二分，自然与文化以及交际工具；肯定偏见、前理解和解释循环；人是有历史性的，因而

① ［法］列维-斯特劳斯：《对神话的结构研究》，见《文艺美学》第二辑，296 页，呼和浩特，内蒙古人民出版社，1987。

人是未完成的，人通过解释传统而存活传统，这就是选择传统，改变传统的活动。从历史的未完成和意义的未确定中，给出人的主动性、开放性、创造性。人在过去、现在、未来的关系中。今人来自过去的历史，要继续存活，要进入现代。后人如何理解历史，历史如何影响后人，这便是效果历史意识，并以理解作为存在方式。接受美学和读者反应批评对解释学从美学上作了精妙的演绎。

尧斯（Hans Robert Jauss，1920—　）依伽达默尔的理解、解释，运用三位一体理论，把对经典文学作品的解释分为初级、二级、三级阅读。初级是审美感受阅读；二级是在反思解释视野中寻找与形式一致的意义；三级是历史理解阅读[①]，冲破自身的局限，进入文本的效果历史。伊泽尔把解释学运用于阅读活动研究，对文本的"语蕴"和读者的移动视点作了阐发。当文本面对读者时，文本本有的社会规范内容、文学传统内容与读者所处社会环境和规范背景就有冲突，语蕴在重新融合中就产生了新的功能，比如使文本的"空白"填充丰富起来。这个"空白"意指着文本的整体系统的空缺。[②] 在阅读中视点不断向前移动，"移动视点的综合运行，使文本通过读者的头脑作为一个不断扩展的联系网络"[③]。阅读视点不断前移过程，又是一个旧的视野不断为新的视野否定的过程。正是这个否定，使读者从一个境界进入更高境界。

法兰克福学派的美学是在对后工业社会批判中形成的。现代高科技使整个社会的文化的独立性、自主性和批判性都在商品化的形式下高度地统一化、标准化、精致化了。文化艺术成为商品，成为一种工业，其特点是大众传播媒介——电影广播电视与社会融为一体，深入千家万户，占领人们从事社会反省、艺术思考、审美享受的工夫，法兰克福学派肩负了社会批判（文化批判）的重任，其代表人物是本雅明（Walter Benyamin，1892—1940）、阿多尔诺（Theodor Adorno，1903—1969）、马尔库塞（Herbert Marcuse，1898—1979）。阿多诺认为，"美学范畴必须结合两个方面才能定义，一是艺术和世界的关系，一是艺术对世界的拒斥"[④]。艺术应以自己的自主性，否定社会，才成为艺术。同时就承认了自己从中取得

---

① 参见［德］尧斯：《走向接受美学》，见《接受美学与接受理论》，192页，沈阳，辽宁人民出版社，1987。

② 参见［美］伊泽尔：《阅读活动》，82页，约翰·霍布金斯大学出版社，1978。

③ 同上书，116页。

④ ［美］阿多尔诺：《美学理论》，201页，罗特里基和卡根保罗出版社，1984。他1934年为避纳粹到英国，1938年到美国，并定居美国。

自主的社会存在，以及使自己处于一定关系中的社会存在，这样又否定了自己的自主性，两者只有相互作用，而无同一。它们否定同一性，是基于人的个性、丰富性在社会的统一化、标准化、机械化中消失，使艺术个性蜕变。比如：（1）艺术灵气的消逝。本雅明认为，艺术中最重要的东西，即艺术之为艺术，是艺术作品的“灵气”。“灵气”是指作品和观者在以一种主体对主体的交流状态中，观者以完满的心态，无意识记忆方式和自己独特性对待作品的独特性；作品也以一种生动性，它在观者注视自己时有神秘地回看观者的能力。在电影中，由于商业化、技术化、世俗化，灵气消失了。在阅读艺术作品时，有个人的沉思和想象，电影使观众不停地跟着银幕走，不容许有沉思和想象。（2）艺术自由的泯灭。现代一切艺术纳入了广播电视系统，艺术企业化、商品化。电影把各门类艺术创造过程，变成制作程度的技术过程，文化企业成为社会工业的一部分，与制片厂的技术化、商品化相一致，艺术创造的个性、规则，为商品消费规则所代替。经验和艺术从原来是个性对共性，自由对法则的圣地，变成了与社会总体相同一之中。

因此，马尔库塞认为，这是一个技术化了的单向度社会，它把艺术、政治、宗教、哲学甚至从事这种文化创造的人，统统变成了一种商品形式，文化艺术完全丧失了其个性和自由。现代艺术中的世界以一种扭曲的艺术形式表现了对现实世界虚假整体同一的抗议，个人以自我破碎来批判社会的完整。所以，在卡夫卡小说中的人物，都是一些卑弱、迷惘、变态、萎缩、孤独的人；在毕加索的《格尔尼卡》这幅名画中，呈现的是一个变形、畸形、丑陋、疯狂、破碎的世界。“只有艺术的非人性，才道出了它对人类的信仰”①。在现代艺术个性萎缩里，真正的个性才能保持。

解构主义美学的代表人物是德里达（Jacques Derrida，1930—　），他把批判的矛头指向作为结构主义理论基础的索绪尔的语言理论。索绪尔认为任意性和区分性是语言符号的两大原则，符号内部是能指与所指、外部是此符号与他符号的区分。然而“语言是表达观念的符号”的观念是实在的，这样任意性和区分性只涉及能指。德里达认为，符号中能指和所指是一整体，不可分，任意性和区分性就应涉及能指和所指。索绪尔之所以偏离自己的出发点，就在于传统形上学的作祟，如柏拉图事物背后有理念，黑格尔现象背后有本质，弗洛伊德意识下面有无意识，海德格尔存在者的

① ［美］阿多尔诺：《美学理论》，243页，罗特里基和卡根保罗出版社，1984。

根据是存在，在索绪尔这里便是能指后面有一个固定的所指。

德里达从区分中揭示共时性系统的破绽，并从区别本身引出历时性的延搁。区别与延搁都显示意义的脆性。他造了一个超越于词、概念、范畴之外的“分延”这个词，逻各斯中心主义阙如里有存在（在场→阙如［存在］），德里达阙如后无最终实体的存在，只有“分延”（在场→阙如［分延］），前者把在者引向整体——结构——中心——本源，后者只有非整体、非结构、非中心、非本源的分延。“分延既不是一个词，也不是一个概念”①，即“既非实存，也非本质”②。由于阙如，才有印迹，印迹总在现存事物中显示，它是在场的阙如。海德格尔由印迹而追寻隐藏着的存在，德里达认为，印迹暗示的是在场之物与不在场的分延之网的联系。因此，印迹的真正意义是根源的消失。寻迹是基于存在者后面有存在这一假设上，由于深层本质不存在，寻迹便不是寻根，而是“替补”，表示增补、替换之意。替补意味着存在的虚实。替补以传统为参考系，从字面上讲，替补是一种消极寻找替身。词、文本自身不能说明自己，需通过系词“是”给自己找替身。“扩散”肯定了无穷的代替③，显示无穷的分延网里文本自身的主动性，标志着不可化约的和能产的多重性。文本不是由深层结构所制约，它可自由地获取意义和自由地被解释。文本的每一次解释，既是替补，又是扩散。文本的多义性否定了一个起源和结构。④

凡此种种美学流派，犹如急流中的浪潮，一浪推一浪，一潮接一潮，使人目不暇接。这在说明西方美学有其自己的古希腊罗马传统和20世纪演化的脉络，而美学这一传统和演化，又是与西方哲学的传统和演化脉络息息相关，相互渗透。现代高科技的普及化，信息网络的国际化，大众广播媒体的卫星化，使各门艺术都面临着严峻的挑战。艺术的出路在哪里？文化的出路在哪里？不能不使人们忧心忡忡！

（二）审美活动关系的主客体

20世纪的美学思潮，像哲学思潮一样，像走马灯似的一闪而过，但都在历史上刻下了一道痕迹。在现代艺术的技术化、商品化、同一化代替了高雅化、想象化、独创化以后，艺术呼唤自己的命运，美学亦呼唤自己的命运。

---

① ［法］德里达：《言说与现象》，130页，美国，西北大学出版社，1973。
② 同上书，134页。
③ 参见［法］德里达：《立场》，86页，美国，芝加哥大学出版社，1981。
④ 参见张法：《20世纪西方美学史》，185～266页。

现代高科技把地球变得越来越小，以往地域性美学的发展，如西方美学不讲东方美学等偏颇，就需要打破；时间上的传统美学与现代美学的冲突，也需要融合；美学与其他有关学科的关系，亦需在互动中互渗互补（如和合学八维关系）等等。都在冲突融合中和合，从而化生和合美学。

和合美学是基于对世界上东西两大美学体系的圆通，传统与现代美学的圆融。20 世纪五六十年代，中国虽然有过美学的讨论，但囿于以批判传统美学和所谓唯心主义思想为目的，而没有从美学思维的创造性方面用力，也没有机会借鉴当时西方美学理论研究的成果。这样，既把传统美学像脏水一样地泼掉，又把西方美学拒之门外，使美学思维创造既失去了源头活水，又丧失了外在参照、吸收、冲击的机缘，只能在闭门思过中过活。80 年代以降，西方美学理论被大量介绍进来，激起了中国美学的活力和风气，逐渐从闭门思过中走出来，环顾世界，眼花缭乱，然仍未能对西方美学理论的挑战做出创造性的回应。如要做出创造性的回应，必须转换以往美学研究在“本体论——认识论——本体论”圈子里循环的观念和方法，敞开心胸，广结善缘。吸收、继承东西方传统美学，又超越东西方传统美学，建构中国现代美学理论模式，走向 21 世纪。

和合美学所面临的不仅是本体的与非本体的、合理的与工具的、抽象的与经验的、哲学的与艺术的冲突和融合，而且有情感的与理智的、独创的与同一的、个性的与共性的冲突和融合，以及传统的与现代的、西方的与东方的、本土的与外来的等等的冲突和融合。之所以有此之冲突，乃“道不同，不相为谋”之故。各家各派道不同，以致相互冰炭。然相反相成，和而不同，故冲突而能融合。在此纷纭繁杂的冲突融合中，达到和合，就需寻求融突的基点，这便是美学的文化人文精神。

美学作为一种文化现象，它存在于人的文化活动的关系之中，无人的文化活动的关系，也就无所谓美学。人的文化活动的关系包罗万象，美学只是把这种文化活动的关系中的某些方面、侧面、层次作为自己研究的范围。即使是与美学直接相关的文化活动关系中的文学、绘画、音乐、诗歌、建筑、电影、舞蹈、戏剧、园林、城市、环境等等，也只是这些学科审美体验、审美快感、审美活动等方面，而不是电影、建筑、城市、舞蹈、文学等的所有方面。

美学作为人的文化活动的关系现象的核心，是审美活动关系。构成审美活动关系，就需要具备审美主体、审美客体、审美主客体的联系，以及实现这种联系的审美心理活动四要素。审美主体无疑是指人，只有人才能成为审美主体，然而进入审美“心境”的人，却不是“常人”，而是处于特殊环境，具有特殊“心境”的人。海德格尔所说的“常人”，是指“杂然共在把本己的此在完全消解在‘他人的’存在方式中，而各具差别和突出之处的他人则又更其消失不见了”①。这是一个丧失了个性和真正属于自己的东西的人，他甚至连自己都不认识。这样的人无所谓审美活动关系的“心境”，只有那种抖落自己全身的“外套”，而以赤裸真诚与“物游”，去体验、挖掘、品尝甚至抚卷难平，夜不能寐，感愤激昂，不能自止的人，才能进入与“物游”的审美活动关系的“心境”。

前不见古人，后不见来者。念天地之悠悠，独怆然而涕下！（陈子昂：《登幽州台歌》）

怆然涕下是陈子昂在斯时、斯地、斯情的审美活动关系中的“心境”，即神与物游的神的呈现②，也就是进入审美活动关系中的人，即审美主体，或曰“神”。

作为审美活动关系中的审美客体，即神与物游之“物”③。此物并不是自然界的一般的物或社会生活中的一切事物，审美主体对此类物是纯然淡漠的。自然景物或社会生活器具只有脱去了僵死的外表而生气盎然地展现在观者面前，才进入作为审美对象的环境。“真山水之云气，四时不同。春融怡，夏蓊郁，秋疏薄，冬黯淡”（郭熙：《林泉高致·山川训》）。山水云气以其感性的外在样式，进入主体的观照之中，主体在对象中发现了某种动态的生命、意蕴和精神，而在欣赏时发出了赞美。这种赞美，不是赞美山水云气本身，而是赞美对象所蕴涵着的生命精神。郑板桥画竹，不特写神，而是写生。瘦劲孤高，是神；豪迈凌云，是生；依于石而不囿于石，是节；落于色相而不滞于梗概，是品。有似乎君子不为俗屈。这就赋予了竹以生命品节，君子人格。这竹是自然之物，又不是自然之物；是竹本身，又不是竹本身。与其说是竹的品德操守，不如说是人的生命人格。人在对象身上发现了自己的情感、忧思、愤慨、品格，其实是人自己的投入过程。

在审美活动的关系中，审美主体与审美客体都处于这样的关系之中。

① ［德］海德格尔：《存在与时间》，156页，北京，三联书店，1987。

② 神与物游一词被成复旺《神与物游》一书（北京，中国人民大学出版社，1989）所发挥。刘勰《文心雕龙·神思篇》曰：“故思理为妙，神与物游。”

③ 物之内涵，参见拙著：《中国哲学范畴发展史（天道篇）》，《物论》，204～260页。

惟其有这种关系，才各自获得自身的“格”，即作为各自的自身的那个样态。审美活动的关系中的审美主体与审美客体两方，亦是相互生发，相互贯通的。作为一个有知、情、意的审美主体生命，是把自己的生命、前经验、前识带入审美活动关系之中。不仅一千个读者有一千个哈姆雷特，而且对审美对象进行补白，不同的人面对同一对象，由于人的心情、素质、观念、想象、体验的不同，便有不同的审美感受和审美体验。王安石和郑清之同为北宋人，且均居高位，他们在咏杭州高塔诗中所呈现的感受、意向却迥异。王安石《登飞来峰》：“飞来山上千寻塔，闻说鸡鸣见日升。不畏浮云遮望眼，只缘身在最高层。”（《临川先生文集》卷三十四）郑清之在《咏六和塔》中说：“今日始知高险处，不如归卧旧林丘。”王安石决心变法，以其“三不畏”的精神，自信以其身居高层的权力，排除险阻，推行变法；郑清之却感受到身居高层的可畏，官场的险恶，不如归隐山林，以图清静。

审美主体感受、体验关系中的景物，依审美主体而呈现出不同的样态，并获得不同的审美感受和体验，这样，作为审美客体的物，并不离开审美活动的关系，而是在审美活动的关系中比照着审美主体的不同而育成。主体之成为审美主体，是因为感性的、生动的、个性的客体景物，才使主体呈现为审美主体，并勾起审美主体无限情思、怀念和依恋。“闺中少妇不知愁，春日凝妆上翠楼。忽见陌头杨柳色，悔教夫婿觅封侯。”（王昌龄：《闺怨》）深闺少妇出门踏春时，怀着喜悦的心情打扮化妆了一番。然而忽发现远处杨柳泛绿，野花烂漫，对对情侣携手踏春，回想往年今日自己曾和情郎一同踏春的无限欢乐，而今他为求取功名，出门在外，自己独守空房，不免暗暗伤神。这便是审美活动的关系中的情与景、心与物。

在这里，“春日”、“闺中”是时空要素；“翠楼”、“杨柳色”是景物要素；“少妇”、“夫婿”是人的要素；“不知愁”、“凝妆”、“悔教”是心情要素。这首诗由此四要素构成。在这里景物是特定时空中、主体人的心情中的景物。这就是说，作为审美客体的景物要素，如果不掷入这个特定的时空要素和审美主体的心情要素之中，就不会与审美活动的关系发生联系。景物只是景物，而不构成审美客体。心情要素也只有投入人的要素和景物要素之中，与审美活动的关系发生联系，才能触景生情。情不自起，因景而兴；情不自兴，借景而起。景促成了人的要素进入审美状态，而成为审美主体；人的要素借景物要素而引发情，又使景物要素进入审美状态，而成为审美客体。只有在此四要素的冲突融合中，才能展现审美活动的关系中的审美主客体。

在此审美活动关系的四要素中，心情（情感）要素是沟通、实现四要素联系的中介。心情是审美的心理机制，它包括审美心理结构和审美心理尺度。审美活动的关系需要通过审美心理活动来实现，它能激发、指导、规范审美主体的审美活动，这便是审美心理结构，它的外在表现是审美理想和审美趣味。同时，审美活动的关系又是观照内在审美心理尺度的，并受其制约。它的外在的表现为审美标准。审美活动关系的心理机制，经感觉、知觉、联想、想象，审美活动关系由潜在状态而向现实状态转变，并达到一种审美愉快。审美愉快，是审美活动的关系中的一种综合性的心理效应，它是具有强烈的情感意味的愉快。这种审美愉快，便是审美情感的一种感受、体验。

审美情感或称之为审美心情。审美心情既有审美愉快亦有审美不愉快，包括快感与痛感、感奋与悲慨、激昂与低沉等情感。审美情感不是审美活动关系的目的和终极，它伴随着审美活动的关系，融注、贯通于审美活动关系的全过程。

审美情感在审美活动的关系中之所以获得愉快，是由于在审美主体与客体，审美情与景、心与物，审美结构与功能等的既冲突又融合中，获得了一种和合。和合是审美情感的境界，亦是审美活动的关系本质。无融突的和合，就不能构成审美活动的关系，审美活动只有在关系中存在，即审美活动是在关系中活动。离开审美活动的关系，就无所谓审美活动。审美活动的关系本身就意蕴着冲突与融合。因此，审美活动的关系就是和合。和合既是中国文化人文精神的精髓，亦是中国各家各派美学思想的人文精神的精髓。和合是中国美学殊途同归之“道”。因此，和合学美学称为和合美学。

（三） 和合美学的结构体系

和合美学以审美情感为中心，以审美活动的关系为纽带，以艺术和合的范畴为框架，构成和合美学的整体体系：

- 和合美学
  - 审美生存情感
    - 心境—审美生态学
    - 心理—审美心理学
  - 审美意义情感
    - 心性—审美人格学
    - 心命—审美教育学
  - 审美可能情感
    - 心道—审美哲学
    - 心和—审美境界学

和合美学体系是一个开放的而不是封闭的、变易的而不是恒常的、相对的而不是绝对的、多样的而不是唯一的架构。这个架构在历时性与共时性的互渗互动中，趋向更完善。

审美生态学考察审美活动的关系是在何种生态环境中发生、形成和演变的，考察在不同的历史阶段、不同的民族或文化圈内审美氛围中的审美活动的关系的不同形式、形态、风格和精神，以及不同的审美生态环境对审美活动的关系所造成的影响和作用。它与文化人类学、发生学、民俗学、生命科学相关联。

审美心理学是阐释审美活动的关系的审美主体心理结构、心理尺度、心理机制和心理素质的培育的审美心理状态、特点、过程的子学科。描述审美感兴的产生、延伸和意义，以及其动静状态。它与心理学、思维科学相联系，并吸收它们的研究成果。

审美人格学是解释审美活动的关系的内涵，往往与心性相联系，心性又往往与怎样做人、做什么样的人的人格相关联。因此，审美欣赏，又往往是对自我人格的欣赏，而非对物的欣赏。审美人格学体现人的价值和意义，揭示审美性情的特征和结构。

审美教育学是指在审美活动的关系中，通过艺术的、美感的、情感的、价值的、形象的审美教育，来塑造、培养人，使审美个体得到全面的、自由的发展，而成为德、智、体、美都得到培养的新人，改变人的命运、命定的观念。审美教育学与教育学有密切关系。

审美哲学是对审美活动的关系的所以然的追根究底。东西方美学几千年来就“美是什么”，即美的本质的探讨，一直怀着极大的热情而不衰退。他们为“美是什么”寻找一个精确的界限，对“什么”的意蕴给出一个解释而孜孜不倦。和合美学的审美哲学的思考，即是和合学的思考。审美哲学即和合哲学。

审美境界学是指审美活动的关系的理想，是各家各派审美活动所追求的共同目标。虽审美活动的方式方法多元竞争，各家各派所理想的境界亦殊异，道为道境，禅为禅境，但要追求一种和合境界，则是共同的。审美境界学探讨审美境界的特点、分类、性质等。

这六个审美子学科，都是围绕审美活动的关系而展开，子学科的基本范畴“心境”、“心理”、“心性”、“心命”、“心道”、“心和”分别解释了审美活动关系的各个层面，也使审美活动的关系得以呈现，以便从整体上把握审美活动的关系。

和合美学的这个架构，是按照和合学的生存世界（地界），意义世界（人界）和可能世界（天界）相差分的，这种差分即意蕴着天、地、人三才。因而，首要的是生存，美学若无生存之地，就无所谓美学，更谈不上发展，这便是审美生存情感。美学的审美活动的关系的环境，就是审美生态学。与人的生命活动在自然生态环境和社会人文生态环境中一样，人的生命活动也有一个审美活动的关系的审美生态环境。但审美生态环境与自然生态环境和社会人文生态环境异趣，这是因为审美活动是一种精神活动。所以，审美生态环境是一种“神与物游”的生态环境。在审美活动的关系中的“物”，都是有生命意蕴的物，“物游”也是有生命意蕴的游。

正因为审美活动是人的生命的精神活动，因此，审美活动的关系也是人的生命精神活动的关系。这种关系只有在人的心理精神关系中得以呈现。这就是说，审美活动的关系的发生、发展的过程，就是审美心理发生、发展的过程。这便是审美心理学。审美生态学和审美心理学是审美活动的关系的基础学科。

人既是审美主体，又是审美客体。唯有人兼具这两者的品格。审美活动的关系有否意义和价值，就要考察作为审美对象的“物”，是否具有能满足审美主体某种需要的品质。能够满足审美主体某种需要的品质的物，便具有审美的价值和意义；审美主体自我能否满足主体自我和社会的某种需要，若满足某种需要，便是审美主体的价值和意义，这便是意义世界的审美意义情感。要使审美主体具有某种价值和意义，人在审美活动关系中，便需培养、锻炼审美主体人格，即使审美人格得到超拔、提升，重构审美主体，这便是审美人格学。

就现实的人来说，人格往往是分裂的。中国古人往往把人格的分裂绝对化，如君子与小人。其实君子人格与小人人格是不可绝对化的。在现实中君子人格中有小人人格，小人人格中也有君子人格。古人把这种人格的分裂扩大为圣凡、忠奸等方面，甚至把此说成是不可变的，“唯上智与下愚不移”。审美活动要在关系中重塑人、改造人，使小人、凡人、恶人向君子、圣人、诚人转变，这便是审美教育学，使每个审美个体都具有审美活动的关系的价值和意义。

人是有理想的动物，这是人与禽兽差异之一；人也不仅仅有生存需要、价值需要、意义需要，人可以为理想需要，而牺牲生存需要，或价值意义需要，这便是可能世界的审美可能情感。哲学既讲智慧之学，也讲理想之学，哲学对于审美活动的关系的追根究底的思考，把各子学科的各种范畴、命题的冲突融合起来，构成一和合体系，这便是审美哲学。

审美活动的关系具有历时性和共时性，在此历时性和共时性中，审美理想也具有阶段性、历史性。每一个阶段可能蕴涵着审美理想的境界，这便是审美境界学。

和合美学本身便是此六个审美子学科的审美活动的关系的融突的和合，而无刻意去追求至高无上的、绝对不二的本体。和合美学是审美活动的关系，六个审美子学科是在关系中存在，也即在“融突论”的和合关系中存在。和合美学既无重履西方美学在 20 世纪 50—60 年代重建完整美学体系的兴趣，也无法兰克福学派和解构主义美学对“体系消解”的热情。和合美学是寻求在西方美学的挑战下，在现代美学的挑战下，中国美学的回应和未来发展的问题。

三、 和合美学的逻辑结构

和合美学的审美生存情感，审美意义情感和审美可能情感，是以人为主体，即以人的此在、生命存在、个体情感为主体而展开的，它是和合学和合生生人文精神的具体化、深刻化。在此，和合美学虽分为六个子学科，但却是一个有机整体结构，从子学科以见和合审美活动的关系的全体，从和合美学之全体以见子学科之间的逻辑结构。

（一） 审美生存情感世界

人在自然的和人工的生态环境中生存，美学作为人的精神文化形式，也在特定的人文生态环境中生存。然而，审美生态学往往被中外美学家所罕顾。

审美生态是指审美活动的特定审美人文氛围，即审美生态环境。审美生态是存在、弥漫在审美主客体周围及其之间的人文生态环境，是审美活动的关系发生的重要条件和前提。审美生态既指外在的特定的人文景物生态环境，即外在的审美生态环境，也指审美主体内在的特定心理生态环境，即内在的审美心境。虽然有了审美主体与审美客体，若无特定的人文宜景、宜心的审美生态环境，审美活动的关系亦难以发生，即使发生，亦非完美之境。

《红楼梦》对审美活动的关系的审美生态环境有一段描写：

> （林黛玉）正欲回房，刚走到梨香院墙角外，只听见墙内笛韵悠扬，歌声婉转，黛玉便知是那十二个女孩子演习戏文。虽未留心去

听，偶然两句吹到耳朵内明明白白一字不落道："原来是姹紫嫣红开遍，似这般，都付于断井颓垣"。黛玉听了，倒也十分感慨缠绵，便止步侧耳细听，又唱道是："良辰美景奈何天，赏心悦事谁家院……"听了这两句，不觉点头自叹，心下自思："原来戏文上也有好文章，可惜世人只知看戏，未必能领略其中的趣味。"想毕，又后悔不该胡想，耽误了听曲子。再听时恰唱到："只为你如花美眷，似水流年……"黛玉听了这两句，不觉心动神摇。又听到："你在幽闺自怜……"等句，越发如醉如痴，站立不住，便一蹲身坐在一块山子石上，细嚼"如花美眷，似水流年"八个字的滋味。忽又想起前日见古人诗中，有"水流花谢两无情"之句，再词中又有"流水落花春去也，天上人间"之句；又兼方才所见《西厢记》中"花落水流红，闲愁万种"之句，都一时想起来，凑聚在一处。仔细忖度，不觉心痛神驰，眼中落泪。①

从"正欲回房"到"演习戏文"段，是对审美生态外在人文氛围，即人文生态环境的描写。这里是黛玉不自觉地进入了一个审美生态环境。如果不激起审美主体对审美生态环境的回应的情感，那么，这个人文生态环境（氛围）就不构成为审美生态环境。审美活动的关系的审美生态环境，是与世俗的人文生态环境拉开距离的。审美生态环境以其平淡朴实、纯真无伪的样态呈现于审美主体的四周，割断了满足人的世俗功利需要的人文生态氛围，以审美生态环境所含有的气韵和全部生命力，在审美主体面前洋溢开来，去充塞、占据审美主体的心田。这样外在的审美生态环境才会从幽晦转变为澄明。审美主体内在生态心境也由"未留心"走向"十分感慨缠绵"，亦即由幽晦走向澄明。

黛玉进入孤立实现的审美生态环境是一个非自觉的过程，也有的是自觉地为营造审美生态环境而准备。《圣朝名画评》记载画家厉昭庆"每欲挥毫，必求虚静之室，无尘埃处，覆其四面，只留尺余，始肯命意"。这也不是画家、诗人故意作态，而是给审美活动创造一个适宜于进入审美状态的人文生态环境，以便与审美活动的关系无关的事务拉开距离。

黛玉的"止步侧耳细听"，审美主体便与审美生态环境发生交融，审美主体就真实地进入了审美活动关系的人文生态环境。从"不觉点头自叹，心下自思"，审美主体便开始投入审美活动的关系的内在心理生态环

① 曹雪芹：《红楼梦》，第二十三回，271～272页，北京，人民文学出版社，1974。

境。假如不使外在的审美生态环境，转化为内在的审美心理生态环境，亦不能构成真实的审美活动的关系。在审美心理生态环境（即心境），与外在审美生态环境互融、互动下，审美心理生态环境（心境）的力度不断增强，即审美氛围愈来愈浓厚。于是便“不觉心动神摇”，又“越发如醉如痴”。审美主体在审美活动的关系的内外审美生态环境洋溢中、震撼中，使审美心理受到强烈震动和感受。再进入“忽又想起……”，“再词中又有……”，“又兼方才所见……”，“都一时想起来，凑聚在一处”，从而发生种种联想和想象。

审美外生态环境与内生态环境（心境）由于联想或想象，外人文生态环境变成了内人文生态环境，变成了灌注着内人文生态环境（心境）的生命、情感色彩的外人文生态环境。外在的《牡丹亭》中的“如花美眷，似水流年”，《西厢记》中的“花落水流红，闲愁万种”以及“流水落花春去也，天上人间”等的人文生态氛围，都成了林黛玉对主体自我生命的感受，命运的慨叹、归宿的迷惘的心境的观照。到了林黛玉“仔细忖度，不觉心痛神驰，眼中落泪”时，审美的外在人文生态环境与内在的人文生态环境（心境）完全融合为一，内外不二，主客不二了。这样才使审美活动关系的关系得以呈现，也营造了一个完美的审美生态环境和审美生态的生命力度。无生命力度的审美生态环境，是无生命力的、枯槁的、僵死的审美生态环境。审美生态学是和合生生，而不是后者。

审美心理学。人的生命情感的审美活动的关系，是由审美主体的内在心理活动来实现的，内在心理活动又是在内在审美生态心境中进行的。这个审美生态环境（心境），不仅是指特定的，甚至偶然的宜心的审美生态心境，而且包括积习在心境中的传统、习俗、信仰、价值观念等前识、前见的氛围。这些前识、前见，构成了不同民族、地区和人的审美心理定势，与根植于不同的人文生态环境的精神风貌。所谓人的精神风貌，克尔恺郭尔说：“人是精神，但是精神是什么呢？精神就是自我”①。构成人的自我的自我，不是肤色、年龄、体貌，而是人的精神世界，就是积习在自己内心，成为自身个性的心理结构。

中国人的审美心理结构把艺术看作是对生命的领悟。天地万物都是气韵流荡的生命生生的流程。艺术取决于自然，就是取此生命之真。荆浩在《笔法记》中说：“画者，画也。度物象而取其真。”真即本真，“真”与

---

① 《克尔恺郭尔选集》，340页，美国，普林斯顿大学出版社，1951。

“似”相对待，“似者得其形遗其气，真者气质俱盛”，“似”是形似，形似是对形的机械模仿。“气质”是指心理呈现的气质、风貌、神气、神韵。比如画人要显神韵，画马要现豪气，画竹要出骨气，画山要有气势，画虾要示灵趣。凡此种种都是凸显生机和活力的气质或神韵。因此，艺术作品是在审美生态环境中的审美心理的创造，即心造，而非工具性的手摹。

神韵、气质是人在审美活动的关系中审美心理生命张力通过艺术创作的呈现，这种呈现是从内到外的过程。比如郑板桥画竹，不是画眼中、园中之竹，而是画胸中、心中之竹。西方传统绘画采取焦点透视法，突出画家个性和眼中之物；中国传统绘画取散点透视法，突出展现画家心中所寓之物的气质、神韵，这是任何一个角度都无法表现的，它是“胸罗万象”。因此，画自然之物借以喻人的生命精神。梅、兰、竹、菊称“四君子”，以喻君子的清雅高洁之风。所以画墨竹，题曰：高风亮节；画三猪，题曰：桃园三结义；画两只蝴蝶，题曰：比翼双飞等等。这对于西方人来说是不可理喻的，对于中国人来说，却是容易意会的。这就是中国人具有西方人所不同的审美心理结构。

这种审美心理结构，使审美活动的关系中的审美主体与审美客体进入“游”的状态。“游”而使心与物发生感应，物往往成为人感发意志的直接契机。于是情与景、心与物，偶然相遭，适然相会，自然发于诗声，就是“兴”①。“兴”是物对心的自然感发和心对物的自然契合，“兴”发时的眼中物全染上了人的情感，人的情感亦依物而得以感性地呈现。这是审美活动关系之“兴”，即审美心理活动。

兴，作为审美意义的兴，具有寄情而兴起的意味。“兴者，托事于物”②。“触物以起情，谓之兴，物动情者也”③。这是指在自然景物中寄托着审美主体的情感，即外感于物，内动于情，达到心物感通。感通或称通感④，是审美知觉中的心理现象。它既是视觉所引起的通感，即是听觉、味觉、触觉向视觉里挪移，如苏轼“小星闹若沸”句，在视觉里获得听觉的感通；亦是由听觉所引起的通感，即是视觉、触觉、味觉向听觉里挪移。叶燮对杜甫的“晨钟云外湿”句分析说：

声无形，安能湿？钟声入耳而有闻，闻在耳，止能辨其声，安能

① 参见罗安宪：《审美现象学》，184页，陕西，三秦出版社，1995。

② 《春官·大师》，见《周礼注疏》卷二十三郑玄注引，《十三经注疏》本，796页。

③ 胡寅：《李叔易》引，《斐然集》卷十八。

④ 参见钱钟书：《通感》，见《旧文四篇》，52页，上海古籍出版社，1979。

辨其湿？……斯语也，吾不知其为耳闻耶？为目见耶？为意揣耶？俗儒于此，必曰："晨钟云外度"，又必曰："晨钟云外发"。决无下"湿"字者。不知其于隔云见钟，声中闻湿，妙悟天开，从至理实事中领悟，乃得此境界也。（叶燮：《原诗·内篇》）

在听觉里获得视觉的感通。通感是人的各种感觉之间存在着一种按固定规则转换的对应关系。它是审美心理中的审美感兴所出现的托情现象，并由审美感兴把眼、耳、鼻、舌、身各感觉的冲突，融合而和合，而产生的一种在任何单一的视、听、香、味、触感觉所未有新的感觉。

审美心理活动，既有通感的感觉挪移，亦有超感觉的心领神会。犹如《庄子》中庖丁解牛，"臣以神遇而不以目视，官知止而神欲行"①。感觉是对事物表面现象的感知，神遇是"官知止"。王夫之解释说："行止皆神也，而官自应之"②。这种超现象，超感觉，是神会与通感异趣。中国绘画书法，是心绘、心书。审美欣赏亦当以神会，而不求形器。这种神遇而迹化，犹庖丁解牛之牛迹已化，而进入神会。即超越了"技"，而投入了"道"。"书道玄妙，必资神遇，不可以力求也；机巧必须心悟，不可以目取也"（虞世南：《笔髓论》）。求道的思维方法，只能神遇心悟，不可力求目取。

求道的思维方法是超理性思维，它是一种审美心理情感的神会，即审美心理体验。《庄子·天下篇》：

不该不遍，一曲之士也。判天地之美，析万物之理，察古人之全，寡能备于天地之美，称神明之容。③

"判"、"析"、"察"是各执偏僻而不能周遍和会通的方法。成玄英疏曰："分散两仪淳和之美，离析万物虚通之理也"④。不能获得完整的天地淳和的美，亦不能展现神明的容状。这就是说，审美心理体验，不是分析的、逻辑的、理性的，亦不是综合的、推理的、感性的。而是一种分析与综合，逻辑与推理，感性与理性会通的，即融突的神会。比如对诗的审美欣赏：

左太冲"振衣千仞冈，濯足万里流"，不减嵇叔夜"手挥五弦，

① 《养生主》，见《庄子集释》卷二上，119页。

② 《庄子解·养生主》卷三，见《船山全书》第十三册，122页。

③ 《天下》，见《庄子集释》卷十下，1069页。

④ 同上书，1071页。

目送飞鸿”。愚按：左语豪矣，然他人可到；嵇语妙在象外。六朝人诗，如“池塘生春草”，“清晖能娱人”，及谢朓、何逊佳句，多此类。读者当以神会，遮几遇之。（王士祯：《古夫于亭杂录》卷二）

妙在象外，不接耳目，这便是神会。又如欣赏音乐，“听之善，亦必得于心而会以意，不可得而言也”①。神会就是得心会意。

审美心理活动的通感和神会，便是审美感兴②的方式。之所以产生通感和神会，是因为审美感兴具有直觉性、超越性和愉快性特点。审美直觉是从感性形式直接切入，即刻心领意会到某种内在的情感和意蕴。这种心领意会是一浑然大全的整体，它是一种“感性现象与超感性意义的合一状态”③。这种状态是无法用准确的语言来表达的，任何语言工具只能是近似的描述，即不可言传，只可意会的一种情感体验。在审美直觉的情感体验中整体地领悟审美对象的内在意蕴。

审美感兴是把个体有限的生命存在投入到无限的自然宇宙的大生命中去，达到与宇宙大生命血肉交融，超越了个体生命的有限性、短暂性。这种审美感兴意义上的超越，与宗教意义上的超越有其似，亦有其殊。其似是把短暂的个体生命与永恒存在合一，达到“与神同在”和“保合太和”的境界；其殊在于审美感兴是一种自由而无戒律，自主而无依赖感的超越。

审美感兴的超越性是获得审美愉快的所依。审美愉快是生理快感与精神快感的融突和合，是一种人文快感。审美愉快不仅是快感，亦包括痛感。嵇康说：“称其材干，则以危苦为上，赋其声音，则以悲哀为主，美其感化，则以垂涕为贵”④。音乐以其声音乐律和谐，使人从悲哀的“美其感化”中获得审美愉快。音乐的哀与乐的感兴，都称为审美愉快。小说、戏剧给欣赏者带来惊、吓、疑、急、悲、忧等情感的兴趣，不大惊则不大喜，不大疑则不大快，不大急则不大慰。在这种审美心理转换中，便可获得审美愉快。

审美心理的审美感兴，既有美感，亦有丑感，两者相对相关，对待互

---

① 欧阳修：《书梅圣俞稿后》。按梅圣俞即梅尧臣。

② 感兴一词语义学的考察，参见叶朗主编：《现代美学体系》，168～171页，北京大学出版社，1988。另王元化：《陆机的感兴说》，见《文心雕龙创作论》，287页，上海，上海古籍出版社，1984。

③ 伽达默尔：《真理与方法》，111页，沈阳，辽宁人民出版社，1987。

④ 《琴赋一首并序》，见《嵇康集校注》卷二，83～84页，北京，人民文学出版社，1962。

补。美感是指审美主体在欣赏对象时，处于凝神贯注的心理状态，甚至物我两忘，获得审美的愉快。丑感是一种多内容的复合体验。如对雅石的欣赏，就讲求瘦、皱、丑、透。丑便具有积极的审美价值。在这里正如鲍桑葵论述哈特曼时所说的，“丑和恶之间绝对没有联系”①。丑感可以说是“一种带有苦味的愉快，一种肯定染上了痛苦色彩的快乐”②。这种痛苦色彩的快乐，往往较愉悦色彩的快乐，更震撼人的心灵，兴起更强烈的情感和难忘的品味。丑感是把痛苦与快乐这两种反差的情感冲突、融合起来，使人品味到和合之美的妙处。

（二） 审美意义情感世界

审美活动的关系的审美意义情感，包括审美人格学和审美教育学，凸显审美主体在审美活动的关系的价值和意义。

审美人格学。工业化社会使人变成了机械人，人面临“单面人”的危机。如何在审美活动的关系中培养完美的人格，是审美人格学的主旨。中国文化的人文精神是和合生生，“天地之大德曰生”。审美的根据是人的生命情感，而不是物；人的生命情感是指人的心灵情感世界，而不是体魄；这种心灵情感世界的缘心感物，心声心画，是审美主体内涵的人格的呈现。人有人格，物有物格。不过，物格是人格的赋予。人格的核心是性情问题。人格所具有的一定情感形式，给出某种情感体验，便构成了美，就侧身于审美的范围。

儒家审美注重于对自我人格的欣赏，道家审美注重于自然物格的欣赏，儒道异趣而会通。孔子在自然景物的欣赏中感兴：“子在川上曰：逝者如斯夫！不舍昼夜。”③ “子曰：岁寒，然后知松柏之后凋也”④。这是由自然景物而引起审美体验，是审美主体属人的精神、品格，亦即人格的体现，而不是自然景物本身所属有的。朱熹的解释便可理解这层意蕴：“天地之化，往者过，来者续，无一息之停，乃道体之本然也。然其可指而易见者，莫如川流。故于此发以示人，欲学者时时省察，而无毫发之间断也。”⑤ 这是对前段话的情感体验，托物寓情，以勉君子自强不息之人格精神。对后一段话朱熹解释说：“小人在治世，或与君子无异。惟临利害，遇事变，然后君子之所守可见也。”⑥ 是讲君子人格与小人人格之区别。

---

① 鲍桑葵：《美学史》，张今译，557页，北京，商务印书馆，1987。

② ［英］李斯托威尔：《近代美学史评述》，233页，上海译文出版社，1980。

③④⑤ 《子罕》，见《论语集注》卷五，38～39页。

⑥ 《子罕》，见《论语集注》卷五，39页。

人格作为审美主体的内在精神，转化为审美客体，就必须外化为物格，即物的人格化。在心与物、人格与物格、审美主体与审美客体的互动中，以物格合于人格，是儒家所强调；道家则强调人格合于自然之格，即从物格中寻求人格的根据，以说明合乎自然。因此道家主张“吾丧我”。

> 南郭子綦隐机而坐，仰天而嘘，荅焉似丧其耦。颜成子游立侍乎前，曰：“何居乎？形固可使如槁木，而心固可使如死灰乎？今之隐机者，非昔之隐机者也。”子綦曰：偃，不亦善乎，而问之也！今者吾丧我，汝知之乎？女闻人籁而未闻地籁，女闻地籁而未闻天籁夫！①

形如槁木，心如死灰，就是一种“吾丧我”的境界。郭象注曰：“吾丧我，我自忘矣。”② 成玄英疏曰：“子綦境智两忘，物我双绝”③。物我两忘，才能超然俱得。这是一种无物无我，即物即我的超现实的审美状态。④这种物我双绝的状态，就是自然状态。人格的消化依物格而消化，而进入自然之格。

审美人格学的核心是审美心性。审美主体的责任感，不仅为自然万物寻找赖以生存的依据，而且为每个烦恼、孤寂的人寻求精神生命的愉悦和归宿。当传统美学从仰仗天神而异化为现实的生命情感的自我，它所兴起的是心灵中最现实、最普遍的人的心性和亲情。心性是指人的本性。生之谓性，生之所以然为性，生之条理为性等，都是主体人的生命价值的关怀，因生作为人的本性或本质特征，这是人类一切活动、价值的基础。

情指情感，情感是指人心对现实的对象和现象依据人和审美需要而产生的情感体验，诸如喜怒哀乐等情感的体验。这就是说，唤起情感体验的审美生态环境和审美客体的差异，而有审美心性情感的差异。比如喜怒哀乐的情感，在进入审美主体心性之后，主体便与这些情感相互感应，在感应中主体把自身的情感经验投射到幻觉情感之中，而引发真实的情感的震荡或感兴。

儒家审美活动的关系的心性情感活动，是道德心性情感活动。这种活动的形式：一是指向自我，如羞耻感；二是指向他人和社会，如同情感、怜悯感；三是指向审美，如美感。羞耻感是内向的愤怒和不满情感。它以道德原则规范为标准，检查自身的行为，衡量自身的价值，判断自身的人

---

① 《齐物论》，见《庄子集释》卷一下，43～45页。

②③ 同上书，45页。

④ 成复旺：《中国古代的人学与美学》，120页，北京，中国人民大学出版社，1992。

格情感活动，而对自己“耻其言而过其行”[1]，产生惭愧、懊悔的心性情感，以求完善自身的人格和价值。孔子的“仁者爱人”，是以血缘为基础，从心理上把人的族类亲情发展为对人和社会的道德情感活动。

对于心性情感审美活动，孟子曾说：

> 口之于味也，有同耆焉；耳之于声也，有同听焉；目之于色也，有同美焉。至于心，独无所同然乎？心之所同然者何也？谓理也，义也。圣人先得我心之所同然耳。故理义之悦我心，犹刍豢之悦我口。[2]

这里从人性的基本欲求和对这些基本欲求的认同中，说明审美活动，味、色、声所引起人的审美情感的愉悦，而进入了审美状态。这里与味、色、声审美对象相对应的悦味、悦色、悦声的审美感受相联系，是以“理义”作为审美对象的“悦心”的审美感受。这就把道德理义或理义道德纳入审美活动的关系之中。[3]

道德理义之“悦心”，意蕴着对心灵的仁义中庸的规范，其价值目标在于使心灵趋于优美。“里仁为美”，理义在心中依中庸之道培育沐浴，其道德理义之心如树木之茂，川流之达，郁郁乎发育于天地，洋洋乎汇合于海洋，一旦至此，则有美且大的“浩然之气”。理义与悦心在审美活动关系的互动中，融突而和合，而造就完善、完美的审美人格。

朱熹把理义道德精神的善与审美活动的美联系起来，他引程颐的话说：“理义之悦我心，犹刍豢之悦我口，此语亲切有味”[4]。此“味”蕴涵着审美情趣。这样，理义道德不仅在审美活动关系之中，而且引发审美愉快，美与善便不可分离。“美者，声容之盛。善者，美之实也。”[5] 声音的和谐，容貌的俊丽，是由视觉和听觉这种审美主体与审美客体互相作用而产生的美感和愉快。理义精神美是以善这种道德内容为充实的。美就是外在形式和内在状态的融突。这便是张载所说的“充内形外之谓美”。

朱熹在追究美的根源时，以所当然之美的所以然为理（道）。“不厌而文且理焉，绵之美在中也”（《中庸章句·第三十三章》）。淡而不厌，简而有文，温而有理，本是君子之道。又以平淡而不厌恶，简朴而有文采，温

---

① 《宪问》，见《论语集注》卷七，62页。
② 《告子上》，见《孟子集注》卷十一，87页。
③ 参见拙著：《朱熹美学思想探析》，收入拙著：《朱熹与退溪思想之比较研究》，110～111页。
④ 《告子章句上》，见《孟子集注》卷十一，87页。
⑤ 《八佾章句》，见《论语集注》卷二，13页。

润而有纹理，说明锦衣之美就蕴涵在其中，这就把君子之美的人格与锦衣之美融合起来，以凸显善与美的圆通。“力行其善，至于充满而积实，则美在其中而无待于外矣”①。这是朱熹对《孟子》“充实之谓美”的诠释。个体人通过自我的努力，去力行本身所已有的善性，使善性充满和积实于人的形体之中。这样人便具有高尚心性精神品质和道德情操，人的自然形体由此而增光生辉。这种心性精神品质与道德情操之美，虽内在于形体之中，无须依赖于外在的表露，但亦可以通过外发，而与事业或德业结合起来，“和顺积中，而英华发外，美在其中，而畅于四肢。发于事业，则德业至盛而不可加矣”②。和顺的美积实于形体之中，扩而充之，便可畅流于四肢和外在世界。这样善之美并非不可感知，而是精神美、感性美融合在一起。

道家庄子以人性为自然而然之性，这是对儒家有为道德心性的超越，庄子认为道德心性是对于人的自然而然之性的束缚和限制。

> 惠子谓庄子曰：“人故无情乎?”庄子曰：“然。”惠子曰：“人而无情，何以谓之人?”庄子曰：“道与之貌，天与之形，恶得不谓之人?”惠子曰：“既谓之人，恶得无情?”庄子曰：“是非吾所谓情也。”吾所谓无情者，言人之不以好恶内伤其身，常因自然而不益生也。③

无情即不动情，超越一切喜怒哀乐的情感活动，任其自然。若有“好恶”的情感活动，就会伤害自然而然的性情。因此，他认为这种好恶之情是一种弊病。“长好恶，则性命之情病矣”④。庄子并不是排斥任何性情，而是指有为的好恶这类性情。只有解脱此类性情，才能进入审美的自由状态。“有人之形，无人之情。”⑤ 有人的形体而化解了人为的好恶情感，便超脱了种种情感活动带来的烦恼和痛苦，所以有形有情的凡人是渺小的，无心无情而化于自然，是崇高的，这是庄子的审美人格。

邵雍认为审美人格亦应“情累都忘”，做到“以物观物”，即与没有丝毫情感的物本身一样去观物。这样“观时照物”，都不会激起身之休戚和时之否泰的灵感，“诚为能以物观物，而两不相伤者焉，盖其间情累都忘去尔”(《伊川击壤集·序》)。“情累都忘”的要旨，是达到“名教之乐”

---

①② 《尽心章句下》，见《孟子集注》卷十四，113页。

③ 《德充符》，见《庄子集释》卷二下，220～221页。

④ 《徐无鬼》，见上书卷八中，818页。

⑤ 《德充符》，见上书卷二下，217页。

和“观物之乐”。若不“溺于情”，以伦理纲常教化为乐或以有情变无情的观物为乐，便是“尽性”和“乐天知命”。他在《击壤集·首尾吟》中说：“尧夫非是爱吟诗，诗是尧夫尽性时。若圣与仁虽不敢，乐天知命又何疑。”寄诗以尽性，这样诗格亦为人格的表征。①

邵雍“情累都忘”是有针对性的，他批评近世诗人，要么“穷戚则积于怨憝”，要么“荣达则专于淫佚”，其诗都“溺于情好”。这里近世诗人虽无具体所指，但似非“西昆体”诗文。西昆体主将杨亿在《西昆酬唱集序》中说：“尤精雅道，雕章丽句，脍炙人口。”石介指摘为“穷妍极态，缀风月，弄花草，淫巧侈丽，浮华纂组，刓锼圣人之经，破碎圣人之言”②。其最大罪名为“破碎圣人之言”，未及邵雍所批评的“怨憝、淫佚”。后来朱熹批评欧阳修“平日只是以吟诗饮酒戏谑度日”（《朱子语类》卷一三〇）。苏舜钦、梅尧臣“虽有才望，虽皆是君子党，然轻儇戏谑，又多分流品”，“于是尽招两军女妓作乐烂饮，作为傲歌”（《朱子语类》卷一二九）。都属于邵雍所指“荣达则专于淫佚”之类；苏舜钦离开集贤校理后，寓居苏州，“时发其愤懑于诗歌”（《欧阳文忠公文集·苏舜钦墓志铭》）。梅尧臣以“屈原作《离骚》，自哀其志穷。愤世嫉邪意，寄在草木虫”（《宛陵集·答三韩见赠述诗》），诗乃忧愤之作，强调美刺兴寄激发，乃是“穷戚则积于怨憝”。邵雍抨击诗歌的美刺，否定诗歌是伤时愤世的呼喊和休戚感受的抒发，是以审美理性否定审美感性的感兴。

诗是“用破一生心”创作出来的心声，朱熹主张诗的艺术表现形式美与理义精神的内容美要一致起来，欣赏诗，要晓得诗的言外之意，看得其心性精神情感。若只欣赏外面文义的一层，便是大病。因此，他认为“须是踏翻了船，通身都在那水中，方看得出”（《朱子语类》卷一一四）。身在船中，与水隔了一层，对水没有亲身的、感性的感受，以领悟水的意味；水在船外，犹如言在意外，凭晓得文义形式来欣赏诗，就好比坐在船中欣赏水，隔靴搔痒，只有踏翻了船，人都翻在水中，对水才有真实的感受，才是欣赏诗的真境界。诗与理义的关系也是如此，诗道融合，诗格与人格融合。

审美人格的培养，在于教育，这便是审美教育学。教育既塑造人格，

---

① “西昆体”诗文何谓？参见拙著：《朱熹美学思想探析》，见《朱熹与退溪思想之比较研究》，137页。

② 《怪说中》，见《徂徕石先生文集》卷五，62页，北京，中华书局，1984。

亦可改善人的必然之命和生命存在的状况，这便是“心命”。席勒曾认为，人在自然状态中受制于自然的必然之命，在纯粹的道德状态中又面临理性压抑感性的状况。因此，他以感性与理性自由完美融合为理性人格，这就是“优美的灵魂”的塑造，这便是审美教育。

朱熹诗道（理）融合，即感性与理性的融合，其宗旨在于“诗教”。

> 诗者，人心之感物而形于言之余也。心之所感有邪正，故言之所形有是非。惟圣人在上，则其所感无不正，而其言皆足以为数，其或感之之杂，而所发不能无可择者，则上之人必思所以自反而因有以劝惩之，是亦所以为教也。(《朱文公文集·诗集传序》)

诗是人的意识由于感受外物而激发起来的灵感，而表现为言辞的。然人的感物有邪正善恶，包括审美感受，表达意识情感的诗这种艺术形式，也有是非之别。无论是正还是邪，都可以从不同方面，作为教化天下的手段。在这里，朱熹有泛化审美教育功能之嫌。诗教只能是塑造完善人格、完美灵魂的手段之一。

在古希腊和文艺复兴时期，人的身心的和谐，个人的完美化及人的全面发展，是美育的内涵。审美教育是使人格完美，改善人的“心命”的重要条件。人在审美活动的关系中，在审美生态环境、审美对象世界以及人我之间，创造了一个和谐的氛围，使社会的人文生活、精神生活的素质得以提升。这种优化的社会人文、精神生活的素质又影响、塑造着个体的品格、情操、精神和个体审美发展，从而实现完美人格的建构。

完美人格的建构过程，也就是审美教育的全过程。审美教育的具体指标，便是：培养人的审美鉴赏能力，1949 年长沙出土晚周的帛画，“画的构成很巧妙地把幻想与现实交织着，充分表现了战国时代的时代精神”，透过两千年的岁月铅幕，我们听出了古代画工的搏动着的心声。它的形象是由线条组成的。① 这就是说帛画是对现实的再现和再解释，通过艺术的感性形式，后人便可以直观生活之真，提高审美鉴赏能力。所以“只有把艺术理解为是我们的思想、想象、情感的一种特殊倾向、一种新的态度，我们才能够把握它的真正意义和功能”②。审美教育寓于艺术生命之中，而获得审美的鉴赏力，即所谓“知音”、“金刚眼睛”，才能感悟鉴赏品的

① 参见宗白华：《艺境》，337 页，北京，北京大学出版社，1987。

② ［德］卡西尔：《人论》，215 页。

灵妙。

提高人的审美感受力。感受是感觉器官对于审美对象的感知和受纳。在审美主体与审美客体的互动中，相互交融，构成了审美感受的过程。提高和培养主体对于审美对象的感知和受纳能力，也就是去感受审美对象的内在生命活动，使主体的生命活动与对象的生命活动融合，而提高感受生命活动的意义和价值的能力。提高审美感受能力是审美教育的重要方面。

培养审美想象能力。想象是指在意识中浮现直观心象的作用。审美想象是以创造新的个性化的意象为目标，它以具体感性表象活动和理解性、情感性融合作为存在表现。李清照《如梦令》："昨夜雨疏风骤，浓睡不消残酒。试问卷帘人，却道海棠依旧。知否？知否？应是绿肥红瘦。"就是一首具有丰富细腻想象力的作品。那是"精骛八极，心游万仞"的胸怀，而"笼天地于形内，挫万物于笔端"（陆机：《文赋》）的想象情境。没有想象，也就无自由的、超现实的创作。审美欣赏和艺术创作一样，紧依想象。创作者依想象力创造了艺术形象。欣赏者依想象力再现、丰富和补充这一艺术形象。审美教育对于培养人的想象力具有重要意义和作用。

培养审美判断力。当果戈理的《密尔格拉得》和《小品集》问世后，受到一些评论家激烈攻击，果氏感到犹豫、惶惑。别林斯基发表了《论俄国中篇小说和果戈理君的中篇小说》，强调文学作品的价值在于再现生活真实，并分析了果氏作品的意义和特色，使果氏大受鼓舞。于是果氏继续创作了《钦差大臣》、《死魂灵》等不朽作品。① 作品的深刻的意蕴和其社会价值意义，不是表面现象层次上的描述，而是基于欣赏者的审判力的挖掘，包括欣赏者的想象力的丰富和补充。比如奥斯特洛夫斯基的《大雷雨》，描写一个为爱情而死的女人的故事，似纯粹家庭悲剧。杜勃罗留波夫却认为，这个剧本是对"未来历史含有乐观意义的社会悲剧，在主人公卡杰琳娜的思想、行动中，体现了当时俄罗斯这个黑暗王国的一线光明"，因为"最强烈的抗议最后总是从最衰弱的而且最能忍耐的人的胸怀中迸发出来的"②。审美判断力在审美活动中有深刻的意义，审美教育在培养这种审美判断力中具有很大的作用。

---

① 参见罗安宪：《审美现象学》，203～208页，陕西，三秦出版社，1995。

② 《黑暗王国的一线光明》，见《杜勃罗留波夫选集》，第2卷，404页，上海文艺出版社，1959。

审美教育不仅是审美鉴赏力、感受力、想象力和判断力的培养，而且是审美情感、审美经验、审美修养的培养，而使人得到全面和谐的发展，这是就审美教育的功能而言的；就审美教育的手段而言，它是培养人的审美能力的重要手段，审美能力的提高，是人类文明水平提高的标志。它是培养各年龄段审美观念的主要手段[①]，树立正确的审美观，提高协调、平衡审美心理活动自调节能力，造就完美的审美人格。它是建设精神文明的重要手段，精神文明建设需要审美教育。人人都有“优美的灵魂”，整体社会的精神文明，以至国际社会的精神文明水准就会得到提高，丑恶现象就会得到遏制。

（三） 审美可能情感世界

什么是美和“美是什么”的问题是有区别的，山是美的，水是美的，人是美的，这是对什么是美的回答；美是什么？这个问题逼迫人去沉思那山、水、人的美的现象背后的美的根据，即“山是美的”美之所以然。古往今来，美学家、哲学家为此殚精竭虑，仍然见仁见智。从古希腊毕达哥拉斯提出“美是和谐”，亚里士多德认为美的形式是秩序、匀称与明确以来，这个探索一直从未间断。中国自老子提出“美之为美”（《老子》第二章）以后，对此探讨亦绵延不绝；至近十多年，热情未减。或认为美是典型。美与不美在于是否符合美的规律，即典型规律。或认为美是和谐，形式诸因素，如声音、线条、形体、语言，组成一种和谐关系，这种和谐关系的有机综合就是美；或认为美是自由的象征、自由的表现与自由的形式等，即美的本质是人的自由；或认为美是一种价值事实，美不是实体性存在，而在于审美关系之中，审美关系本质上是价值关系；或认为美是感性形象，美是一种客观存在的社会现象，它是人类通过创造性的劳动实践，把具有真和善的本质力量，在对象中实现出来的形象，就是美；或认为美是人的本质力量的对象化或感性显现，美的本质与人的本质、生活的本质密切相连。[②]

凡此种种，虽都涉及各个层面，但都与人的本质联系起来，有其合理性。亦有其不足和不尽如人意之处。这些论点都可以在西方美学中找到其影子或样子，如果从中国美学的人文精神出发，就可以有另外的

① 参见叶朗主编：《现代美学体系》中关于从胎儿到老年人的审美教育的内容，382～393页，北京，北京大学出版社，1988。

② 吕国欣等主编：《美学的研究与进展》，39～45页，上海交通大学出版社，1993。

发现。

中国文化人文精神是和合，儒、道、墨、名、法、阴阳各家，道不同而异趣；然“百虑而一致，殊途而同归”者，在于和合之道，即“心道”。标志着中国美学体系成就的刘勰的《文心雕龙》，就是从《原道》开章，道是形而上的范畴，亦是一切美的根源。道包含天文与人文。就天文的宇宙而言，“夫玄黄色杂，方圆体分，日月叠壁，以垂丽天之象；山川焕绮，以铺理地之形；此盖道之文也”。天地、日月、山川的天象、地形的本身就是美的。这种感性存在形式的“文”（天文、地文），是道的文。人与天地构成三才，人作为宇宙中的“为五行之秀，实天地之心，心生而言立，言立而文明，自然之道也”。天文之美和人文之美的体验，都源于自然之道。人是有审美意识，即“有心之器”的存在，心生而有言辞之美。

刘勰在《原道》又以“人文之元，肇自太极”，这种对人文的追根究底，与“道”之原并非冲突，而是圆融的。“太极”生“两仪”（阴阳），后世“太极图”即为阴阳鱼结构图式，亦即“一阴一阳之谓道”的“道”。所以，宋明理学家均以“道”与“太极”为相类范畴。① 天道、地道、人道之美，便是天文、地文、人文。从审美活动的关系中，追究天文、地文、人文之美的体验根底，而揭出了道（“自然之道”），道便是中国审美哲学的最高范畴。

文从狭义上说，即是言辞之美，朱熹论述文与道的关系时，以“文皆是从道中流出”（《朱子语类》卷一三九）。中唐以来，文道关系受到重视，柳宗元倡“文者以明道”，李汉提“文以贯道”，宋初柳开主“文道相兼”，欧阳修讲“文与道俱”，周敦颐主“文所以载道”，等等。

朱熹认为文道不二，“然彼知政事礼乐之不可不出于一，而未知道德文章之尤不可使出于二也”（《朱文公文集·读唐志》）。文道分二，必是道外有文，文外有道；若道自道，文自文，实是道不道，文不文。朱熹由而提倡“即文讲道”，“文道一贯”。“三代圣贤文章，皆从此心写出，文便是道”（《朱子语类》卷一三九）。文道一体，两者相依而生，两得一贯，否则便两失无存。朱熹此心写出的文道，就是“心道”。“心道”既是他的审美标准，亦是其美学价值观。他在品评艺术创作和文学作品时，既注重道德思想内容，即道和善，亦不忽视艺术形式的美饰和感性的愉快，即文与

① 参见拙著：《朱熹思想研究》，修订版，148～158页。

美。他要求善与美、道与文的冲突融合。以道和善来说，不载道的文和不载物的车一样，只有装饰之美，文辞之丽，朱熹认为："此犹车不载物，两徒美其饰也"（《文辞注》第二十八，见《周子全书》卷十）。这是道和善的价值观。从文和美来说，"为文者，必善其词说"（《文辞注》第二十八，见《周子全书》卷十），只有讲求文学、艺术的形式美，才能使"人之爱而用之"，若不美其饰，人不喜爱，即使道德、思想内容至高无上，也无用而落空。因此，朱熹认为，道与文，善与美的融突而和合，是最完善完美的。这便是和合之道，和合之美。

天文、地文、人文之美，依于天道、地道、人道，而三才之道自身之所以存有，是由阴阳、柔刚、仁义对待两方融突而和合。阴阳冲突双方，矛盾斗争，以至相互战争，这就不是美，只有阴阳合，"负阴而抱阳"，犹阴（女）阳（男）"媾精"，或"夫妇合气"，交合、交媾、融合，才能产生新生儿，这个新生儿即是男女、夫妇、阴阳的和合体，"冲气以为和"。和合体就是美。由此而推，五味、五行、五色、五声之所以为美味、美色、美声、美物，就是和合，如"和五味以调口"，"和六律以聪耳"等。审美活动的关系的审美感受、审美愉快、审美感兴的所以然，就是融突的和合关系，和合是美味、美色、美声、美物的所以然，亦是审美活动的关系的所以然，这便是审美哲学的内涵。

和合审美哲学是开放的体系，是诸多要素、因素构成的方式，是最具生命力的方式，它是审美活动的关系的审美情感、审美愉快、审美感兴、审美意象、审美体验的审美的主客体、景与情、心与物、善与美、文与道的融突和合。审美情感、愉快、感兴、意象、体验以及情景、心物、善美、文道的存在，都是融突和合而在；凡此，只有在融突和合中才能获得自己存在的生命、存在的方式与存在的状态，以及存在生命的延续和发展；审美活动的关系也只有在融突和合中展开。这样，美是什么？笔者的回答是：美就是融突和合。

审美活动的关系是精神活动方式的关系，这种审美关系的追根究底，并不是要达到审美情感的愉快的哲学论证，而是要达到审美愉快的一种境界，这便是审美境界学。境界本指疆域，魏晋时有物境、心境之意，中唐引入审美领域。① 禅宗以心为镜，"心如明镜台"，心感外物便叫以"镜"照"境"。禅宗"明心见性"，众生的自性即是佛性，这就把心外佛变成了

① 参见成复旺：《中国古代的人学与美学》，283页，北京，中国人民大学出版社，1992。

心内佛，佛就在我心之中，“心即是佛”。这样，外在的物境即是内在的心境，心境即是佛境。在物境与心境的互动交融中，由物境可体验、感受到心境的精神意味，从而进入一个既现实，又超越的佛的境界，即是由物境与心境冲突、融合而和合为新境界。这样，禅学的境界说，便具有审美的意义。

刘禹锡给境作了规定：“诗者，其文章之蕴邪！义得而言丧，故微而难能。境生于象外，故精而寡和。”① 把境与象加以分别，此境已从物境中净化出来，是对“象”的超越，境便成为浮现于物境（象）之上的虚幻境界。这样，境便具有审美活动关系的审美境界的意味。象外的虚幻境界实乃被精神所充塞了境界。元代方回作《心境记》，认为“心即境也”，“顾我之境与人同，而我之所以为境，则存乎方寸之间，与人有不同焉者耳”。“方寸”即心，境即在我心的方寸之间，这是与人的异处。此异即是境作为审美境界而言，是心所造，非在心外。

> 山川草木造化自然，此实境也。因心造境，以手运心，此虚境也。虚而为实，是在笔墨有无间衡是非、定工拙矣。（方士庶：《天慵庵笔记》）

造化自然之“实境”若不与“心境”发生情感的交流，“实境”即未进入审美领域，亦非审美境界。“因心造境”是指艺术家以自己的心性精神情感，别构灵奇，寄寓于实境于审美观照中，以手运心，从想象、妙悟而创造出一种虚幻性的境界（虚境），这便是一种审美境界。

审美境界作为虚境是与实境冲突融合的结果，是心物相遭、适然宜合的瞬间体验。“一切境界，无不为诗人设。世无诗人，即无此种境界。夫境界之呈于吾心而见于外物者，皆须臾之物”（王国维：《人间词话补遗》）。王氏以诗为例，说明因诗人之心而造境，画家、音乐家、艺术家所自造的审美境界亦如此。他们都能以一定的表现形式，把这瞬间的自心体验呈现出来，而创造了一个审美境界。这个审美境界是一个相对独立的境界。“境非独谓景物也，喜怒哀乐亦人心中之一境界，故能写真景物，真感情者，谓之有境界，否则谓之无境界”（王国维：《人间词话》卷上）。它可以是一个超越景物境界的独立境界，这个独立境界可谓之虚幻境界；这虚幻境界又是被人的喜怒哀乐等心性精神情感所填满了的，它是可以通

① 《董氏武陵集纪》，见《刘禹锡集》卷十九，238 页，北京，中华书局，1990。

过审美情感使人感受到愉快的。这样，审美境界作为一个独立范畴，才得以确立。

审美境界的确立，并不意味着与物境的分裂，而是不离不杂的关系，即冲突融合的关系。审美境界作为因心缘物而须臾呈现的虚幻性境界，是一种直觉体验的虚境。如何体验？便是一种妙悟的功夫："妙悟天开，从至理实事中领悟，乃得此境界也"（叶燮：《原诗·内篇》卷下）。从因心缘物到虚境的审美境界，中介环节是"须臾"，"须臾"即是"豁然"，就是"豁然有悟处"，或"豁然有贯通处"。"妙悟天开"就是"豁然有悟处"的功夫。它是精神境界的豁然的提升，这种提升是使人的精神从现实世界跃进到审美境界。在这里，"妙悟"就是这种提升的翅膀。

叶燮所说"妙悟天开"与"至理实事"，是冲突，又是融合，即相反相成。"豁然"是"格物"而起，"妙悟"是缘物而发。是审美主体的情感心灵在感受、体验现实世界"至理实事"中而兴起，忽而妙悟，跃入审美境界。此"妙悟天开"的审美境界已非"至理实事"的现实世界。

审美境界既是"从至理实事中领悟"，只有那现实社会生命活动和人生生命活动最能激荡心灵的领悟。因此说审美境界的活力是虚幻的生命境界，这种虚幻的生命境界，即非物象境界。它超以象外，又在象中。"故其妙处莹彻玲珑，不可凑泊，如空中之音，相中之色，水中之月，镜中之象，言有尽而意无穷"（严羽：《沧浪诗话·诗辨》），以喻审美境界在象中，"使人爽然而得其味于意外焉，悠然而悟其境于言外焉"（王国维：《人间词话》卷上），以明审美境界为意外之味，言外之境。这种内外的冲突，并非审美境界的冲突，而是人的现实生命境界与虚幻生命境界的冲突。

审美境界是在现实生命境界与虚幻生命境界的融突中，诞生的和合审美境界，即"心和"境界，也即自由的生命境界。人在现实生命境界中受各种条件、境遇的制约、支配，无自由可言，只有把现实生命境界融入虚幻生命境界之中，才能获得自由。其实人生的生命体验、审美感兴、审美愉快，都是在人的审美活动的关系中发生，是审美情感之境。

和合审美境界，是在"有我之境"与"无我之境"的融突中诞生。王国维说：

有有我之境，有无我之境。“泪眼问花花不语，乱红飞过秋千去”，“可堪孤馆闭春寒，杜鹃声里斜阳暮”，有我之境也。“采菊东篱下，悠然见南山”，“寒波淡淡起，白鸟悠悠下”，无我之境也。（同上书）

所谓“有我之境”，是以审美主体生命情感投身其中，“以我观物”，“物皆著我之色彩”，物便是审美主体心灵情感的呈现。“有我之境”犹如“常人之境界”，故有“悲欢离合，羁旅行役之感”（王国维：《人间词话补遗》）。宋代邵雍在《皇极经世·观物内篇》中排斥“以我观物”，认为“以我观物”，往往被自己的情感所蔽；所谓“无我之境”，是审美主体超越自我的生命情感，“以物观物”，“不知何者为我，何者为物”。审美主体以超尘出世的情怀，以融化于物的境遇待物，解脱我执、物执，达到无我无物之境。

“有我之境”与“无我之境”，是儒、道两家审美境界的体现。其实“有我之境”是有我在，这是无疑的。当讲“无我之境”时，便已预设了“我”和“境”的两极，并已落入“我”和“境”的圈套。无论是徐增的“悠然忘我，诗从此境中流出”（徐增：《而庵诗话》），还是普闻的“意从境中宣出”（普闻：《诗论》）。这种“无我之境”均不离意与境、情与境。虽然作者在讲“无我之境”时尽量将我情、我境隐去，但透过帷幕，仍能窥见其痕迹。因此，和合审美境界，既不排斥“无我之境”，亦不排斥“有我之境”，而是有我、无我的融突而和合为新的和合审美境界。

和合美学所追求的目标是真、善、美，和合审美境界学所追求亦是真、善、美融突和合境界。和合审美境界的形式及其流行态势是无待的、自由的，它是艺术创造和心灵境界的生命活动。

心灵生命境界的自由空间是无限的，它的自由创造活动及其审美想象力是不受时空和形质限制的价值可能状态。因此，千百年前的心灵生命境界的自由想象，能察知到现代的发明创造，如“原子”、“精气”（相当于量子力学中的量子、量子场）、“顺风耳”、“千里眼”（相当于雷达、天文望远镜），“嫦娥奔月”（类比于阿波罗飞船登月），“哲人之石”、“点金术”（相似于原子核裂变和聚变技术）等等。

心灵生命境界的自由空间是全息的。心灵生命境界的自由创造活动，其极致状态和本真面目是自由的，其自由度既可以按真实性标准测量——自由的心灵生命境界最纯真、最诚实；亦可依完善性标准测量——自由的心灵生命境界完善融突，至善无恶；还可用优美性标准测量——自由的心灵境界最美好、最优雅。真实、完善、优美①，是对心灵生命境界自由度的三种等价的度量化意义标准，彼此间只有释义角度的差分，没有原则上的分歧。换句话说，自由心灵生命境界具足了真、善、美的信息，是完全的。

心灵生命境界的自由空间具有真、善、美和合的三维结构。它是自由心灵生命境界的和合可能世界，是真的认知，善的感情，美的境界融突和合大化流行。张载的“太和”，朱熹的“天理流行”，王阳明的“良知”，都是讲心灵生命境界的真、善、美三维和合的动态境界。

心灵生命境界的真、善、美三维和合结构，可借助几何学上的笛卡儿坐标系和球坐标系的复合框架来标示，复合过程如下：

1. 真、善、美三维笛氏坐标标示法（图 17—1）。

真——真实性，心灵生命境界的纯真度、诚实度的标示；

善——完善性，心灵生命境界的完整度、至善度的标示；

美——优美性，心灵生命境界的优雅度、美好度的标示。

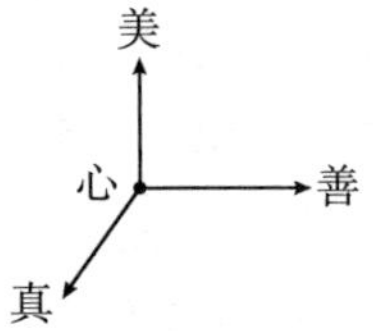

图 17—1

---

① 真、善、美的和合学的操作性的工具范畴，亦是艺术和合原理中的基本范畴。因通常的真、善、美被人搞乱了，所以和合学区分真、善、美的和合义与平庸义。

和合美学或和合学意义上的真、善、美具有主体价值尺度和人学意义标准的规范功能，它们都是和合性的整体范畴，没有对待的对立面存在。真、善、美和合义分列如下：

范畴	释义	尺度与标准	生化与日新
真	真实（reality）	主体的自我觉醒生存情境	真→非真→更真
善	完善（perfection）	主体的自我完善意义追求	善→非善→更善
美	优美（grace）	主体的自我发展可能状态	美→非美→更美

非真、非善、非美是真、善、美自我超越的积极否定与创造批判。假、恶、丑仅是上述真实尺度、完善尺度和优美尺度度量具体行为时的负性量值，不构成二元对立关系。

传统意义上的真、善、美是二元对立关系中的破坏式选择，是本体论式的存有状态，是非和合的局域化概念，无主体价值和人学意义的意蕴，是平庸义。真、善、美平庸义分列为：

概念	释义	常识之见	形上学	对待面	类型
真	真理（truth）	认知的客观内容	真本身	假	知识本体论
善	善良（goodness）	意志的善良愿望	善本身	恶	道德本体论
美	美丽（beauty）	形容的美丽漂亮	美本身	丑	价值本体论

2. 心灵生命境界自由空间球坐标标示法（图 17—2）。

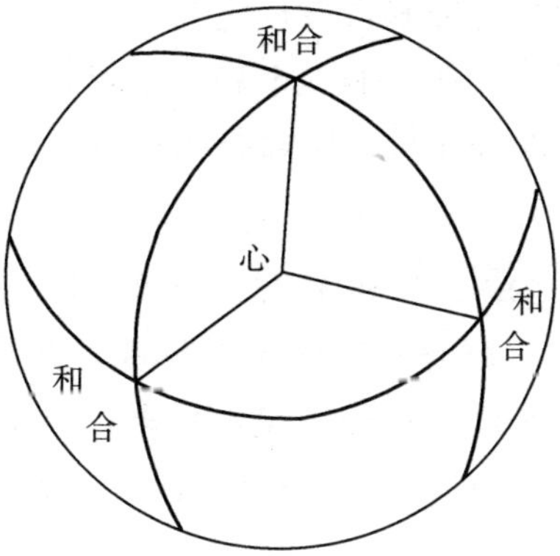

图 17—2

心——心灵，生命境界自由空间意象中心，艺术和合、和合美学的元始点；

和合——和合审美境界的自由空间意境边界，艺术和合、和合美学正固点。

3. 心灵生命境界自由空间真、善、美（图 17—3）。

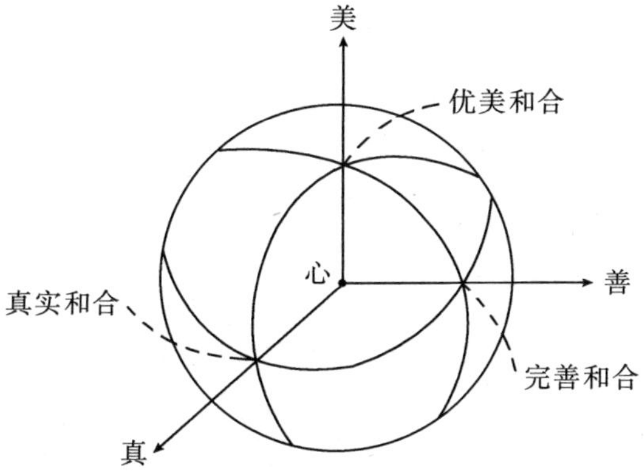

图 17—3

三维和合结构的复合坐标标示法：

三维：认知维——真实性；

情感维——完善性；

意象维——优美性。

和合：真实和合——心灵生命境界的“境”、“理”和合状态；

完善和合——心灵生命境界的“性”、“命”和合状态；

优美和合——心灵生命境界的“道”、“和”和合状态。

和合球图围绕中心轴旋动，便构成上面和合结构。心灵生命境界真、善、美的三维和合结构可称为和合球。它的每个截面都是和合球图。和合球含蕴着无数和合球图。和合学的八个和合空间和上述三类心灵生命境界价值和合状态，不过是和合球内无限和合的差分。

按和合学的分析，真、善、美的融突是在心灵生命境界的自由空间内进行的。真、善、美是心灵生命境界的自由创造的理想化目标。在非心灵生命境界的物理世界中，只有真实性价值标度；在规范化的道德世界中，只有完善性意义标准；在虚拟化的意象世界里，只有优美性形式尺度。唯有在心灵生命境界的自由创造中，三种价值尺度和意义标准才达到结构上的融突和合。

通常对真、善、美统一的分析有三大缺陷：一是缺少核心范畴，不明三者统一的基础是心灵主体；二是缺乏动力机制，不知三者统一的动力是思维创造；三是缺少价值目标，不晓三者统一是为了精神自由。和合美学真、善、美的融突和合，弥补了这三大缺陷，而达艺术和合境界。

第十八章　社会和合与和合管理学

人类的生活样式，是社会化的生活融突体。社会有机体是人类生存世界的内环境。政治生活、法律生活、经济生活、文化生活、道德生活、艺术生活、精神生活以及家庭生活等等，都是社会生活有机体的融突和合关系。社会是指人的生活活动关系和形式的总和。社会是人生活活动的领域，亦是人生活活动的产物。任何社会现象的产生及其内在的法则的作用，是由人的生活活动来实现的。

作为人的最基本的生活活动之一，便是管理。因为人的生活活动的关系和形式是多样的、多层的、多面的，且又错综复杂。如此，若无管理，人的生活活动就不能正常地、有序地运行。人既是管理的主体，又是管理的客体。人是有组织能力和管理自己活动能力的主体，人类社会由于人的自我管理而生存和发展。

一、 社会有机体环境与管理原理

社会一词英语 society，法语作 société，源于拉丁语 socius，其意为伙伴；德语作 Gesellschaft，也有伙伴的意思。后来才引申为人与人的关系，即人的实践活动中与自然、群体、他人所发生的关系和形式的总体。社会是人类以融突活动为基础而相互联系着的组织形式，它是从自然世界中分离出来的独立世界，是生命系统发展的最高的阶段。这是从广义上说的。

社会从狭义上说，是指人类社会发展到一定阶段的经济形态；也是指人类社会发展到一定时期的社会形态等。见仁见智，莫衷一是。

（一）社会有机体的特征和含义

社会是一个有机体，圣西门（H. Saint Simon）在19世纪初提出了社会有机体思想，孔德（A. Comte，1778—1857）的社会静力学研究，在于考察社会行动和社会系统各个不同部分的反应规律。[①] 他在与生物有机体作比较中，明确了社会有机体不同于生物有机体的局限，就在于他自身个体的皮肉之躯，有赖于精神因素或力量实现其各部分之间的联系，构成社会有机体的组织和结构及其各部分之间的平衡与和谐。这种平衡与和谐，是社会有机体运行有序性的要求和条件。如果这种平衡与和谐一旦失衡或失和，社会有机体的运行就受到破坏，造成社会的病态。

孔德社会有机体组织和结构及其各部分之间关系的平衡与和谐的思想，实则蕴涵着社会管理的思想，并以家庭作为社会组织和结构“真正的社会单位”，“科学精神不允许我们把社会看作是由个人组成的”[②]。排斥把个人的需要和特征作为研究社会的起点。

社会有机体组织和结构及其各部分之间的关系，是通过语言、宗教和劳动分工实现的。语言使社会中人与人之间的物质、信息、思想、情感的交流得以实现；亦使历史文化遗产得以流传、继承下来。这样，社会的一定有机体就产生文化上的认同感和责任感。宗教构成人的行为的社会基础。它使人克服利己思想，爱护他人，保持人与人之间的相互合作和友谊，以及共同的信仰等，使社会有机体运行有序化。社会劳动分工的需要和发展，使得人与人之间的相互依存性增强，人们必须通过社会合作，才能生存或生存得更好。但社会分工亦侵蚀着这种合作精神，因此，孔德试图通过世俗权力与宗教权力的组合，来维护整体思想和共同联系的情感，以及社会的平衡与和谐。

然而，孔德社会有机体理论的缺陷，就在于对于社会实践活动的主体的忽视。社会有机体应包括社会经济形态、社会形态、物质生产、精神生产以及人本身的生产等实践活动的总体。若把社会有机体定位为社会经济形态或社会形态，亦有以整体为部分的偏颇。所谓“社会形态”是指社会

---

① 参见［英］H. 马蒂诺：《奥古斯特·孔德的实证主义哲学》第二卷，219页，伦敦，1896。

② 同上书，281页。

生产力，与生产力相适应的生产关系，以及在这一现实基础上形成的法律的、政治的结构和意识形态。这些要素的冲突融合，构成社会形态和合体。社会的经济形态，显然是涉及社会经济领域的形态，不包括法律的、政治的、意识形态结构。它是社会劳动者与生产资料在生产、交换、分配、流通领域内的特殊结合方式。两者的差分是十分明显的。

社会有机体是关于社会一切关系有机运动的总括。它是社会中各种因素、关系、方面的相互运动和作用。它是较之社会经济形态更为广泛的有机理论系统；又是较之社会形态更为多层次、多角度的范畴。譬如社会形态是从客体的视野对社会的生产力、生产关系和“上层建筑”三级结构的构成方式的界定。社会有机体是从人与社会、主体与客体相互关系的视野来说明社会各种关系的自组织过程。它是人的行为、生活方式、思维、情感方式，文明与文化等方面的展现的过程；同时，社会形态一般是以国家为基点，在人类交往活动处于区域主导时期，它与社会有机体难于差分，但当现代人类交往处于世界性，甚至世界就是一个“地球村”、“太空船”的环境下，便超越了社会形态，而构成一个全球性的社会有机体，国际成了一个融突的和合社会。这就是说，每一个文明国家以及这些国家中的每个人的需要的满足，都依赖于整个世界。

基于这种比较，社会有机体便获得这样的特征：

1. 主体人是社会有机体的主体。有人的机体才有社会有机体。因此，社会有机体是人的社会有机体。离开人及其活动，就无所谓社会有机体。这就是说，社会关系、社会结构、国家等都因人的生命存在和发展及其交往活动而产生的。

2. 人的劳动活动或物质实践活动，是社会有机体的“主干”。劳动活动或物质实践活动维系着人与自然世界的物质、能量和信息的交换关系。这种交换关系使人的生命存在和发展获得满足，社会的日常生活活动以及经济的、政治的、道德的、文化的、精神的活动得以展开，并构成全球交往的“社会空间”。

3. 人的自觉的、自主的实践活动是社会有机体演化的内在机制。它是一个历时态发展与共时态扩张的社会与人的双向演化过程。这个演化过程就是人的自主性活动在时空中的展开：其时序性的展开和结构的转换，使社会有机体从一种形态演化为另一种形态，使社会有机体获得动态性功能。它的空间上的扩张性，使社会有机体形成同形态的有机整体，使社会有机体获得多样性的特点。这样，就构成了社会与人的双向运动①，即人化着社会，社会亦化着人，简言之，即人化社会，社会化人。社会是人化的社会，人是社会化的人。

依据上述社会有机体的三特征，其核心是主体人和人的实践活动。从和合学的观点来审视，社会有机体属于和合生存世界（“地界”）的内环境。这种内环境具有三义：

一是相对于人类与自然界的物质、能量、信息交换的自然生活活动的环境而言，它内在于社会有机体，即内在于以人为主体的由人的实践交往活动所构成的人类社会的政治活动、经济活动、道德活动、文化活动、精神活动等各种交往活动之中，是各种社会人际关系及其一切交往方式的内在的融突和合结构。

二是相对于个人自我的心灵活动（精神活动）自主、自由地创造空间而言，它内在于各种社会组织结构，如经济组织结构的生产、交换、分配、流通、消费活动领域；政治结构的国家、法庭、典章、制度等领域；社会系统自身的人口、区域、组织、阶层、家庭等领域的关系和活动之中，是各种群体关系及其组织结构方式的内在融突和合结构。

三是相对于以往的人类文化信息系统而言，它通过文化传播、社会舆论、教育机制等方式，不断地把既得的文化符号资源内化为人们的行为习惯、思维方式、价值观念和社会风俗，它是各种文化关系及其文化传播、社会舆论、教育方式的内在融突和合结构。

人类社会有机体的社会生活环境是一个具有耗散结构的自组织系统。②第一，社会有机体的社会生活融突和合结构是对两种外环境开放的动态有机系统，它与地域性的自然生态环境和时域化的文化生态环境有物质、能量、信息的多重交换，能够借助负熵流的增量耗散系统内的熵增加，使社会有机体的社会生活向有序发展。这种耗散结构是在系统保持远离平衡和在系统的不同元素之间存在非线性的机制条件下，才可能从原来无序状态转变为一种时间、空间或功能的有序状态。③

第二，社会有机体的融突和合结构，是由多种关系构成，诸如人际交

---

① 参见杨耕：《马克思的社会研究方法》，中国人民大学博士论文打印稿。

② 参见苗东升编著：《系统科学原理》，420～430页，北京，中国人民大学出版社，1990。另见王雨田主编：《控制论、信息论、系统科学与哲学》，462页，北京，中国人民大学出版社，1986。

③ 参见［比］普里戈金：《复杂性的进化和自然界的定律》，载《自然科学哲学问题》，1980（3）。

往关系、群体组织关系、文化教育关系，以及人口结构的生死、语言、职业、婚姻等与现代所面临的人口爆炸、老龄化、移民潮等不平衡状态；生活结构的为获得衣、食、住、行等物质资料而进行的生产活动方式和冲突；人际关系结构的人际间的互动，与这种社会互动能被人所理解和接受的语言符号的信息传递系统、社会共同遵守的行为准则的冲突等。凡此种种，彼此错综，立体交叉，因此是非线性多变量系统。

第三，社会有机体的社会生活不仅有自己的类生命现象，而且有自身的理想目标，是一个不断逼近理想目标的非均衡控制系统。

社会有机体作为人类生存世界的内环境，从静态上看，它是政治结构、经济结构、文化结构等的融突和合；从动态上看，它是物质生产、精神生产和人类自身生产的融突和合。① 社会有机体从此三种结构、三种生产中生产着自身，并使自己得到延续和发展。

（二） 社会管理要素与组织分群

社会有机体的社会生活环境的有序化、多元化、控制化，是通过群分并协的管理组织方式实现的。所谓管理，是指有计划、有组织、有指挥的规范控制人和物化，使人实现预定目标的活动的总和。管理一词英文 management，与企业经营相联系，法文 administration，较多与行政相联系。中文“管”字一般指长圆形中空之物。《诗・有瞽》：“箫管备举”，管为乐器。后引申为主领、主管、管理等。《汉书・食货志》：“管在县官”，即一事之主管、主领。《战国策・秦策三》：“淖齿管齐之权”，有管理的意思。理为玉石之纹理，引申为治理。② 管理有管制、管辖、引导之义。

依管理定义，它是人类社会有机体社会生活活动的最普遍的活动之一，是人类的基本活动。这种活动所关联的基本要素，构成管理的静态和动态的活动过程。由于对管理所蕴涵要素理解的差分，因此有主张“四要素”（人员 men、物料 material、机器设备 machine、资金 money），或“五要素”（加方法 method），或“七要素”（加市场 market、士气 morale），或“八要素”（再加管理 management），即四 m、五 m、七 m、八 m。这种差分方法主要以企业管理所关联的资源为出发点，有些重要的要素未涉及，有些要素可归并，可扩大，如机器设备与物料，管理与方法，属前者；市场到环境，属后者。按现代管理的需要，可涵摄观念、目标、组

---

① 参见拙著：《新人学导论——中国传统人学的省察》，99～102 页。

② 参见张立文主编：《理》，19～24 页。

织、人员、资金、技术、时间、物资、环境、信息十要素。[①]

所谓观念，是指管理的指导思想，即管理哲学。成中英认为，西方（美国）企业管理出现了空前的各种危机：（1）兼并化危机。为了垄断市场及扩充利益及财力影响，进行恶性及强行兼并，妨害公平竞争及平衡发展原则。（2）机械化危机。科学化管理导致人事和人力资源运用的机械化，工作者为了谋生而工作，却不一定能认同公司。管理者除了谋利没有更高的企业和生活目标，因而造成工作者心理闭塞和不稳定性，也因之形成人才的退化和流失。（3）呆滞化危机。大型企业过分成熟，变得庞大分散，无法灵活应付社会需求变迁，也未能充分吸收利用新的科技，早做改良革新，以致形成财务亏损，人事负担沉重，企业精神颓丧殆尽，成为淘汰对象。[②] 对比兼并化、机械化、呆滞化三危机，西方管理者曾从工具理性层面提出结构改组、财务重整、人事更换等对应策略，但未能从观念理论层面对深化管理目标、方法的认知和人的社会因素、潜能、价值的充分理解方面，提出管理观念的革新，即融突和合的管理哲学理论。

目标是指组织目标和管理目标的融突和合。前者是讲一个组织要实现的目标，是组织中每个人的努力方向和动力；后者是讲管理活动要实现的目标，是管理者为实现组织目标的努力方向。当人们一起去实现某一目标时，便创造了组织，或者说一个社会机器，它有潜力完成任何个人无法实现的目标。因此，便需要管理，管理是艺术的艺术，它是智慧的组织者[③]，也是衡量各种管理活动的尺度，即价值标准。

组织是指狭义的管理组织，既指人类各种组织团体内部的组织层次和结构，亦指层次间的关系和结构间的关系。它表现组织的组成方式或系统的管理体系，诸如直线式结构、职能式结构、直线职能式结构、事业部式结构、矩阵式结构[④]等。它是管理赖以展开和协调各要素间关系、实现目标的要素。

人员是指管理组织的管理者和被管理者，以及相应特定组织中的人员

---

① 参见黄德鸿等编著：《管理学纲要》，98～103 页，科学普及出版社广州分社，1987。

② 参见成中英：《儒家管理哲学序》，见黎红雷：《儒家管理哲学》，10～11 页，广州，广东高等教育出版社，1993。

③ 参见汉普顿：《当代管理学》，陈星等译，9 页，北京，新华出版社，1986。

④ 参见谢勋丞等编：《现代管理学概论》，31～34 页，北京，中国铁道出版社，1987。又见汉普顿：《当代管理学》第四编《组织》和对各组织结构长处与短处的评估，以及对矩阵结构的评估，288～319 页。又见齐振海主编：《管理哲学》，223～230 页，北京，中国社会科学出版社，1988。

结构。它是管理的核心要素，因为任何管理都是人的管理，无人亦无所谓管理。人员既是管理活动中影响最大的可变因素，亦是管理活动的能动因素。在管理活动中，人既是管理主体，亦是管理客体。管理主体一般指管理管理者的某一群体；管理客体是指被管理者的某一群体。从社会有机体来看，社会管理主体是指有决策系统、执行系统、监督系统和智囊系统等系统构成的管理活动体系。决策系统是指管理的主管、领导者，依据大量情报、信息和智囊系统提供的各种可供选择的方案，从全局目标出发，分析综合、比较鉴别，确定最佳方案，做出决定，这属于输入系统。执行系统，属于输出系统，执行决策系统的决定、方案，要求执行人员精干、高效、忠于职守，实现最优化效果。监督系统是属于反馈系统。它依据决策者的决定，对执行系统和管理客体进行监督，并把其中的情况、问题反馈回决策系统，进行协调、平衡、修正、追踪，以使逼近决策目标。智囊系统是决策系统的思想库、“外脑”。它是一批专家、学者，为社会有机体的经济、政治、科技、军事、文化的管理提供科学依据、最高水平科学技术知识以及最优化的理论、策略、方法，促使决策系统做出正确、完善的决定。

资金是管理组织活动中的财产和物资的货币表现，是管理运转的润滑剂。在商品经济条件下，任何管理组织无资金，其管理机器便难以运转。它包括预算控制、成本分析、财务管理等各个环节。它是管理手段之一，也是管理效益的标志。

技术是指与一定组织相适应的工业企业的科学技术和生产技术，医院医疗技术，军事的各种技术，学校教学技术等；也指相应各组织的管理程序、方法、手段、工具等。这两者技术虽差分，但管理系统中技术要素不可或缺。作为社会有机体的管理社会学技术，是引导、促进各种积极的社会影响和作用，限制、排除各种消极的社会影响和作用的一种手段。比如行政管理技术（方法），它是领导者或领导机构运用命令、指令性手段，直接组织、调节的管理形式，又对被管理对象发生影响和作用。这种管理技术对于实现管理职能有重要作用，但不能将它主观化、片面化、简单化。又如以法律规范和具有法律规范性质的各种行为规则进行管理的管理技术，它通过调节组织内外各种关系，达到预定目标的实现。它在各种管理活动中是外协调的手段，任何组织和个人都要遵守、服从法律，各组织按法律规定的责、权、利的关系，各为其组织提供了管理活动的空间，和处理管理活动的各种关系与行为的准则，以及组织内各种管理关系的原则依据。法律对于整个社会有机体的管理来说，是使社会生活活动趋向稳定有序的有效手段，是协调、调节各组织系统间及其内部各环节、各层次间的关系的有力杠杆，是解决外部各种关系和维护本组织利益的合法工具。因此，管理职能实现，大都依照法律规范。

时间是指每个组织系统中各种活动过程所需要的周期和其起始点、终结点，都需要精确地计算时间分布，以便使各种活动能相互衔接和循环，不致使各种活动的连续性中断。在现代各种管理活动中，时效性愈来愈突出，不同的时间可能产生正与负的效益。因此，时下提出“抓住机遇”、“不失时机”或“时间就是金钱”等主张，就是时间在管理活动中的作用的凸显。西方管理学家曾说，时间租不到、借不到、买不到，定量供应，一视同仁，毫无调节的弹性；同时又最容易损耗，既无补偿品，又无替代品，更无法贮存。时间是流，它瞬息万变，甚至神妙莫测。管理就在于抓紧时间，不浪费时间，也就抓住了机遇，获得了最佳效益。

物资是指社会实践活动中或社会生活活动中的物料、设备、工具等。譬如在生产活动或科学实验活动中，所需要的原材料、燃料、辅助材料、机械设备、厂房、场地等等。物资不像人员、技术、信息等在管理活动中是能动因素，它是接受人员、技术等作用的被动因素。它尽管在管理活动中是被动的，但俗语说，巧妇难为无米之炊。若无物资，各管理要素便无法实现其功能和作用。管理活动的主要功能，就在于使人这个劳动者与物资合理地搭配起来，以实现预定目的。

环境相对于时间，是管理活动的空间。它既包括管理活动的外部环境，如自然生态环境和社会人文生态环境，这是就社会有机体内各管理组织系统而言。若就社会有机体的管理活动的外环境而言，则是指自然生态环境；亦包括各组织系统管理活动的内环境，即各组织系统内各子系统、各要素的相互关系的影响和作用，对于各组织系统及其各子系统、各要素而言，不仅自然生态是外环境，而且社会有机体的整个社会人文生态以及国家的制度体制的政治结构、经济结构、文化结构、精神结构、意识形态结构等，都是其外环境。这就是说，管理活动的内外环境是相对而言的。但无论如何，它对社会有机体的管理活动或一个企业组织的投入与产出管理活动的影响和作用都很大。管理活动就在于使组织系统的内外环境协调起来，即融突而和合。

信息是指管理活动中对信息的收集、加工和传递的总和，信息作为管理活动的重要资源，是沟通管理组织外、内环境各要素、各子系统的中介，并组合成联系的网络，使整个管理活动系统成为一个有机整体。管理观念由信息传递和表达，目标由信息来体现，人员、资金、技术、时间、物资、环境，可通过信息来调节、控制、计划、组织等。因此，信息是管理活动的载体，上述管理的九个要素，都需要信息，离不开信息。否则，便会引起在整个管理活动中某一要素的脱节，连续运作活动的中断等。同时管理活动中信息要素具有广泛性、剧增性、时效性、非损耗性等特点。事实上管理活动的整个过程，就是信息处理的过程。①

社会有机体的任何组织的管理活动的展开，都需要这十大要素。虽在具体的每一管理活动过程中，各要素的轻重缓急有所差分，但它所涉及的要素大体是相同的。管理活动的各要素之间，由于所实现的目标和观念的差异，亦往往出现不平衡或冲突，需要管理中加以协调、融合，而达到和合。否则，整个组织的管理活动就会陷于失败，以致恶性循环。

社会有机体的社会关系活动的要素差分化、时效差分化以及社会作用、影响的差分化，才需要管理组织活动。这就是说，无差分就无所谓管理。按管理组织系统的逻辑次序依次为：

1. 按照社会有机体的社会组织的群体目标，对人的社会地位和职能角色进行不断差分化，使社会人际关系实现劳动分工。孟子所说的“劳心”、“劳力”的差分；职业分行很细，如《周礼》记载：有大宰、小宰、宰夫、宫正、宫伯，膳夫、庖人、内饔、外饔、亨人、甸师、兽人、鳖人、腊人，医师、食医、疾医、疡医、兽医，酒正、酒人、浆人、凌人、笾人、醢人、醯人、盐人、幂人、宫人、掌舍、幕人，司书、职内、职币、司裘、掌皮，内宰、内小臣、阍人、寺人、内竖、九嫔、女御、女祝、女史、典妇功、典丝、典枲、内司服、缝人、染人、追师、屦人、夏采，乡大夫、乡老、州长，封人，鼓人、舞师、牧人、牛人、充人，囿人、场人、廪人、舍人、仓人、司稼、舂人、槀人、
人、家人，乐师、大胥、小胥、大师、小师、瞽矇、眡瞭、磬师、钟师、笙师、镈师、龠师，大卜、卜师、龟人、占人、簭人、占梦、大祝、小祝、丧祝，司巫、男巫、女巫，大史、小史，内史、外史，戎仆、齐仆、道仆、田仆、驭夫，以及玉人、雕人、陶人、梓人、匠人等等。可谓360行，行行又有分工。所谓百工，“有大人之事，小人之事”②，便是管理分工原则；道德分

① 参见黄德鸿等编著，《管理学纲要》，98～103页，科学普及出版社广州分社，1987。

② 《滕文公上》，见《孟子集注》卷五，38页。

类，孔子分君子、小人、圣人；政治体制的区分，如封建制、郡县制、行省制、省市自治区等；以及法律分治；等等。这种多变量层序分化，多元素位序分化，如君子思不出其位，不在其位不谋其政，都是讲管理活动组织方式的分化机制。

2. 按照社会有机体社会环境的外在制约条件与内在制约条件，将分维化的变量、层次、序列以及分类化的元素、地位、角色依某种结构方式组织起来，即“使群”。中国古代荀子曾提出“明分使群”的思想，他认为人类社会有机体的社会组织管理，就是有分能群。人“力不若牛，走不若马，而牛马为用，何也？曰：人能群，彼不能群也。人何以能群？曰：分。分何以能行？曰：义。故义以分则和，和则一，一则多力，多力则强，强则胜物”①。就人类的自然生理能力来说，不如牛马，但为什么牛马能为人所利用？是因为人类是“能群”的动物；之所以“能群”，又由于人是有分工、分职、分等级的；因其以礼义的标准来分，所以人能彼此协同行动，和谐合作，有统一的社会组织，而战胜自然物。

在这里，荀子所说的“能群”，实际上是社会组织，这种社会组织已具有社会管理的功能，因为把各种不同分工、分职、等级的人群组织起来，协力合作、协调和谐，而发挥出群体的胜物的力量，便需要运筹管理。假如人类没有社会组织管理，就会发生争乱。“故人生不能无群，群而无分则争，争则乱，乱则离，离则弱，弱则不能胜物”②。人类社会组织必须有分工、分职、分上下（或称管理者与被管理者），才能协调合作，相互依赖，而不纷争；反之，无分就会相互斗争；相互斗争就会动乱；动乱而离散，而不能协作合力；离散而无力量，人类也就无法胜物而生存发展于宇宙之中。

在荀子看来，“分”是“群”的基础，是社会存在和社会组织的本质特征。“人之生不能无群，群而无分则争，争则乱，乱则穷矣。故无分者人之大害也，有分者天下之本利也”③。人类生命的生存必须依赖社会组织，社会组织的生命存在有赖于分。无分是社会斗争、动乱以及不安定的根源，亦是社会、国家贫穷的根源，所以“无分”与“有分”对于天下有“大害”与“本利”的效果。如何除害获利？荀子认为，社会组织的管理

---

①② 《王制》，见《荀子新注》，127页。

③ 《富国》，见上书，143页。

手段，就是“明分使群”。“离居不相待则穷，群而无分则争。穷者患也，争者祸也。救患除祸，则莫若明分使群矣”①。人类社会组织有分合群和谐，就不会使人类社会组织受到破坏，“皆使人载其事而各得其宜，然后使谷禄多少厚薄之称，是夫群居和一之道也”②。人类社会生活有序而不混乱，组织管理有分而协调和谐，天下富裕而不贫穷，这便是“和一之道”，即融突而和合之道。

3. 是按照社会有机体生生不息、化化不已的类生命要求，设定理想目标阶梯（由近期目标、中期目标、长远目标，按梯度分阶原理构成），激励自强奋斗动力，使社会融突和合体向着更真实、更完善、更优美的方向发展。

社会有机体管理组织的逻辑次序表明：分化则多元化、多样化，社会生活方式丰富多彩，人际交往活动关系千姿百态；合群则有序化、组织化，社会成为有机整体，人际交往关系充满活力。这样群分并协，分合并进，多而不乱，群而有序前后贯通，上下协力，同归殊途，一致百虑，患防于未然，乐豫先己立，社会生活活动自我约束、自我完善、自我推动、自我实现、自我发展。

（三） 管理原理与管理诸学派

社会有机体的社会生活环境的管理组织，其核心结构方式是上述的群分并协，分合并进。这两种融突和合组织方式，是社会管理的实质和精髓，是和合学基本原理在社会和合管理学中的具体运用。

原理的应用是一种技术。技术臻于精湛，就成了艺术，故茶有茶道，花有花道，书有书道，剑有剑道。因此，社会生活中的管理或管理社会的实践，是各门组织技术，是各类管理艺术。

管理艺术和组织技术的原理，其根据是社会生活组织方式的群分并协，分合并进机制，其目的是社会和合，人际和谐，其原理（操作性的）是多种多样的，不同的文化背景，不同的民族区域，不同的社会组织，不同的历史时期都有不尽相同的管理原理 ABC。

在中国古代，道家无为而治，取法自然；儒家仁义中庸，崇尚德性；法家立法严刑，施术用势；兵家奇正变幻，贵在权变；农家因地制宜，不违农时；墨家兼爱交利，善立表率；名家巧设名辩，擅长剖析；纵横家连

---

① 《富国》，见《荀子新注》，139 页。

② 《荣辱》，见上书，48 页。

横合纵，唯利是从。三教九流，百家千子，处心积虑，无非牧民之道，驾驭之术。皆自以为管理原理之 ABC，治天下犹“运之于掌上”。

表述中国古代管理思想著作很多，除上述各家的元典外，如《周易》、《尚书》、《孙子兵法》、《周礼》、《礼记》、《管子》、《史记·货殖列传》等。基本涵摄三大类管理思想，即军事管理、社会管理和工程技术管理。其思想源头可追溯到甲骨文本，《周易》是把对世界的认知和主体自身的价值愿望相结合的管理模式。《周易》管理思想模式的理论核心是人，由人而追求天道、地道、人道整体和谐；天、地、人三道的融突的人文精神和价值理想是“保合太和”。“太和”便是天（可能世界）、地（生存世界）、人（意义世界）的融突和合。即通过阴阳、柔刚、仁义的差分冲突，而后协调融合，这便是管理的目标。历代的中国明君贤相，仁人志士都从中吸取治国安邦、安身立命、富国强兵之术。

《周易》为中国确立了整体的管理思维原理，提出了变易过程论、错综关系论、结构整体论的管理思维。

1. 变易过程论的管理思维。为道屡迁，唯变所适。天、地、人三道，在变易过程中生存发展。从天道而说，由太极生两仪（阴、阳），两仪生四象（老阳、少阴、少阳、老阴），四象生八卦（表征天、地、雷、风、山、泽、水、火），这是一个以阴阳为核心而展开天道变易的过程；就地道而言，“有天地然后有万物，有万物然后有男女，有男女然后有夫妇”①。这是宇宙自然史的变易过程。它是以刚柔为核心意蕴而展开的，如以天刚地柔，万物有刚有柔，又以男刚女柔，夫刚妻柔为特征的生存发展过程；以人道而论，“有夫妇然后有父子，有父子然后有君臣，有君臣然后有上下，有上下然后礼义有所错”②。它是以仁义为核心内涵而展开的人类社会史变易发展的过程。仁为四端之首，而涵摄仁义礼智四德，而发为恻隐、羞恶、辞让、是非四端。夫妇、父子、君臣、上下，都以仁义为价值标准处理相互之间的各种关系，构成人类社会的生存发展的变易过程。

这种变易过程论的管理思维，描述了天道可能世界，地道生存世界和人道意义世界的管理原理、原则。任何事物的生存和发展，都是一个变易过程。社会有机体的社会管理，如政治管理、经济管理、文化管理亦不例外。以企业管理来说，从产品信息——设计——生产——流通过程，一个

---

①② 《序卦传》，见《周易正义》卷九，《十三经注疏》本，96 页。

环节扣着一个环节。每一个环节都需要管理手段，如严格的规章制度，以保证全过程的优质高产。

变易过程就是日新生生过程。“富有之谓大业，日新之谓盛德，生生之谓易”①。天、地、人三道，社会管理中传统社会向现代社会的转换，以及企业管理的信息、技术、产品、目标，以至观念，只有“日新”，才能“生生”。特别在现代市场经济的竞争机制下，任何一个企业不改革日新，就没有生路；企业亏损、破产，就在于不“日新”；不“日新”，就是一条死路。企业的“生生”之路，说到底就在于“日新”；“日新”就要把一切事物理解为变易过程；变易就是不常驻，过程就是走不完的路。这是每个企业求生、求达（发达）的根本手段。

2. 错综关系论的管理思维。《周易》便是讲各种关系，事物内外、左右、上下、前后的相互关系，一切事物包括各种社会组织、企业单位，以至于个人，都在关系中生存、定位、发展，并在关系中获得自身的本质、品性。“乾，阳物也；坤，阴物也。阴阳合德，而刚柔有体，以体天地之撰，以通神明之德”②。古人从各种各样事物中，概括抽象宇宙间事物的共同属性为阴与阳，阴阳作为事物的符号，以—（阳）--（阴）来表示。构成宇宙间各种关系，如天与地、日与月、水与火、暑与寒、昼与夜、刚与柔、动与静、上与下、表与里、攻与守、男与女、父与子等等。这种种变化，千万关系，其理贯通，阴阳之道。

这种阴阳错综关系，却表现一种性格或特性③：阴是柔、顺、寒、屈，阳是刚、健、热、伸，这是其自然属性；阳是贵、富、尊，阴是贱、穷、卑，这是其社会属性；阳是君、父、夫，阴是臣、子、妻，这是其等级属性；阳是仁、善、爱，阴是戾、恶、残，这是其道德属性，阴阳具有最大的普适性和包容性，亦具有对待性、相关性、对应性、依赖性。阴阳以自己的属性范围，规定自然、社会（政治的、道德的）、人际“心灵”文明等各种关系及其属性；自然、社会、人际的各种关系亦认同阴阳属性为自身的属性，构成天、地、人阴阳关系网络。

阴阳这个词近来在西方开始流行，波科特在对中国医学进行全面研究时，对阴阳所作的解释是西方最好的解释之一。他认为“阴相当于一切收敛的、反应性的、保守性的东西，而阳则指伸展的、扩张的、要求

① 《系辞上》，见《周易正义》卷七，《十三经注疏》本，78 页。

② 《系辞下》，见上书卷八，《十三经注疏》本，89 页。

③ 参见拙著：《中国哲学范畴发展史（天道篇）》，第八章《阴阳论》，261～263 页。

性的东西”[①]。F. 卡普拉也认为，“阴应当解释为反应性的、紧缩的、合作的行动，阳则是扩张的、伸展的、竞争性的行动。阴的行动考虑环境，阳的行动考虑自我”[②]。波科特和卡普拉的分析有一定道理，基本上符合阴阳的引申含义。

阴阳这种不同的行动与两类知识密切相关，这两种知识是与人的两种特性，即直觉与理性，及分别与宗教（或神秘主义）和科学相联系。“理性与直觉是人心功能的两种互补形态”，“理性知识易于产生自我为中心的亦即阳的行动，而直觉智慧是生态性的亦即阴的行动”[③]。这就是说，理性是直线的、集中的、分析的，它属于理智的领域，其作用就是区别、度量与归类。直觉是非直线性、整体的、综合的，它属于非理智的领域，是直接的、实在的经验。理性的知识趋向于分割支离，直觉知识出现于意识的伸展状态。

由阴阳而引申为对于两种知识的评价。卡普拉认为，西方文化的弊端，就在于割裂了阴与阳的互补、互渗、互转的关系。西方社会“一直崇尚阳而贬损阴，认为理性知识高于直觉智慧，科学高于宗教，竞争高于合作，开拓自然资源高于保护自然资源，等等。这种强调阳的做法，一开始是受到父权制的支持，后来又被过去三个世纪中占统治地位的感性文化所鼓励”[④]。这就造成了对于阳性价值的偏爱，而带来一整套包括学术、政治、经济机构在内的系统的失衡、失序的危机。这就是说，在现代管理中，应该充分考虑阴阳关系在处理人与自然、社会、人际、心灵、异文明之间以及企业管理中的互补相感、相反相成的作用。不要偏爱于阳或偏爱于阴，两偏均会使关系失衡，只有阴阳融突和合，社会、企业才会兴旺。

3. 结构整体论的管理思维。《周易》的结构整体在太极、八卦、六十四卦中均有体现。每一个卦的卦体，都是一个多元复杂关系的整体。如一个卦（六爻卦）都包含着内（贞）与外（悔）两经卦组合的整体。内卦与外卦中任何一爻变了，便引起整个卦的变化。一个卦的二、三、四、五爻又构成互体的两个经卦，即二、三、四爻构成一互体卦，为内卦；三、四、五爻构成一互体卦，为外卦，这样一个卦实际上可分为四个卦，换言之，一个卦是蕴涵着四个卦的整体。若以一个卦为一个公司，则包含四个子公司，它们有分有合，分中有合，合中有分，构成一个公司的融突和

---

① ［美］F. 卡普拉：《转折点——科学、社会、兴起中的新文化》，26 页。

② 同上书，27 页。

③④ 同上书，28 页。

合体。

一个卦除由内外（贞悔）、互体构成一整体外，还体现了天、地、人三才关系整体，如六爻的初爻和二爻为地，三、四爻为人，五、六爻为天。每一个卦体都是三才融突和合体，同时六爻都是阴阳融突和合体，初、三、五爻为阳爻，二、四、六爻为阴爻，初爻与四爻、二爻与五爻、三爻与六爻，构成阴阳爻相对应（比应）的整体。阳爻居阳位，阴爻居阴位，为得位或称正位，阴爻居阴位，阴爻居阳位，便是错位，谓之不正或失位。假如遇到内卦之中爻为六二，外卦之中爻为九五，这便是既得阴位之正位，又阴阳比应，就是最佳的机遇，谓之“中和”。

一个管理组织（国家、工厂、单位、企业、公司等）犹如一个卦，是一个多部门、多单元、多层次的有机整体，动一爻则全卦变动，各个单元、部门、层次都不可忽视，以免破坏整体的协调、平衡、和谐，使管理运行失衡、失范。

中国《周易》的管理思维是辐射源，影响儒、道、墨、名、法、阴、阳、兵、农各家管理思想，然后又影响东南亚各国管理思想。西方的管理思想也可以追溯到古希腊罗马。苏格拉底曾陈述管理的普遍性和管理者的互换性原理。柏拉图提出专业化和分工原理。[①] 现代西方美国泰罗（Frederick W. Taylor）精于计量，首倡科学管理[②]，挖掘人性潜能。19 世纪西方传统管理与之相应的是科学技术革命，即蒸汽机式的工业革命。与 20 世纪前半世纪西方科学管理相应的科学技术革命是电力化的产业革命；与第二次世界大战以后管理科学相应的科技革命是计算机的信息革命。近现代西方社会不断将管理革命、科技革命、生产革命协同起来，形成了以科技、管理、产业为三大支柱，以民主、自由、人权为三大标志的社会融突和合。

管理已深入西方社会生活的各个层面，形成了众多管理学派，提出了各种各样的主张。主要有：(1) 以德鲁克（P. Drucker）和戴尔（E. Dale）等人为代表的经验（或案例）学派。它从研究各种成功和失败的管理案例和管理经验入手，以确定怎样管理，不承认存在普遍的管理原则。(2) 人

---

① 参见［美］小克劳德·S·乔治：《管理学思想史》，16～17 页，恩格伍特·克利夫斯，N. J. 普伦蒂斯-希尔公司，1972。

② 管理科学理论形成于 19 世纪末 20 世纪初，以泰罗 1911 年出版的《科学管理原理》为标志，该书于 1914 年由穆藕初先生翻译在国内出版。蔡上国译本，由上海科学技术出版社 1982 年出版。

际关系学派，以受过心理学教育为主的学者组成。他们认为管理者的工作就是处理人的心理问题；处理人的关系是管理者理解和掌握管理的技巧。(3) 群体行为学派，研究各种群体行为方式，或组织行为研究。孔茨(H. Koontz) 认为，管理者所遇到的问题，是由群体行为类型、态度、愿望、偏见引起的。(4) 合作社会系统学派。以巴纳德为代表，他们认为，社会系统是人在意见、力量、愿望、思想等方面的合作关系。提出广义的组织概念和效力、效率两原则，以及非正式组织职能、信息联系等一系列组织理论。(5) 社会技术系统学派。以特里司特 (E. L. Trist) 等人为代表，他们在解决采煤业生产率问题中，发现技术系统对社会系统影响很大，个人态度和群体行为亦受其影响。于是提出协调社会系统和技术系统的主张，管理者就在于使这个系统取得和谐。(6) 决策理论学派，以西蒙·马奇 (J. G. March) 等人为代表。他们认为，决策贯穿管理的全过程，围绕决策（决策者、决策本身、决策过程等）这个核心建立管理理论。(7) 系统学派，以卡斯特 (F. E. Kast)、罗森茨韦克 (J. E. Rosenzweig) 等人为代表。他们从系统论看管理企业，提高企业效率；并认为系统方法是形成、表述和理解管理思想最有效的手段。(8) 数学（或“管理科学”）学派，由伯法 (E. S. Buffa) 等一些运筹学家组成。认为管理是用数学模式与程序来表示计划、组织、决策、控制等合乎逻辑的程序，求出最优化的解决，以达预定目标。管理科学就是把数学模式和程序系统用于制定管理决策，并由计算机进行企业管理。数学家把自然科学的工具和技术援入管理，使管理有可能进行定量分析。(9) 权宜（或应变）学派，以莫尔斯 (J. J. Morse) 和洛尔施 (J. W. Lorsch) 等人为代表。主张结合 X 理论和 Y 理论①，而权宜应变的经营管理理论，强调实际环境变化与管理对策之间的相互关系，并通过事例分析，把企业归纳分类，制定每一类型企业的管理模式。(10) 管理者工作学派（或称经理角色学派），以明茨柏格 (H. Mintzborg) 等人为代表。他们把管理者（经理）的工作特点、担任的角色、工作效率等为研究对象，对提高管理水平有很大帮助。(11) 经营管理学派（或称管理过程学派、管理程序学派、作业学派等），他们把管

---

① X 理论和 Y 理论由麦格雷戈 (D. Megregor) 等提出，X 理论是指传统的管理思想，认为工人本性不诚实，不负责任，强调管束才能提高劳动效率；Y 理论则认为人的行为受动机支配，人都愿意取得成就，只要善于引导，便可激发员工的主动性、积极性。麦格雷戈主张企业管理指导思想上要变 X 理论为 Y 理论。后有人又提出超 Y 理论，要据实际需要，选择或综合运用 X 理论和 Y 理论。

理分成各种职能加以研究，通过职能分析构成管理过程，并把用于管理实践的概念、原则、理论和方法组合起来，形成一个管理学科。其特征如图 18—1。圆内部分是这一学派的理论内容，圆外表示相关知识的支持体系。①

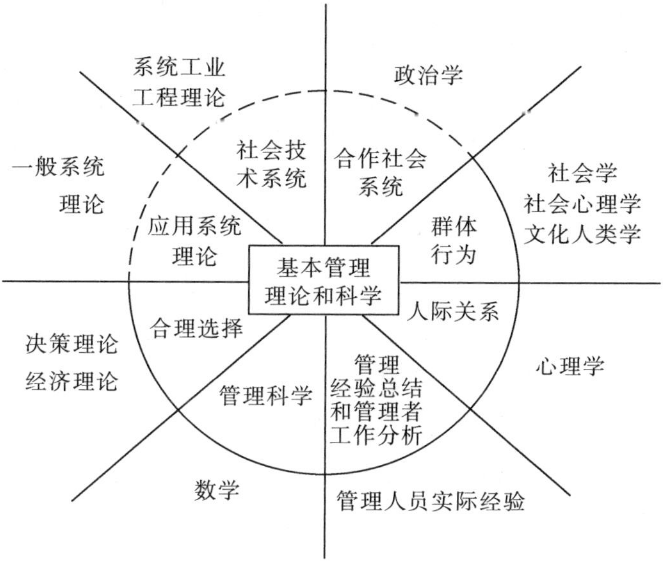

图 18—1

这 11 个学派的管理理论，在各个时期都对管理理论的发展做出贡献，为管理理论的多元化做出努力，且都具有合理性和价值。亦各有其局限性和不足：经济（或案例）学派偏重经验而难免有狭隘性之弊；人际关系学派限于人际关系，而不足以建立管理科学体系；群体行为学派囿于群体行为方面，而于管理整体系统关注不够；合作社会系统学派之不足，是把管理重要组织职能过分突出；社会技术系统学派未能涵摄管理诸多理论；决策理论学派囿于决策就是管理；系统学派由于缺乏管理科学自身新东西而有所减弱；数学（或管理科学）学派，难于涵盖管理科学；权宜（或应变）学派实际上是对于管理艺术的探讨；管理工作者学派限于经理工作，而于组织机构的建立、目标的确定以及各部门具体管理都重视不够；经营管理学派的管理理论较抽象，对管理艺术和管理者的能动作用有所忽视。

---

① 参见《管理学会评论》（*Academy of Management Review*），1980 年第 5 卷第 2 号，175～185 页；H. 孔茨：《管理理论丛林》，载《外国经济管理》，1984（4）、（5）；H. 孔茨：《再论管理理论丛林》，载《外国经济管理》，1984（5）、（6）；罗伯特・克顿特勒：《管理概念诸要素新探》，载《财经译丛》，1985（2），黄德鸿等编著：《管理学纲要》，57～63 页。

管理科学理论的多元化，凸显了管理科学的繁荣昌盛。但西方管理学的原则或原理均是狭义上的工业企业管理原则或原理，很少有最广义的社会生活管理。因为按西方文化传统及其人权观念，个人、家庭等的社会生活是内务、私事，不应成为学术研讨的对象。管理只能管国家事务，管理公共关系。中国人爱谈心，好管闲事，爱揭隐私。因而古代有“心术”与“内业”[①]，现代有“思想政治工作”等。管理主要为“齐家”、“治国”、“平天下”之道。包括组织管理，科举用人之道，理财之道和财物保管制度等。

二、 人性假设与管理艺术

中国文化重人，以天地之性（生），人为贵。因此，中国哲学，在某种意义上说，就是人学。笔者曾批评恩斯特·卡西尔（Ernst Cassirer，1874—1945）把“人定义为符号的动物”[②]，而把人重新定义为“人是会自我创造的和合存在”。管理无论是对自然生态环境的管理，还是对人类社会有机体的管理，以及企业公司的生产经营管理等，都是人的自我创造。管天、管地、亦包括管人自己。天地不会自己管理自己，由人管天地，故曰“为天地立心”。因此，人是管理的核心要素。

（一）行为理论与领导艺术

作为管理主体的人，中国古代以人的“未发”为性，即人性；以人之“已发”为表现出来的行为，为情。这里从社会和合的视野来探讨和合管理学问题，未发已发便是管理学意义上的人性和行为问题。

依据科学技术管理现代社会，解决社会和合系统的组织问题，是管理科学的理论要旨，也是现代管理科学与传统管理经验或古代管理哲学的差异。

管理科学的现代科学技术基础，是关于行为的科学理论及其技术方法。管理的对象，不是笼统意义上的物或人，也不是抽象意义上的人物关系、人际关系，而是各种各样的行为。一切管理措施只有落实到具体行为上，才能达到管理目标，提高管理效应。

所谓行为科学，是指研究人们行为方式的学问。它是运用心理学、社

---

① 《心术》、《内业》为《管子》中的两篇。

② ［德］卡西尔：《人论》，34页。

会学、伦理学、人学等理论的综合学科。它通过研究人的各种行为方式，以达到预定的目标。

早期行为科学主要是研究人的动机言行，及其与个人性格、学识素养、价值观念、家庭生活、组织制约等的关系；同时研究个人和所在组织的共同利益，及其如何统筹兼顾，两方面都得到满足。科学管理时期（以泰罗1911年发表《科学管理原理》为标志）主要是把自然科学的一些法则、原理运用于管理，以改进环境、制度、规则、法令、责权等，对于人的思想言行不重视。

20世纪30年代，美国学者梅奥（G. E. Mayo）在芝加哥西方电气公司所属的霍桑工厂，进行测定影响生产效率诸因素的实验（共分四个阶段）。在这个实验的基础上提出了工人是社会的人，而非单纯追求金钱的经济人。金钱并非刺激积极性的唯一动力，社会的、心理的动力对生产有很大影响；生产率升降取决于工人的态度，即“士气”，及其得到满足程度的函数；取决于企业的正式组织与非正式组织关系的协调、和谐。前者是理性的，后者是感情的。人的思想更多地会接受感情的支配。这个实验给管理学带来以事物为中心的管理，转变为以人为中心的管理，为行为科学的发展奠定基础。1953年正式定名为行为科学。

人的行为对管理具有决定性的意义。人是有思想、有感情、有需要、有欲望的动物，而不是抽象的符号。思想、感情、需要、欲望等影响人的动机，动机为“未发”，却能驱使行为（已发），行为又直接影响组织的工作效率。因此管理必须注意满足人的需要和欲望（指合理的需要和欲望），人的心理反应、情感的变化等因素。并统筹兼顾个人与组织的利益：一方面人是组织的成员，要求成员遵守规章制度、规则法令、工作标准等；另方面每个组织成员也要求组织满足其需要。两方面利益都得到合理的、适度的平衡，和谐，才能使两方面都进入最佳状态。

美国3M公司之所以被《幸福》杂志评为“最受企业界钦佩”的公司，是因为有经营管理的十大法则。此十大法则是：(1) 建立一种合作文化，鼓励每一位员工吸收他人成果，为己所用。(2) 测算企业成果，45家子公司时刻跟踪并测算一系列反映其经营成果的数据，尤其是新产品开发。(3) 充分发挥个人创造性。技术人员在工作时间的安排上有极大的自主权，鼓励以20%工作时间研究个人计划。(4) 以自身的优势保住顾客，销售商与公司技术部门、消费者保持联系，发现问题及时解决。(5) 庆祝成功不犹豫，人并不一心想着奖金和加薪，隆重举行表彰最有创造力人员的仪式，并吸收到公司正规“科学院”里来，给他以荣誉。（6）为人直率，能够说不。倾听各方面意见，不管建议是谁提的和微不足道的。能说“不”，说得越快越好，避免计划重复。（7）保持人员稳定，人员精通公司工作方法，且有一种公司精神。（8）任命最佳的驻外管理人员。（9）稳定增加科研和开发经费。（10）保持企业自身特性，坚持企业获得成功的法则或原则。① 此十大法则中与企业中人直接相关的便有七条，其他三条也与人间接相关。

行为理论包括人的潜在能力发挥理论，人的差分理论，人格尊严维护理论，激励理论：（1）根据研究，企业工作人员平均只用30%的能力从事工作。要求研究人的心理、个性，以便能发挥人的其余70%的潜在能力。（2）由于每个员工的智慧、性格、气质、体力、爱好、兴趣等差别，而与教育水平、道德修养、社会影响、家庭环境相联系。对人员的管理上应一把钥匙开一把锁。（3）维护人格尊严，企业中每个人都有人格尊严，生产效率就高。否则，生产效率难以持久。（4）运用激励。在管理科学的发展中，曾以人格尊严和满足人的基本需要的激励法则，代替传统的严格监督、制裁的管理方式。激励在于引发动机，提高效率。刺激（包括外部的刺激和内部心理的、器官的刺激）→需要（包括生理的、社会的需要）→动机→行动→目的。刺激、需要引起动机。人的动机复杂多样，人的行动是由动机结构中最强有力的动机决定的。动机的强度与目标的期望值相联系。目标的期望值越大，动力亦越大。一般来说，目标期望值＝目标价值×期望概率（实现目标可能性的大小的估计）。期望概率的估计包括达到目标难度、自身的能力和可资利用的环境等因素的主观估量。低估而目标期望值小，动机强度亦小；高估而目标不能实现，受到挫折。

挫折有主观的和客观的原因，或外部的和内部的原因。挫折后可能产生的行为有：或找借口，埋怨他人；或固执己见；或退化（回归）行为，即回到较原始行为上去，如哭、骂、闹等；或敌对行动，诬陷、破坏；或放弃目标，自暴自弃，心灰意冷；或调整行动；或改变目标。前五种行为为非理智的、情感的，后两种是理智的。

激励理论所涉及由刺激——需要——动机，而产生行为。马斯洛

---

① 《经营管理的十大法则》，载《青年非洲》，1995-05-24，转引自《参考消息》，1995-06-14。

(A. H. Maslow) 人的需要五层次理论，即生理需要，安全需要，社交需要，尊重需要，自我实现需要。[①] 此五层次是一梯级式由低向高的层进，只有当低层需要得到一定满足以后，才能向高层发展。然而需要的强度因人而异，需要强度大的便决定人的行为趋向，如经济落后的人，生理、安全需要强度大，其行为即为生理、安全而努力；经济条件好的人，尊重和自我实现需要强度大，其行为亦随之。老年人社会尊重的需要强度大，其行为就为社会需要而努力。需要理论，即行为动机的原因理论。

赫茨伯格 (F. Herzberg) 提出“双因素论”。认为人有两种需要，这两种需要的满足有两种因素：即保健因素和激励因素，前者是影响人的行为的外部因素，如企业政策的公平合理、工资水平、工作条件、管理制度、劳保福利、人际关系等等，可平息不满，犹如卫生保健，它包括生理、安全、社会需要和自我尊重需要；后者是影响人的行为的内部因素，如被人赏识，技能提高，责任加大，成长机遇等，能使人发挥自己聪明才智，创造发明，刺激人的积极性。它包括社会尊重需要和自我实现需要。[②]

另外麦克利兰 (D. McClelland) 的“成就需要”理论。他把人的基本需要概括为三种：成就需要、权力需要和情谊需要。认为企业的成败、国家的兴衰，都与其具有高成就需要的人数相联系；斯金纳 (B. F. Skinner) 的“行为改造”理论。他认为人的行为可通过正、负两种强化的办法进行影响。正强化用来刺激行为的再现，负强化可制止行为的再现。这便是企业管理中奖励与惩罚的理论依据；弗鲁姆 (V. H. Vroom) 的“期望几率模式”理论。他以人的行为是对目标的追求，行为的激发力决定于目标价值的高低和期望概率的大小：

激发力量＝目标价值×期望概率

行为科学在企业管理中得到了丰富和发展。现代科技的行为理论，不仅研究个人的社会化行为，而且研究公司等法人的组织行为；更广义上，还研究物资流动行为，货币资金行为，动物行为等等。通过揭示行为的动力机制和调控原理来实施科学化管理，真正兑现“人为自然立法”、“为天地立心”、“立人极”、“立太极”等哲学诺言。

行为的科学化管理是一种领导艺术。领导本身也是一种行为。管理活

---

① 参见拙著：《新人学导论——中国传统人学的省察》，186～187 页；马斯洛：《动机与人格》，40～54 页。

② 谢勋丞等编：《现代管理学概论》，226～235 页，北京，中国铁道出版社，1987。

动说到底是综合行为。通过赋予规范化（范式化）的模式行为（即规范行为的科学分析）领导相关领域的行为，就是管理。管理者的领导艺术是与管理者自身素质相联系。所谓素质是指先天的感觉器官和神经系统方面的生理特点，这是狭义的素质；广义上的素质是指文化教育水平、伦理道德水准、心理气质、思维方式、审美情趣、精神面貌等的总体表现和评价。[①]管理者的领导艺术就是在自身素质基石上激发出的闪光和才华。

管理者的知识水平和结构，对管理者的素质和领导艺术的提高，不可或缺。在此世纪之交之际，管理者应该具有适应21世纪高科技和现代社会发展的知识和能力，才能认知和把握管理对象和有效地进行管理工作。若不具备科技知识、经济学、法律学、财政学、教育学、伦理学、心理学知识，如何开展管理组织、工厂企业、公司商业、教育思想等管理工作？管理者知识化，这是管理者有效管理企业、工厂、公司的关键，否则管理者就会被淘汰。

当然，管理者的知识不是杂乱无章，而是有合理的知识结构，并因管理者管理对象的不同，知识结构亦异。它能使同样数量的知识发挥更佳的效能和作用。更佳知识效能和作用的发挥，还有赖于管理者智能水平及结构。有高深渊博的知识，并不等于能运用到管理组织工作的各个实际方面。管理者只有不断提高自身的智能，才能有较高的领导艺术。

管理者只有具有不断创新意识、进取精神、决断魄力和各种实际的社会活动才能等，才能胜任工作。现代社会千变万化，高科技日新月异，新思维、新理论、新设计、新产品不断更新。一个方面跟不上日新的形势，就会被淘汰或破产。因此，企业的生命就在于“创新”，无“创新”就等于企业生命活动的休止；管理者亦如是，无创新意识，就等于管理者生命意识的死亡。管理者的领导艺术，就在于组织、协调、和谐各方面的关系和力量，促进“创新”目标的实现。一个因循守旧，墨守成规，祖宗之法不可变的管理者，在现代市场竞争的严酷的境遇下，绝不可能使企业立足于现代社会。[②]

管理者知识、智能固然很重要，然而管理者的道德情操亦是其素质的重要组成部分。如“君子反情以和其志，比类以成其行。奸声乱色，不留聪明；淫乐慝礼，不接心术；惰慢邪辟之气，不设于身；使耳目鼻口心知

① 参见拙著：《提高全民素质与现代化》，载《人民日报》（海外版），1995-03-03。

② 美国王安公司和苹果公司衰落的教训，应该记取研究。

百体，皆由顺正以行其义”①。管理者的不为奸声乱色、淫乐慝礼所迷惑、引诱，不被惰慢邪辟之气所侵蚀，一切顺正行义，便会以管理者的身教影响被管理者，以至影响整个企业的道德面貌和社会企业形象。孔子说：“政者，正也。子帅以正，孰敢不正。”② 管理者以自己端正的行为使企业得以端正，“正己而后正人”。换言之，管理者自身行为正则化，符合价值规范，便具有引导意义和作用。所以，管理者应尽可能使用有效的言语行为，运用艺术和合原理，使自己的言语行为具有感染力和号召力。

现代领导艺术，从行为理论分析，是“群境”内的语言艺术。管理领导者运用自己的言辞行为发号施令，运用自身的礼仪行为示范感动，运用自由创造的象征符号统合社会行为，使其按合理合范原则进行活动。孔子回答鲁定公“一言而可以兴邦”、“一言而丧邦”③ 之问，虽认为不可以这样简单机械，但亦可以这样讲，强调管理的领导者（或为政的领导者）言语行为的影响作用之大。修辞立诚、理财正辞，都涉及管理的语言艺术。由此而观，中国古人说“言者无罪”，其实不然。煽动、诽谤、诬陷、咒骂皆为言者之罪。中国传统文化以言行对举，缺乏言语行为概念。故到今天，言语文明建设尚待努力进行。骂人吵娘咒祖宗，也是中国的一种传统，连文人学者亦不例外。孔子有“慎言”，《易》有“慎言语，节饮食”，可谓“圣言”不可违。“立言”为“三不朽”之一。就其不朽而言，与“立功”、“立德”无异。若说政治家是功利行为之领袖，道德家为伦理行为之领袖，管理家是企业行为之领袖，那么，文人学者便是言语行为的领袖。当代中国“文人学者”，不慎言语，轻用文字者，不谓无有。所谓精神鸦片者，亦为其社会效应之一。就此而言，西方亦不例外。④

上述这些都是从管理者自身的素质而言领导艺术，从管理者运用领导

---

① 《乐记》，见《礼记正义》卷三十八，《十三经注疏》本，1536 页，北京，中华书局，1980。

② 《颜渊》，见《论语集注》卷六，52 页。

③ 《子路》，见上书卷七，56 页。

④ 记者南领发表《美国无边的言论自由已威胁生存安全》的文章，指出“作为世界首屈一指的美国演艺业，其中以好莱坞为代表，正在成为社会舆论和政党政治中被批判的对象，美国人目前已经在探讨言论自由的边界和限度了”。“《洛杉矶时报》，1995 年 6 月 5 日头版，引用了一首流行歌曲，歌词如下：‘她的身体多么漂亮，这勾起我强奸的念头，迂回不断，为什么不把她的衣裙撩开，她命该如此，甩出我的匕首，告诉她，你要敢叫，我就把你宰了……’这首歌是著名摇滚歌手特仑特·雷兹纳的唱片集《七寸指甲》中的一首。”美国前教育部部长威廉·贝内特曾说：“这已不是诲淫诲盗，而是公然强奸和凶杀用歌曲作了绘影绘声的美化，言论和艺术创作的自由边界，究竟应当设在何处？”（原载美国《美中导报》周报，1995-06-16，转引自《参考消息》，1995-06-24）。

艺术而言，如知人善任的选拔人才艺术；运筹帷幄的组织指挥艺术；协调和谐内外冲突的对应艺术；创造发明的奖励艺术；提高群体工作效率的管理艺术等等。

就知人善任的用人选人之道而言，俗语“只有无能的管理，没有无用的人才”。只有尊重、爱惜人才，才能选拔人才，知人善任；若以人才如粪土，“知识愈多愈反动”，知识分子统统是“臭老九”，哪里有什么人才？能否真正选用高水平的人才，这关系着事业的成败兴衰。中外历史上成大业者，必是知人善任有才能的管理者。这不论于齐家（大夫管理的家邑）、治国、平天下，还治工厂、管企业、理公司，概莫能外。

不知人善任，必败无误。秦末汉楚之争，弱者刘邦之所以打败强者项羽，一个重要的原因就在于是否尊重人才，善任人才。刘邦说：

> 夫运筹帷幄之中，决胜千里之外，吾不如子房。填（镇①）国家，抚百姓，给饷馈，不绝粮道，吾不如萧何。连百万之众，战必胜，攻必取，吾不如韩信。三者皆人杰，吾能用之，此吾所以取天下者也。项羽有一范增而不能用，此所以为我禽也。②

一些管理者知此古训，但自己实行起来，并不那么顺利容易，便关系着管理者自身的素质。如有些管理者想知人善任，又不能知人善任，这便是一个冲突。

事实上知人难，善任亦难。诸葛亮提出“知人”之道有七：

> 一曰，间之以是非观其志；二曰，穷之以辞辩而观其变；三曰，咨之以计谋而观其识；四曰，告之以祸难而观其勇；五曰，醉之以酒而观其性；六曰，临之以利而观其廉；七曰，期之以事而观其信。③

通过实践观察，以识别人才。这七条，既包括才，亦蕴涵德，实为德才兼备之才。“知人”是为了善任，古人云：“非成业难，得贤难；非得贤难，用之难；非用之难，任之难”。人各有所长，各有所短，用其长而避其短；人亦有其能，有其不能，用其能而避其不能。这便是管理者的领导艺术。

---

① 《汉纪三》，见《资治通鉴》卷十一，胡三省音注，72页，上海，上海古籍出版社，1987。
② 同上书。“禽”与“擒”，古相通。
③ 《知人性》，见《诸葛亮集》卷四，78页，北京，中华书局，1960。

（二）善恶假设与管理模式

管理主体的行为和领导艺术，是管理主体的素质、道德、思维、观念的表现，一言以蔽之，即人性的表征。

中西管理学由于对人性不同观念，而有不同理解和解释。但人性论（或称心性论）是管理哲学、行为科学以及政治制度、伦理道德、法律措施的理论基础。

西方管理行为科学基于对人性的理解。在不同的阶段有不同的解释①：

1. 在前管理学阶段，把人解释为“工具人”。以人在生产中的作用，犹如机械工具。管理者就是使人和机械一样动作。抹杀了作为被管理者的人的人性、人格，把他们作为机械工具一样，成为管理者实现预定目标的一种手段或工具。

2. 在早期管理学阶段，把人解释为“经济人”。他们从“工具人”转变为人的活动是由经济动机引发的观点，从经济的角度追寻人进行劳动的动机。这种观点把管理者的动机理解为获取高利润，作为管理对象的工人的动机是为取得高工资。两者都是为了经济目的。“经济人”的观点把人性看作是，人人都在利己心的驱动下进行活动，都为达到个人主义的目标。基于“经济人”的管理理论，就是要满足人的生理的、生活的物质经济要求，这对于实现预定目标有激发的作用。但把人的本性理解为经济的、利己的，有其片面性。

3. “社会人”观念是对“经济人”的观念的否定。它认为无论是管理者还是被管理者，老板还是雇员，都是生活在人际关系中的人。任何人都不是鲁滨孙式的孤立存在者，而总是组织、群体、集团中的一员，即有所归属。因而人都具有一种归属感和安全感，只有有所归属，才能得到满足。所以提高管理效率，关键在于发挥团体、集团的协调效应，即不是满足人的经济动机，而是满足人的社会动机。“社会人”观念对人性的理解，超越了“经济人”对人的自然性的理解，人不仅有自然生理的需要，而且

---

① 麦格雷戈认为在每一个管理决策或每一项管理措施的背后，都一定会有某些关于人性本质以及人性行为的假定。他针对X理论，提出Y理论。沙因（E. H. Schein）在《组织心理学》（1965年）把前人提出的“经济人”、“社会人”、“决策人”同他的“复杂人假设”为四种人性假设。这第四种“复杂人”假设认为，每个人有许多不同的需求和不同的能力；在组织中可获得新的需求和动机；一个人是否感到满足，决定于本身动机构造与同组织之间的联系，人可依自己的动机、能力及工作性质对不同管理方式做出不同的反应。后莫尔斯（I. Morse）和洛希（J. W. Lorsck）1970年提出“超Y理论”。威廉·大内（William G. Ouchi）提出“Z理论”，是“Y理论”在管理组织上的运用。（参见黎红雷：《儒家管理哲学》，184～188页）

有安全的、社交的、社会的需要，从社会性方面理解人性。这种理解比之“经济人”的理解要深刻，但“社会人”的人的社会性的理解，囿于人际关系的心理因素的安全感、归属性，有其简单化的偏颇。

4. 现代管理理论认为人是“决策人”。有综合“经济人”与“社会人”的意味。“决策人”的观念是以管理者与被管理者，都是决策者。每个人都可以做出自己的决策，这是从个人方面说的，而每个人的决策都为了实现一个共同的目标，这是从社会方面说的。这样，个人的与社会的决策，个人的与社会的价值融突而和合。“决策人”的人性观念，超越“经济人”与“社会人”，而又综合两者，认为人既具有“经济人”的生理需要、生理动机的自然属性；又具有“社会人”的安全、社交需要的社会属性。决策人认为，虽然每个人都具有自然性和社会性，但还承认每个人都具有自主性和个性。这种个性有可能与共性发生冲突。个人决策与社会决策（组织决策）既有其一致性，亦有其冲突性，决策者就在于协调、和谐这两者之间的冲突，以求目标的实现。

这四种对于人性的理解虽各有其不足之处，但却是一个逼近的过程。“工具人”的观念是把管理者与被管理者对立起来，被管理者完全成为被动的机械。“经济人”和“社会人”的观念，都探讨管理者与被管理者的共性、统一性，消除两者的对立。尽管这种共性、统一性的理解有差分，比如“经济人”把这样共性、统一性理解为经济动机，“社会人”理解为人际（人群）关系，“决策人”理解为决策，但其思维的路子（方法）是相同的。从“工具人”、“经济人”、“社会人”到“决策人”的过程，体现了人类的工具需要、经济需要、社会需要到自我实现需要的过程。若到“和合人”，除这些需要之外，还有实现目标需要。此需要涵摄上述四项需要，便是此五种需要的融突和合。

中国古代无单纯意义上的管理学的人性，而把人生理想和人格塑造中所认同的道德准则和价值目标，通过各种渠道和中介以及传统习惯和个人心理活动形式，对人的本质属性及与此相联系的人的道德活动的行为进行评价，做出善与恶的判断。这是人对某一对象所持褒贬的表现方式与提升社会道德水准的有力手段。因此，善恶道德评价是人自我完善的特殊活动，以及道德完善功能的实现活动。道德评价渗透于全部道德活动，包括外在的道德世界和内在的道德世界，即主体外在的道德传统、行为、舆论、秩序、关系和主体内在道德心理、观念、意志、情感、理想等活动。中国古代哲学家、思想家往往把内在道德精神世界的善恶评价，说成人所固有的本质或本性，把外在的道德世界的各种活动，说成是由内在道德本性、本质所支配的行为。①

人性善恶是指人的本质的肯定性或否定性的属性。其逻辑展开的人性善恶之辩，源于先秦。孟子时便有“性无善无不善”，“性可以为善可以为不善”，“有性善有性不善”，“性善”四派之争。② 这里“不善”，实有“恶”的意思，但不称“恶”。这并非由于善恶对偶概念未出现。善恶对称在《国语》已有记载：“忘善则恶心生”③。作为人性恶的理论，是荀子提出的。后来又有善恶混、性善情恶、性善情亦善等。从不同的角度触及管理学中的“X理论”、“Y理论”和“超Y理论”所说的管理人性问题。

孟子认为人性之所以善，是因人具有一颗普遍族类的同情心，即“人皆有不忍人之心”④，比如有一个小孩将掉到井里，人都会产生一种同情心去救孩子，这种同情心的产生，并不是因为与孩子的父母结交情，也不是为在乡里中获取名誉，亦不是厌恶孩子的哭声，而是一种人的自然的同情心的流露，这就是人本来所具有的善的本性。把这种不忍人之心扩而充之，推而及之于国家政治生活，用于治理天下，就像运转小物于手掌心之上那样容易。

> 人皆有不忍人之心，先王有不忍人之心，斯有不忍人之政矣。以不忍人之心，行不忍人之政，治天下可运之掌上。②

作为国家的管理者，只有具有不忍人之心，便涵摄了仁义礼智四德。管理国家的成败，就在于管理者能否扩充自我本来的善性。孟子进一步探讨了善性扩而充之于政治、经济、教育之间的关系，以及管理者的选择。“善政不如善教之得民也。善政，民畏之；善教，民爱之。善政得民财，善教得民心”③。善政使人民畏惧和获得人民的财产，并没有得到人民的爱和心。

孟子从“不忍人之心”推而及之“不忍人之政”，“善政”，从管理意义上说，便是以人之善性为国家、组织管理活动的所以然或根据，这是对于管理活动现象背后原因的追究；把人性作为管理活动现象背后的原因，

---

① 参见拙著：《中国哲学范畴发展史（人道篇）》的《善恶论》。

② 《告子上》，见《孟子集注》卷十一，86页。

③ 《鲁语下》，见《国语集解》卷五，194页。

④② 《公孙丑上》，见《孟子集注》卷三，24页。

③ 《尽心上》，见《孟子集注》卷十三，103页。

蕴涵着现实管理活动现象背后的精神力量，即人满足需要的欲望、愿望。孟子说："从其大体为大人，从其小体为小人"①。"小体"指耳目口腹等器官；"大体"指心灵、精神。君子与小人之分，即大体与小体之别。不同人的不同需要的追求，与能否发挥其善性相联系。这些与西方"Y 理论"有相似之处。

但孟子的性善论与"Y 理论"，有时代的、环境的、文化的差异。就理论本身来说，"Y 理论"是对于管理过程中人的行为的描述，并不对行为本身作善恶的道德评价，属于行为科学范围。性善论是对人性的道德评价的内化，诉诸于存心养性；"Y 理论"研究被管理者的行为，孟子性善论主要讲管理者的行为，尤其是国家管理者的行为；"Y 理论"认为人的恶的行为与人的本性没有必然联系，是后天影响的结果，孟子并不完全排除人性中有好逸恶劳的一面。

孟子性善论的价值、目标是"仁"和"仁政"的价值理想，包括理想人格与理想社会。荀子与孟子相对应，提出性恶论，主张"人之性恶，其善者伪也"②。人的本性是恶的，善是后天的人为。荀子性恶论的价值目标是礼义之治的价值理想。当性善、性恶引入管理国家、社会的实践时，"善性"直接推之于国家、社会管理，便是"仁政"，强调内在的存心养性和自律，以维持国家、社会的平衡、有序、和谐。"恶性"不能直接推之于国家、社会的管理。"恶性"必须通过后天外在的礼仪、教化，以及主体自身的努力修养，才能"化性起伪"。强调外在的礼义之治和他律，以达到国家、社会的平衡、有序、和谐。殊途而同归。

荀子认为，人具有"目好色、耳好声，口好味，心好利，骨体肤理好愉佚，是皆生于人之情性者也"③。这些自然生理的属性，以及满足这些生理属性的欲望，构成了人"性恶"。由于人性恶，才需要礼义规范、国家的规章制度、法律刑罚等。假如性善，人人先天地遵守礼义规范、规章制度，那么，管理以及管理的规范等都成为无的放矢，多此一举了。

荀子的性恶论与现代管理学中"X 理论"不同。"X 理论"认为，人天生厌恶工作，偷懒，对这种好逸恶劳的本性，管理者在管理过程中只能采取强制、监督、惩罚等等，才能达到预定的目标，荀子主张"化性起伪"，强调教化的作用，以改变人的本性，这是"X 理论"所忽略的。

---

① 《告子上》，见上书卷十一，90 页。

② 《性恶》，见《荀子新注》，389 页。

③ 同上书，393 页。

“化性起伪”，蕴涵着先天的本性是可以改变、变化的，而不是不可变的。这种人性可变化、可塑的理论，为现实人的变好、变坏提供了人性依据。

> 故古者圣人以人之性恶，以为偏险而不正，悖乱而不治，故为之立君上之势以临之，明礼义以化之，起法正以治之，重刑罚以禁之，使天下皆出于治，合于善也。①

如果依人的自然本性的“好色”、“好声”、“好味”、“好利”、“好愉佚”的发展，则会为恶作乱。只有采取“临之”、“化之”、“治之”、“禁之”等手段，才能使之化性而合于善。这种“化性”的方法，基本上属于强制的、刑法的外律；也可以采取潜移默化的方法，“性也者，吾所不能为也，然而可化也；积也者，非吾所有也，然而可为也。注错习俗，所以化性也；并一而不二，所以成积也。习俗移志，安久移质”②。本性虽非人为形成，但可变“化”；犹如习惯不是生出来就有，是人为得到的。风俗习惯的成“积”，能改变人的意志、观念，长久受影响，就会改变人的素质。这里“化”和“积”，与“临之”、“治之”、“禁之”硬的手段相比较，则是一种软的手段。硬与软相结合，定能达到优化素质的目的。

人性论是管理行为科学的前提，“X 理论”、“Y 理论”、“超 Y 理论”都以为在确定某种人性假设后，管理的任务就在于适应这种人性，而采取与这种人性假设相应的管理方法、措施；不是改变人性，而是改造组织环境以适应人性假设。孟、荀认为，人性是社会有机体整体管理活动的中心，人不仅可改造环境，而且亦可变化自己的本性。这两方面的“化”，便可达到预定的管理目标，并取得最优化的效果。

（三）价值增益与管理效应

中国古人乃至今人多争辩于性善性恶的本原关系，是善失心放而为恶，还是“化性起伪”而致善，多品评着孟荀二人的儒学地位：或以孔孟之道为正统，还以孔荀之术为正宗。有些人为此殚心竭力，创造出不少精致的正解、正传。思孟独得，夏荀别传；陆王为嫡，程朱别子。凡此种种，除了玄学审美鉴赏价值外，通是不着边际之争，统统落入理论近亲繁殖之思维误区。实无多少可取之处。

佛学于此，比儒学高明得多，道学（老庄）亦高明于儒学。人性之相

---

① 《性恶》，见《荀子新注》，395 页

② 《儒效》，见上书，108 页。

本为“空”、为“无”，即其价值为零。零是潜无限，可转依为任何一种价值，“空相”、“虚无”正是心灵艺术和合自由创造空间中的零维流行。“我执”、“法执”、“可道”、“可名”，必是执善着恶，执真着伪，皆是“文字般若”、“浑沌言语”，是无本体的心、口修炼功夫。但为了社会和合的价值意义，心灵须从零维流行膨胀到三维流行，并选择｛真、善、美｝作为行为的导向空间区域，借助文字般若、浑沌言语，设立“方便法门”或“众妙之门”。教人为善去恶，去伪存真，造美化丑，讲出一番要人如此这般去做的行为规范，立为“人极”，作为政治管理的“利器”。但佛家人、道家人自己不屑于此，他们只是旁观者清。反之，儒家人汲汲于功名利禄，反倒是当局者迷了。

依照佛学、道学之智慧，人性善恶仅是为了从事社会管理的“方便法门”，“众妙之门”，是管理理论的初始假设。依据现代逻辑学工具分析，人性善管理系统与人性恶管理系统是两个等效的管理工具系统，具有互补关系和不相容原理。

中国传统的人性善恶之辩，是“立言”目标功利化的变态，是把道德的善恶价值评价转换为人的先在的本质或本性。这种人性善恶之辩，用法相唯识宗的术语来说，都是“依他起性”。管理者依据现实的行为状况及其道德价值度量特征（善恶为量值），假定大数①的人的社会倾向性是某种高几率的量值（或善或恶），并据此大数概率统计推定，总结管理经验，综合管理学说，确立管理原则，选拔管理人才，制定行为规范，等等。

运用和合学的方法论分析，人的心灵属艺术和合，具有无限的可能性。自觉状态的人性，是心灵自我限定的结果。为了社会和合，道德和合以及目标和合，心灵依现实状况和生活环境，将人性假设为善，或假设为恶，以便选择更合适的管理模式，实现随机控制和目标激励。

选择必有代价。所谓代价，是指人所投入的成本，人的牺牲、价值贬损、负效应等，即人为了达到某种目的所投入和消耗了的物质的、精力的等等东西。这种投入与产出的关系，并非投入愈多，产出愈高，甚至是相反。这就是说，代价的高低取决于选择的管理模式跟社会行为倾向、文化价值取向是否耦合匹配及其配合的控制方式。一般说来，人性的善恶假设与管理效应具有正反连锁关系：

---

① 大数：概率论术语。

1. 正连锁关系：

先继管理效应优$\xrightarrow{\text{正推}}$人性趋善假定$\xrightarrow{\text{正作}}$后起管理效应更优。

先继管理效应劣$\xrightarrow{\text{正推}}$人性趋恶假定$\xrightarrow{\text{正作}}$后起管理效应更劣。

2. 反连锁关系：

先继管理效应优$\xrightarrow{\text{反推}}$人性趋恶假定$\xrightarrow{\text{反作}}$后起管理效应更优。

先继管理效应劣$\xrightarrow{\text{反推}}$人性趋善假定$\xrightarrow{\text{反作}}$后起管理效应更劣。

人性善恶推定与管理优劣效应之间的正反连锁，说明两点：

第一，管理以人性正反推定和行为正反作，为和合转换中介，正反同性匹配，效应连锁；劣则更劣，优则更优；人性推定不改变管理效应的价值性向，只起增益作用。

第二，不按上述连锁关系管理，则人性推定与管理效应的关系连锁破裂，浑沌发散。随心所欲，胡作非为；没有法则可寻，此时的人性推定反为玄想空谈，管理作为活动多属无法无天或妄作妄行。中国古代社会存在此种情形，如文人空谈心性善恶，官吏妄作管理行政。

上述连锁关系律，是选择管理模式的社会和合的根据。

三、 和合管理学原理与人文精神

中国传统文化因心性善恶推定与行政管理作为未能科学化、技术化地连锁融合，所以，管理科学理论和管理实践均十分落后，但也有许多值得继承的管理举措、管理思想、管理原理和原则。

（一） 和合管理学原理

人的行为和人性善恶，对管理的影响和作用均很重要。然而管理有其自身的原则和原理，它是管理对象自身的必然性的所以然的呈现，是管理者在管理活动过程中的活动依据。

1. 整体与部分原理。系统的管理方式包括系统与外部环境的双向关系管理，以及系统与内部各组成部分之间的双向关系管理。描述这后一种双向关系的管理，是管理学中整体与部分的关系。整体是系统的最基本的特征。整体并不是各部分相加之和，各部分的特征和功能之和也不就是整体的特性和功能。整体所获得的特征和功能，是各部分作为各自单独存在时的特性和功能所不具备的。因此，整体的特性和功能是一种新生，它犹如和合学的各元素、要素冲突融合而和合新生。

管理系统的整体与部分，是各管理活动从而实现的载体，离开整体与部分，管理活动亦无从进行；整体与部分亦是各种管理活动的依托，是实现最优化目标的必具的形式。比如现代管理的整体组织系统是由各相互联系、相互作用子系统组织部门、环节、单位组成的有机整体。包括物的生产和为了物的生产所需要技术手段，以及经营管理部门、服务部门、情报部门等。前者可称为“硬件”，后者可称为“软件”，是“物”与“事”的融突组合为企业管理系统。

行政的、企业的各种管理系统都具有投入产出功能。虽然各管理系统的性质差分，如国家机构、工业企业、商业贸易、学校医院、法院军队等等，管理组织需有不同的投入与产出，但从其相同方面来观，亦具有一些共性①，如图 18—2。

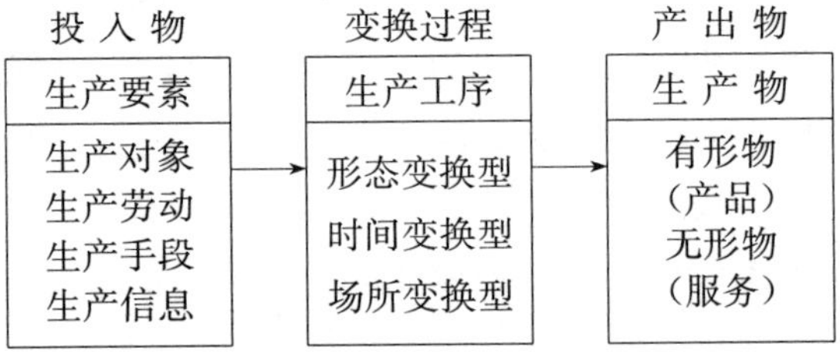

图 18—2

整体的投入产出功能，是整体与部分关系协调、优化的表征。只有管理者在管理活动中从整体的最佳化出发，促使管理系统发挥最大的整体功能，即目的性、集合性、相关性、适应性等功能。

管理系统的整体与部分原理，可称谓“桶形原理”。古代的桶是由多块木板围成的，假设木板有长有短，所容水的高度不是依最长的木板，而是依最短木板。这一原理要求构成整体的各部分都要发挥最佳状态，才能使整体进入最佳状态。当然，部分优化，不等于整体优化；反之亦然。三个和尚比一个和尚要优，但一个和尚挑水吃比三个和尚相互推诿无水吃要优。这就要求管理者在处理整体与部分的相互关系时必须关注其双向运动的管理关系。

2. 差分与融合原理。动态的整体管理系统，可看作“太极”，太极即整体之一。太极分为两仪，即阴阳，又分为四象、八卦、六十四卦等等，这便是不断的差分。这种分，既指分工，亦指分层，管理组织工作无分

① 参见刘余善、谷宝贵编著：《实用管理系统工程》，26 页，杭州，浙江人民出版社，1983。

工，就无责任。只有合理分工，才能责任明确，而发挥其主动性、积极性。在管理组织系统中，分为子组织系统，子组织系统下又有各级部门。西蒙认为，“复杂系统的组成差不多普遍存在着分层现象”①。之所以需要分层级，是因为分层结构的各部分都是稳定系统；分层等级系统各部分之间所需要的信息传输量要比其他类型系统少；从分层等级结构来看，一个组织的复杂性，从组织中任一特定位置来观，几乎与其总规模无关。② 管理者即使能力、精力都很强，但总是有限度的。当他直接领导和协调的下属组织机构与人员超过一定的限度或数量，就需要分层级管理。

管理系统中的这两种差分，都需要在整体目标所要求的范围内，为了整体目标最佳化的实现而进行差分。离开了统一的、整体的目标以及为实现目标的差分（分工、分层级），就是盲目的、不合理的差分。它会使组织分工不明、职责不清，多头领导、层级重叠和混乱，使整体管理组织系统离散或破坏。这种整体管理系统统一目标下的分工、分层级，可称谓为融合而差分，即合而分。

分必有合，差分需要融合。融合就是把分工、分层级的各部门、各层级、各人之间的关系相互协调、融合起来，使其间的种种冲突、摩擦、矛盾，不要变为相互牵制、消耗、内讧的因素。差分不免要出现冲突、摩擦、不协调，这就必须通过融合手段，把握整体、明确目标，分工协作，融为一体，以实现目标。

3. 开放与封闭原理。任何社会有机体的社会组织或管理组织都是一种开放系统。这个系统内部与外部环境存在着物质、能量和信息的交换。假如一个管理系统与外部环境的相互联系、交换、作用关系中断了，这个管理系统就无法生存下去，管理系统的生命就要终止。任何管理系统要生存、要生命，就必须不断输入材料、人力、能量、信息、货币等，以及输出产品、劳务、货币、废物等。这种双向的物质、能量、信息交换，使管理系统具有充足的生命力。就此而言，管理系统是一个开放的系统。封闭自己与外部环境的相互联系，就等于扼杀自己的生命。这是开放性原理。

就管理系统内部的内信息而言，又具有相对的封闭性。指令信息和监督反馈信息使管理系统构成相对连续的封闭回路，以形成有效的管理活动。这是相对封闭性原理。

---

① ［美］赫伯特·A·西蒙：《管理决策新科学》，97页，北京，中国社会科学出版社，1982。

② 参见［美］赫伯特·A·西蒙：《管理决策新科学》，97～98页。

管理系统一般可分为指挥中心，执行机构，监督机构，反馈机构。指挥中心发出指令信息{执行机构、监督机构}反馈机构——→指挥中心。反馈机构对信息处理，比较效果（实施效果）与指令的情况，反馈信息返回指挥中心，指挥中心分析综合各种信息，而做出新指令，构成了管理系统相对的封闭回路。管理活动在封闭回路中不断震荡、冲突、融合，使管理系统在运动中不断趋向完善。

管理系统封闭回路之所以不可或缺，是由于信息反馈的需要和管理机构运行的相互制约、促进的需要。这两种需要是封闭回路的依据，实现依据的可能性，就要创造使可能性变为现实性的条件：（1）独立性。管理组织系统相对独立性，实现管理组织的自主性，对人、财、物等必要资源具有调节运筹的权利和改组机构内部设置的自主权。（2）环形性。管理组织设置环形运动方向，使相互之间具有制约、促进的关系。（3）完善性。管理组织系统能及时传递信息，灵敏地捕捉信息，使信息纯度提高，信息准确化的高效能分析系统是使信息放大并强化输出的放大器。

管理组织的封闭回路的封闭性表现在：一是指管理的目标、计划、组织、控制及规章制度等等，具有相对的独立权限，以保证管理指令的畅通无阻的下达；二是不允许、不接受干扰、破坏管理活动的正常运动内在因素存在，否则就不能保证有效的信息反馈。

管理系统的开放性与封闭性，既冲突又融合。就与外部环境和系统的投入产出的关系而言，开放是保证管理系统的生存、生命所必需；就管理系统内部的运行机制而言，封闭是保证管理系统不受外界各种影响、干扰，而能进行正常运动所必需。因此两者相对相成、不离不杂。

4. 弹性与动力原理。弹性原理是指管理系统在外部环境影响、作用下，为实现预定目标的应变、变常的能力。这种应变、变常的含义，相当于中国传统管理学中的“权”与“变”的概念，而与“经”与“常”的概念相对称[①]，即“经常”与“权变”相对应。“管理者了悟‘经权’之道，便可以永远适合时代的需要，所以中国管理以及中国管理现代化，都是以‘经权’为主要精神，都可以正名为‘中国的经权管理’”[②]。在儒家管理学中，推己及人的忠恕之道是“一以贯之”的基本原理。因此，正心诚意，

① 参见拙著：《中国哲学范畴发展史（天道篇）》中的《常变论》，115～135 页；《中国哲学范畴发展史（人道篇）》中的《经权论》。

② 曾仕强、刘君政：《中国的经权管理·序》，台北，1988。

成己成人，修齐治平，便是儒家管理学的根本精神，即是“经”。

“权”，孟子解释说：“男女授受不亲，礼也；嫂溺，援之以手者，权也”①。中国古代的礼教是，男女之间不能亲手递接，这是恒常的礼的规范，嫂嫂掉在河水里，伸手去拉她，这是权变、变通。这就是说在实行男女授受不亲这一礼制时，必须依据具体时间、地点、对象、状况而有一定弹性。如果人在处理嫂溺这一具体问题时，完全照搬礼制，而丝毫不变通一点没有弹性，那么，正如孟子所说“嫂溺不援，是豺狼也”②。只有变通、弹性，才是合乎人道的。

管理活动的弹性、权变性原理，包括局部弹性和整体弹性。它是指：(1) 管理活动自身与其所处的环境涉及多种多样的因素，各因素均有机联系，相互作用于管理活动，管理者不可能完全掌握，而做出十分完善的决策，这就需要留有余地，具有弹性；(2) 管理活动是一个复杂的、活生生的现实活动，是各种因素的融突和合的力量，需要综合平衡，但管理活动的实践难于达到最佳平衡，需留有协调的弹性；(3) 管理是动态过程，内外各种因素都处在瞬息万变之中，甚至发生意料以外的突然变化，若不留有余地，具有弹性的权变，就不能应付突变的情况，以至功败垂成；(4) 管理系统是综合学科，需要不断学习提高过程。特别管理对象包括人，包括竞争对手，在一定意义上说管理是一动态的博弈，只有弹性管理，才能成功。

弹性原理，是为管理争取活动空间。动力原理是寻求管理活动的生存活力。活力是管理的能源，也是制约因素。按照管理活动的管理者与管理对象的融突结构，其动力主要有物质动力、精神动力和信息动力。

物质动力既是对个人的物质刺激，也是组织的经济效益。经济效益需要对参与管理活动的投入产出各方利益都有所兼顾，使在管理活动中所作的贡献与其所获得的利益紧密结合、合理获得。这样，管理经营组织的经济效益便成为企业生存和发展的动力。

精神动力是指管理系统及其成员的观念、信仰、理想等。譬如中国和合精神，日本的团队精神，美国的权力契约团体精神。中国《周易》的高度冲突融合的“保合太和”精神，协调各方面的关系，是推动中国社会管理、经济管理长期有序发展的动力。第二次世界大战后，日本掀起效法美国管理的热潮，并没有使日本企业管理有所进步。他们发现美国企业文化

---

①② 《离娄上》，见《孟子集注》卷七，56页。

中的价值观是以个人为本位的能力主义，这与日本传统的团队主义相悖。于是日本在企业的组织、人事、雇佣、作风等管理软件上保留日本自己的传统特色，形成日本自己的管理精神或企业精神。20 世纪 80 年代美国企业界学习日本企业管理时，主要是学习其企业文化，特别是团队精神，但美国亦没有照搬日本式的家族主义的团队精神，而是依据美国的传统精神，重建美国式的团队精神，其基本内涵是保障个人权利，满足个人需要和个人实现的机遇。因此美国的企业团体可称为权利契约团队精神。在现代管理活动中，精神动力愈来愈受到重视。

信息动力是指信息传递所构成的反馈对管理活动的生存和发展的动力。它超越物质的、精神的动力，对管理活动起着全面的、整体的推进作用。在信息冲击下，在世界竞争大潮中，信息网络不通畅，就会成为落伍者、失败者，信息的压力可以转换成竞争，转变成企业转生的动力。

这三种动力不可或缺，由于各有差异，而往往会产生冲突。因此需要依据和合学，“融突论”的原理，使三方面的动力求得协调，在同一管理系统中随时间、地点、条件、内容的变易，三动力比重亦异。随时协调、调整此三动力，使之有机组合。并要正确处理个体动力与团体动力以及刺激量的适度，即与它所承担的使命相适应。

管理原理是使管理活动有所依据和遵循，使管理活动成为管理者与被管理者的自觉的活动，避免盲目性和偏执性，更有效地实现管理目标。

（二）控制理论与管理信息系统

科学化的管理模式及其模拟技术，是西方近现代管理革命的产物，特别是信息技术和计算机技术在管理方面的推广和应用。办公室自动化系统，以及各种专门系统，譬如中国的 CIMS 系统（Computer Integrated Manufacturing System），即计算机集成制造系统。它将计算机的软硬件、网络、数据库等信息高技术运用于企业管理，使企业的经营、计划、产品设计、加工制造、销售、服务等环节和人力、财力、设备等资源集成起来。既能充分发挥自动化的高效率、高质量，又具有充分的灵活性，以利于经营、管理和工程人员发挥智能。它可以根据激烈变化的市场需求及企业经营环境、灵活地、及时地改变企业的产品结构和人力、物力、财力等生产要素的配置，实现全局优化，从而提高企业在激烈全球竞争中的生存能力，并赢得稳定的高效益。①

---

① 参见《大力推广计算机集成制造系统技术》，载《人民日报》，1994-11-23。

如果管理学作为用科学的方法研究如何做到系统化、整体化、调配化、决策化及效绩化的学问，那么，它不仅是工商企业的发展学，政府机构的行政学，也是现代人生活的组织学。① 这种所谓科学的方法，中国主要是经验的方法。经验以历史承传的方式，积累了丰富的管物理财、治国经邦、人事组织、战争艺术等方面管理经验。

这种经验的承传与血缘宗法制相结合，便发展出“祖宗之法不可变”，往圣道统必须继。因而讲简易、变易之学的《周易》，也加上“不易”的含义，以不变应万变。这样具有讲变的文化传统的国家，却面临“变法”难，“维新”要付出血的代价的严酷事实。意义标准上以“守成”、“稳定”、“太平无事”为尺度。单从管理理论上讲，商鞅、王安石、“六君子”之功不可没。但对于现代管理学而言，又是过去了的历史。

祖宗之法，先圣道统之所以不可守成，不能沿袭因陈，原因在于管理是依天、地、人多种制约因素而权变的社会和合控制。生物控制论研究表明：生物、生命有机体的控制都是信息反馈，随机选择的控制系统。社会和合是高度复杂的类有机体，具有比生命过程和生物活动更复杂的过程，更高级的机制和更随机的行为。

从社会管理系统来看，控制是管理活动的重要环节和职能。所谓控制是指通过信息传递，对控制对象施加有目的的作用行为，使系统的特征和变化维持在规定的限度内活动。管理控制是控制理论在管理中的运用，它是指按照企业经营的计划目标，对其经营活动和成果实行监督，以促进目标实现的管理活动。② 从社会有机体的管理而言，它是社会主体（包括个体与团体）通过一定的协调机制，在改造对象过程中实现自身某种目标的管理实践活动。

控制，简言之，是一种行为，是一种施控者施诸受控者的有目的的行为，并导致受控者发生合乎目的的变化的行为。社会主体的行为，受控者的行为是多样的，控制就是在多种多样的可能中进行选择，即施控者选择其中最有效的手段，以作用于受控者，使受控者的行为合乎施控者目的的变化。

---

① 参见成中英：《文化·伦理与管理》，224页。

② 对控制的基本定义，由于各人考察的角度不同，有不同的定义。参见齐振海主编：《管理哲学》，276～277页，北京，中国社会科学出版社，1988；汉普顿：《当代管理学》，495页；王雨田主编：《控制论·信息论·系统科学与哲学》，36页，北京，中国人民大学出版社，1986；苗东升：《系统科学原理》，170、245页。各人都有不同的表述。

施控者对最有效手段的选择，实际上具有随机性。譬如飞行中的飞机，随时间变化的气流状态是系统（飞机）的一种随机性输入作用，它所引起的机翼应力变化，是一种随机性输出变量。这些随机因素是飞机设计者和操作者（施控者）必须注意选择的。各种随机因素使系统（飞机）运行具有统计不定性，针对这种不定性做出最佳化的选择，便是随机选择；依据这种不定性所作的设计和操作系统的控制器，便是随机控制。这种随机选择和随机控制随着高科技的信息公路的发展，会愈来愈显其重要性。

从社会控制来分析，社会和合管理过程，是不断选择行为规则，校准价值尺度，更正意义标准的随机控制过程。要实现因天时而制宜，因地利而制宜，因人和而制宜的随机选择，就必须重视管理信息，完善信息技术手段。

管理创造价值，因而，社会和合管理是使社会生活感受最真实化，价值最完善化，意义最优美化的价值增益工程，即价值融突和合工程。

管理之所以能够增益价值，其中的道理，主要在于管理信息系统是管理的心灵。它通过高效、高速处理信息，使社会的各种正性效益指标都达到最大值，各种负性耗损指标均趋于最小值。信息的价值在于它能够参与创造，并使价值融突和合工程最优化。

信息，从各个角度都可以给信息以定义。一般地说，是把信息作为给人带来新知识的消息、情报、资料、数据等来理解。中国唐朝李中在《碧云集·暮春怀故人》中有“梦断美人沉信息，目穿长路倚楼台”句，信息有消息之意。从某一侧面描述了信息的特点和功能。如认为信息是用以消除随机不定性的东西，把信息度量归结为对消除了不定性的度量①，信息度量可以用被消除了的不定性的大小程度来衡量。有认为，信息可以提高系统组织程度，正如熵是组织解体的度量，消息集合所具有的信息，则是该集合组织性的度量。②

从社会和合管理视野来探讨信息，是指自然、社会中一切事物的状态、特性及其相互间关系的表征或标志。一切事物都是作为信息源而存在，考古学发现的化石，传递着上古时代物类存在、分布、进化程度的信息；柳芽桃花，带来春天来临的信息。除这种自然物的信息外，还有人工信息。信息传递必须借助于一定的中介。语言的出现，促使信息处理器官

① 参见［美］C. E. 申农：《通讯的数学理论》，美国，伊利诺大学出版社，1949。

② 参见［美］维纳：《人有人的用处》，12页，北京，商务印书馆，1978。

大脑的发展；文字的发明，突破了信息传递的时空的局限；电磁波的利用发展，为信息时代的到来奠定基础，现代的信息网络使地球成为一个村。

信息具有可识别性。自然、社会所携带的各种信息的信号，直接、间接地刺激人的感官，使神经冲动，从而转化为神经脉冲信号，神经脉冲信号沿着神经通道把信息传递给大脑，大脑对信息进行分析综合加工处理，而形成认知。所谓认知是对客观的反映，实是获得和处理信息的过程。此其一。其二，信息具有可存储性。人类从结绳记事——文字记录——留声机录音——电影的声像——电脑中心，信息的存储技术以及取用技术愈来愈进步。其三，信息的共享性。它与其他物品不同，不因分享人数多寡而使各自得到的信息量有增减，在传递中不遵从守恒定律，反而由合作而趋强。现在全球最大信息资源网——互联网络（Internet），已经把全世界150多个国家的近500万台计算机主机和4 000万个用户紧密地连在一起，使用户之间互通信息，共享计算机和各种信息资源，它已成为进行科学研究、工商业管理活动和共享信息资源的重要手段。是未来“信息高速公路”的雏形。

管理活动过程，就是接收、加工和传输信息的过程。管理信息是指以计划、指标、命令的形式传递给决策执行者，促进执行者进行有目的和协调的行动，以实现管理目标。它是一种有自身特性的信息。譬如它产生于社会管理活动之中。这就是说，管理信息是信息在管理活动领域的展现，它是人与人之间传递社会各种信息，以输出者和接收者共同理解的数据、文字、符号等形式，标示管理对象和管理过程的各个方面。管理信息作为媒介协调着人与自然、社会，管理与环境之间的相互关系，使管理活动有序地进行。

管理信息活动是主体自觉的活动。信息的输出和接收都是一种人为自觉活动，这种活动具有目的性。它表现在明确地标志管理活动的变化特征，直接、间接地为管理目的服务。它具有智能功能、技术功能和管理功能。[①]

信息的目的在于应用，其价值在于把各方面、各种信息迅速传递给社会管理、工商企业管理者，以便及时地、灵活地调整各种关系，做出决策，获得目标的实现。因而，信息具有时效性、时机性。失去时效、时机，便失去价值。所以，管理者要善于捕捉先兆性的信息，即预示发展趋

① 参见齐振海主编：《管理哲学》，109～114页。

势的信息，便是既重要又反映管理者全面素质的问题。

总之，管理信息系统以电子计算机为枢纽，以智能技术为支柱，以数据处理、图像模拟为手段，使社会和合管理达到自动化、信息化和智能化。

（三）和合管理学企业文化精神

管理信息系统，是指对管理信息进行收集、加工和传递的总和。它是由各种各样的管理信息加工处理过程构成的有机整体。管理信息系统的价值目标是增益化、最优化、科学化。

不断增益各种价值量，提高管理行为的效益，使社会和合体全局最优化。因此，管理信息系统具有效益价值的管理加和效应（+）。

但管理信息系统毕竟是管理的工具与手段，若管理者素质不高，人一机功能不能和合匹配；那么，管理信息系统将会反其增益之道而行，反向演变为管理减差效应（—）。软件系统一条指令的语法错误或操作系统一次键入行为失误，就有可能毁掉耗资十几亿美元的航天发射试验。

反之，若管理者素质高，不断创造新的、更高效的硬件系统，不断完善软件系统，提高接口技术水平，那么，同数的资源，可创造出倍积的社会效益和价值数量。这是管理乘积效应（×）。

管理的整体和合效应，可加和，或减差，亦可乘积。究竟实现哪种效应，主要看社会和合系统的管理目标是否协调，是否适应社会完善和发展的目标和合要求。

目标管理是管理信息系统的最高职责。只有目标系统内在协调，和合相适，社会和合系统的管理才达到了自己的目标。

系统理论及系统科学技术，是管理目标系统和系统管理工程的理论依托。现代管理系统论是管理学的理论前沿，亦是中国管理系统走向现代的必经之路。

中国传统管理系统如何走向现代管理之路，除以开放的、无偏执的态度，积极、认真、严肃地吸收东西方各国先进的管理理论、方法、技术，以改进中国的社会管理系统、工农商学兵等企事业的管理系统外，必须与中国传统的人文管理精神相结合，才能形成自己的管理理论、方法。照搬西方管理的某些理论、方法、技术是能够做到的，但照搬西方管理精神是很难做到的。正如第二次世界大战后日本学习美国企业管理文化和20世纪80年代美国企业界学习日本企业管理文化的情况一样，都不能照搬，而只能根据本国的企业管理文化的人文精神，吸收东西方企业管理文化中的优质成分，融突而和合，建构中国自己的社会、企事业管理文化精神。笔者提出和合管理学或和合管理文化精神。

如果说日本的企业管理的文化精神是家族主义的团队精神，美国是个人为本位的能力主义精神，那么，中国则是整体本位的“保合太和”精神，即整体主义的和合精神。这就是三国企业管理的文化人文精神的差分，亦是其企事业文化的价值和意义。其实这也是三国社会管理，以及其他方面组织管理系统文化精神的差分。

中国整体主义的和合精神作为社会有机体的管理，工农商学兵企事业管理的文化精神，包括这样一些内涵：

1. 融突而和合精神。中国管理文化精神是以人为管理核心，追求人与自然、社会、人与人的冲突融合，从而达到整体的和谐、协调，即和合，以使企事业生生不息。任何事物均有差分，然后有冲突，譬如人与自然之间有阴与阳的冲突，人与社会之间有刚与柔等冲突，人与人之间有仁与义等等冲突。有冲突然后有融合。这便是所谓“天人合一”、“理事无碍”、“天人合德”、“知行合一”、“情境圆融”、“经权合一”等。陈述了管理主体与对象，管理道德与行为，管理理性与感性，管理人性与管理方式，管理知识与素质等之间融突关系，由融突而达到“和合”的管理系统的最优化境界。

2. 整体与个体的相依相存精神。天地间的一切事物都生存在相互关系之中，并在这种关系中获得自己的本质，以及其价值和意义。由关系才构成了整体与个体。换言之，整体与个体只不过是关系存在的一种形态。任何关系都有分有合，犹如管理组织系统的合的整体性和分的子系统的个体性。分是为了合的整体管理系统，合是为了分的责任和实现目标的合力。太极而有阴阳，是分；阴阳合气，而为太极，又是合。分中有合，合中有分，整体中有个体，个体中有整体，如阴中有阳，阳中有阴。这便是一种整体与个体、合与分、冲突与融合的相依相存精神。

未来管理模式、形式千变万化。譬如我们必须重新思考组织契约的问题，包括企业组织的定义，我们对企业的企望，以及我们打算为组织付出什么？社会整体再也不能指望新型公司与旧企业一样，提供每个个体生活和生计所需一切，或指望支付退休金；办公室、工厂不再是每个个体每日离家前往的固定整体工作场所；生活的意义不再是由组织内顺着职位阶梯往上爬；一个个体也不再期望自己把一生十万个小时卖给同一个整体机构；个体不仅是企业组织的“雇佣者”，也是“组织者”

等等。[1] 随着现时代高科技的发展，社会中的组织将变动不居。但整体与个体相依相存的和合精神，可以延续承传下去。

3. 无为与无不为的互补互济精神。无为是无，无不为是为、是有。“为无为，则无不治”[2]。“为”是目标，“无为”是实现目标的原则，或达到目标的工具和手段，“无不治”是管理的效应。以“无为”作为工具理性，“是以圣人无为，故无败”（《老子》第三章）。这就是“无为之有益”（《老子》第四十三章）。“无为”具有空间最广大的拓延性和时间最大的变易性，以及最佳的效果，就因为“无为”最能适应“自然”。

管理组织活动，能否适应“自然”，是衡量管理活动成败的尺度。譬如日产汽车英国厂总裁吉布森曾对伦敦商学院毕业生说：我习惯于使用科学家的观点来思考问题——以探讨组织问题而言，是以结晶体与无定形非结晶体结构的差异来进行思考。辨认结晶体结构最简单的途径是观察钻石，泥巴则可能是最普通的无定形物质。典型的西方式的管理组织是结晶体，棱角清楚明确，每一个面各有其形状，面与面之间有明显的连接处。犹如英、美企业管理组织都把角色和责任规定得相当明确，组织内不同单位界限划分清楚，各单位之间关系明白固定。日本的企业组织像泥巴，它们结构模糊得多，责任与功能划分不明确，经常处于变动状态。可轻易塑造及改变形状，对于外来力量与外在环境具有弹性调适与反应能力。[3] 如果说，英美企业管理是“有形”，那么日本企业管理为“无形”。在当前市场竞争激烈时代，前者应变、调适能力显然比后者要差。

中国在“钻石”与“泥巴”的基础上，以“无为”与“无不为”互补互济精神，而能“功成事遂，百姓皆谓我自然”（《老子》第十七章）。以“道法自然”的管理组织原理，而使管理组织具有最高的适应能力和最优化的组织协调关系网络，达到目标的功成事遂。

4. 日新和生生的精神。任何管理组织系统只有日新日日新，才能成“大业”，否则只能成小业，甚至破产。社会管理、工商企业管理组织的兴衰取决于日新。21世纪的价格标定决定于成果，而非决定于时间。从事计时收费的人，唯有拉长时间才能赚更多钱；凡是依成果收费的人，都靠提

---

① 参见查尔斯·汉迪：《虚拟的办公室，解构的组织形式》，原载台湾《工商时报》1995-05-25，转引自《参考消息》，1995-06-30。

② 《老子》第三章。参见张绪通：《道学的管理要旨》，80页，成都，四川大学出版社，1992。

③ 参见查尔斯·汉迪：《虚拟的办公室，解构的组织形态》，原载台湾《工商时报》，1995-05-25，转引自《参考消息》，1995-06-30。

升工作品质，或创造新产品、新程序、新信息而致富。后一种会得到普遍认同。

日新就意味着生生，即产生新的事物，新的成果，新的生命或新的管理组织系统等等，这是21世纪社会管理、工农商学兵管理系统的生存和发展的圭臬。

中国管理系统走向现代有其自己企业文化精神和管理的特色。它是中国传统文化中人文精神在管理系统中的体现，并形成适应于中国在21世纪发展的独具特色的管理科学。

管理系统是社会和合体实现目标和合的枢纽。决策活动又是管理系统工程的核心。管理决策是指向未来的目标决策。因此，要集中、深入地解决社会和合及其管理学问题，就必须“会当凌绝顶”，进到和合范畴逻辑结构的极致状态——目标和合与未来决策。

社会和合与管理学的和合对应关系：

社会和合		管理学科
	价值增益工程、管理目标、管理系统论（可能世界的社会和合体）	
	人性善恶假设、管理模式、管理控制论（意义世界的社会和合体）	
	组织活动环境、管理原理、管理行为论（生存世界的社会和合体）	

第十九章　目标和合与和合决策学

经过七个状态时空的转换和七类和合学科理论的磨炼，和合人文精神“动心忍性，曾益其所不能”，依次实现了自然生活的形上和合，伦理生活的道德和合，人文生活的人文和合，技术生活的工具和合，经济生活的形下和合，审美活动的艺术和合，管理活动的社会和合。这些和合目标的分维实现，是和合人文精神追求真实的生存境界、完善的意义准则和优美的可能结构的生生不息、化化不已的过程。目标和合，就是对上述七大和合状态、三种和合理想世界的融突和合。

一、价值功夫目标与决策内涵

所谓目标，是指看到或看不到的对象（标的）。主体人是有意识的“在”、社会的“在”，主体对外部现实的需要和要求，体现主体与外部现实的关系。需要和要求转变为观念上的动机、动力，为主体提供想象的对象、标的，即确立内在的目标，并刺激主体进行实践活动，转化为现实的对象，即目标的实现，以满足人的需要和要求。

（一）目标的内涵、选择、实施

目标说到底是与需要相联系，无需要亦无所谓目标。需要是从主体的动机、意向来说，目标是从主体的行为、实践活动来说的。目标在这里起着连接需要和行为的中介作用。在这里需要如何转变为行为？行为又如何反馈为需要？

主体人工系统追求目标的行为与动物合目的行为，其间的区别在于某种调节系统。指导人的行为（实践活动）的是观念化的需要目标，支配动物行为的是生物需要目的（本能目的）。自然本身并无目标或目的（这里“目标”和“目的”作同义词）的设定，生命系统的活动亦无受制于先定的目标或目的。生物的调节系统是长期进化中的自然选择的结果，生物通过新陈代谢的调节系统与外部环境进行能量和物质交换而生存。新陈代谢作为 种活动行为现象，实是其信息—调节功能，是“反熵”过程，它是从混乱、无序到有序的运动。生物机体对所需要环境的基本参数的信息的需求，是生物有机体生命活动对环境变化进行超前模拟，并通过反馈调节而达到自我生存的合目标性的活动。

从反馈过程审视生物的行为，生物内部因素的约束性信息和外部因素的非约束性信息（环境信息）的冲突化解的特殊形式，便是反馈。以前者为主的调节是负反馈，它以不变的行为程序和被调节对象的某些参数的恒定为特征，以维持生命系统的平衡和稳定。以后者为主的调节是正反馈，它以客体的变化而不以客体的恒定为特征，它依据外部环境、条件的变化来调节当下的目的，以能达到长远的目标。如狼在追逐山羊时，必须依据感官所获得的信息不断修正自己的路线，否则不可能追上山羊。它不循着山羊逃跑的路线，而是向将与山羊相遇的地方跑，以达到逮住山羊的目标。这就是说，目标确定后，达到目标的方法、手段、途径可多样，即目标是“一”，方法、途径是“殊”。

目标犹如北斗星或指南针，无论在什么环境、场所或视角，它都指向一定的目标，当人们迷航或迷路时，它指导人们回到正确的道路上来或使人们走到应当到达的地方。因此目标不仅使人减少曲折、弯路和损失，而且使人的时间、精力和才智得以集聚，增强了成功的机遇和可能；目标可以激发人的热情和积极性，反之，无目标使人丧失信心，消极而无所作为。

目标就是希望，使人不失望，目标的选择和确定十分重要。它必须具备这样一些条件：

1. 需要层次的定位。人类的生存和发展，有种种需要。马斯洛把需要分为生理需要、安全需要、社交需要、自尊需要、自我实现需要①，笔

---

① 参见［美］马斯洛：《动机与人格》，许金声等译，40～54 页。

者曾在此五需要基础上，增加理想实现需要，为第六层次。每一需要层次都可有达到需要层次的目标，这便是需要产生目标，目标满足需要。在选择确定目标，不能仅以满足个人生理、安全、社交、自尊、自我实现的需要目标为目标，而应当以满足国家、民族、人类的生存、安全、交往、发展、富强、文明的需要为目标。在这里，可以确定分阶段的目标，在生理需要还得不到满足的情况下，便要求他为实现全人类的理想目标而奋斗，目标与现实的差距无法弥补，目标就成为空想。分阶段的目标选择，便是依据每一个阶段现实的可能性所制定的目标，经人的能动性的发挥是可达到的目标。

2. 价值形态等因素干扰的消除。人对生存和发展需要的价值理解的差异，造成人的不同目标的选择。一些人以金钱的积累为生存和发展需要的目标。在行为上便一切向钱看，为钱不顾道义，假冒伪劣［敢做假人、假货（钱）；敢干冒名、冒牌；敢为伪造、伪装、虚伪；不怕劣名、劣迹］，坑蒙拐骗，劫财害命等。另一些人以权力为生存和发展需要的目标。他们迷信权力就是一切，运用世间一切最肮脏、最黑暗的手段和阴谋攫取权力；一旦权力在手，便肆无忌惮，“过期作废”；以权谋私，假公济私，结党营私，“五毒”俱全，无恶不作。再一些人以享乐为生存和发展需要的目标。对酒当歌，人生几何！以泡妞、泡卡拉 OK，嫖妓宿娼，荒淫度日为人生价值和意义。凡此种种人生目标，都受人生价值观念的影响。

当然，完全清除价值形态的干扰难度很大，然改变价值观，即以一种狭隘的、利己的、纵欲的负面价值观，转变为广阔的、利国的、理智的正面价值观，是有可能的。这种转变要求从每个人自我做起。人要生存，就要与人群生活；要与人群生活，就要做人；要做一个人，就要做一个有道德、知义理的人，即真诚而不虚假，善美而不丑恶的人。这种人才有合理的价值观，树立合理人生目的，确定合理的目标。当人在选择和确定目标时，必须具备有利于人的生存和发展所需的价值，并从此出发选择目标。

3. 精确信息的集合。制定、选择目标，必然要对自然环境，社会人文条件以及智力、劳力、资源等信息作综合的、整体的考察。这是人和社会的某种需要以及主客观条件等信息的输入，这是种种信息集合的过程。亦是对于输入信息进行分类、排序、计算、比较、鉴别、筛选、聚同分异、去伪存真的过程，它使制定目标所需的信息系统化、条理化，以少而精的信息展现最重要、最准确的情况。它不仅形成了目标系统内在信息流，而且成为制定目标系统的前提和根据。这是就信息的正流向而言；信息的反流向，是指通过信息的反馈来调节信息输入，以修改实施偏差的过程。目标系统信息的反、正流向的联结，构成信息流通的闭合回路。闭合回路的每一次循环，便进一步逼近目标。

目标的选择和确定，有赖于这些条件。然而，目标是观念性的东西。它是外在信息的内化、观念化，这是信息的正、反流向的结果；目标实施是内在信息，即观念化目标信息外化、对象化的信息流向（图 19—1）：

目标应包括选择制定过程和执行实施过程，这两个过程相互联结，不离不杂。在信息的内化、观念化中有外化、对象化；在信息外化、对象化中也有内化、观念化的目标，这是目标系统在实施中不断得以调整的依据。

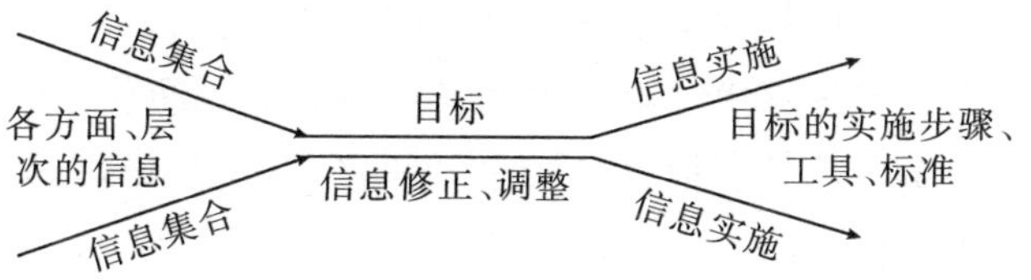

图 19—1

目标内容应当有：对象（目标的任务、目的、范围和各种要求），地点（目标实施的空间范围），时间（目标实施的日程安排和时间期限），人（目标实施的执行者、执行组织），方法（实施目标的工具、手段）等的总和。

目标是一个网络，这种目标网是在总目标下把各部门、单位、组织、个人的目标统合、协调起来，又层层展开，落实到每一实施者身上。使各部门、单位、组织、个人在实施目标活动中尽量减少冲突、内耗①，而发挥目标网系统的整体功能。但多元目标间的协调、和谐关系并非总是存在的，而冲突、竞争却是经常的。一般来说，目标网络中的“网结”较少，环境较稳定，便易于建构和保持有序的目标网；反之目标层次、方面千头万绪，追求目标的环境越不稳定，理想而有序的目标网就难于实现。

目标网络中存在冲突融合现象，目标网络与网络之间亦存在冲突融合现象。各目标网络都存在着冲突和不稳定性。假如把目标进一步提升，即把目标抽象化和概括化，便可发现各目标网络之间的互补性、协调性和稳

① 就一个企业、公司来说，减少污染的社会责任目标，或培训长期失业需要救济的失业者目标，与生产持续上升、消耗下降的目标，相互争夺资金。在这种情况下，决策者可能强调收益、赢利一类目标，而忽视社会责任和雇员发展目标。

定性。在这一意义上可建立总目标或目标理想，如社会理想目标、人格理想目标等思想、哲学含义上的终极目标。这是与作为指导人们改造主客体世界、作为一种超前的预测活动的目标自身的性质和特征相联系的。

选择和确定目标，是为了实现目标。无论是具体目标、总目标，还是社会理想目标、人格理想目标概莫能外。但目标的实现不是、亦不可能一蹴而就。在这一点上，我们有血的教训和超高额的代价。一般来说，目标的实施过程具有阶段性、可分性、变易性、整体性的特点。目标实施的阶段性，既指时间历时性中短、中、长时期的目标，亦指总目标实施过程中的分阶段目标。这样既使总目标实施有具体时间期限性，亦使总目标的实施具有阶段性的具体目标，以使与每一阶段的环境以及信息、能量、物质交换的实际相适应；可分性是指总目标（包括由理想目标、各大目标、小目标等构成）在实施过程中层层分解为各人、各组织机构、集团的具体目标。这种层层分解，就是变抽象目标为具体目标过程。目标的层层落实为目标的实施创造方便之门；变易性是指目标在实施过程中，由于环境、条件的变化，实施目标的手段、方法、步骤亦需变化，也指在总目标的指导下修改具体目标，甚至变易总目标的某些部分；整体性是指各子系统目标为保证整体目标实施的基础上，协调、调整整体目标与各子目标之间的关系。对各子系统目标进行综合平衡，以求整体目标的最优化的实现。

目标的调节、协调，是由于目标在实施过程中内因外缘的复杂性、不平衡性、不稳定性，通过调节、协调，使目标系统维持平衡状态。在这里不管是纵向平衡，还是横向平衡，都是实现总目标所需要。假如在实现中失衡，又不能调节、协调，不仅会破坏总目标的实施，而且会使总目标流产。调节是协调各目标实施者之间的关系。由于各目标实施者的利益、需要、方法、手段的差异，各实施者力量就会发生冲突、抵牾，这样构功能不仅不能大于各要素功能之和，相反会小于各要素功能之和，无疑会妨碍了总目标的实现。假如通过调节，各个实施者协调合作，融合一致，其构功能不仅大于各要素功能之和，而且和合会产生新的能力或新质要素。

在目标的实施中，总目标层层分解，每个实施单位、集团、个人都有了较具体的目标任务和目标责任。它们作为总目标的有机部分，相互联系、渗透、影响。任何一个层次失控，都会影响下一步目标的实施，以至总目标的实现。这就是说，调节要求快速了解反馈信息，及时发现失控的各方面的原因，以进行有效的调节，恢复协调平衡。换句话说，调节需要信息反馈，可称之为反馈调节。

实施目标的调节工具，包括行政手段、法律手段和经济手段等。前两者都是具有一定的强制性的手段，直接影响实施者的意志和活动；后一种手段不同，是以刺激、诱导、推动等方式间接影响实施者的意志和活动，它以经济利益原则，激发人与单位的积极性，以使总目标的最优化实现。这三种调节工具，亦可综合运用，以达预期效果。①

有否目标，在人的心灵感受上、价值观念上、工作态度上、道德理想上是不相同的。目标虽是内摄的观念性东西，但它有强大的潜能。它能使人的心灵获得慰藉，平静而不急躁，理智而不冲动，自信而不失衡；它使人的价值观念得以确定，公正而不偏失，中和而不失节，准确而不失序；它使人的态度得以端正，积极而不消极，谦虚而不骄傲，饱满而不疲沓；它能使人的道德得以提升，真诚而不虚伪，善良而不恶劣，美好而不丑坏。因此，目标的功能、作用、意义，不可低估。应该充分发挥目标功能，提高全民的素质，反过来促进总目标的实现。

目标就是希望，目标就是信心，目标意味着成功，目标意蕴着融突和合。

（二） 价值目标与功夫目标

中国古代思想家，对于目标的选择和确定，均颇注重。虽然他们重价值目标（或称理想目标），即体的形而上的方面；但亦未轻功夫目标（或称工具目标），即用的形而下的方面。价值目标包括人格理想目标和社会理想目标。就人格理想目标而言，儒家是圣人，道家是真人，释家是佛人，即通过“修身养性”、“全性保真”、“明心见性”的功夫，而达到成圣、成仙、成佛。三者人格理想目标都具有超凡的特征，是人的未来之“身”，而不是“现世身”。“现世身”只有通过渐修或顿悟，才能成为圣、仙、佛的“未来身”。虽然儒家“成圣”可以是“现世身”，但此“现世身”是经“脱胎换骨”后的“现世身”，而非其“原有身”。所以，儒家的此“现世身”，亦蕴涵着“未来身”的意味。

就社会理想目标而言，儒家是大同世界，道家是神仙世界，释家是涅槃世界。虽然《礼记·礼运》篇的思想来源和归属问题，自宋以来就有分歧，但是笔者认为其思想主旨却以儒家为宗。它所描绘的社会理想目标的内涵，即“大道”的精神是：

1. “天下为公”的社会制度。儒家“托古改制”，把夏、商、周三代

① 参见齐振海：《管理哲学》，297～308 页。

社会制度美化为“大同”的理想社会，“大道之行也，与三代之英，丘未之逮也，而有志焉”①。孔子向往的，亦是当时人对于美好社会的普遍憧憬。上者希望有一稳定统治秩序，下者期望有一安定的生活环境。这只有在“天下为公”的社会中才能实现。与此社会制度相适应，制定了具体制度。

2. 货“不必藏诸己”的经济制度。这里“货”指财货、财产。人们既不把公有财产攫为己有，亦不必把自己创造的财货藏于己。表现了社会财货为全社会成员公有的理想。

3. “力恶其不出于身”的劳动制度。人人各尽其力，此“力”，包括孟子所说的身力和心力，即劳力和劳心。把“劳心”视为不是“劳力”，而把全社会的“劳心”者统统下放劳动改造，这是20世纪60年代中国的误解和悲哀，而不是2 000年前《礼运》的大同思想的内涵。劳动“不必为己”，而为社会大众。

4. “男有分女有归”的分工制度。社会根据性别和需要进行分工，如男耕女织等。每一个社会成员都有劳动的机会和权利，即“壮有所用”。

5. 老幼“鳏寡孤独废疾者，皆有所养”的福利制度。老终幼长以及无亲人照顾、无劳动力或丧失劳动的人，都得到社会的关怀和供养，使他们生活愉快，健康成长。

6. “选贤与能”的官吏选拔制度。官吏是社会的管理者，他们负有社会理想目标的实施和调节各方面关系的责任，必须选拔有知识的、贤明的、有能力的人来担任。这便是任人唯贤、唯能的制度。绝不能被任人唯亲、唯愚所沾染。无知识者，必愚昧而不贤明；愚昧不贤明者，必无能。然而时至2 000年后的今天，仍然选拔无知者，因为无知者必听话；贤明者，往往老提意见；无能者，听话，好领导；有能者，往往对无能的领导是一种威胁。并且任人唯亲，结党营私，假公济私，化公为私，干尽坏事，把公有财产装入私人腰包，完全与大同社会理想背道而驰，与大同的“大道”相违戾。

7. “讲信修睦”的人际、社会、国际关系原则。人与人、人与社会、社会与社会、国与国之间，都应当建立“信”的关系，即有信用、信誉，诚实无欺，真实无伪；同时应当“和睦”相居相处，而不是诉诸于武力的争夺、战争。一些人为私而争权夺利，把人民财产推入残酷无情的战争火

---

① 《礼运》，见《礼记正义》卷二十一，《十三经注疏》本，1413页。

坑，人民遭殃，国家毁灭。结果害人亦害己。

8. 高度的社会道德文明。人人不独亲其亲，子其子，对他人之亲、之子亦充满了爱，使人不感到社会是冷酷的、丑恶的。人人都有高尚的道德情操和精神文明，所以谋闭不兴，盗贼不作，道不拾遗，夜不闭户。人人安居乐业，和平幸福。①

儒家社会理想目标是现世的，但以托古的、历史上已经历过的三代为模型。其实三代是理想中的三代，并非是现实的三代。因此，儒家的大同世界，亦是一种观念性的理想世界。现实总是丑恶的，美好总在理想之中，所以，儒家的社会理想目标的现世，亦是一理想现世，而非现实的现世。

道家老子的社会理想目标和道教的社会理想目标有异。老子是回归自然境界；道教是把人间对社会的一切美好理想的整合搬到仙境；佛教的涅槃世界的理想目标，亦与道家、道教有异，但亦有其相会通圆融之处。这就是说，三者都对现实世界的丑恶、人生的痛苦、人性的扭曲、社会的争夺、人民的灾难有沉痛的感受，于是都期望在社会理想目标中得以化解和解脱，而向往一个无丑恶、无痛苦、无战争、无灾难、无扭曲的世界。人人甘食美服、安居乐俗、慈悲逍遥、美好幸福的理想社会。

价值理想目标（人格理想目标和社会理想目标）自身便是一种融突而和合。譬如大同世界社会理想目标，就是儒、道、墨、农、阴阳家等的融突和合。“大道”不见于《论语》、《孟子》，而见于《老子》：“大道汜兮，其可左右”（《老子》第三十四章），“大道废，有仁义”（同上书第十八章），“行于大道”，“大道其夷”（同上书第五十三章）等。“大同”见于《尚书·洪范》：“是之谓大同”；也见于《庄子》：“颂论形躯，合乎大同，大同而无己”②。“选贤与能”，与墨子主张“尚贤”③相符，后荀子亦讲“尚贤使能”④。《论语》中有“举贤才”。“言忠信，行笃敬”，《孟子》有“老吾老，以及人之老；幼吾幼，以及人之幼”⑤等等。这种不同学派思想的冲突融合，而和合为一种新的社会理想——大同世界。在这里，独阴不阳，独阳不阴，犹独儒不纳各家，便不可能有新的大同理想。只有阴阳融

---

① 参见《礼运》，见《礼记正义》卷二十一，《十三经注疏》本，1414 页。

② 《在宥》，见《庄子集释》卷四下，395 页。

③ 《尚贤》，见《墨子校注》卷二，66 页。

④ 《王制》，见《荀子新注》，118 页。

⑤ 《梁惠王上》，见《孟子集注》卷一，6 页。

突和合，犹儒、道、墨、阴阳等各家融突和合，才能化生新生命、新思维。

和合既是理想目标的新生，又是达到这种理想目标的工具。目标和合与工具和合互为前提，亦互为体用。两者回环紧扣，以免步过分目标化的空想主义与过分工具化的操作主义之弊。如此设计、建构，和合学才能成为最完整的文化价值哲学。

理想目标不在历史的档案馆里，也不在古圣贤人的经典上。和合学的价值取向的理想和合目标，不在复古，而在于未来。未来只切近的便是21世纪。和合学不冀希“为万世开太平”，因为这种理想主义态度不符合和合人文精神，它剥夺了未来人类平治天下的可能和权利。人们只能根据当下的现实去设计不久的未来的理想，以后的万世由后人去设计，现代人虽有设计“为万世开太平”之志，但此志不是符合于后世，便是对后世的误导，反为后世带来批判的烦恼。

要达到理想的和合目标，就必须以和合为工具，解决当前人类文明发展所面临的难题：即生存世界的生态危机，意义世界的意义危机，可能世界的理想危机。解决问题，消除危机，需要决策。未来决策是和合学从战略构想到战略预测的理论延伸，是和合学实践应用的逻辑完成。

和合学的实践应用过程，是理想和合目标的实施过程。一定理想和合目标指导着实践应用的方向或轨道；决策的实施过程，也依一定理想和合目标所规定的道路、方法而进行。从这个意义上说，理想和合目标是未来决策实施过程的端始。在这个端始中包含着一切决策实施过程中冲突、融合的因子。实际上决策的实施过程，是蕴涵于理想和合目标中的诸种冲突、融合因子的展开；实施过程中的阶段性，是理想和合目标中所蕴涵的冲突、融合的阶段性的体现。

理想和合目标联结着决策的实施过程，亦联结着决策的制定过程，它是两者的中介。决策是一般的构想、需要依据决策的设想、原则，制定出初期、中期、长期目标，或小、中、大的目标，以及实施目标的方案、方法、措施、步骤等等。假如决策没有具体化的目标，决策就会停留于空想，或在实施中流产。因此，制定目标是决策的关键。目标是依据决策而制定，它蕴涵着人们所希望争取达到的未来世界。所以，一旦目标制定以后，全部决策又必须围绕着实现这个预定目标而策划和设计。

这样，目标与决策即不离不杂。“不杂”是因两者相异而有各自的内涵，相待相分；“不离”是因在决策过程中有目标，在目标实施过程中有决策，相关相合。目标的合理性，意味着决策的合理性；决策的合理性，亦意味着目标内容符合活动主体的需要或宗旨。每一主体需要或宗旨由诸多决策和目标构成，其中每一个决策和目标是另一决策和目标的手段，是达到更高一级目标的工具。合理目标又是对客观环境、主观条件的充分估量，各目标之间相互协调，亦具有可行性，即具有一定的效益，否则最美好的目标也是无用的。

（三） 决策的内涵和要素

决策译自英语 decision making，原意是做出决定。所谓决策，是指人为实现其目标而改造主客体环境等，以进行的一种设计、选择和决定活动和成果。换言之，决策是为达到一定目标，经各种深思熟虑和比较后，对应当做什么和怎样做所作的选择决定。它是人的自觉的、创造性的活动，是一种活动的过程①，而非心血来潮，一时冲动。

决策这个词虽是外来的，但决策活动却古已有之。中国上古，往往把人的决策转换为神灵的决策，即把人的力量异化为外在神秘的力量。《周易》“卜以决疑”，筮以策算，便是这种形式的决策。人们在未做出决策，确定目标之前，对各种活动方案、计划、方法、步骤、目标等，都在选择、比较、疑虑之中或犹豫不定之中，便借助神灵力量的形式做出决策。殷周之时，国之大事，如封侯、战争、筑城、祭祀等等，都需卜来决定。

对于神灵所作的决策，虽不是每个人都相信，如“童蒙求我。初筮吉，再参（三）摚（渎），摚（渎）即（则）不吉”②。童子对于初筮的结果“吉”，不相信而有怀疑，于是接着再三卜筮，筮人认为这是对神灵的亵渎。所谓“信则灵，不信则不灵”，而基于对神灵信仰基础上的决策。

《周易》基于对现实生活中事理的参究，就能不出户庭，运转天机。这在古代似乎有点玄，但古代的信息亦不完全局限于直接经验知识，而已有许许多多间接的信息。根据这些间接的信息，即可运筹于帷幄之中，决胜于千里之外。这种决策的制定过程和实施过程，其实是很复杂的认知、思维过程，《孙子兵法》、《三国演义》就有生动而深刻的描述。

战争的目标是战胜对方，保存自己。因此在战前不仅要“知彼知己”，若“不知彼，不知己，每战必殆”③。此“知”即是知识、认识。战争是双

---

① 参见周农建：《决策学的新视野》，17 页，贵阳，贵州人民出版社，1986。刘余善等：《实用管理系统工程》，299 页。

② 拙著：《蒙》，见《周易帛书今注今译》，187 页。

③ 《谋攻篇》，见《十一家注孙子》，52 页。

方势力的较量，军事指挥员对自己和对方的各个方面情况都要认知、掌握，才能战胜。《孙子兵法》认为，主要有道、天、地、将、法五个方面。道是指民众与国君同意愿、民众在战争中就能出生入死；天是指阴阳、寒暑、时制等自然环境；地是指远近、险易、广狭、死生等地形条件；将是指智、信、仁、勇、严等指挥员的素质、性格、管理状况；法是指曲制、官道、主用等部曲、旗帜、锣鼓制度，将校职务，粮道和军用等情况。把彼此五方面加以“校之以计，而索其情”[①]，即从“主孰有道？将孰有能？天地孰得？法令孰行？兵众孰强？士卒孰练？赏罚孰明？”[②] 等七方面进行比较分析，就可以大体知道哪一方会战胜。这就要求决策者，即所谓“运筹帷幄”者，有超越彼此的态度和立场，才能对彼此双方的情况进行客观的、公正的、合理的比较分析。若囿于己见或偏向一边，都会影响、左右比较分析的公正性、客观性和合理性，就会做出错误的决策，遭致战争的失败。

知己知彼，属于知，知还不是决策。知是对己彼“客观”情况的动态的了解，只有在此基础上，从一定目标出发，以一定的方法整理、加工这些知的信息，选择确定一定的行动方案，这便属于决策活动。决策是计算、谋划的过程。“多算胜，少算不胜，而况于无算乎！”[③] 算即算计、计算，是对于决策选择过程的描绘。

知己知彼与多算少算，即知与算的差异是明显的；知本身是对于对象的现象、变化、本质的揭示或描述、展现事物是什么，将是什么，决策针对客体的是什么，将是什么，主体将采取什么样的行动去改变客体而符合既定目标的要求。简言之，认知是认知客体对象，决策是改造客体对象；认知以符合客体对象为标准或尺度，决策以合目标为标准或尺度；认知是对“既在”客体对象的揭示和描述，它的既在性不以主体的认知还是不认知而改变，决策所指向的目标，是“未在”的东西，它有待于人的创造性的决策活动的实践，而开拓出新的世界。

虽知与算有异，但亦相互联系，相互渗透。决策是人类的一种特殊认知活动，是因为决策是人有意识的思维活动；是对于信息的收集、加工和输出的过程；是对于客体对象的规律性的体现；是对未来活动过程和结果的基本构想，具有指导实践的功能。认知是决策的前提条件，无知已知

① 《计篇》，见《十一家注孙子》，8页。

② 同上书，8～9页。

③ 同上书，19页。

彼，不可能做出决策。知之误，便影响决策之误；知之确，就使决策亦确。

决策指导实践、实施。它既可以在围绕目标的实施中排除种种干扰和曲折，而导向目标的实现；也可能误导实施、实践的方向，而离目标越来越远。这就是说，有什么样的决策，就有什么样的实施。一个正确的决策可以“兴邦”，一个错误的决策可以“丧邦”。如“改革开放”的决策，使国家富强兴旺；“文化大革命”的决策，使国家落后倒退。同样，一个合理的决策，使人功盖千秋，名垂千古；一个非理的决策，使人身败名裂，遗臭万年。但对于一个人来说，往往是复杂的，甚至两者兼而有之。秦始皇统一文字和度量衡，以及废封建、立郡县的决策，百代效法；而其焚书坑儒的决策，却成千古罪人。史鉴、实鉴，都说明决策的意义，及其在实践中的重要作用，今人若能以史鉴、以实为鉴，起码就不会妄作决策。

不妄作决策，而使决策正确，必须具备八大要素①：

1. 信息要素。信息已成为现代社会的先决条件，它与物质、能量共同构成现代社会活动和现代科技的支柱，具有物质和能量所不能起的作用。信息属于知识和智慧，物质材料，能量动力与信息知识相结合，才能生产产品。因此决策必须以信息为基础，无信息，就无决策；无准确、完整、及时的信息，亦无准确、完整、及时的决策。

2. 预测要素。预测是决策的前提，信息对决策的作用，有一些是通过预测实现的。预测依据信息，对人类活动过程和发展趋势进行分析、推断和预见，提供未来信息，选择未来目标。决策必须依赖对未来的分析、预见的信息，做出正确的决策。预测能揭示事物在发展过程中可能发生的种种情况，使决策方案、设计的选择更加精密和周全。

3. 系统要素。决策机体就是一个决策系统，对于这个系统可以从各个层次、结构、运转、演化等方面去分析；同时决策亦涉及整个系统及相关系统，决策目标、决策对象，以及内因外缘（主体条件、外部环境）等。决策的系统原则，是指决策是由诸多相互联系、相互作用的要素（物质、能量、信息、主体、客体等）构成的有机整体。系统要素使决策本身实现整体化、综合化、最优化的性质。

4. 方法要素。决策有赖于精确的、科学的方法。科学方法是科学的灵魂，它是实现对象的客体本质的手段，亦是实现科学认知的工具。它提供

① 参见刘余善等：《实用管理系统工程》，300～301页。

的思维和操作程序，有益认知主体的科学认知的获得。因此，科学方法给正确决策以方法的指导，并善于运用各种科学知识，如严谨的逻辑学、精密的数学、计算机以及经济学、社会学等，以做出决策。从这个意义上说，没有科学方法，就不可能进行科学决策。

5. 可行要素。决策是为实施目标，决策亦是针对问题而化解问题。因此，决策必须具有可行性，若不可行，便丧失了决策的意义和价值。决策保证能实施，就需要使决策符合科学技术的发展和经济发展的现状，以及可行性的内因外缘等各方面条件和可能创造的条件。从需要与可能、有利与不利、成功与失败等因素的周密思考、分析、比较中，做出决策可行性的估计。

6. 择优要素。决策就是择优的过程。化解问题、达到目标的方案、设计、途径可以各种各样。对此多元方案、设计等，经定性定量等的分析、比较，选择最优化的方案、设计。最优化的方案、设计，不一定以“经济上最优”为准，可以确定“最低限度使人满意”为准。经济性最优方案，不一定是“使人满意”的方案；选择“使人满意”的决策，可能会创造、实现经济性最优方案，其间关系是辩证的。不可为而为之，为不为；无为而无不为，这便是决策的辩证法。

7. 反馈要素。反馈是决策系统实现控制的前提。它既能排除系统外部干扰，亦能克服系统内部无组织，以便适应条件的变化，达到预期目标。一般来说，反馈是对决策所导致的结果的调整。在决策目标是相对确定值的情况下，以负反馈来减少决策行为与决策目标之间的偏差，使决策系统趋于稳定状态，以便逼近目标。在决策目标是变易的值的情况下，以正反馈来跟踪目标的变化，调整决策，使决策合理化，最终实现目标。

8. 集团要素。随着人与自然、社会、人际、心灵、文明间的关系的复杂化，决策的系统化，个人或少数人做出决策已越来越不胜任。古代中国借助食客、军师进行决策，如信陵君、春申君等食客三千；中国近代有幕僚、参谋；现代有智囊团、思想库、“影子内阁”等，作为决策者的助手、顾问。凡遇问题，特别是重大问题，他们做出调查分析，提出各种可行的方案，供决策者讨论思考，最后做出决策。当然，智者千虑，必有一失。在决策实施过程中还可以进行调整。

决策八大要素，也可谓八大原则。只有八大要素具备，才能做出正确而合理的决策。

二、 和合决策学的公理与类型

决策就其本质而言，是各方面、各层次的冲突融合，而后才能做出决策。无冲突、无融合，亦就无所谓决策。所以称之为和合决策。和合而生生，和合决策意蕴着新的决策的化生，亦蕴涵着未来决策的意味。

（一） 和合决策的公理

和合决策学，是指参与决策的各要素、元素“融突”而和合，以及“融突”和合而所以做出决策的依据的学问。

决策是由于人在现实生活中存在着各种各样的问题，有问题就意味着冲突，亦意味着融合。化解冲突，使问题得以协调、和谐、融合，并产生新的决策，这便是和合决策。

和合决策由于决策者的价值观念、思维方式、情况分析、经验理智的差异，亦会见仁见智，各陈异谋。但其间亦蕴涵着决策者所共同接纳或认同的一些基本原理，在正常的情况下，决策者做出决策，就会自觉不自觉遵守或符合这些原理。这是因为：一是这些原理是历史的、现代的决策者长期实践经验的积累和总结所获得的认识；二是决策者对于每一个方案、设计的选择，都要考虑社会效益、经济效益或功利效益等方面，或侧重其中的一方面，称之为“效益”值或效益价值标准；三是决策者对决策的对象的各要素和自然状态①所可能出现的变易，有一个大致的估计，即存在着“主观概率”②。

和合决策把决策者所共同接纳或认同的一些基本原理，称之为公理：

1. 优劣的可比性公理。只要给出两个或两个以上的方案、设计，便具有可比性。在决策前最好能从各个不同的角度，提出可进行比较的、选择的方案。决策者经过对各个方案各方面情况的分析，确定一个方案，这个方案往往优于其他方案，起码在决策者心目中，这是最优决策方案。决策者在对方案的思考选择中，采取融合前三个方案、设计的优点，而成一和合方案，这也是可能的。假如决策者确定 A 方案优于 B 方案，B 方案优

---

① “自然状态”（Si）在决策系统中是指决策者无法控制的因素，即各种方案可能遇到的状态，如气候的自然因素，市场的经济因素，军事战争的政治因素等。它不易被决策者所控制，称之为自然状态。它是根据历史资料、主观经验和预测得到的。

② “主观概率”（Pi）是指依据各种自然状态发生的历史统计资料加上主观判断而确定的概率值。它近似地反映事件发生的可能性。

于C方案，那么A方案必优于C方案。方案的优劣次序不是相互循环的。

2. 存在的价值性公理。决策的方案都具有其独立存在的价值，不存在独立价值，就会被排除。譬如A、B、C三个方案，其在各种自然状态下的损益值如表19—1所示：

表19—1　　自然状态损益值

方　案	自然状态下的损益值	
	ⅵ	ⅶ
A	10 000	－2 000
B	8 500	－3 000
C	5 000	1 000

方案A、B在ⅵ和ⅶ两种状态下的损益值，A优于B，B在这种情况下就成为劣势方案，失去了独立存在的价值，不被作为可供选择的方案。方案A与C的情况却不同，在ⅵ的状态下，A优于C；在ⅶ的状态下，C优于A。这样AC都具有独立存在的价值，可提供作为决策分析的方案。至于究竟选择哪个方案，需由决策者全面分析思考以后来确定。

3. 概率的差分性公理。主观概率与方案结果之间不存在必然关系。决策者对于某种状态出现的主观概率的预测或估计，并不受方案结果的制约。决策者预计产品销路好的概率是0.6，销路不好的概率是0.4。好可获利20万元，不好将亏损10万元；经重新计算，好可获利50万元，不好将亏损5万元。在这里，结果虽然变了，但主观概率似不变。换言之，决策者预计销路好的概率仍然应当是0.6，销路不好的概率仍然应当是0.4。这就是说，自然状态出现的可能性真假大小的主观预计，只与决策者主观上对自然状态发展趋势估计相关联。

4. 效益的等同性公理。决策者会遇到各种各样的机会。譬如有这样一个机会：有0.5的概率可得到10 000元，有0.5的概率可得到－2 000元。这时，决策者必定可以肯定得到的（即概率为1.0）某一数值的机会，与上述机会的效益相同，即两个机会的效益是相等的。比如“某一数值”为3 000元，此数值随决策者对待风险的不同，可能有所不同。

5. 效益的替换性公理。相等（或相同）的效益，可以相互代替。以0.5概率得到10 000元，以0.5概率得到－2 000元，其结果对于决策人来说，可以用肯定得到的3 000元来代替。①

---

① 参见翟立林等：《管理决策理论与方法》，23～25页，北京，中国建筑工业出版社，1987。

决策公理既易于理解，亦易于接受，但在决策过程中严格遵循却不容易。要么过分乐观，过高估计好结果的可能性；要么过分悲观，过分估计坏结果的可能性。这些都要影响在决策中的冷静分析估量，以致背离决策公理。

（二）和合决策的类型

在人类生存和发展的活动中，面临着各种各样的决策，不同类型的决策，便有不同特点、方法和应用范围。认知和掌握决策类型，是使决策更趋合理化的步骤。

1. 个体与集团决策。决策均是由人做出的，无论是个体人，还是集团人，都是人。但不是一般的人，而是具有决策能力、决策权力、从事决策活动的人。从决策主体构成上看，可分个人决策和集体决策两种形式。

个体决策可凭个人的经验、知识、聪明、才智、情感、意志、爱好做出决策。个体决策并不是不依据信息，听取意见，选择方案，缜密思考，很多个体决策是在这个基础上由个人做出的。这种决策类型在历史上和现代社会中，都有其积极的作用。它具有迅速、简便，决而行，行而疾，以及不相互推诿，不议而不决，决而不行，不怕担责任等长处。但个体决策也有受其个人的知识经验、能力才智、感情意志、价值观念等局限的短处，而影响决策的正确性、合理性。一般来说，在个人领导职责范围之内的程序化、日常化的决策，个体决策是需要的，也许这种决策既有针对性，又明确有效。

集团决策并不是指大家都来决策，而是指决策领导集团所做出的决策。他们可以集中参谋班子的方案、设计，专家的建议。集思广益，充分讨论、研究比较，做出决策。这种集团决策具有周密性、准确性、战略性的优点。但也有决策集团中缺乏民主讨论气氛，或主要领导人已做出决策，集团决策只是一个形式等弊端。

2. 确定性与不确定性的决策。依据决策主体所掌握信息的完备程度来区分确定性与不确定性决策。确定性决策是在确定的条件、环境下做出的决策。有可靠性大，决策实现的把握性亦大的长处。非确定性决策是决策主体对决策对象未来状况缺乏完备的知识，行动方案的结果没有确定的把握。这两种决策是两端，两端可以连接起来，使不确定性决策转换为相对确定性决策，冲突、融合而向确定性决策转化。

3. 程序化与非程序化决策。在使用亦称常规性与非常规性决策，它依据主体在决策过程中所采的不同技术而区别的。程序化决策是指决策者对经常的、大量的、反复出现的一些冲突问题所做出的决策，并制定出一套相应的例行程序来化解。一旦此类问题再出现，决策者便可依程序化来决策。现代的程序化决策可由计算机来完成，即自动化决策系统。

非程序化决策是指与程序化相反的情况，即指偶发的、个别的、非重复的活动所做出的决策。它不能依程序化来化解，亦不能由计算机来处理。它是决策者所面临新问题、新情况。决策者往往在统计数据，情报资料，知识、技术、信息无准备的情况下，凭借决策者聪明才智、经验知识、领导艺术而做出的决策。①

在现实决策过程中，决策者所遇到的是既非典型的程序化决策，亦非完全的非程序化决策，而是两者的冲突融合，即此即彼，非此非彼的模糊决策。这就要求决策主体平时注意积累信息，提高自身素质，掌握可变因素，利用先进科学技术，在各种情况下做出合理决策。

4. 肯定性与非肯定性决策。这两种决策是依主体对自然状态所认知、所把握的程度而区别的。肯定性决策是指对未来的自然状态已认知和可能出现的问题有肯定把握的情况下的决策。其支付值可以计算出来，如用微分法求极值，用线性和非线性规划求最优值，用动态规划求多级决策过程的期望值。然后按决策准则进行择优。

非肯定性决策是指存在两个以上的自然状态，它们出现的概率未知或未把握。因此，它很大程度上取决于决策者主体自身的各方面素质，如才能、知识、经验、性格、教育、道德等。但亦可依决策准则进行分析、比较、选择，减少其非肯定因素：

第一，悲观准则，即小中取大准则，是指从不利情况出发，找出最坏可能，在最坏中选择最优方案。如在每个方案中选择最小收益值，从最小收益值的方案中选择收益值最大方案。作为决策。

第二，乐观准则，即大中取大准则。是指从最好方案中选择最优方案。先从每个方案中选一些最大的收益值，再从最大收益值方案中选择最优值。

第三，中和准则，即乐观系数准则，是指从悲观与乐观准则的冲突融合中，选择不过犹不及的可靠方案。决策者可依历史数据的分析和经验判断的方法，确定一个乐观系数 a，a=0 为悲观准则，a=1 为乐观准则，这里取 0⩽a⩽1。中和收益值=a（最大收益值）+（1-a）（最小收益值）。依此计算出每个方案的收益值，选择其中最大值为决策方案。

第四，遗憾准则，即大中取小准则，是指当某一种自然状态出现时，

---

① 参见齐振海：《管理哲学》，167～169 页。

决策者应当选择收益值最大的方案为最优方案。若当时未选择这一方案而感到遗憾，便可先确定遗憾值（最大收益值与其他方案收益值之差，为遗憾值），然后从最大遗憾值中选择最小的，作为最优方案。“大中取小”的遗憾准则是以损失值为基点，“小中取大”的悲观准则是以收益值为基点。两者都是悲观准则的应用。

第五，效用准则。前四者决策准则都以期望值的大小为选择标准，但在现实活动中，并不都是如此，而有的是按方案在决策者眼中的价值来决策。这种决策是着眼于方案的效用，可称策略效用；策略效用不是策略本身所决定，而是由策略和决策者双方决定；策略和决策者的函数是效用，是决策者对损益值的一种感觉和反映，是决策的相对尺度。决策者主体的性格、作风以及客体的情况，对效用都会产生影响，它是两者的融突而和合。效用的决策分析，应依效用的基本假设，做出效用函数曲线，然后计算各方案的各种可能结果的期望效用，选择最大期望效用为最优方案。

5. 风险性与博弈性决策。这两种决策虽有差分，但都是决策主体在特殊情况下，特别是对未来出现的自然状态以及决策对象竞争活动，不能肯定和把握的情况下，凭借决策主体的地位、胆略而做出的决策。

风险决策，即随机决策，是指决策主体对自然状态或结果究竟出现哪种情况，不能确定的预测，其可能发生的主观概率为已知条件下的决策。但由于决策面向未来，带有不确定因素而有风险。风险决策通过风险分析，为决策中的关键变量拟出概率分布曲线，显示风险大小性质等。风险决策分析方法依决策准则而异：

第一，期望值准则。以决策问题构成的支付矩阵为基础，计算每个方案的期望值，即在不同自然状态下的加权平均值。方案的期望值是各个方案发生的概率乘该方案发生的支付值之和。以期望值为标准，选择其最大或最小值的方案为最优决策。

第二，合理准则，也称拉普拉斯准则。在信息资料缺乏的情势下，采取各种自然状态发生概率值相等。若有 n 种状态，则每种状态发生概率值为$\frac{1}{n}$。这种假设是合理的，但理由不充分，以平均主义来简化决策。

第三，最大可能性准则，它以选择自然状态中发生概率最大为基础，然后选择其中一个在这种状态中收益值最大方案为最优方案。

第四，优势准则。它应用于方案较多的决策矩阵的优选。对不同方案间的收益值或损失值进行比较，确定一些为优势方案，另一些为劣势方案，舍劣择优。优势准则并非从中选一个方案，而是几个方案，以便供决策过程中选择。

第五，意向水平准则。它依据决策者所拥有的资源条件和经营目标的要求，对方案收益值选择规定一个最低意向水平，未超过这个意向水平的方案，应当舍弃。

第六，培欣准则。它是依据概率基础上的随机决策，在部分未知状态下，以主观概率代替先验概率，然后用贝叶斯公式①，对发生概率进行修正，这样便可用期望值和修正概率作最佳决策。决策者一般不愿意按期望值的大小进行决策。期望值好，一旦客观状态不利，损失就较大，决策不愿冒此风险，而望获得更多信息，改变对未来状态的认知和把握。反之期望值坏（负），但仍有获利可能。决策者总望获得完全信息，转变随机决策为肯定决策。在现实中获得完全信息难度大，而只能不断积累不完全信息，以助决策。培欣决策的过程分四阶段：事前分析，据经验和预测求出有确定资料之前发生的概率，然后用期望值作决策；事后分析，据贝叶斯公式求条件概率；先事后分析，由结果推算原因，即把不确定的因素变为确定因素进行分析；连续决策，把各个阶段的计算联系起来进行分析，以便选择最佳方案。

风险决策并不仅仅取决于统计学的概率，而且与决策者主体的素质、事业心、责任心、魄力以及地位、名誉、权限等相关联。

博弈决策有对局矩阵、有鞍点对局、无鞍点对局等。就对局矩阵而言，任何竞争性活动都由三要素组成：局中人、策略集、赢得函数。譬如“二人零和矩阵”博弈，其表达式如下：

$$
\begin{array}{ccl}
 & & \text{乙} \\
 & & \quad 1 \quad\; 2 \quad\; 3 \quad \cdots j \cdots n \\
 & 1 & \left[\begin{array}{lll} a_{11} & a_{12} & a_{13} \cdots a_{ij} \cdots a_{1n} \\ a_{21} & a_{22} & a_{23} \cdots a_{2j} \cdots a_{2n} \\ \cdots & \cdots & \\ a_{i1} & a_{i2} & a_{i3} \cdots a_{ij} \cdots a_{in} \\ \cdots & \cdots & \\ a_{m1} & a_{m2} & a_{m3} \cdots a_{mj} \cdots a_{mn} \end{array}\right. \\
\text{甲} & \begin{array}{c} 2 \\ \\ i \\ \\ m \end{array} &
\end{array}
$$

① 贝叶斯公式。假设有多个互斥事件 A_1，$A_2 \cdots A_n$，及事件 B，且 P(B) >0，并满足全概率公式的各件，则：$P(A_i \setminus B) = \dfrac{P(A_i)\ P(B \setminus A_i)}{\sum_{i=1}^{n} P(A_i) \cdot P(B \setminus A_j)}$，此概率也称后验概率。此公式的意义，是求造成 B 事件发生原因 A_i 的概率。然后依原因概率预测经济效益，进行决策。

局中人为甲乙两方；可供局中人选择的策略，甲乙分别为 m 和 n 个策略；赢得函数是局势函数，用数量化来表示对策的结局。若甲采策略 i，乙采策略 j 时，甲之得为 a_{ij}，乙之得为 $-a_{ij}$，从而 $a_{ij}-a_{ij}=0$，为零和博弈。矩阵是表示结果的得失可表达为矩阵。矩阵中 a_{ij}，可以金钱、市场占有率或目标所规定的数值来表示。甲希望矩阵中 a 值越大越好，乙希望矩阵中 a 值越小越好（即负值越大越好）。

有鞍点对局决策是指对局矩阵（即冲突、竞争）中，双方一选定策略，得失即告定局。所以决策的根本问题是如何选择最优策略。何为最优？博弈值如何计算？可分为有鞍点纯策略决策，另是无鞍点混合策略决策。以有鞍点纯策略决策来说，对局者 A 有三个、B 有四个行动方案，矩阵中数值是 B 付给 A 的钱数。假设图如：

$$
\begin{array}{ccc}
 & & \mathrm{B} \\
 & & \begin{array}{cccc} \mathrm{B}_1 & \mathrm{B}_2 & \mathrm{B}_3 & \mathrm{B}_4 \end{array} \\
\mathrm{A} & \begin{array}{c} \mathrm{A}_1 \\ \mathrm{A}_2 \\ \mathrm{A}_3 \end{array} & \begin{bmatrix} 40^{+} & 34 & 30^{※} & 33 \\ 38 & 35^{※+} & 36 & 37 \\ 28^{※} & 33 & 37^{+} & 38^{+} \end{bmatrix}
\end{array}
$$

假设对局的双方都是聪明的，都选择最优方案，即最好、最安全、风险小的方案。A 如选择 A_1 方案，最少得 30 元；A_2 最少得 35 元；A_3 最少得 28 元。这三个最小值中取最大值为 35 元。A_2 方案为“小中取大”方案，是有把握得到的最大数。B 如选择 B_1 方案，付出最大值为 40 元；B_2 最大值 35 元；B_3 最大值 37 元；B_4 最大值 38 元。从四个最大值中选最小数 35 元。B_2 是“大中取小”方案，即不超过 35 元。A、B 的交叉处的 A_2 与 B_2 有※和＋符号，称为鞍点；这里 35 元，称为对局值，即博弈值，即 A 得到最大数，B 付出最小数。这是在对局者均选择合理行动方案的结果，而非指在冒风险条件下的结果。

无鞍点对局决策简言之是指对局两方的最低支付值在矩阵的一条对角线上，最高支付值在另一条对角线上：

$$
\begin{array}{cc}
 & \begin{array}{cc} \mathrm{B}_1 & \mathrm{B}_2 \end{array} \\
\begin{array}{c} \mathrm{A}_1 \\ \mathrm{A}_2 \end{array} & \begin{pmatrix} 5^{※} & 35^{+} \\ 20^{+} & 10^{※} \end{pmatrix}
\end{array}
$$

A 的“小中取大”的策略是 A_2，保证得到最大值 10 元；B 的“大中取小”的策略方案是 B_1，保证付出最大为 20 元。这是说 A 得到最大数值和 B 付出最小数值不同，无鞍点。无鞍点，可能使 A、B 双方做不了决策，便需引进从统计概率出发的混合决策。所谓混合策略，是指一个对局者的各行动方案可以是一个概率组合。如 A 采用（$\frac{1}{2}A_1$，$\frac{1}{2}A_2$）混合策略，即对局进行 100 次，50 次采 A_1 方案，50 次采 A_2 方案。每一次采用什么是随机的。①

博弈性决策对象具有竞争性、冲突性的活动，这种活动的成败得失完全依赖于参与者所选取的策略适当与否。并可运用各方面竞争性（如经营、战争等）的具体活动，以实现目标。随着电脑的发展，决策手段、设计越来越先进和多元。

（三） 决策者的整体素质

决策是主体人的活动，是为了达到或完成人所制定的目标或理想境界。和合决策是物质、信息、能量的融突和合，亦是人的决策方式（结构）、组织人员（元素）、决策行为（功能）的融突和合。因此，主体人作为决策者对决策具有决定的作用：（1）数量的，（2）质量的，即素质的。

任何一个决策系统都有一个与其特定决策方式相应的最大效量，即决策功能最大时所需的人员量。这个人员量不足而增加，就会提高决策系统的功能，它表示着决策知识、经验、智慧的增强；也表示着相互间牵制力的增强，而有利于目标的实现；亦意味着决策过程运转的加速。这是从正面（合理性方面）来考察人员量。假如人员量已满足决策的最大效量，再增加人员不仅不会增加决策功能，相反只会降低决策功能。因人员增加就意味着层次、环节的增加；层次、环节的增加，意味着信息传输路线的加长，信息转换次数的复杂化和失真度加大，使决策合理值降低。也会导致互相掣肘、扯皮、推诿等现象，影响决策速度。②

决策人员与功能之间既冲突又融合，实乃融突和合关系。决策人员量与人员素质之间亦是融突和合关系。决策人员素质高，减少人员量亦能达到相同的功能；素质低劣，增加人员量，也达不到同样的功能。如集中一百个科盲，也抵不上一个懂科学者。因此，决策者的素质必须是知、情、意、德、才兼备。

知识结构和水平是决策者素质的基础，无一定水平的知识结构，就无

---

① 参见刘余善等：《实用管理系统工程》，306～362 页。

② 参见周农建：《决策学的新视野》，144～145 页。

资格担当任何决策者。所谓“斗大字不识一箩筐”的“大老粗”占领上层建筑的惨痛恶果，是有五千余年文明传统的中华民族的耻辱和不幸！决策者特别是领导者（最后决定决策方案者）必须具有起码的专业知识和其他方面的知识，即知识面要广，并对各项知识都有适度的把握。在决策实践活动中，不同知识结构和水平的人，对于相同的信息资源的理解、处理和面临问题的解决，会做出不同的感知、分析和化解，以及对方案的不同选择。因这时决策者的大脑会迅速调动已储存的有关知识、经验，对信息资源和面临问题进行加工；做出分析、比较和判断，提出相应的对策，无知识、经验者，就会茫然不知所措。

渊博的知识和经验，使决策者思路开阔，具有触类旁通的灵活性和接受新信息、新思维、新方案的开放性，以及分析能力、综合能力、抽象能力的创造性。此三性都与决策者具有广博的知识和丰富的经验相联系，相反知识贫乏，思想必闭塞；思想闭塞，必墨守成规；墨守成规，必无所创造；无所创造，必是非优化决策。在现代，创造性是决策者的生命智慧。

情感是指决策者的心理结构和素质，它对决策具有很大影响。情绪是心理对于外部刺激和内部变化所产生的反应。决策者自觉调节、控制自己的情绪，是使决策理性化的重要条件。人的心理活动亦表现为心境、激情等。心境是指人在某一时间内的一种微弱而持续的情绪状态，使人一切活动和体验都带有情绪色彩。在心境佳的状态下，情绪饱满，思维敏捷，想象丰富，自信心强，具有克服困难、甘冒风险的创造性决策的雄心。若心境不佳，情绪沮丧，以至想象贫乏、思维迟钝，便会采取保守、陈腐的决策方案。激情是指强烈而短促的情绪状态。积极的激情，能调动全身心的智慧和力量去从事决策活动而追求目标的实现。反之，消极的激情往往行为失控，分析综合能力降低，甚至不计后果，对决策带来意想不到的影响。

定势是心理对某种表现和评价的一种状态，是对某种人、物、事的倾向性，是心理的某种稳定状态。知觉定势具有对以前见过的，与自己态度、价值观点相一致的东西的倾向性。思维定势是往往照自己已成的或固有的模式、规则去思考、认知客体，做出决策的倾向性。定势这种心理现象，在一定条件下，使人认知迅速、有效，并以简略的形式，体现真。在另一些条件下，也会使人在决策活动中以其已有或固有的倾向性来思考、认知已经变化了的客体和信息，既不能发现新情况、新问题、新方案，又不易接受新方法、新创造，而影响决策的择优和实施。

意志是指人自觉选择目标，调节、控制自己活动以实现目标的心理过程。目标性是意志的主要特征。在决策活动中制定目标，并把理想的、现实的、个人的三者的目标融突而和合，是决策活动的最高境界。实现决策目标需要排除万难，抵制非难，不唯上不唯书，只从众从实的坚忍不拔的顽强意志。果断是决策者明辨是非、当机立断的意志。它是全面深刻思考行动的目标、实现的方法手段以及行动后果而做出的决策，亦经历复杂融突的心理过程。意志的良好素质是意志高度的自觉性、坚韧性、自控性和果断性的融突而和合，是决策者优化素质。

德是指决策者的道德素质。决策者应当具有热爱社会、集体、周围工作人员的仁爱之心；义利兼顾，不见利忘义；诚实正直、言行为一，讲求信用；奉公守法，知礼有度。有高度事业心和责任心；有明确奋斗目标和理想；勇于进取和乐于挑战；有较高的政策水平和良好人际关系；有谦虚的精神和团结共事的态度；能吸收、发现人才和知人善任；能赏罚分明和不避亲疏；能以身作则、求同存异和调动全体人员的积极性。决策者的道德素质是保证决策制定和实现目标的智力结构核心。决策者道德素质差，或迷于酒色，或恋于金钱，或制于权力，或受于贿赂，便会误导决策方案的选择，导致目标的流产，事业的失败。

才是指决策者的聪明才智的素质。聪明才智是决策者的知、情、意、德综合水平和能力。决策者应是智者。他善于分析错综复杂的现象而把握事物的本质；对各种各样的反馈信息善于做出推理、反证和回应；遇到错综难题善于出主意、想办法、提方案，做出决策；能洞察事物的因果关系，观察问题有远见卓识，具有前瞻性和预见性；在激烈竞争和急速变化面前，清醒明智，能灵活运用决策的各种方法，如风险、博弈决策等，迅速做出决断；能依据实际，善于组织人力、财力、物力，协调各方面的关系，统筹兼顾，争取目标的实现等等。

决策活动中的决策者知、情、意、德、才素质，密切联系。知识是意志的前提，无知，意志就会陷溺于盲目；意志是促进认知的必要条件，无意志就不会有敢于入地狱的求知精神；情感能成为意志的动力，亦可成为阻力，意志也可以直接或间接调节、控制情感，是情感的内在协调机制；道德情操的水准，既是知、情、意综合水平的体现，亦是知、情、意心理过程的自觉的自律力量。知、情、意的提升，为道德情操提升的基础，反之，道德情操的提升，亦为知、情、意的完善提供保证；才智是知、情、意、德的综合能力，亦是其综合体现。此五者既冲突、又融合，融突和合，构成决策者的整体素质。

三、 和合决策学的目标

决策是和合决策，依浑沌对应律，目标和合之目标已渗透到前七种和合状态之中，并非此外别有一种和合的具体目标。这里的建构使命是，通过对和合人文精神未来（21世纪）的发展方向和道路的和合决策，使前七种和合状态的二阶和合为一个融突和合流行，使中国文化的精髓，时代精神的脉动，人类文明的生机，进至融突和合的化境。

（一） 生存世界的真实目标

生存世界的目标和合与和合决策，是对于和合人文精神真实生存境界的追求。生存世界的现实困境，是生态危机。这是由于工业污染严重，生态环境恶化而导致的。污染和危机的集中表现是，环境污染十分严重，威胁人和生物的生存。现代化学品种和产量剧增。700万种化学品中有潜在危险者甚多。诸多有毒、有害物质通过废水、废气、废物的排放、化学品的生产应用、食物链联结等方式，进入水域、大气、土壤、生物圈。英国的海洋排废，使北海变成“死海”，化学燃烧排出的废气全世界达200多亿吨，污水6 000亿吨。① 同时恶性污染事故增加，英国核安全局统计，世界每年平均发生严重化学污染事故200多起。

温室效应的加剧。因为煤炭、石油、天然气的排放，农业、工业活动中化学物质的释放和森林减少，使大气中二氧化碳浓度增加，捕获了地球红外辐射，阻碍其向外层空间逃逸，地表气温变得越来越暖。20世纪末地球气温要上升2℉～4℉。温室效应使全球气候变化，暴雨和干旱更加频繁，农作物和森林生长分布将受严重影响。

臭氧层的破坏。大气中的氟氯烃、氮氧化物、气溶胶等气体排放，大气中的平流层里的臭氧层遭破坏。美国专家统计，从1979—1985年臭氧层减少2%～3%，南极周围减少40%，出现臭氧洞。② 这使臭氧层吸收太阳辐射中有害生命机体的紫外辐射能力减弱或丧失，使人畜癌发病率、皮肤病患者剧增，使农作物生长、水生动物、海洋浮游生物受

① 参见郭方：《生态环境问题与对策》，载《北京科技报》，1989-01-18。
② 参见《严峻的全球环境挑战》，载《北京科技报》，1989-04-08。

到危害。

酸雨面积的扩大。工业废气中含有大量硫氧化物和氮氧化物，遇降水时便转化成硫酸和硝酸，形成酸碱值少于 5.6 的酸雨。它使森林、植被、鱼类死亡，对湖泊、古迹、文物、建筑造成破坏，称为“空中死神”。

生态环境的污染的加剧，造成生态环境危机，再加上人口剧增的粮食危机、土地资源危机、生物资源危机、淡水资源危机、矿物资源危机以及能源危机等等，使现代社会人与自然环境资源的冲突，达到空前尖锐的程度。人类若不发挥自我创造的功能，使这个冲突得以协调、和谐，人类的生命生存就不能得以延续。

要协调、和谐人类与生态环境危机的冲突，就要依据和合决策的原则，寻求生态环境危机的现实根源，以针砭时弊。由于人类认知视角、价值观念和思维方式的差分，对此根源的分析亦见仁见智；或认为人类自己的无知、贪婪和本能是生态环境危机的根本原因；或以为人口的过度增长、高消费方式和生产技术的弊端是全球生态环境危机的主要原因；或认为科学技术的进步和人类文明的发展是生态环境危机的主因，等等。笔者认为，前两种认知，虽有其片面之失，但还有某些合理性，看到了人自身缺陷和责任；后一种认知则有以现象代替本质之偏。原因实在错综复杂，需要与人类社会生产的历史环境和赖以生存的自然环境基础相联系来探讨。

生态环境污染和生态危机源于人类产业结构不符合形上和合原理。[①]社会的再生产结构是由经济再生产、自然再生产和人类自身再生产形成的，三者互相联系、渗透，又互相制约、调节。人类的经济再生产活动是人特殊的、能动的改变自然的表现。人与动物把自身和它的生命活动直接等同有异，人把生命活动本身转换为它的意志或意识的对象，而使它的生命活动变成有意识的活动。这种有意识的生命活动，表现为生产劳动，即经济再生产活动。

在目前人类活动所及之“地”，人类有意识、有目标的经济再生产活动的方式、规模，受自然再生产的制约。自然再生产活动有自己的活动规则，它超越人的主体意识，不受人的意志支配。但随科技的发展，人在经济再生产和人自身再生产中对自然的掠夺性的索取中，破坏了自然再生产

① 参见本书下卷，第十二章第一节。

的平衡或再生能力，其外在的表现是资源破坏和环境污染。

人类自身的再生产，一方面与经济再生产的水平相联系，另一方面对经济再生产的水平和规模起决定作用。前者对于人口素质和数量有顺向的作用，后者对人口质与量有逆向的影响。因为人自身的再生产和自然再生产的关系，通过质料、能量和信息的交换发生直接作用，这种作用同样受经济再生产能力和水平的制约。如经济再生产能力、水平低，往往导致人口量多质低，对生态环境形成压力；粗放的开放使自然再生产能力下降，又刺激人口的增长，对人口的体质和精神素质无益。

从上述的分析中，造成自然生态环境破坏、污染和生态环境危机的原因，主要是两方面因素：(1) 人的经济再生产；(2) 人自身的再生产。由这两方面而展现为许许多多方面。现代决策者的目标，便是制定三者冲突、融合，而达和合的境界。

人类的经济再生产是人的生存和发展的需要，它是对原生生态系统的嵌入，它的不断运作不可避免地构成对自然再生产能力的消极影响。若单向地发展生产，追求经济效益，忽视生态效益，甚至以牺牲生态效益来换取经济效益。这种经济再生产的效率、水平越高，则对生态环境的破坏越严重。经济再生产的优化标志，就在于以社会劳动和自然（生态潜力）的最小总和消耗，获得最大物质财富，并保持自然环境的优质状态。这种获得的经济效益称为生态经济效益。

从生态经济效益出发，运用生物技术、智能技术，促使生态农业、生态工业的实现。在农业中使各种新旧（传统农业生产技术和生物技术、智能技术）按照生态学原则优化配置，在和合新结构中呈现新的功能。传统农业中种植与养殖相融合的生产技术，如秸秆的牲畜过腹还田技术，就符合生态学的原则。它既继承了传统技术中物质循环利用机制，又在原有技术基础上注入秸秆青贮、氨化处理技术，使难以作饲料的秸秆得以利用，又使食物链的物质转化功能大大提高。还可以在农村利用牲畜粪便生产沼气、残渣还田，提高土壤肥力。同时化肥与农家肥适当配置，可避免土壤结构的破坏，提高产出，并可解决城市粪便污染。在农业中使环境与生物、环境与环境、生物与生物间的冲突，获得协调、和谐、融合，既可以获得生态经济效益，亦可实现生态农业的目标，改造生态环境的污染和危机。

生态工业对于我国、特别是农村乡镇企业来说，具有重要的意义。在工业各行业中应当立足现有条件，开发少废（无废）加工技术、资源综合利用和废物资源化技术以及电子计算机技术，节能节材节物，提高生态经济效益，促使工业内涵发展和走向生态化，从产品本身到包装都应向无害化和可回收化发展。农村乡镇企业实现了工业世界无须把每个人都送进城市进行生产，而把工厂和工作人员送回乡村的理想①；避免了农村剩余劳力向大城市集中，促进了乡镇的城市化建设；发展教育，提高人口素质；增加对农业的投资，以及促使经济再生产、自然再生产和人自身再生产的良性循环等方面开辟了走向生态化的优化前景，但在目前乡镇企业中，这三方面的冲突十分严重，必须引起各方面的关注。乡镇企业人员素质低，资金短缺，设备陈旧，技术落后，管理无方，加上致富心切，唯利是图，短期行为，加剧了生态环境污染和资源破坏。

由于乡镇企业直接与水源、农田相接，又分布很广，造成后果较城市企业严重。如江苏的苏州—无锡—常州地区，浙江的绍兴和河南各地的化工、印染、造纸造成严重水污染。云贵川三省交界处的土法炼硫黄和山西土法炼焦，造成严重大气污染。

一些地方大面积水体和土地丧失了生机。据报道我国水质严重恶化。1994 年废水总量为 365.3 亿吨，比上一年增加 2.7%。工业城市的 110 条重点河流被氨、尿素、非活性酚，大肠杆菌等污染日趋严重。部分地区发生废水逆流现象，危害水产养殖和沿岸渔业。湖泊生态环境变化显著，30 年内减少 115 亿平方米。湖北省的湖泊数量从 1949 年的 1 066 个剧减至现在的 326 个。② 所以必须加强乡镇企业管理和生态意识的教育，重视乡镇企业的工业化与生态化的冲突，并通过价值理性与工具理性相结合的方式，由冲突、融合而走向和合的方向，实现社会生活环境的自然化与产业的生态化。

人类随着社会文明的进步，不仅要求满足生存的需要，而且要求生活环境的改善，即生活环境的生态化（如清新的空气，美化的环境，幽静的空间等）。人的日常生活是人类最自然的生活，但人的行为方式也会违背自然生态规则和生理活动规则。化解人的行为方式与自然生态、生理的冲突，不是倒退到原始部落社会，而是运用现代科学技术改变人类日常生活方式，提高生活质量，融突和合，这就是 21 世纪的生活智能化革命，即电脑进入每家每户及日常生活。上述可概括如图 19—2。

---

① 参见［美］阿尔温·托夫勒：《第三次浪潮》，417～418 页，北京，三联书店，1983。

② 参见《中国严重的水污染》，载《日刊工业新闻》，1995-10-25，载《参考消息》，1995-11-05。

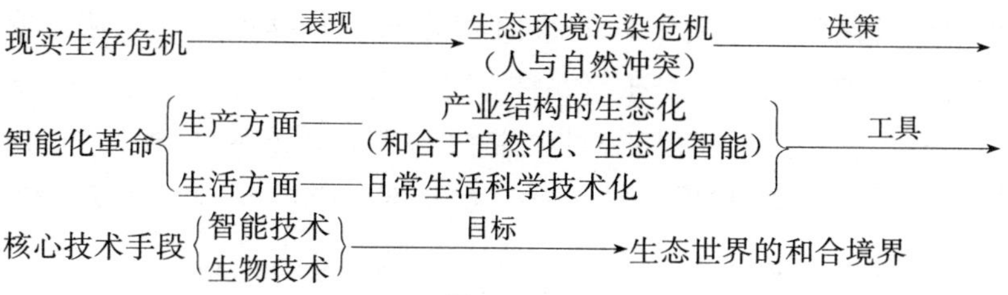

图 19—2

（二）意义世界的完善目标

现代文明从总体上看是物质化的文明。欧洲的文艺复兴曾在观念上刺激了消费欲望，人文主义者使人的观念从对天国的向往转变为对现世的追求。他们主张享乐，崇尚艺术，以人人活得自由为理想。这样，金钱与财富格外受到青睐，亦与身份、地位相关联。于是千方百计地赚钱，发明创造，兴办企业，制造开矿，经商放债，殖民掠夺。只讲手段，喜欢什么做什么。在这些因素的影响下，社会逐渐形成以创造物质财富为体系目标。工业文明的过度物化使人类失去了内在价值尺度和自家意义标准，一切以物的尺度来衡量，以物化水平为进步标志。

文明的过度物化和人口急剧增长的冲击，相互回应，亦淡化了人的内在价值和意义。工业革命带来生产力的空前提高，一方面为人类提供丰富的物质产品；另一方面医学的进步，使人口死亡率下降，寿命延长，人口超常增长。在不到 200 年时间内（1650—1830），世界人口从 5 亿增至 10 亿；又不到 100 年（1830—1925）增至 20 亿；经 50 年（1962）达 30 亿，1975 年为 40 亿，1987 年为 50 亿。[①] 在这 337 年间，增长 10 倍。这种人类自身再生产的爆炸现象还会继续，预计到 2040 年，将达到 100 亿。人口增长与自然资源缺乏，以及衣、食、住、行生活资料增长缓慢的冲突，将越来越尖锐。

追根究底，人既是消费源，又是污染源。前者消耗地球资源，造成资源的匮乏。特别是 20 世纪最后 25 年，人类对能源的需求等于人类已消耗的全部能源；后者引起生态环境的污染和危机，人口剧增，生产和消费增加，排放的废气、废物、废水增加，生态环境遭受破坏。1987 年北京国际人口研讨会指出，在人类文明与进步中，主要面临着三个共同问题：人口膨胀、资源破坏和生态恶化。

人的意义世界亦被过度物化所污染，加上人疲于应付自身再生产的失

① 参见郝志功：《当代环境问题导论》，23 页，湖北科学技术出版社，1988。

控带来的种种问题，冲淡了人的价值和意义，形成了现代文明的意义危机。意义世界的诸范畴（元命与元性、己命与己性、生命与生性、解命与解性、物命与物性、心命与心性、群命与群性、和命与和性），诸规矩（元尺度、己尺度、生尺度、解尺度、物尺度、心尺度、群尺度、和尺度，这里尺度即规矩之意），诸目标（立元、立己、立人、立业、成物、成乐、成众、成功）的自身及相互之间的彼此冲突，使人的意义、人生的价值、人文的目标，都陷入了危机。

整齐划一的物化价值标准，使人成了“单向度的人”①。马尔库塞认为，在工业文明最发达地区，社会控制已“潜化”到连个人抗议也根本上受到影响。② 这就是说现代工业社会是一个新型的极权主义社会。它成功地压制了这个社会中反对派、反对意见以及人内心的否定性、批判性和超越性的价值取向和评判尺度。社会成为单向度的社会，人成为丧失否定、批判和超越能力的单向度的人。这样的人不仅不再有能力去追求人的价值和意义，甚至也不再有能力去想象与现实生活差异的理想生活。这是因为在政治领域中，实现了政治对立面的一体化，原来社会对立势力和派别，随着机械化对劳动量和劳动强度的减低，蓝领工人的白领化和非生产性工人的增加，削弱了其否定性和批判性。在社会生活中，工人与老板享受同样电视节目，同样的旅游胜地；打字员与老板女儿打扮得一样漂亮，使人的生活方式趋同化。所以人也就成为单向度的人。③

在单向度的社会和单向度的人的背后，是一种金权关系，即人与社会关系是权力关系，人与人的关系是单一化的金钱关系。未来融突和合意义世界应转换这种“单向度”的价值观念，重新确立多元价值规范；如元始自然价值，个体道德价值，人文交往价值，技术工具价值，物质产品价值，艺术产品价值，社会有机体价值和目标价值等。价值的多元化亦使价值规矩（尺度）多元化，意义标准多元化。

单向度的社会和单向度的人，导致文化的单向度。文化丧失了其批判性、否定性的责任。高层文化与低层文化、雅文化与俗文化的冲突，一方面是间距的克服而趋同；另一方面是相互疏离，愈演愈烈。两方面互动，冲突融合，多元而互补互济，相得益彰，更符合人的文化本性。物之不齐，物之性也。在文化领域多元而融突和合，融突和合而多元，便是和合

---

① ［美］赫伯特·马尔库塞：《单向度的人》，刘继译，上海，上海译文出版社，1989。

② 参见［美］赫伯特·马尔库塞：《单向度的人》，10页。

③ 参见刘继：《译者的话》，见［美］赫伯特·马尔库塞：《单向度的人》，2～3页。

意义世界的文化化境。

对于马尔库塞所说的当代社会是一个集权主义社会，这种社会制度若无多元化的充分发展的个性为前提和目标，就会使集权主义趋向独裁或法西斯。社会制度是文化的制度化产物，制度本身也应当依时、依地、依人而文明化。制度的使命是意义和合：节制冲动，裁度冲突，协调平衡，整体和合。

马尔库塞认为，工业社会是靠技术进步、非恐怖手段达到经济、技术划一化，要求人的本能、精神、社会生活都得服从它，并通过电视、电台、电影、收音机等传播媒介无孔不入地侵入人的闲暇时间，占领私人空间，人以牺牲自由为代价去换取一种满足眼前需要的舒舒服服的不自由的生活。他把需要分为真实的需要与虚假的需要。“现行的大多数需要，诸如休息、娱乐、按广告宣传来处世和消费、爱和恨别人之所爱和所恨，都属于虚假的需要这一范畴之列”①。因此社会制度不仅要文明化，而且要人文化，即符合人文和合的目标，使社会消除极权主义的向度，转变虚假需要为真实的需要，使人更趋向完善。

人的完善，而为人制定完善的制度，完善的制度又推动人更加完善。这样由文明而人文，由人文而文明，人类及其制度逐渐实现和合目标。

以上可概括如图 19—3：

人类现实的意义危机 —表现→ 过度的物化、规矩（尺度）冲突 —决策→

和合化完善 { 制度使命：意义标准人文化（和合于人文化规矩）
人类本性：价值规范多元化 } —工具→

和合制度技术 —目标→ 意义世界更加完善

图 19—3

（三）可能世界的优美目标

生态环境的污染和危机与人的主体意识相关。人类长期以来缺乏生态意识，致使历代的生态环境的污染和危机积累、演变为现代的状态。生态意识是从人类生命和环境的整体优化目标出发来理解和追求社会发展的意识要素和观念形态，它是人观念地认知和把握生态规则和生态条件的活动的过程。

人类长期以来追求从自然中获取越来越多物质生活资料，而不顾人类生存环境的破坏；又误解了自然资源的有限性，以为可以取之不尽，用之

① ［美］赫伯特·马尔库塞：《单向度的人》，6 页。

不竭，以及对于自然环境容纳废气、废水、废物的限度的误解；加上哲学、宗教的误导，在“征服自然”、“做自然主人”的思想指导下，无情地掠夺自然，以此证实人类是自然的主人。上帝给了人主宰自然的特权，取之不尽的自然是上帝赐给人类的恩惠等。

生态意识是人类对自身生存环境的反省，是对人主宰、征服自然的思维模式的否定，强调从生态价值的角度审视人与自然的关系和人生目的。它意味着一种新的价值取向，即表示着人与自然的冲突、融合，而趋向和合境界。

马尔库塞认为，当代工业社会的单向度化，使人们的心理、意识、思维也随之受其操纵，而单向度化。如实证主义、分析哲学的流行，标志着单向度思考方式、单向度哲学的胜利。这种实证主义和分析哲学把语言的意义、经验事实与具体操作相等同，把语言多向度性转变为语言的单向度。“语言分析声称要治疗思想和语言所染上的令人混淆的形而上学观念症”①，反对哲学家去干预日常语言的使用。这些哲学学说的单向度性，窒息人的批判思想和批判意识。以牺牲人的个性、人的尊严，以至人的价值和意义，及人的生存条件的适宜为代价。人和万物毫不例外地被贬作为一种机能的角色，丧失人的本质和自主。

和合可能世界要消除思想、意识、心理、思维单向度性，化解工业社会极权主义利用科技进步，通过通信技术的电视、电台、收音机占据个人的时间与空间，奴役人，使人变成无自己感情的机械人。还人以真正的、有感情、有灵魂、有意志的人。因此，现代是还人以人的时代，即第三次人的自我解放的时代。②

可能世界的信息化发展，多媒体通信技术和信息高速公路的和合启示。正在兴起的多媒体通信技术，人类信息交流手段的创造性和合，避免国际交往中的媒介性误解与隔阂。正在筹建的国家级、国际级信息高速公路，人类信息传播方式的和合革新，将创造一个全新的世界，心理空间的浓缩和通信时间的缩短，以及精神的更自由流行，避免心里空虚与精神僵死。

语言分析哲学和数理逻辑研究表明，人类文化观念层面的冲突，主要根源是：由于自然语言的语义封闭性、释义分歧性及译不准交流关系，人

---

① ［美］赫伯特·马尔库塞：《单向度的人》，153页。

② 参见拙著：《新人学导论——中国传统人学的省察》，23～24页。

类的语言化交往常因符号工具的低劣而产生误解，导致隔阂；加上思维方式的非正则化，人类的心灵彼此之间难以达成有效的、准确的沟通；再加通信技术落后、媒体的单一，信道的延拓和信息的失真，人类精神难以自由活动，自由流行。特别是由于现代化交通工具和广泛的国际合作，加剧了言语交流误解的危害和心灵沟通丕塞的冲突，引发出可能世界的信息危机（“知识爆炸”也是加剧信息危机的可能性的导火线之一）。跨世纪的信息高技术和社会信息革命，便是对信息危机的和合化解。

当代跨世界的信息革命具有深刻的影响，一方面电子技术进步导致了交通、通信、信息处理这些硬件的进步，人类运用这些硬件促进经济和社会的发展；另一方面这些硬件飞速发展使社会环境发生变化，间接地影响人的思考方法和价值取向，信息革命减轻了人类信息交流中的误解和精神沟通中的迟缓，有效地防止信息的随机干扰和严重失真。这是指外部的信息而言的。

就内在的信息而言，心理、精神的信息由范畴来度量和承载。① 范畴逻辑结构通过转换中介分道沿路连通化、圆融化，如表 19—2。

和合学的范畴逻辑结构是道路连通化、圆融化的心灵最优美的网络。

心灵的本性是艺术的、审美的。美的本质是艺术化的自由创造。哲学思维沿范畴逻辑结构的连通化、圆融化道路触类旁通，周流六虚，便达到了真正的自由创造。这是人文精神由哲学思维达到审美意象，从逻辑道路到达艺术境界的最优美的融突和合之路。

冷静的哲学理智与热情的艺术想象相互协调，形式化的逻辑道路与意象化的审美境界彼此和谐，如此融合无碍的精神生活，是人类文化永远值得追求，并愈来愈接近的生存方式。

至此，和合学由哲学归宿到艺术，由逻辑转依为审美，由理论性学术探究易化为实践性的生活追求。和合学实现了自己实践运用的和合目标。

以上可概括如图 19—4。

信息失真危机 —表现→ 交流误解，沟通丕塞（心灵观念冲突） —决策→

信息化发展 { 精神和谐：自由创造生活化（和合于艺术化范畴）
思维道路：逻辑结构连通化 } —工具→

和合立极术 —目标→ 可能世界的优美境界

图 19—4

---

① 参见拙著：《中国哲学逻辑结构论》，第一、二章。

表 19—2

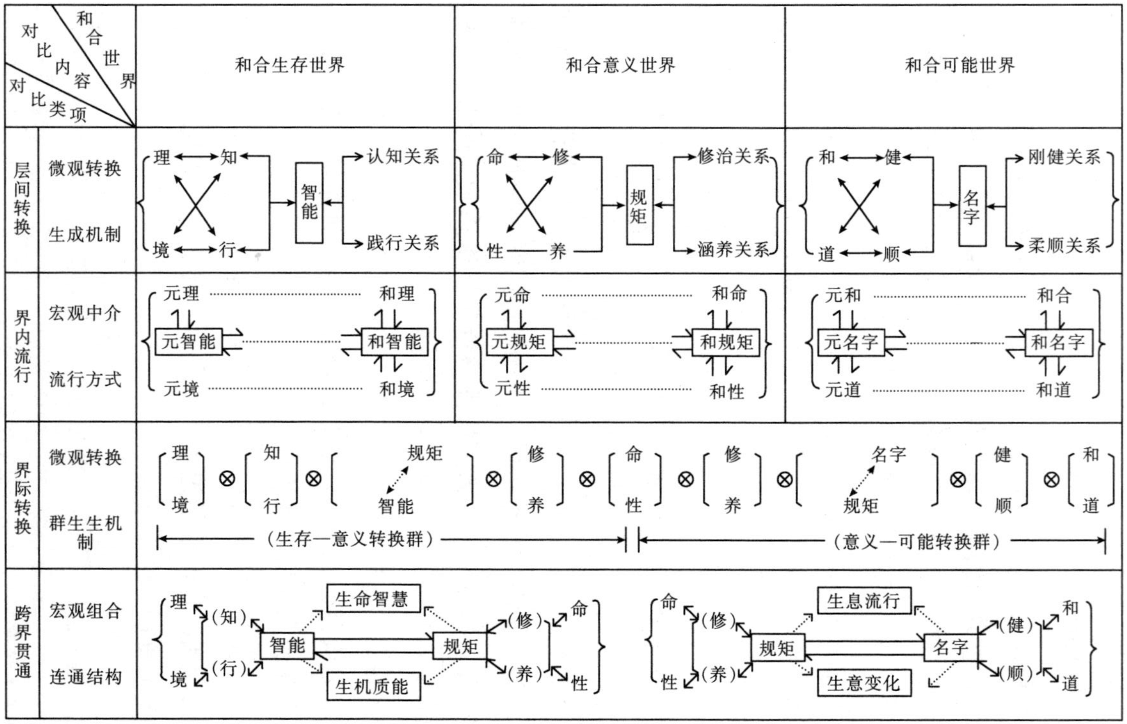
和合世界
对比内容
对比类项
和合生存世界
和合意义世界
和合可能世界
层间转换
微观转换
生成机制
理 知 境 行 智能 认知关系 践行关系
命 修 性 养 规矩 修治关系 涵养关系
和 健 道 顺 名字 刚健关系 柔顺关系
界内流行
宏观中介
流行方式
元理 和理 元智能 和智能 元境 和境
元命 和命 元规矩 和规矩 元性 和性
元和 和合 元名字 和名字 元道 和道
界际转换
微观转换
群生生机制
理 境 ⊗ 知 行 ⊗ 规矩 智能 ⊗ 修 养 ⊗ 命 性 ⊗ 修 养 ⊗ 名字 规矩 ⊗ 健 顺 ⊗ 和 道
（生存—意义转换群）
（意义—可能转换群）
跨界贯通
宏观组合
连通结构
理 境 （知） （行） 智能 生命智慧 生机质能 规矩 （修） （养） 命 性
命 性 （修） （养） 规矩 生息流行 生意变化 名字 （健） （顺） 和 道

第二十章 通达和合之道

现代人类文化系统面临的各种危机，遭遇的各种困境和冲突，都与价值观相关。一方面，人类意识到掠夺生态资源是自取灭亡，开展了全球性的环保事业；另一方面，各民族、各国家为发展经济继续破坏生态、污染环境。人类之所以“出尔反尔”，其原因在于生态意识尚未形成文化价值尺度，指导人类行为的文化价值系统尚未完成融突和合生生，生态价值成分还未融合到现实的文化价值系统内。和合学揭示出人类文化现阶段发展的和合大趋势和文化价值系统的和合大原理，有助于从战略上解决人类文化面临的全球性系统危机，有助于从战术上协调各民族、各国家和各地区之间为消除危机而采取的局部性价值行为。

一、 和合人文精神的达道

依照和合学的价值逻辑，各种文化系统的人文精神是浑沌对应的。因此，文化价值的比较研究，是非优劣的特征比较或类型比较。比较的目的不是证明一种文化比另一种文化更伟大、更优秀，而是探索文化承继的最佳道路，寻求文化交流的最宜途径。

（一） 和合的殊途同归之道

中国近代以来的中西文化并行比较，古今文化串行比较，都与和合学的文化比较原理相违戾，要么变成了自卑崇洋的西化贩子，要么变为声讨祖先“罪行”的“文化革命”。其实，文化是具有自组织能力的次生性生态化系统，它能通过微观调适，使自己处于最大几率的最稳定状态。

文化既具有民族性，又具有世界性，是殊相与共相的相对相关。就每个民族文化的人文精神，相对于世界民族文化之林而言，她既具有自己民族传统文化人文精神的个性，又具有世界文化人文精神的共性。无个性，就要失去其自身存在的价值和意义。世界民族文化精神是各民族文化人文精神的概括和升华。中华民族传统文化中的“自强不息”和“厚德载物”的人文精神，便升华为世界文化人文精神的共性。这是因为，只要对世界文化发展做出过贡献的民族，都具有这两种文化精神。

其实，在中华民族文化精神之“魂”中，既有她的个性，又有她的共性，这就是和合人文精神。先秦时期，中国学术出现所谓“百家争鸣”的兴盛局面，有代表性的司马谈概括为阴阳、儒、墨、法、名、道六家；班固增纵横、杂、农、小说四家为十家。不过他自己说：“诸子十家，其可观者，九家而已”①。如果加上由印度传入而中国化了的佛家，也可算为十家。各家学术要旨（参见司马谈：《论六家要旨》，见《史记·太史公自序》）有异，亦即“道不同，不相为谋”，各家有各家之道。如“儒者博而寡要，劳而少功”，道家则“使人精神专一，动合无形，赡足万物”（同上书），此其不同而差分，即各家的殊相。然而道不同却有同者在，所以《论六家要旨》一开始便先讲“一致而百虑，同归而殊途”②。那么，“一致”、“同归”，便是其同，即各家的共相。

各家共同之道是什么？是“君子自强不息”？非也；是“君子厚德载物”？非也；是“无为而无不为”？非也；是“不别亲疏，不殊贵贱，一断于法”？非也；是“疆本节用”？亦非也。各家“一致”而“同归”之道，即是“和合”之道。

当《国语·郑语》提出“和合”概念时，即有史伯和晏婴的“和同之辩”③。孔子讲“君子和而不同，小人同而不和”；老子讲“万物负阴而抱阳，冲气以为和”；《管子》讲：“和合故能习，习故能偕”；墨子说：“内者父子兄弟作怨恶，离散不能相和合”；《易传》说：“保合太和”；荀子讲：“故人之欢欣和合之时，则夫忠臣孝子亦惮诡而有所至矣”；法家韩非论和合，与荀子《乐论》、《礼记·乐记》相近；佛教讲“因缘和合”，道

① 班固：《艺文志·诸子略》，见《汉书》卷三十，1746页，北京，中华书局，1962。
② 这句话原出于《周易·系辞下》：“天下同归而殊途，一致而百虑。”
③ 参见拙著：《中国哲学逻辑结构论》，21～23页。

教《太平经》亦讲“天地人相和合”[①]。和合之道，即各家“道通为一”之道，“一以贯之”之道。

和合之道为各家之所认同，各家之所崇尚，是因为和合体现了处于长期动乱中的春秋战国时人们的心态和需求，即时代精神的需要。然和合之道的具体内涵则各各异趣。儒家之道是从亲疏差等的融突中求和合；道家之道是在人与自然差分的融突中求和合；墨家之道是在不别亲疏、不离散的融突中求和合；阴阳家之道是在人事与鬼神的融突中求和合；法家之道是于法与礼的融突中求和合；名家之道是从离与合的融突中求和合；佛教是于缘起中求和合。[②] 等等。“合其要归”，就是和合之道。所以说，和合是中国文化的最高之道，是中国文化人文精神的精髓。

（二）和合人文精神的要旨

和合作为中国文化之灵魂和生命之所在，其义有五。[③] 此五义之操作应用，恐有不明，再作陈述。为此，必须把握形成和表达文化思想、人文精神的语言。这就是说，文化思想、人文精神寓于语言之中，析意必先解言[④]，得意以明道。“《经》之至者道也，所以明道者其词也，所以成词者字也。由字以通其词，由词以通其道”[⑤]。“字”犹言语，“词”犹语言，词的功能是明道；明道之词是指表现事物最一般规定性的、人们认知客体的思维方式，这样的词称之为范畴。任何范畴都涉及相关的范畴之网；思想或哲学思潮之网如何编织起来，即诸范畴间的组合模式或结合方式，这便是逻辑结构。

这里所指逻辑结构，是指范畴与诸范畴间的内在联系，以及其所构筑的相对稳定的组合模式、方式。这就是说，通过逻辑结构分析法，才可能领悟中国文化的内在灵魂、人文精神。换言之，只有以逻辑结构分析法，去理解、诠释中国文化的内在灵魂，便体贴出来和合人文精神。

和合范畴所要表达的是一种对存有的理解和反省。以往任何一种对世

---

① 见本书上卷第九章。

② 参见拙著：《仏教と宋明理学の和合の人文精神》，载《中外日报》（东京），1995-11-25、28。

③ 参见本书上卷第二章。

④ 按照索绪尔的《普通语言学教程》的意见，语言是一种符号体系，一切符号都包括：语言形象（sowndimage），即能指和概念内容，即所指。能指（signifier）与所指（signified）的关系既是任意的，亦是约定的。每个人说的话、写的书都是言语，言语是个别的、具体的，个别的言语之所以能被听懂，是因它按一定的规则，即按语法讲的。语法是决定一切言语的语言。语言看不见，但起决定作用，是因它使表层言语具有意义的深层结构。

⑤ 戴震：《与是仲明论学书（癸酉）》，见《戴震文集》卷九，140 页。

界、对存有的理解，首先似乎是以单一的形式体现出来，这种事实加强了独断论的产生，比如唯一论、单一论的神创论、理创论、自然论等等，都是独断论的表现形式。和合学则是对这些独断论的拒斥和消解，表现了中国文化人文精神的殊相和独创性。它纵贯和横摄中国文化思想各个历史时期以及各种思潮，亦展现于同一时代各家各派文化思想之间，并浸润于中国文化思想的各个方面、层面，比如人与自然、人与社会、人与人、人的心灵等等关系之中，它是中国文化的整合。

1. 差分与和生的要旨是生生。差分、异质而有对待；有对待便有冲突；有冲突便有水火不容，相互冰炭。水火、阴阳、天地、乾坤、男女都是对待、差分、两端，这些冲突、对待双方，水是水、火是火；阴是阴、阳是阳；男是男、女是女。并未构成一种关系，只有“天地絪缊”、“男女媾精”、“阴阳交感”的“絪缊”、“媾精”、“交感”的作用，才构成一种相互关系。这里的“絪缊”、“媾精”、“交感”，都是融合的一种方式、形式，只有融合的种种形式、方式，才能改变阴是阴、阳是阳；男是男、女是女的单一的特性，即“单向度”的冲突、对待的特征和性质。其实，阴阳、男女、天地、乾坤只有在关系中，才真正获得其自身的性质、特征，并改变其两端、两极的形式。由于“絪缊”、“媾精”、“交感”的融合，于是“男女媾精”，诞生了新生儿。新生儿便是男女差分、对待、冲突融合的和合体。这个和合体蕴涵了男女的基因。由人自身的男女冲突融合而推及天地万物的诞生，便是“天地絪缊”或“阴阳交感”，即天地、阴阳冲突融合（“负阴而抱阳”），于是“万物化醇”或“万物化生”。每个事物作为天地、阴阳冲突融合的和合体，亦蕴涵了天地、阴阳的基因。这便是冲突——融合——和合体结构模式。

在新的和合体中，新的冲突和融合才得以延续；才得以存在新的差分、对待等冲突，以及絪缊、媾精等融合；才得以诞生新的和合体，以至于无限，这便是“生生”之义。

2. 存相与式能的要旨是变化。阴之所以为阴，阳之所以为阳；男之所以为男，女之所以为女……是因为阴阳、男女、天地、乾坤这种种存相，其内在的潜能方式或外在的潜能结构，各各差异分殊。这种潜能方式或结构，犹男女的“基因”，阴阳的“元气”，天地的“元素”等等方式、结构。假如无基因、元气、元素等的“式能”，那么，阴就不成其为阴，阳就不成其为阳；男不成其为男，女不成其为女。由其有存相的式能，才构成现实的冲突和融合的承担。冲突和融合是运动变化的一种形式；存相的形形色色，亦是运动变化的一种形式。这种运动变化日新，就是式能发动不息。式能是活活泼泼的最具生命力的基因状态。由于式能状态的自然而然的运动变化日新，才使现实的冲突和融合的承担转变为新事物、新生命的和合体。因此，新生命、新事物的和合体本身就蕴涵着变化日新的式能。

3. 冲突与融合的要旨是神妙。为什么宇宙大化，周流六虚？为什么为道屡迁，妙用莫测？非上帝之使然，亦非天的主宰，乃和合体内诸基因、元素、要素的差分、冲突和聚会、融合，以及变化、交感、动静的潜能的展现，而有“絪缊”、“媾精”之能相。此变化、交感、动静的潜能，无以名之，名之曰“神”。《易传》曰：“知变化之道者，其知神之所为乎”①。此“神”非为实体性的鬼神、神灵、上帝，亦“非人之所能为”②。而是“阴阳不测之谓神”③。阴阳变化，不可测度，亦即张载所说的“两在故不测”。这就叫做神。朱熹认为，神是阴阳变化的所以然。由阴阳两端对待冲突、融合转换，变化莫测，推而宇宙大化流行，均是神之所为、所使。神之所为、所使是自造，就是自然而然的“为”和“使”。自然而然的冲突、自然而然融合。宇宙大顺大化，不待征于色，发于声，形于象，人莫知其所以然之妙，可称为神，或称为神妙。

4. 自然与选择的要旨是互动。世界上一切事物都要在大化流行中被冲洗掉陈迹而裸露其元真，这就是所谓“大浪淘沙”。因此，大化流行本身，就是一个互动的过程。譬如，天地、阴阳、乾坤、男女等等对待两极、两端，形成或构成“絪缊”、“交感”、“媾精”等关系，自身就蕴涵着各自互动的过程。

对待诸方或发于情投意合的互动而结为夫妻；或基于某种需要和利益的互动而互相结合；或出于政治权力交易的互动而互相媾和；或由于相互利用的互动而相互配合；等等。这就是说，冲突诸方的“絪缊”、“交感”、“媾精”等形式的融合过程，都贯穿着互动过程。并且在融合中，冲突诸方亦是一个严格互动过程。如“男女媾精”，并不是立即受孕，而形成胎儿这个和合体。其中，有一次互动而成功者，有多次、不断互动而成功者，有互动而不成功者等等情形。基于某种需要和利益的交流、对话、谈判、合作等方式的融合的互动，情形亦如同“男女媾精”。有对话、谈判、

① 《系辞上》，见《周易正义》卷七，《十三经注疏》本，81页。

② 朱熹：《系辞上》，见《周易本义》卷三，61页。

③ 《系辞上》，见《周易正义》卷七，《十三经注疏》本，78页。

合作成功者，而形成契约、条约、协定、协议等形式的和合体；有经历长期的、不断的对话、谈判、合作而成功者，而形成契约、条约、协定、协议等形式的和合体；当然亦有不成功者，而达不成契约、条约、协定、协议等形式，而不能构成和合体。总之，冲突、融合的和合体的诞生，标志着互动的成果或成功。

5. 烦恼与和乐的要旨是中和。人的心灵受种种因素的刺激、逼迫、紧张的干扰和影响，而产生种种孤独感、疏离感、恐惧感、痛苦感等等，使人的心灵、精神失控、失衡、失序，而有烦恼、焦虑、困惑、痛苦等。这种心灵和精神状态，不仅影响人的情绪、意志、观念、认知等方面的正常运作，而且影响冲突融合的协调、和谐的运行。比如上述的心灵和精神状态，可造成人的情绪的低落与疯狂，意志的颓废与荒诞，观念的扭曲与怪异，认知的非理智与谬误等。同时亦造成"男女媾精"这种融合方式的失情和失败；造成对话、谈判的紧张气氛，破坏对话、谈判的成功等等。一个中和、和谐、协调、宽松的氛围，无论对于人的生活活动，还是"男女媾精"活动，以及对话、谈判活动等，都是有益于各种形式活动的健康发展的。

和合学生生、变化、神妙、互动、中和五大要旨，都是基于21世纪的冲突——融合——和合的深层的开挖和发掘，是21世纪现实的需要和呼唤。

（三） 五大冲突的和合之道

和合学立足全人类的生命福祉，以全球意识面向21世纪的现实生活，面向21世纪人类所共同面临的严峻冲突和危机，面向人类未来发展。当然它不是一种"解释世界"的万能理论。自然、社会、人际、心灵、文明以及思维、观念、行为，只有上升到文化战略的高度，才成为和合学的论题。规范人类文化行为，预见文化价值发展，探索思维和观念的理势，才是和合学的历史责任。

笔者所提出的作为人类21世纪文化行为和文化价值的和生、和处、和立、和达、和爱五大原理，亦即走向和合之路的五大中心价值。

此五大中心价值是一种有机整体，不可分割。它在化解人类所共同面临的五大冲突和危机中。五大中心价值是化解每一种冲突的原理。如何化解此五大冲突？又需依照和合学原理、价值、方法以及生生、变化、神妙、互动、中和五大要旨的实践过程。

人与自然的冲突，引发生态危机；人与自然融合，即按五大中心价值和五大要旨，以及依据形上和合的和合原理、人文标准和道德期望，使人与自然在进行物质、能量、信息的交换、交流、协调中，诞生新的和合体，使从事各种环保活动和使人与自然达到融突而和合的世界各种形式的环保机构、组织、团体等的活动效益化，即冲突——融合——和合体。

人与社会的冲突，包括种族、民族、宗教的各种冲突，以及战争、恐怖组织、贩毒集团、各种黑社会组织等所造成的社会危机；人与社会的融合，即按和合学五大中心价值和五大要旨，以及和合管理学原理，进行政治的、经济的、军事的、民族的、宗教的对话、谈判、合作等各种形式的融合；诞生和合体，即各个世界性的、地域性的政治组织，如联合国、欧盟、七国集团、东盟等；世界性的、地域性的经济组织，如世界经合组织、环太平洋经济组织、亚太经济组织、世界石油组织等等；世界性的、地域性的军事联盟组织以及世界性的、地域性的反毒、反恐怖等的组织、条约和国与国之间的各种政治的、经济的、军事的双边条约、协议等等，都是一种使国际社会、各国社会达到和平、稳定、发展、协调的和合体组织。有的称为“一体化”经济、政治组织，这是不确切的，容易引起对“一体化”而无差分、无冲突、无个性、无独立的误解。和合体以承认“和而不同”、有差分、有冲突、有个性、有独立为前提。因此，现代的各种形式的世界政治、经济、贸易、军事、安全等组织、条约协议，确切地说都是和合体。

人与人的冲突，引发了道德危机，道德观念失落、文明礼仪失落，人的素质滑坡，精神文明低下；人与人的融合，即按和合学五大中心价值和五大要旨，以及道德和合的各项原理、原则，进行伦理、道德规范，及行为的协调、和谐，以达到人的素质、道德水准的提高，人与人之间关系的和谐，而诞生和合体，如各种道德教育机构、组织、协会等等。

人的心灵的冲突，人的精神空虚、孤独、焦虑、苦闷、痛苦等等心理危机；人的心灵的融合，即按照五大中心价值和五大要旨，以及心灵伦理学的各项原则、原理，使人的心理、精神、情感获得平等的、自由的交流、交感，而达到协调、平衡、和谐；诞生和合体，即各种心理、精神咨询和治疗机构和组织以及幼儿园、养老院等等。

不同文明之间的冲突，德国的施宾格勒把历史分为 8 个独立的文化，英国汤因比把人类文明史分为 26 个文明，笔者曾认为，对世界文明影响最大、最深远，而且持续至今的，主要可分为四大文明或四大文化圈①，即

① 参见张立文主编：《退溪书节要·前言》，北京，中国人民大学出版社，1989。

儒教文明、佛教文明、伊斯兰教文明、基督教文明。此外，还存在各种各样的少数民族的文明，以至将濒临消灭的文明等等。文明之间由于宗教信仰、风俗习惯、价值观念、思维方式、心理结构、道德规范、行为方式等等差异，加上种族歧视、民族压迫等外在原因，而造成文明之间的冲突危机。文明间的融合，即按和合学五大中心价值和五大要旨，以及人文和合的各项原理、原则，促使各文明之间互相对话、交流，互相尊重、平等，互相同情、理解，互相开放、合作，以这种融合的方式消除压迫、制裁以至消灭少数民族文明的非和合的做法。诞生和合体，即各文明间的对话、合作机构和组织。

这就是化解人类所共同面临的五大冲突的和合之路，即按照和合学五大中心价值和五大要旨，以及各具体和合方面、层面的融突和合原理、原则，促使生存世界、意义世界和可能世界的各个层面、方面的和合体的更真实、更完善、更优美，便可达到和合世界或和合境界。

二、 走向21世纪的和合之路

如何通达和合之道？从人类文化价值系统的智能创造性和合效应来考察，对通达和合之道的时间结构、空间结构和义理结构，再作进一步的思考。

（一） 和合之路的时间结构

和合之道的时间结构[①]，与传统现代的更新化相联系。古今是变易的相对历史形态，是依时间之矢而成的对偶范畴。在人文精神的大化流行中，古今是时间连续和合体的既现状态，它没有丝毫间断。在此时间连续和合体中，从根本上看，不存在古今的断裂和冲突，更不存在古今是非之间的选择关系，人文精神旨在通过“生生之易”，达到和合之境。她既不留恋于古，也不执迷于今，“其命惟新”。“苟日新，日日新，又日新”。这是和合人文精神内在的时间节律和生命脉动。倘若只在古今之际徘徊抉择，则和合精神恐已失却创新的生生机能。

和合精神的时间节律与生命脉动，只有生生之道，日新之德，而无古

① 这里所说的时间以及下节所说的空间概念，是指目前所通行的概念。当前物理学将使时空概念发生革命。超对称性的证实，可能会建立一种全新的时—空“量子”维度，带有用量子力学符号表示而不是用普通数字表示的新坐标。（参见《物理学领域将迎来第三次革命》，载《参考消息》，1996-08-05）

今之别。变易的历史形态中有不易的和合精神，这便是人文化成的人道。

从形质上考察，和合人文精神必有其人文媒介和器物载体。媒体是物质世界的物理存在，服从自然代谢规律，方有古代器物（石器、青铜器、铁器、机器等）和依器物形态差分化的历史时代，方有现代质能（电气化、原子能化、电脑化、智能化等）和依质能中介差分化的进步水平。媒体的古今分化，是人文和合精神“迹”的范畴对偶分类，并不是“所以迹”的古今之化。司马迁作为历史学家，是依人文化成之后的形质而论述人文精神的日新历程的，他的“欲以穷古今之变”的志向，正是试图从“迹”中发现“所以迹”的精神。古今之变不是变古为今，而是人文精神变易古今。人类文化的古往今来，不是人类文化的本真变易，而是人文精神自身的时间结构的投射。

传统哲学对古今的理解，往往是二元对立的时相分析。其原因是只见人文精神差分化的物质时相，而不见人文精神和合化的生命流形；只知其迹、其然，不知其所以迹、所以然。有以为心灵能逆时间方向而流行，其实，心灵的运演也服从生命的时间规律；思维反演也是时间流行中的反演。

人类的生生之道，既有差分化的物质时相，能分析出历史时代的形态更替和社会文明的进步变革；又有和合化的精神流形，能体悟到生命智能的搏动脉络和人文精神价值的循环绵延。前者古今不杂，后者古今不离。如此才是通达“古今之变”。若执著精神流形，便有“不知有汉，无论魏晋”之蔽；囿于物质时相，亦有不理解所以迹之蔽。只有和合式的理解，由形通神，以神达形，不离不杂，形神融合。见图 20—1。

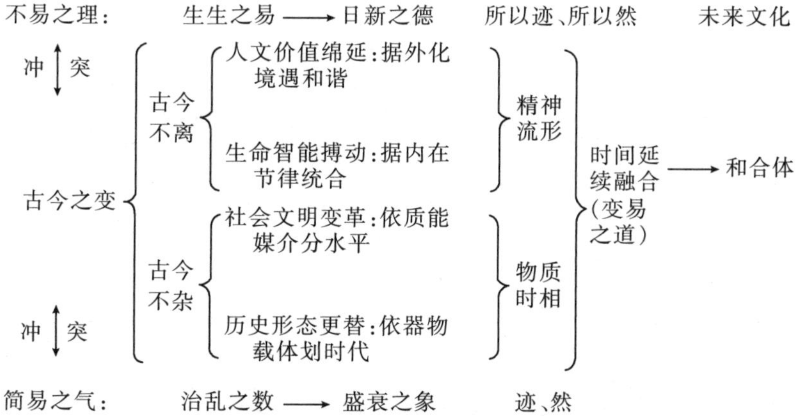

图 20—1　古今之变的和合通解图

人文之道日新变化，生生不息，才能开拓民族文化的新纪元，创造出时代文明的新风气。这就需要我们抓住时间连续和合体的真实存在方式——现实，主动积极，尚刚拚搏；主静厚德，崇柔务成。通过改革、转换民族文化传统，以便与人类文化潮流融突和合。

人类未来文化是现实文明建设的预设性控制目标，而不是价值标准或意义尺度。文明建设的标准是现实人生的真实的生活感受、完善的意义追求和优美的心灵自由；文明建设的动力是文化实践主体的创造性智能。

现代文明就其质能媒体而言，是科技型文明；社会进步的水平，主要依器物的科技水平来衡量，而不依生活的道德风俗来鉴定。中国古代文明曾据道德风俗之相定“有道”与“无道”（如孔子所说的“天下有道”与“天下无道”的时相指标）；现代文明依科技水平之相分发达与发展（目前流行“发达国家”与“发展中国家”的时相标志）。因此，在物质时相这一和合体层面讲，科技水平与道德风俗并非平行并列的概念，而是文化历史时代的不同媒体的标志。和合学文明观念，是使科技型文明与道德型文明、价值理性型文明与工具理性型文明由冲突融合，而达和合境界。

当前的文化实践，尤其是科技不发达的发展中国家，其中心任务，只有创新科学技术这一根本性的历史使命。完成传统文明的科技化变革和融合道德素质的提升，是走向未来和合社会的必由之路。这条和合之路的起点，就是当前的文化实践。

没有现实的文明建设和当前的文化实践，传统与现代虽共居一处，但彼此对立，丕塞不通，既不能综合，更无法创新。只有通过这两个创造性的转换中介，民族文化传统才能逐渐现代化，走向和合之路。其关系图式如图20—2：

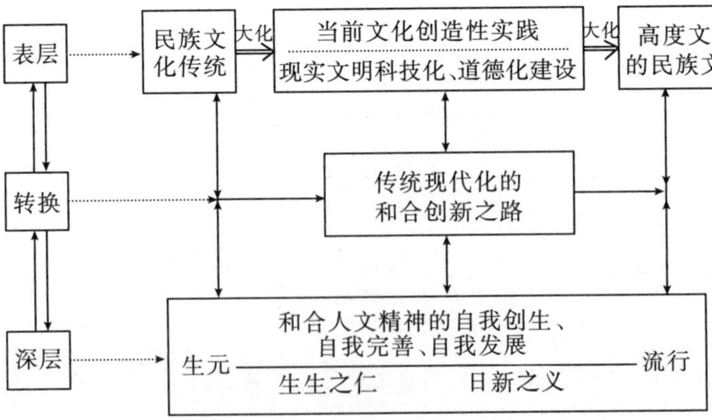

图 20—2

（二）和合之路的空间结构

对于中国来说，在东西文化交流、对话、合作过程中，始终受“中西之辩”的困扰。尽管“中西之争”已历几个世纪，但至今仍不能排忧解困，达到中西更大范围的交流、更高水平的合作和更深层次的沟通。之所以如此，有历史的、现实的、民族的、价值的、观念的等等原因。

东西方文化确有其差异。尽管从精神流形最高层面上看，彼此都具足和合人文精神，有生生日新之生命智能和价值绵延，很难区分优劣；但从物质时相层面来看，东方文化的传播媒体低于西方文化。西方文化的传播媒体已达到了很高的科技水平，信息化、智能化、网络化已初具规模。东方文化则囿于传统的媒体，信息传播速度慢，信道失真率高，通信效率低，等等。以致“极高明”的人文精神只能用道“中庸”（平庸）的信道来表达。

21 世纪是文化国际大交流、大融合的和合时代。东方文化要和平地走向全球，展现自己博大精深的人文意蕴，就必须首先进行媒体革命，利用现代高科技建立自己的“信息高速公路”和多媒体信息系统。

诚然，文化国际交流、对话、合作应当平等，厚此薄彼，是西非东，崇洋贬中的心态都会妨碍正常交流。但融合的结果是按文化交流、对话、合作的内在法则和机制产生的。21 世纪的东方文化、中国文化在人类文化和合体中究竟能占据什么样的结构地位，分担怎样的功能角色，却是由东西方文化物质时相层面的质能水平和媒体系统支配的。由此而言，东方文化、中国文化在 21 世纪面临着比西方文化更大的危机和更重的负担。

从全球战略发展角度来考察，东西半球的主要差异是文化媒体的科技水平东低西高，文化国际交流、对话、合作中主要是东方向西方学习科技文化；南北半球的根本悬殊是社会经济的贫富水平南低北高，形成国际贸易中主要是南方向北方借贷。东西南北交往关系的差分化、非平衡化，东方、南方处于劣势，居被动地位。国际交往、交流、对话（文化、经济、政治）的态势见图 20—3。

就东西方文化交往、交流、合作而言，东方以人才的流失为代价，为西方的科技创造和发展提供无偿的智能源泉。就南北方经济交流、合作而言，南方以资源的过度开发和生态的急剧恶化为代价，为北方工业提供廉价的工业原料资源。虽然从全球来考察，这是一种纵横互补结构，但却是一种不对称的、不对应的、不平等的交流、合作关系。这种关系对于世界的和平稳定和人类的协调发展甚为不利。如果东西南北这种不平等、不对称的交流、合作关系持续下去，而得不到改善或根本的改革，那么，东西

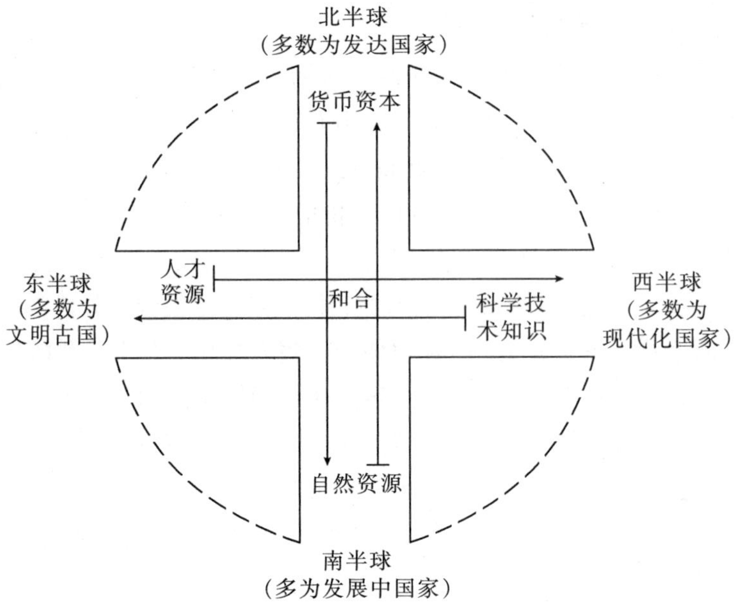

图 20—3

南北的对立、冲突就会加深，并加大强度，一旦这个强度不能忍受而越过界限，世界就会发生动乱，西方和北方的国家就不会那么安宁、稳定了！世界的有识之士或战略家应该看到这一点。否则，就像人类造成自然生态环境污染及危机那样，是为人类自己建造毁灭的坟墓。

当前南北关系，北方国家内部冲突、融合，已形成了“北约”、“欧盟”、“北美经济贸易区”等等地区联盟协作关系的和合体，经济实力更为增强，形成了强大的发展态势。相反，南南内部交流、合作进展缓慢，经济实力没有大的起色和发展，危机进一步加深。这就是南南各国以及相互之间的冲突，虽经相互对话、交流、合作等融合形式，但没有形成强大的、有效的和合体，来协调、促进、改善南南各国的发展和进步。

21 世纪，南北经济合作、交流，以及跨南北的地区性的经济合作、交流（如太平洋经济合作组织）将是全球经济融突和合的重要任务。与此相应，东西文化交流、对话和合作，以及跨东西的国际性的文化融合，亦将是 21 世纪全球文化（人文）和合的基本特点。

东西南北的冲突，通过文化、经济的对话、交流、合作等形式而融合，这种融合必须建立在平等的、互利的、对称的以及无歧视、无偏见、无干扰的基础上。这样，才能诞生一个健康的融突和合体。这既符合 21 世纪全球融突和合化的社会发展趋势，又有利于人类的和平发展。因此，它便成为人类走向和合之路的空间结构。

中国由于地大，地理环境、资源分布、智能条件等等原因，经济发展很不平衡。大体构成了三个层次马鞍型的经济发展态势：沿海各省市，从海南、广西北海、广东、福建、浙江、上海、江苏、山东、天津、大连等，为第一个马鞍型；从广东北部、湖南、湖北、安徽、四川、河南、河北、陕西、山西、东北，为第二个马鞍型；西藏、云南、贵州、四川的西北部、陕北、新疆、内蒙为第三个马鞍型。这三个层次间，因经济发展不平衡，贫富差距越来越大，冲突亦会越来越大，应遵照和合学五大中心价值，鼓励沿海地区企业和国外企业到第二个马鞍型地区投资，加上政府宏观调控扶植，带动这些地区由冲突——融合——和合，再推向第三个马鞍型地区，逐步由东向西推进。这样，促进整个中国富裕发展之路。在这里，完全靠政府救济或强制调拨并不能收到很好效果，也不能使第三个马鞍型地区的经济得到持续的发展。必须按和合学原理和五大中心价值来化解。

（三）和合之路的义理结构

自然生态的“人文化成”与人类文化的生态化发展，使天人关系彼此叠合，纵横纠结，构成天人和合体。“人文化成”，生生不息，犹如“元亨利贞”，要以刚健进取，方能不断“贞下起元”，开拓自然生态新环境；“直方大”，要借柔顺时行，方可不断“有攸往”，创造人类文明的新气象。

现代文明视野内的天人关系，除了质料、能量、信息三重交换关系与本卷第二章所述的生育、协同、化成三级和合关系系外，还有天人的分支互化关系。

天人分支互化关系是人类自觉与天地自然融突而和合生成的关系。它使“天人之际”双重化：即天然形成的天人分际和人类创生的天人分际。双重化的结果，天差分为天之天与天之人；人差分为人之天与人之人。其双重化的生成树的图式如图 20—4。

“天人之际”不断差分生生，又不断和合化化，形成了一个逐级复杂化，浑沌对应，融贯交织，网络连通的融突和合体。

天的元始分化，差分为天与人，天人之际通过质、能、信三重交换，构成一和合体。天人质能交换，又使天发生文明分化，差分为天之天（天然自然）与天之人（人工自然）。天然自然不断人工化，人工自然不断生态化，彼此融突而和合。天人信息交换，又使人发生文化分化，差分为人之天（科学技术）与人之人（哲学艺术等）。人之天（科学技术）与天之人（人工自然）彼此联偶，人工自然是科学技术的创造物，科学技术又是

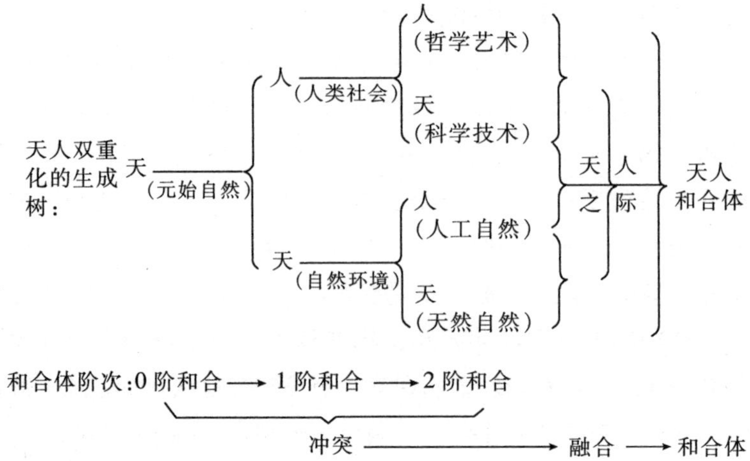

图 20—4

人工自然的动力源，构成天人生成树上跨枝的融突和合体。人之人（哲学艺术等）与天之天遥相呼应，哲学艺术反省并描绘天然自然的奥妙与魅力，天然自然成为哲学的第一源泉，艺术的第一形态，融突而形成和合体。

天人生成树上的融突和合体中，其间和合程度好的是科学技术（人之天）与人工自然（天之人）的工具和合，差的是科学技术（人之天）与哲学艺术（人之人）的人文和合。人类文化走向 21 世纪的使命，就是在人类社会内部实现天人和合，使人之天与人之人冲突、融合，以克服日益严重的人的自我分裂危机，消除科学技术与哲学艺术之间逐渐尖锐的冲突。今天的"究天人之际"，应以科学技术与人文精神的和合化为标的。

和合学八大和合状态空间与天人分合生成树的结构嵌合关系图示如图 20—5。

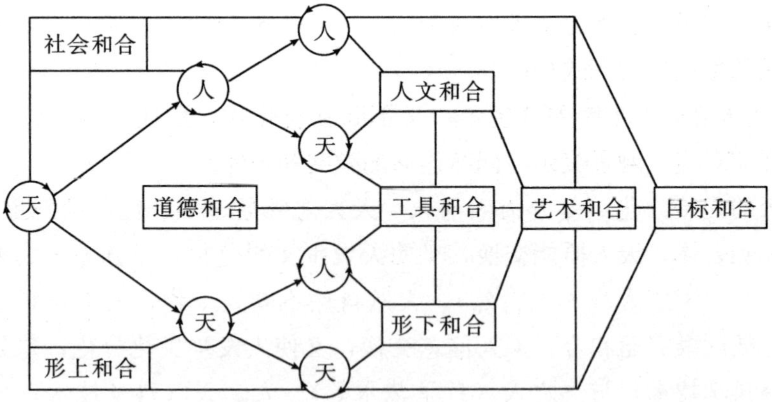

图 20—5

通过“天人之际”的重新分析，发现了现代社会天人冲突的根源在于人类文化实践的两种符号化的知识信息系统之间缺少密切的人文融突和合。这就是说，人类社会的两大知识体系及其工具系统存在严重的裂缝和渐深的隔阂。

科学技术这一知识体系不仅理论化水平高，思想观念先进，而且技术工具系统化程度高，达到目标的手段已向智能化方向突进。存在的偏向是，科学技术将道德置于脑后，偏离“人文和合”而向“形下和合”落实。科学与经济已联网接轨，科学研究和技术发明主要为“形下和合”的经济生活服务。本属于“形上和合”范畴的科学（自然科学）与技术联手，都转入“工具和合”之内。科学技术经济化、工具化，使其与“艺术和合”彼此照面而无深交。

哲学艺术这一知识体系高高在上，迷恋思辨，放任想象，缺乏先进的思维演算工具，不关心形而下的利益交往，观念已显陈腐，整体上处于软弱萎缩状态。

因此，要实现人文和合，要弥合科学技术与哲学艺术等人文文化之间的缝隙，就需要科学技术向哲学艺术等人文文化的立体渗透。这种渗透包括自下而上的三个层次：

第一，利用现代科学技术工具，改善哲学研究和艺术创作的操作手段，建设以计算机网络为核心的哲学——艺术和人文文化的信息系统，使资料的检索电脑化，作品的撰写智能化，思想的交流网络化。没有操作手段的科技化，哲学研究只能是古典式的“形而上学的沉思”，艺术创作只能是中世纪式的“作坊里的画家”。此为科学技术工具向操作手段层面的渗透。

第二，利用现代科学理论和技术系统工程的新思维和新方法，更新哲学家和艺术家的背景知识和思维观念，使他们能够站在时代知识的高峰来“概括和总结”，走在社会现实思维的最前沿来“回顾和观照”。一位不懂广义相对论方程的哲人能说明宇宙的“本体”，一位不懂量子力学波动方程的艺人能搞清“灵感”的潜意识机制，这似乎是很困难的。

第三，利用现代科学技术的数理逻辑结构转换哲学艺术和人文文化的思维方式，使其能够进到更自由的心灵优美结构。特别是现代数学关于思维结构的理论研究成果，更值得哲学家和艺术家耐心钻研。

三个层面的渗透概括起来，就是哲学艺术等人文文化要科技化，其关系可列表如下：

科学技术 {
现代数学及其逻辑结构⟶思维方式转换
现代物理科学理论及方法⟶知识观念更新
现代信息科学及智能技术⟶操作手段换代
} 哲学艺术科技化

经过这样一番脱胎换骨的科技洗礼，哲学艺术等人文文化才能脱去昔日的陈衣，换上现代的新装，才能获得日新不已的生机，才能成为和合人文精神的最理想的载体和最合适的表达方式。现实状况落后的哲学艺术等人文文化，只有借科技的能量才能冲决网罗，转生成功。

渗透总是相互的，而不是单方面的。哲学艺术等人文文化的科技化，从相反的角度看，便是科学理论的哲学化，技术工具的艺术化、人文化。

近代以来，随着自然科学理论的相对独立和系统化发展，哲学不断撤退，以致现代几乎失去立足点。哲学被当作“形而上学”而遭拒斥，哲学问题被视为“无意义”而遭取消。哲学的使命除了通过语言分析治病救心之外，几乎无所事事，学而不致用。与此相应，艺术不断出卖自己，艺术品成为货币的凝聚形态和经济财产的象征符号。一幅名画动辄几百万美元。艺术家为了几美元，不惜出卖心灵和人格。如此，艺术失去了自由创造的超越意义。

要恢复哲学研究的领域，匡正艺术创作的功能，就应当使哲学艺术向科学技术系统扩张。其扩张的方式有三种：

1. 研究人员的智能扩张。要使哲学家成为第一流的科学家，使哲学新思维与科学新理论处于共生态；使艺术家成为第一流的工程师，使艺术作品成为最完美的工程设计。

2. 研究对象的领域扩张。既然整个世界是一个融突和合体，那么，从研究对象上人为地限定哲学和艺术活动的领域，必然使哲学艺术处于萎缩的状态。按照和合学，科学技术与哲学艺术的区别仅在于角度不同，前者是以天的角度客观地看待天人融突和合关系，后者是从人的角度能动地规范天人融突和合关系。

3. 研究方法的手段扩张。古代的科学与哲学都是思辨与猜想，古代的技术和艺术都是工艺制作。现代科学与哲学都是实验的方法，实证的科学。区别在于哲学的实验是思想实验，哲学的实证是逻辑实证。现代的技术与艺术都是自由创造，区别在于使用的目的不同，艺术主要用于鉴赏。人为地差分哲学与科学的研究方法，技术与艺术的创造方式，使哲学局限于思辨玄想，使艺术囿于情感形象，就无异于将人类文化实践的整体活动分割了，把文化活动的冲突、融合而和合生生的运动窒息了。

哲学艺术经上述智能、领域和手段的系统扩张，才能与科学技术比力量德，融会贯通，成为不可分割的融突人文和合体。这样，人文和合精神才不至于式微，才有可能进一步弘扬光大。

科学技术向哲学艺术立体渗透，使哲学艺术科技化；哲学艺术向科技系统扩张，使科学哲学化，技术艺术化，两者融突和合，构成了科技人文和合之路。

科技人文的融突和合，使人文世界的义理高度整合。哲学科学本一学，别无二理；艺术技术本一术，并无二义。义理融突和合，人类的意义危机、信息危机以及生存危机，才能从根本上消除。

中国人文精神走向21世纪的世界融突和合之路，从时间结构上看，是中国文化传统的现代更新化；从空间结构上看，是中国经济、政治、文化活动与全球的合作化趋势相协调；从义理结构上看，是中国的科学技术进步与哲学艺术发展相和谐。三方面的融突而和合，则中华民族的经济、政治、科技、文化等全面振兴的目标一定能够逐步实现。

后　记*

当我修改完此难产、慢产之书，恰逢我“六十花甲”。在自己的人生旅程中走了一个甲子圜道，或称“轮回”；再走一个“轮回”，在这个世界上已是微乎其微；再走半个“轮回”，也是稀之又稀了！我走了一个“轮回”，这意味着回归到了“儿”时状态，儒家称“赤子”①，道家叫“婴儿”的心境。

你看那婴儿，哭就哭，叫就叫，笑就笑，不是做给人看，也不是为讨好别人，却有了一份淳朴和天真。这淳朴和天真，就是做自己想做的，做自己喜欢做的，写自己冀望写的。既不是为讨人喜欢，又不是为应世媚俗。一切外在的“迷惑”，已失去昔日的力量和“光辉”；内在的“赤子之心”、“婴儿之心”的呼唤，却比往时更紧迫和强烈，人也多了一份洒脱和自由！

“轮回”，我又将其引申为循环、回首。1988年冬，当我写完《新人学导论——中国传统人学的省察》一书后，正在构思另一本书的主旨、内容时，李甦平教授建议我把我写的中国哲学逻辑结构论、传统学、新人学中的思想贯通起来。她是一个很有思考力、洞察力、综合力的学者。她的建议激发了我的殚精竭思，提出了关于21世纪文化战略构想的“和合学”，并就“和合学”与她进行了多次的探讨。

和合学是因对中国哲学，特别是宋明理学的道德形上学的反思和检讨，即对其对象性理论前提的能否成立、如何成立及其自身进行考察，而受到启示的。1988年我在日本东京大学讲学期

---

* 本书于1995年由首都师范大学出版社出版，是为该版后记。

① “若保赤子，惟民其康义。”(《康诰》，见《尚书正义》卷十四，204页)

间，受东大中国学会沟口雄三教授的邀请，作《对中国80年代宋明理学研究的分析》[①]；又受日本早稻田大学楠山春树和土田健次郎教授的邀请，作《我的宋明理学研究》[②] 等演讲；1990年在纪念冯友兰先生诞辰95周年国际学术讨论会上，对宋明理学又作了新的探索，撰写了《理学的演变与理学的超越》（又称《新儒家哲学与新儒家的超越》[③]）一文，其中有一节为《和合学的建构》，作为参加1991年6月国立新加坡大学召开的"汉学研究之回顾与前瞻国际会议"的论文。

适逢1991年3月由日本国际友谊学术基金（高筒基金）资助，在东京女子大学召开"现代化与民族化——亚洲现代化过程与民族性因素国际研讨会"。会后受沟口雄三教授邀请，于3月28日在东京大学中国哲学研究室作《和合学建构》的演讲，并对提问作了答辩。3月30日在京都大学会馆由岛田虔次教授主持，又作了《和合学概述》的演讲。岛田虔次教授提出和合学与儒学的关系等问题。这两次演讲，日本学者从各方面提出的问题，启发了我的进一步的思考，亦发现了自己思考之不周处。同年在新加坡国际会议上宣读的论文，亦受到与会学者的帮助。后来在国内的几次会议上，亦从不同视角阐述和合学的内涵，也受益匪浅。

1994年4月经冈田武彦教授等几年辛苦筹备，"东亚传统文化国际学术会议"终于在日本福冈召开。我提供大会的论文《中国传统文化的精髓——和合学》，引起与会各国学者的兴趣并进行了热烈讨论，得到冈田武彦教授和荒木见悟教授的赞赏。4月14日受町田三郎教授的邀请，在九州大学文学部作《宋明理学形上学理路的追究》演讲，就朱熹、王阳明、王夫之的形上学理、心、气的和合理路作了阐述[④]；4月23日受池田知久教授邀请，在东京大学文学部作《关于21世纪文化战略的构想——和合学》的演讲。町田三郎教授和池田知久教授与听讲者提出了种种问题，诸

① 载《中国——社会と文化》（第四号），东京，1989-06。

② 载《东洋の思想と宗教》（第六号），东京，1989-06。

③ 参见拙著《中国近代新学的展开》，285～304页，台北，东大图书公司，1991。

④ 参见本书上卷第九章第六节。

如善恶和合、恶的和合、因缘和合等等，促使我更深层地思考。1995 年 8 月 4 日在美国波士顿大学召开的第九届国际中国哲学研讨会上，作《中国文化的和合精神与 21 世纪》的演讲，亦使我得到启发。

同时，我向中国人民大学哲学系中国哲学 91、92、93、94 届和其他各系选修的硕士研究生讲授和合学。宋文敬、蒋桂存、祁润兴、刘威、周柏山、宣方、王公伟、吴予、卫东海等同学经常参加讨论。特别是祁润兴先生为此提供了许多有价值的、诚挚的书面意见和建议，使我大受启发，这次修改便采纳了他们的意见和建议。陈志良教授、陆玉林博士、彭永捷博士、李振纲副教授，认真看了我的长文《和合是中国人文精神的精髓》①，提出中肯的建议，又与张文勇博士多次进行切磋，都作了吸收。因此，本书是集体智慧的结晶和心血，非一人之力也。

本书付梓之际，学术著作的出版已走到了低谷，首都师范大学出版社领导以其慧识和远见，支持本书出版；责任编辑郭来泉女士、吴海先生，仔细审阅、辛勤劳动，字斟句酌，颇费心力。

对于上述支持、帮助本书的国内外学者、教授、朋友，深表谢忱。

张立文

1995 年 12 月于北京

中国人民大学静园

---

① 载《人文中国》（香港浸会大学学报），创刊号，1995。

再版后记

《和合学概论——21世纪文化战略的构想》出版后，境遇并不像原先期望的那么好。虽然赞者有之，认同者有之，但批评者有之，批判者亦有之，这本是一种正常的学术现象，然而批判者往往将其与意识形态相联系，给我和认同者造成了精神压力，致使一时间不敢言和合。由于和平、发展、合作是当今世界的主题，改革开放、经济建设是国内的中心，因此，和合学终于引起了人们的关注和重视。

几年来熟悉或不熟悉的朋友，经常来电询问，说该书书店买不到，希望我能帮助。但该书只印了2 500套，早已脱销，无法满足读者的需要，我只得表示歉意。今承蒙有智慧洞见的中国人民大学出版社贺耀敏社长、周蔚华总编的帮助，决定重印，我借此机会做了修订，改正了一些不准确的提法和错字；又蒙李艳辉编审的热情支持和杨宗元编辑的仔细、认真的审阅，又改正了不少谬误，对于他们的情意，谨表谢忱。

张立文

2006年7月5日

于孔子研究院

图书在版编目（CIP）数据

和合学：21 世纪文化战略的构想/张立文著. —北京：中国人民大学出版社，2016.6
ISBN 978-7-300-22799-3

Ⅰ.①和… Ⅱ.①张… Ⅲ.①文化哲学-研究-中国 Ⅳ.①G02

中国版本图书馆 CIP 数据核字（2016）第 083899 号

和合学
——21 世纪文化战略的构想
张立文 著
Hehexue

出版发行	中国人民大学出版社		
社　　址	北京中关村大街 31 号	**邮政编码**	100080
电　　话	010－62511242（总编室）		010－62511770（质管部）
	010－82501766（邮购部）		010－62514148（门市部）
	010－62515195（发行公司）		010－62515275（盗版举报）
网　　址	http://www.crup.com.cn		
	http://www.ttrnet.com（人大教研网）		
经　　销	新华书店		
印　　刷	涿州市星河印刷有限公司		
规　　格	170 mm×240 mm　16 开本	**版　　次**	2016 年 6 月第 1 版
印　　张	51.25 插页 4	**印　　次**	2016 年 6 月第 1 次印刷
字　　数	856 000	**定　　价**	128.00 元

版权所有　侵权必究　　印装差错　负责调换